미학자가 그려보는 인문도시

미학자가 그려보는 인문도시

초판 1쇄 발행 2011. 2. 18
초판 2쇄 발행 2012. 9. 10

지은이 김문환
펴낸이 김경희

경 영 강숙자
편 집 김예지·장수영
디자인 이영규
영 업 문영준
경 리 김양헌
펴낸곳 ㈜지식산업사
본사 • 경기도 파주시 교하읍 문발리 520-12
전화 (031)955-4226~7 팩스 (031)955-4228
서울사무소 • 서울시 종로구 통의동 35-18
전화 (02)734-1978 팩스 (02)720-7900
한글문패 지식산업사
영문문패 www.jisik.co.kr
전자우편 jsp@jisik.co.kr
등록번호 1-363
등록날짜 1969. 5. 8.

책값은 뒤표지에 있습니다

ISBN 978-89-423-5027-8 (93610)

이 책을 읽고 지은이에게 문의하고자 하는 이는 지식산업사 전자우편으로 연락 바랍니다.

서 문

이 책은 그동안 필자가 미학적 또는 인문학적 관점에서 도시에 대해 쓴 글들을 모은 것이다. 도시 자체가 복합적이므로 도시에 대한 성찰도 결코 단순할 수 없다. 이른바 학제 간 연구가 필요한 까닭이 여기에 있다. 도시에 관한 저술들은 많은 경우 기술description의 차원에서 씌어져 왔는데, 이는 날로 가속화하고 있는 도시화에 대한 신속한 대응이라는 점에서 불가피했다고 인정받을 만하다.

그러나 도시는 '살되 더 사람답게 살고자' 하는 인간적인 가치 추구와 밀접하게 연관되어 있으면서 역사성을 지닌다는 의미에서 무엇보다도 인문학적 접근이 절실하게 요청된다. 아울러 요즘 인간과 환경의 상호관계에 대한 관심이 증폭되면서 그 일환으로 도시미학urban aesthetics이라는 분야가 주목의 대상이 되고 있다. 여기에 실린 글들은 대체로 그와 같은 맥락에서 씌어졌다. 그러나 대부분이 외부의 요청에 따른 것이어서 제대로 체계를 갖추었다고 보기에는 아무래도 무리가 있다. 그럼에도 일정 정도 분류가 가능하다고 보아 전체를 세 부분으로 나누었다.

'제1부 도시에 대한 인문학적 성찰'은 도시를 논함에서 기초가 된다고 보는 주제들을 다룬다. 거주와 건축의 인문학적 기초와 현대의 도시문화에 결정적인 영향을 미치고 있는 '세계화'라는 현상에서 출발하여 지방자치시대의 '지역문화 활성화'를 위한 이론적인 토대를 논하는 것으로 마무리되는 제1부를 통해, 우리는 문화 다양성과 소수자의 권리, 21세기의 도전에 대한 문화적 대응, '문화권'과 '문화복지' 개념의 실천적 의의 등과 같은 핵심적인 쟁점들을 고찰하는 기회를 갖게 될 것이다.

'제2부 환경미학과 도시재생'은 더욱 실천적인 제안과 연관된 글들을 모은 것이다. 도시는 대체로 오랜 역사를 지닌 채 성장하고 있으므로 도시재생의 문제가 더 높은 비중을 차지하게 마련이지만, 신도시 건설 문제도 결코 녹록하지 않다. 그러나 양자 사이에 여러 차이가 있다는 것을 감안하고서라도, 우리는 두 가지 모두에서 환경미학이라는 관점에 기초한 환경에 대한 배려가 필수불가결해진 시대로 접어들고 있다. 물론 이러한 배려를 실제적인 정책으로 연결시키려면 행정 당국과 시민들이 자신들이 거주하는 도시의 '삶의 질'을 높이기 위한, 더욱 장기적이고 더욱 포괄적인 안목과 전략을 갖출 것이 요청된다.

이러한 관점에서 우리는 도시문명에서 건축예술이 차지하는 위상, 환경미학적인 입장에서 바라본 경관, 하천의 의의 그리고 도시재생에서 박물관을 비롯한 다양한 문화적 제도와 전략이 감당할 수 있는 구실에 초점을 맞춘 '문화적 재생'의 가능성과 한계성 등에 대한 논의를 펼쳐 보이고자 한다.

'제3부 문화수도를 꿈꾸는 문화정책'은 이상의 고찰들을 바탕으로 실제적인 정책 담론들의 사례에 초점을 맞춘다. 유럽의 '문화수도' 프로젝트에서 출발하여, 우리는 독일, 호주, 일본 등의 사례를 통해 문화국가 형성, 지역문예 진흥 등을 위한 문화정책의 구체적인 흐름을 엿볼 수 있을 것이다. '녹색도시'나 '매혹도시'와 같이 최근 널리 유통되고 있는 개념들에 대한 이해를 도모하는 것 또한 주요한 목표들 가운데 하나라 하겠다.

이처럼 전체를 세 부분으로 나누어 보았으나, 이는 어디까지나 독자의 편의에 조금이라도 도움이 되었으면 하는 의도에 따른 것일 뿐 사실 모든 글들은 인간적 가치의 지향이라는 관점을 공유한다. 책 제목을 '도시미학'이라고 붙이려고도 생각했다. 이때 도시미학은 주로 모든 환경 경험의 감각적 요소들을 다루지만, 도시의 사회적, 역사적 차원과 분리될 수 없다. 이 점에서 미적 가치는 의미와 전통 그리고 친숙성과 대조성과 같은 지각적 경험을 포함한 '도시미'의 문제 이상의 것이 된다. 더 나아가 도시미학은 또한 부정적인 미적 가치에 대한 고려도 포함해야 한다. 그것은 소음공해, 대기오염, 귀에 거슬리는 광고 표지, 전기·가스와 같은 공공재의 회로, 쓰레기가 널린 거리, 숨 막힐 듯한 빌딩 설계 등에서 잘 드러나는바, 이는 도시의 성격과 성공 여부를 평가하는 핵심적인 요소들이다.

따라서 도시 계획과 미적 고려를 병행시키려면, 도시를 완전한 문명화의 의미와 연결되는 가치·목적에 대한 공헌이라는 입장에서 바라볼 필요가 있다. 여기에서 반드시 염두에 두어야 할 것은 미적 환경 감상이 사람들을 여러 갈래의 활동으로 이끈다는 사실이다. 정원이나 공원의 방문, 하이킹, 캠핑, 자전거 타기, 배 타기, 심지어는 글라이딩이나 비행 같은 활동들 말이다. 물론 어떤 사람들에게는 골프와 같은 특정한 스포츠가 가장 매력적일 것이다. 그러나 일상적인 환경을 바탕으로 하는 모든 활동들은 환경이 점차 아름다움 때문에 감상되고 있다는 점에서, 그러한 감상에 대한 설명과 이론에 대한 활발한 논의를 요청하고 있음 또한 분명한 사실이다. 이런 취지를 살려 책 제목을 《미학자가 그려보는 인문도시》라고 붙여 본다.

이 책을 엮으면서 서울대 대학원 미학과에서 '영국 문화 연구'를 주제로 석사논문을 쓰고, 지금은 영국 글래스고 대학교 문화정책연구소에서 '문화산업과 도시재생'이라는 주제로 박사과정을 이수하고 있는 정종은의 글들을 함께 수록할 수 있어 여간 흐뭇하지 않다. 그의 글들을 더 많이 수록하여 공저의 형태로 꾸며볼 생각도 없지 않았으나, 석사논문 지도교수라는 명목으로 너무 많은 것을 요구하는 것 같아 두 편의 논문만을 부록의 형식으로 편집하는 데 머물렀다. 필자의 정년기념논문집 《미학과 그 외연》에 수록된 〈영국창조산업정책의 형성〉과 기함문화건축에 관한 논문 〈문화주도 도시재생 전략의 빛과 그림자〉가 그것이다. 전자는 후자의 맥락 이해에 유익하다. 정 군은 이 두 논문뿐 아니라 전체적인 다듬기와 문헌목록 작성에도 크게 기여했다. 이 책을 엮는 과정에서 분량이 넘쳐 제외한 글들을 중심으로 《세계의 문화도시》라는 별도의 책을 공저 형식으로 낼 생각인데, 그때는 독자의 이해를 돕기 위해 많은 도판들이 수록될 것이다. 그의 학문적 성장을 기대한다.

비슷한 관심에서 씌어진 《서울에서 가장 거룩한 곳》을 출판해준 지식산업사의 김경희 사장님께서 다시 한 번 호의를 베풀어주신 것에 대해 충심으로 감사한다. 아무쪼록 이 책을 통해 더 많은 사람들이 도시문제와 현대미학에 대해 관심을 가질 수 있게 된다면 저자로서는 이를 보람으로 삼고자 한다.

2010년 6월

강화 然如齋에서

김 문 환

차 례

제3부 문화수도를 꿈꾸는 문화정책

부록: 영국 사례 연구

제1부

도시에 대한 인문학적 성찰

제1장 거주와 건축의 인문학적 의의

이끔말

이 글은 거주와 건축의 인문학적 의의를 살피고자 신학적 해명을 시도한 폴 틸리히Paul Tillich의 접근과, 이와 연관된 논의를 검토함으로써 현대문명 속에서 거주와 건축이 지향함 직한 방향을 찾으려는 의도를 지니고 있다. 도시환경에 대한 연구가 다양하게 이루어져 오던 가운데, 정치적·경제적·사회적·건축적·역사적 연구들이 다수를 차지했던바, 오늘날 이러한 연구들을 철학적으로 고려하거나 철학을 분명하게 강조해야 할 필요성이 점차 늘고 있다. 그럼에도 철학자들이 도시환경의 문제를 소홀히 해 왔다는 것 역시 숨김없는 사실이다. 즉 주목 받을 만한 이유가 충분한데도 이 주제가 인문학적으로 별로 주목 받지 못했다는 것이다. 그러나 오늘날 대부분의 사람들이 살아가는 도시환경과 관련된 많은 질문이 제기되고 있으며, 이러한 질문의 대부분은 철학적 성격을 지닌다고 할 수 있다. 그 가운데는 인간 존재 및 존재 전체의 본성과 관계되는 생각들로 이어지는 문제도 포함된다.

여기에서는 그와 같은 문제의식을 직·간접적으로 반영하면서, 건축가의 꿈도 지녔던 철학적 신학자 틸리히의 건축에 대한 이해를 먼저 다루려 한다.

1. 거주, 공간 그리고 시간

틸리히는 〈거주, 공간 그리고 시간〉이라는 글에서 다음과 같은 요지로 이 문제들을 다룬 바 있다.[1] 이 세 가지 가운데 공간과 시간은 가장 높은 단계의 철학적인 추상작용의 결과임에 반해, 거주는 구체적인 현실을 가리킨다. 그는 철학이 친밀한 것, 구체적인 것, 일상적인 것 속에 잠복해 있는 형이상학적인 차원의 해석이라는 규정은 결코 무리가 아니라면서, 자신의 문제의식을 정당화하고 있다. 거주 또는 거주공간이란 몸 가까운 일상의 것으로서, 사소하지만 의미를 지닌 위대한 것이기도 하기 때문이다. 그것은 인간이 공간과 맺는 최초의 직접적인 관계로서, 이 관계에서 인간은 자신의 공간이라 할 만한 공간을 창조한다. 그리고 인간은 자신의 공간에서 출발해야만 비로소 공간 일반, 또는 무한공간으로 나아갈 수 있다. 이때 그는 밖과 안을 향한 두 방향에서 현재의 거주공간을 넘어선다. 다시 말해, 인간은 여러 가지 공간의 한계를 외적으로 돌파하는데, 이때 인간은 현재에 만족하지 않고 있음직한 모습(Bild)을 떠올린 뒤 이를 바탕으로 제2의 세계를 계획하고 형성하는 내적 확충을 동시에 필요로 한다.

1 Paul Tillich, "Das Wohnen, der Raum, und die Zeit", *Die Form*, 1933.8., pp.11~12. 이 글은 "Domestic Architecture, Space, and Time"이라는 제목으로 영역되어 소개된 바 있다. *Faith and Form: Journal of the Interfaith Forum on Religion, Art, and Architecture*, Fall 1985, pp.11~12.

그러나 자신의 집만이 있는 것이 아니라, 예컨대 이웃집들, 마을과 도시, 지역과 민족 그리고 국토가 자신의 공간을 한정한다는 사실에 유의해야 한다. 따라서 인간의 공간창조력은 이것들의 한계를 넘어 인류를 통합하는 집을 만들어 감으로써 주어진 공간에서 해방되려고 노력한다.

이와 같은 과정은 곧 공간과 시간의 연계를 의미한다. 공간을 가진 자는 현재를 가진 자이므로 오로지 현재에서만 시간과 공간은 하나가 된다. 다시 말해, 어떤 사람이 공간, 곧 현재를 발견했다면, 그 순간 시간의 힘과 아울러 자기 자신을 위해 시간을 창조하는 인간의 힘이 그를 미래로 내몬다. 미래를 통해 시간은 시간답게 된다. 이렇게 해서 자신을 위해 시간을 창조한다는 것은 자신을 위해 미래를 창조함을 의미한다. 아브라함에게 그의 생활공간에서 떠나 미지의 미래로 가라는 명령의 말씀은, 우리가 현재 벌이고 있는 정신적, 사회적 투쟁에 비추어 볼 때, 자못 상징적이다. 이 투쟁은 한정된 공간의 여러 힘이 인간이라는 존재자로 하여금 더욱 새롭고 충실해지도록 더욱 인간적인 공간으로, 인류 차원의 공간으로, 그리고 미래로 내몬다는 사실에 근거한다.

요컨대 거주는 한정된 공간에 그와 같은 현재를 제공하려고 노력한다. 거주는 자신을 위해 공간을 창조하고, 현재를 추구하는 동경을 만족시킨다. 그러나 거주는 또한 자신을 보호하려고 자신을 둘러싸면서 길러주는 동시에, 억압하는 은신처에서 나와 무한한 공간으로 나아가려는 의지와 노력을 촉구하기도 한다.

히틀러가 권좌에 오른 해에 집필된 이와 같은 논저는 다분히 실존주의적이고 상징적이면서 인간 존재의 본질을 거주와 묶어 통찰한다는 의미에서 현재에도 매우 시사적이다. 그는 뒷날 이와 같은 생각을 더욱 발전시켜 〈환경과 개인〉이라는 주제로 논의한 바 있다.[2] 여기에서 그는 환경이 그 본성에 따라 공간 안에 한정되어 있지만, 환경에 현전하는 세계는 한정된 공간을 넘어간다면서 앞의 논의와 비슷한 내용을 각도를 달리하여 펴나간다. 세계 공간은 인간이 인지하고, 상상할 수 있는 여러 가지 방향으로 열려 있는데, 이 무한한 공간은 유한한 환경 공간 가운데 잠재해 있는 가능성을 나타내면서, 불안과 용기가 뒤섞인 두 가지 반응을 불러일으킨다.

틸리히가 뜻하는 세계는 어마어마하게 많은 수의 현세적actual 사물과 가능적possible 사물이 구조화된 것으로서, 무한 공간은 위협적인 동시에 해방적이다. 좁은 장소는 보호된 장소로서, 어머니의 뱃속, 동굴, 벽으로 둘러싸인 중세 마을의 좁은 가로 등으로 대표된다. 그러기에 그는 큰 유리벽을 가진 근대의 기능적 주택을 지표 위에서 공간을 정복하고, 나아가 우주공간 자체를 먼저 정복해 나가려는 용기의 표현으로 본다. 그러나 사람은 사람 사이에 머물고 있는 만큼 개방성과 대조적으로 물리적 보호감과 함께 심리적 보호감을 주는 공간을 여전히 필요로 한다. 이러한 심리적 보호감을 핑계로 현대의 대중사회는 여러 가지 방식으로 순응주의conformism를 강요한다. 그러나 다른 사람에 대한 안정성을 보장할 듯한 이와 같은 장치는 날로 군중 속의 고독만을 키울 뿐이다. 개발의 유용성에는 한계가 있는바, 패턴화된 안정성 안에서 인간이 비인간화될 경우, 그 사회는 전체적으로 미래를 지탱할 수 있는 인간, 주어진 패턴에 대해 '아니'라고 말할 수 있는 인간, 창조적 정신에서 새로운 것을 경험할 수 있는 인간, 실패할 수 있는 용기를 지닌 인간을 낳지 못할 것이다.

---

2 Paul Tillich, "Environment and the Individual", *Journal for the American Institute of Architect*, June 1957, pp.90~92.

2. 건축 — 예술 — 종교

이러한 거주 이해는 건축에 대한 틸리히의 견해를 이해하는 하나의 기초가 된다. 그는 1955년에 프로테스탄트 건축의 현황에 관한 학술회의에서 프로테스탄트 원리에서 몇 가지 특수한 원리를 끌어낸 뒤, 이를 예술 일반에 관한 의견에 적용하였다. 나아가 그는 이 둘을 연결시킴으로써 건축이 차지하는 지위에 관한 자신의 견해를 결론적으로 이야기하였다.[3] 요컨대, 틸리히는 이 글에서 기술과 예술의 분리가 당연시되면서 여러 가지 병폐를 낳고 있는 현대 상황에서 종교예술이 건축을 통해 재생되는 길을 찾을 수 있지 않을까 기대해 보았는데, 여기에서는 건축에 대한 그의 이해에 집중해서 살피기로 한다.

틸리히는 건축이 집을 세운다는 의미, 곧 실용적인 목적을 가진다는 특징에서 그 밖의 예술이 갖지 못한 특수한 성격을 지닌다는 점에 주목한다. 장점이기도, 단점이기도 한 이 같은 특징으로 건축은 일단 비합리적인 상상작용에 열광하는 것이 불가능해진다. 건축은 창조적인 상황에서 생겨나는 것이 아니면서도 예술적인 전통을 바탕으로만 쌓여진 듯한 형태를 배제한다는 표현이 이렇게 해서 가능해진다. 또한 건축은 시간과 공간 가운데 유한한 대상이 존재할 수 있도록 하는 무엇인가를 만들어낸다는 목적에 충실할 수 있게 된다. 그는 "우리가 벌거벗긴 채 내던져진 그 무한한 공간에서 우리를 보호해주는 한 조각의 유한한 공간을 뽑아낸다"는 표현을 쓰기도 한다. 이렇듯 무한한 공간을 향해 전진해나갈 수 있게 하는 한정된 공간을 인간에게 준다는 의미에서 '집'은 심리학적인 의의와 함께 실천적이면서도 형이상학적인 의의를 지닌다.

3 Paul Tillich, "Theology and Architecture", *Architectural Forum*, Dec. 1955, pp.131~134·136.

그는 1961년에 독일 함부르크에서 개최된 복음주의 교회건축에 관한 회의에서도, 교회건물이 목적건물이자 상징이기도 하다는 이중성에 주목한다.[4] 이는 부정적이자 긍정적인 결과를 함께 낳는다. 부정적인 결과는 곧 기술적 목적이 상징성격에서 분리하여 독립된 상태가 되는 것이거나, 상징성격이 기술적 요소와 대립하여 구조성을 훼손하는 것이다. 이와 달리 기술적 목적과 결합되어야 할 필요성이 의고적 전통주의의 여러 압력을 억제할 때, 긍정적인 결과가 창출된다. 다시 말해서, 양식과 상징성이 지니는 사이비 전통과 단절하고, 현재의 여러 가능성이 만들어 낸 문화적 창조로부터 분리되지 않으려는 결의가 요청된다는 것이다.

틸리히는 현대를 대표하는 신학자들 가운데 하나로서, 무엇보다 그 자신이 철학적인 신학자가 되고 싶다는 희망을 구체화하기 전인 10대에 건축가가 되고 싶어 했던 만큼, 개념과 명제로써 조직신학을 중심으로 한 그의 신학을 세워나가면서도 돌과 철, 유리로써 세워가는 건축에 대해 끊임없는 관심을 가져 왔다.[5] 그것은 위대한 건축에 대한 찬미와 순례로 나타나는가 하면, 그 스스로 근대예술에 대한 옹호자이자 비평가로 자처하기에 이른다. 이때 그는 '성실誠實'과 '성별聖別'을 기준점으로 삼는다.[6]

---

4 Paul Tillich, "Zur Theologie der bildenden Kunst und der Architectur", *Auf der Grenze*, Stuttgart: Evangelisches Verlagswerk, 1962; Gesammelte Werke, Evangelisches Verlagswerk, 1967, Bd, 9. ss.345~355.

5 Paul Tillich, "Wanted for Religious Architecture Today: Honesty and Consecration", *Protestant Church Buildings and Equipment*, 1955, pp.15ff.

6 이는 그가 내린 두 가지 유형의 종교 개념과도 연결된다. 첫째 유형은 넓은 의미의 종교, 곧 성스러운 것과 세속적인 것, 성소聖所와 시장을 초월하는 궁극적 관심이라는 의미의 종교 개념이다. 둘째는 좁은 의미의 종교 개념, 곧 신화와 예배의 상징 그리고 삶의 도덕적, 사회적인 존재방식으로서, 성스러운 것을 경험하는 궁극적 관심의 공통적 표현인 사회적 집단생활로서의 종교이다. 첫째는 둘째의 기반이고 본질인바, 둘째의 종교 개념에는 직접적으로, 그리고 그 밖의 여러 가지 문화적 창조행위에는 간접적으로 드러난다. 곧 철학

그는 이러한 기준을 적용하여 15세기 말 그뤼네발트의 〈십자가 형벌〉에 묘사된 육체의 무시무시한 상처를 근대 표현주의의 선취先取라고 보면서, 자연주의적인 복제와 왜곡이 아니라, 골고다 언덕에서 일어난 사건을 예술적으로 성실하게 표현하였다고 극찬한다. 이는 곧 그가 19세기 후기와 20세기 초 종교예술의 미화적 자연주의를 거부하는 것과 같은 이유이다. 그런 연장선에서 그는 근래의 교회당과 건물 일반에서 이루어진 고딕과 로마네스크 양식의 모방이 성실하지 못한 것이라고 보았다. 여기에는 그가 바우하우스의 건축이념과 그에 관계된 사람들을 알게 된 것이 큰 영향을 미쳤다. 그가 유니온 신학교에서 교수생활을 하던 22년 동안 줄곧 '위僞' 고딕 양식의 리버사이드 교회에 대해 비판적이었던 것도 같은 이유다.

틸리히는 건축가들의 독창적인 영감에서 생겨난 것이 아니라는 이

내지 과학적 저작 그리고 문학과 시각예술의 작품을 통해서도 종교적 상징을 통해서 만큼이나 궁극적 실재가 빛을 발할 수 있다는 것이다. 같은 이치로, 넓은 의미의 종교 개념에 따라 집 자체도 종교적인 성격을 가질 수 있다.

그러나 틸리히는 그렇기 때문에 신전이 없는 마을이 있을 수 있다는 것은 부정한다. 그곳은 지상의 마을이 아니라, 천상의 예루살렘뿐이다. 따라서 궁극적인 것, 존재 근거와 우리의 관계를 단절하고, 성스러운 경험을 일상생활의 먼지로 뒤덮는 세속적인 것에 대한 균형추counter valance로서 성스러운 장소와 성스러운 시간 및 성스러운 행위가 필요하다는 것이다. 그는 교회가 계시적 경험, 곧 성스러운 것의 여러 경험을 받아들이는 보물함이라고도 표현한다. 이처럼 교회에 속한 것은 아니나 잠재적인 교회의 표현이라고 부를 만한 여러 가지, 곧 사회정의를 위한 집단 운동, 또는 개인적 공헌 등에서 성장이 있다고 해서 교회가 불필요한 것은 아니다. 이런 맥락에서 틸리히는 사람들이 세속적인 생활의 한복판에서 성스러운 것에 대해 묵상할 수 있게 하고, 그것을 느낄 수 있게 하는 성별의 장소를 창조하는 것이 교회건축가의 과제라고 단언한다. 그러자면 그곳은 그 자체를 사람들의 세속적 생활을 향해 열어놓으면서 궁극적인 것을 상징함으로써 일상적 경험의 유한한 표현을 넘어서는 변증법적 장소여야 한다. 한편으로는 유한한 모든 것을 초월하고 있고, 다른 한편으로는 그것이 유한한 모든 것의 창조적 근거가 되는 궁극적인 실재에 바탕을 둔다. 또한 감각과 언어와 사고로 포착할 수 있는 것을 넘어서는 동시에, 앞에 나타난 여러 가지 현상들의 창조적 바탕이라는 점에서 이 양극성은 신학자와 예술가, 그 가운데서도 건축가에게 똑같이 중요하다. 한마디로, 그 의미가 언어로는 설명할 수 없는 무언가를 보여주는 진정한 의미의 상징을 오늘날 우리가 만들고 있는지가 문제라는 것이다.

유로 모방을 비판한다. 모방과 함께 미화를 위한 장식도 불성실성의 표현이 된다. 어떤 건물이 건축 그 자체로 완전하다면, 다시 말해 그 목적에 완전히 들어맞는다면, 그것을 미화하기 위해 다른 어떤 것도 덧붙일 필요가 없다는 것이다. 그에 따르자면, 미는 우연적인 부가물이 아니라, 구조물의 적절성과 그것이 지닌 표현력이 되지 않으면 안 된다.

그러나 그는 성실성에 대한 강조로 말미암아 금욕적인 근본주의가 허용되어서는 안 된다고 지적한다. 그가 이른바 '주거기계dwelling machine', 곧 기술적 관점에서는 완전하지만 전체적인 삶을 고려하지 않은 까닭에 인간이 제대로 살지 못하는 집을 비판하면서, 유기적인 재료(카펫, 천, 나무)로 된 건축을 하는 것을 추구하는 사람들 편에 속하고자 한 것도 같은 맥락이다.

틸리히는 일찍이 교회의 상징들이 예컨대 노동자에게 무엇을 이야기하는지를 묻는, 종교적 사회주의 운동에 관계해왔다. 이는 곧 젊은이, 노동자, 지식인들에게 아주 오래 전에 지중해문화에서 생겨난 그리스도교 신앙의 전례적 표현을 이해하도록 만드는 것이 가능한지를 물은 것이었다. 이러한 질문은 그의 표현대로 하자면 '고물수집상antiquarian' 집단, 곧 나치즘의 도래와 함께 중단되었지만, 그는 역사가 거기에서 멈추지 않았다고 확신한다. 그러기에 '신의 부재'를 경험한 인류는 단순히 신의 부정이 아니라 우리의 유한한 능력으로 파악하려고 노력해온 상징에서 자유로워진 신을 위한 자리를 마련하기 위해, '성스러운 공허'를 마련하기 위해 다시금 지혜를 모아야 한다는 것이다. '감춰진 신이 돌아오기를 기다린다는 것'은 교회건축도 함께 지녀야 할 기본자세라고 할 수 있다. 틸리히는 의심으로부터 힘이 생겨난다고 하는데 이는 곧 오늘날 우리가 가지고 있는 신앙과 그 표현의 집약체인 예배에 대한 올바른 회의 없이는 교회건축에 대한 새로운 이해도 불가능하다는 것으로 해석될 수 있다. 이는 그 안에 설치되는 예술작품에 대해서도 마찬가지다. 그렇지 않으면 그것은 비자각적인 사람의 비위를 맞추기 위한 타협에 머물고 말 것이다. 틸리히는 이를 "새로운 교회건물은 정신의 승리, 창조적인 인간정신의 승리, 우리의 약함 가운데 밀고 들어오는 '하느님'의 영의 승리"라고 말하기도 한다. 그것은 곧 "불성실한 것, 묻지 않고 넘기는 것, 걱정스러워하는 고루함에 대한 승리"이기도 하다.

3. 시적 거주

지금까지 우리는 거주와 건축에 대한 틸리히의 해명을 통해 그가 품고 있는 교회건축에 대한 기대까지 밝혀보았다. 그의 견해는 물론 신학적 사색의 결실이다. 그러나 그 사고가 그만의 것이라고 하기에는 무리가 있다. 거주에 대한 틸리히적 이해는 우리에게 마르틴 하이데거Martin Heidegger의 거주 이해를 연상시킨다.

하이데거에 따르면, 모든 인간의 현존재는 그 본질에 관계하지 못하고 그 근본에 다다르지 못하므로, 시적詩的으로 취해진 근본에 거주해야 한다. 확실히 시적인 거주는 현실적인 것을 환상적인 것으로 넘어서 날아갈 수 있게 한다. 오로지 시인만이 대지 위에 시적으로 거주한다고 말할 수 있기 때문에, "작시作詩는 인간을 처음으로 대지 위로 가져오고, 대지에 데려다 놓으며, 인간을 그렇게 그의 거주로 데려온다."[7] 시인의 본래 위치는 하늘과 대지 사이의 중간이다. 대지

---

7 M. Heidegger, *Vorträge und Aufsätze*, Pfullingen, 1954, s.192. 여기에서 드러나는 하이데거의 이해는 기본적으로 다음에 의거한다. 김문환, 《예술과 윤리의식》, 소학사, 2003, 〈제10장. 하이데거: 탈은폐로서의 예술작품〉.

로 내려오는 것이자 하늘로 올라가는 그 중간이 명명백백하고 측정 가능한 할당이라는 이러한 인식은 "습관적으로 생각해오던 장소의 확장이 아니다. 인간은 이러한 측정을 그때그때 기회가 닿는 대로 착수하는 것이 아니다. 오히려 그런 측정에서만 인간 일반은 비로소 인간이 된다."[8] 그렇다면 인간의 측정에서 척도가 되는 것은 무엇일까?

> 그 척도는, 알려지지 않은 채 머물러 있는 신이 하늘에 의해 계시되는 방식에 있다. 하늘이 신의 모습을 드러낸다는 것은 은폐된 것을 보이도록 드러내는 것이다. 그러나 그 드러냄은 은폐된 것을 억지로 끄집어내려고 하는 것보다 오히려 은폐된 것을 그 은폐 속에서 보호해줌으로써 보이게 한다.[9]

달리 말하면, 그가 말하는 '시인의 거주'란 단순히 인간이 농부로서 농작물을 기르면서 건물을 세우는 것을 뜻하지 않는다. 그것은 하늘 아래, 그리고 대지 위에 자신의 체류지를 건립할 수 있다는 점에서의 거주가 아니다. 또한 인간이 건축한다는 것은 작성된 계획에 따라 완수된 척도에 맞추어 단순히 재는 것이 아니다. 인간은 그 자체가 본래적 측정인 작시적作詩的 의미에서만 건축해야 하기 때문이다. 작시는 그러한 점에서, 건물의 건립과 정돈이라는 뜻의 건축이 아니라, 오직 거주 차원의 본래적 측정으로서 시원적始原的 건축이다.[10]

고통, 죽음, 사랑에 관한 본질이 드러나 있지 않은 궁핍한 시대에, 시인이 아닌 우리는 무엇보다 시인이 우리에게 말해야만 하는 것을

8 앞의 책, s.195.
9 위의 책, s.197.
10 위의 책, s.202.

귀담아 들을 줄 알아야 한다. 시인과 그의 작품의 힘은 인간의 진정한 거주, 그의 참된 체류 그리고 이러한 의미에서 그의 실존을 비로소 근거 짓기에 위대하다. 익명의 거대한 도시창고에 거주하면서 완전히 기계화된 공장에서 소외된 노동에 끌려가는 오늘날의 인간생활은 '하늘 아래 산다'는 시인의 언어와 전혀 일치되지 않는다. 그리고 이는 또한 신적인 것의 임재 아래 살고 있는 것이 아니다.

> 근대 과학과 전체 국가는 기계공학의 본질에 따른 필연적 결과이자 그 부수 현상이다. 개방된 세계여론이나 인간의 일상적 관념을 조직화하고자 쓰이는 수단과 형식에 대해서도 사정은 같다. 생명을 가진 것이 배양과 이용의 측면에서 기술적으로 대상화될 뿐 아니라, 생명을 가진 것 자체의 현상을 침해하는 원자물리학의 연구도 활발하게 진행되고 있다. 근본적으로 삶 자체의 본질이 기계공학적 제작에 내맡겨지지 않을 수 없게 된다.[11]

오늘날 원자물리학의 여러 성과들 속에서 인간의 자유를 입증하고 새로운 가치이론을 수립하기 위한 가능성을 찾는다는 사실 자체가 역설적으로 우리가 기계공학적 사유의 지배 아래 놓여 있다는 한 징표가 된다. 하이데거는 기계공학의 본질이 지배하는 낮이 사실상 기계공학적 성격으로 위장한 세계의 밤에 지나지 않는다고 지적한다. 대지에 밀어닥치고 있는 더욱 더 급속하고 무자비하고 완전한 기계공학의 지배는 모든 존재자를 생산과정에서 제작될 수 있는 것으로 여길 뿐만 아니라, 그 생산제품을 시장을 통해서 배달한다. 마르크스식으로 말한다면, 사물의 고유가치가 화폐가치로 치환되고 만 것이

---

11 Heidegger, *Holzwege,* s.290 이하.

다. 인간의 인간다움이나 사물의 사물다움 따위는 자기수행적 제작행위 속에서 시장의 계산된 교환가치로 해소된다. 이러한 위험은 인간의 본질에 닥쳐오는 위협이며, 우연한 개별적 위험이 아니다. 이 위험을 보고 드러내기 위하여, "앞장서서 심연에까지 이르는,"[12] 그리고 "자기 개인의 사적 이익 때문에 모험하지는 않는"[13] 죽을 수밖에 없는 존재자들이 있어야 한다.

하이데거는 이러한 좀더 모험적인 자들이 존재 자체 때문에 모험하고, 존재의 영역, 곧 언어 속으로 모험한다고 말한다. "언어의 본질은 의미 지시작용 속에서도 완전히 밝혀지지 않으며, 또한 언어는 단지 어떤 기호적인 것이거나 암호적인 것만도 아니다. 언어는 존재의 집이며, 바로 그 점 때문에 우리는 끊임없이 이 집을 거치면서 존재자에 도달하는 것이다."[14]

그러나 "인간은 본질적으로 언어를 가지고 또 부단히 언어로써 모험하고 있지 않은가? 물론 통상적인 방식의 소통 역시 비록 계산적 제작행위를 통해서나마 언어로 모험한다. 그러나 좀더 모험적인 자들은 그저 말하는 자일 수만은 없다."[15] 그들은 '좀더 말하는 자들'이라고 표현된다.

이러한 의미에서 좀더 모험적인 자들이 좀더 높은 차원에서 말하는 것은 실제로는 '다른 입김'이다. 다시 말해서, "그 밖의 인간이 말하는 방식과는 다르게 말하는 것"[16]인 노래이다. 이러한 다른 입김은

---

12 앞의 책, s.295.

13 위의 책, s.297.

14 위의 책, s.310.

15 위의 책, s.15.

16 위의 책, s.318; M. Heidegger, "Das Wort", In: *Unterwegs zur Sprache*, 제5판(Pfullingen 1975) 참조. 시인의 체념은 "말함에 대한 단순한 거부나 따라서 단순한 입다뭄Verstummen은 결코 아니다. (시인의) 말함은 또 다른 분절과 사지절四肢節과 음에 도달한다. 시인의

더 이상 이러저러한 대상적인 것에서 헤매지 않는다.

그것은 아무것도 구하지 않는 입김이다.[17]

더욱 모험적인 자들의 부류에 속하는 시인은 온전하지 못한 것을 그 자체로 경험한다.

온전하지 못한 것으로서의 온전하지 못한 것은 우리에게 온전함의 흔적을 감지하게 한다. 그들(좀더 모험적인 자들)은 죽을 인간들에게 세계의 밤의 어둠 속으로 날아가버린 신들의 흔적을 가져다준다. 그들은 이렇게 해서 온전함을 노래하는 '가난한 시대의 시인'이 된다.[18]

점점 더 공개토론에서 비판 대상이 되고 있는 자연과학과 기계공학의 의심할 바 없는 결과는, 인간의 행위가 주로 기계공학적인 목적합리성의 모델로 정향되어 있다는 사실로 귀결된다. 과학적, 기계공학적 합리성의 일방적 지배를 허용하는 것은 생태학적 위기를 통하여 삶에 위협을 가져오며, 전체주의적 국가를 비호하고, 군비경쟁을 초래하여 세계전쟁의 위험을 필연적으로 동반한다. 이는 결과적으로 행동의 전제를 숙고해볼 것을 요청한다. 칼 포퍼Karl Popper는 과학적으로 보장된 사회적 과정이 변하고 지탱되기 위한 노력을 '점진적 사회공학'이라는 개념으로 소개한 바 있다. 이 개념은 취급되어야 할 관계 전체를 하나의 계획에 따라 파악하는 것이 가능하지도 않고, 의미도 없음을 지적한다. 관계를 변화시키고 개선하는 실제적 가능성

체념이 이런 의미에서 경험한다는 사실은, 시라는 것 자체가 체념을 노래함으로써 체념을 말한다는 것을 증명해준다. 왜냐하면 이러한 시는 곧 노래이기 때문이다."

17 위와 같음.

18 위의 책, s.319.

을 발전시키려면 개별적으로 살펴볼 수 있는 문제를 이러한 관계로부터 구분하고, 경계 짓는 것이 필요하다는 것이다. 그러나 특정 상황에서 요구되는 적절한 정치 전략이 초월적 원리의 필연성을 배제하지는 않는다. 다시 말해, 어떤 인간사회도 자신이 속한 집단에서만 통용되는 규범들을 넘어서는 초월적인 원리 없이는 평화로운 공동체적 삶을 성취하지 못하며, 오히려 개인적이고 집단적인 이기주의에 지배받게 마련이기 때문이다. 하이데거식 비유를 들자면 오로지 작시적 척도-수용의 의미에서만 인간은 건축할 수 있다.

주택난이 심했던 제2차 세계대전 동안에 건축가들을 대상으로 발표한 하이데거의 〈건축, 거주, 사고〉는 주택 공급에 앞서 극복되어야 할 문제로서 거주하는 법, 곧 세계에 대한 올바른 이해를 촉구하려는 목표를 지녔던 것으로 읽힌다.[19] 그는 참된 거주라 할 수 있는 장소

19 하이데거는 건축과 거주에 관한 존재론적인 사고를 시도하였던 논문 〈건축, 거주, 사고〉에서 "거주한다는 것은 무엇인가?"와 "건축은 거주에 어떻게 속하는가?"라는 두 가지 질문들을 통해 이미 그가 건축과 거주를 존재의 영역 속에서 얼마나 긴밀한 것으로 파악하고 있는지를 암시해준다. 하이데거는 건축과 긴밀하게 이해되는 거주의 의미를 참된 거주와 단순한 주거로 구별함으로써 밝히고자 한다. 거주는 본래 이 세계에 머무름 그 자체를 의미하는데, 그러한 과정에서 건축이 장소의 감각을 제공함으로써 거주할 수 있게 한다. 그러나 건축과 거주는 수단과 목적의 관계를 넘어선다고 하이데거는 지적한다. 고대 영어와 고지 독일어(Hochdeutsch, 독일 남부와 중부에서 사용되는 독일어)에서의 "건축하다to build/bauen"의 본래 의미를 살펴볼 때 그것은 곧 "거주하다to dwell"를 의미하였으며, "거주하다"는 곧 "존재하다to be"를 의미하였음이 확인된다는 것이다. 그렇다면 건축building/Bauen이 뜻하는 것은 무엇인가? 고대 영어와 고지 독일어에서 거주하다to dwell를 뜻하는 건축building/buan은 "남다", "한 장소에 머무르다"를 의미한다. 이러한 bauen, 곧 to dwell이라는 동사의 실제 뜻을 우리가 잃고 있는바, 하이데거에 따르자면 확실히 고대 단어 buan은 bauen[to build]가 "거주하다"임을 말해줄 뿐만 아니라, 그것이 뜻하는 거주에 대해 우리가 어떻게 생각하느냐에 대한 실마리를 제공한다. 우리가 거주에 대해 말할 때, 우리는 다른 활동들과 함께 인간이 수행하는 하나의 활동을 생각한다. 우리는 단순히 거주하기만 하는 것이 아니라–그건 실제적인 무활동일 것이다–직업을 실행하고, 업무를 하고, 여행하고, 여행하면서 여기저기서 숙박한다. 이렇게 보면, Bauen은 원래 거주를 뜻했음을 알 수 있다. 단어 bauen이 여전히 그것의 원래 의미로 말하는 곳에서 그것은 또한 거주의 성질이 얼마나 멀리 닿는지를 말해준다. 즉, bauen, buan, bhu, beo는 ich bin, I am, du bist, you are, 명령형 bis, be에서의 말 bin이다. 그렇다면 ich bin의 뜻은 무엇인가? bin이 속하는 고전단어 bauen에 그 답이 있다:

로 독일 슈바르츠발트에 있는 농가를 주목했다. 그는 200년 전에 세워진 농부들의 이 거주지가, '인간이 대지 위에 머무름'이라는 거주의 기본적인 의미를 적절하게 예시한 것으로 여겼던 것 같다. '대지 위에'는 이미 '하늘 아래'를 의미한다. 이 둘은 또한 '신적인 것 앞에 머무름'을 의미하며, '다른 사람들과 함께 존재하는 사람의 일체감'을 포함한다. 근본적인 조화를 이루는 이들 넷—하늘, 대지, 죽을 자로서의 인간, 신적인 것—은 하나에 속한다.[20] 거주에 대한 이러한 이해를 기초로 그는 앞의 농가를 다음과 같이 평한다.

> 이곳에서 대지와 하늘, 신적인 것과 죽을 자로서의 인간을 사물들의 단일한 조화에 들어설 수 있도록 하는 힘의 충만이 집으로 명명되었다.[21]

맺음말

앞에서 검토한 틸리히와 하이데거의 거주 및 건축에 대한 견해가

---

ich bin, du bist는 I dwell, you dwell을 뜻한다. you are 하고 I am 하는 방식, 우리 인간들이 땅 위에서 존재하는 방식이 Buan 즉 거주이다(Heidegger, "Building Dwelling Thinking", *Poetry, Language, Thought*, trans. Albert Hofstadter, New York: Harper & Row Publishers, 1971). 이처럼 건축과 거주가 본래 같은 의미를 지녔음에도 오늘날 구별되어 쓰이는 이유가 뭘까? 하이데거에 따르면, 이는 거주로서의 건축이 습관적이라는 점에서 기인한다. 인간이 거주하는 한 존재한다는 것을 말해주는 고대 단어 bauen은 동시에 소중히 함과 보호함을 뜻하는데, 이때 건축은 오직 보호하고 기른다는 의미colere/cultura를 갖는 것으로 건설함 aedificare/constructing의 의미를 갖는 건축과 대조를 이룬다. 이 두 의미의 건축은 모두 거주에 포함되지만 땅 위에 있는 존재로서 건축은 인간의 일상 경험 안에서 처음부터 '습관적인' 것으로 머무르기 때문에 거주로서의 건축이 거주가 이루어지는 가지각색의 방법과 재배 및 건설의 활동들 뒤로 물러난다고 하이데거는 설명한다.

20 앞의 책, p.147.

21 위의 책, p.157.

너무나도 추상적이라고 보는 사람들은 더 구체적인 이해를 위해 불가피하게 해리스Karsten Harries의 도움을 얻어야 할 것이다. 그는 하이데거가 주목한 네 요소를 다음과 같이 풀이한다.[22]

첫째, '대지'는 표면적으로 우리를 받쳐주는 바닥이며, 음식과 물을 제공하는 구실을 한다. 동시에 대지는 물리적인 초월성을 갖는다. 곧, 열리지도 설명되지도 않는 존재 자체를 드러낸다. 그것은 모든 언어적, 공간적 개념을 초월하면서 우리에게 주어진다. 대지는 초월적인 것으로서 알기 어렵지만 영향력 있는 기반을 제공한다. 하이데거는 우리가 이처럼 대지가 제공하는 것에 의존할 수밖에 없으므로 그러한 대지에 경의를 표할 것을 주장했다는 것이다.

둘째, '하늘'은 밤과 낮, 계절 등을 나타내는 일상적인 의미도 갖지만, 그 밖에도 인간 존재에서 빼놓을 수 없는 영적이며 황홀한 차원이라 할 만한 것을 열어준다는 의미를 가진다. 인간이 하늘을 바라보는 것은 단순히 바라본다는 차원을 넘어선다. 이는 인간 존재들이 물리적인 장소에 갇혀 있는 것이 아니라, 그것을 넘어서 있다는 것에 대한 자연적인 은유를 제공한다는 의의를 갖는다. 곧 하늘은 인간 존재를 인간 존재의 제거할 수 없는 영적인 차원이라고 할 만한 것으로 열어준다.

셋째, 기본적으로 '죽을 자로서의 인간'은 인간 존재들을 의미한다. 이와 더불어 죽을 수밖에 없는 인간의 운명에 대한 확고한 긍정을 의미한다. 운명에 대한 확고한 긍정이 없다면, 우리를 시간에 묶어놓는 모든 것과 화해하지 못할 것이기 때문이다.

넷째, '신적인 것'은 신성을 눈짓하며 불러내는 사자使者들이다. 신

22 Karsten Harries, *The Ethical Function of Architecture*, The MIT Press, 1997; 김경화, 〈K. 해리스의 에토스적 건축론에 관한 연구〉, 서울대 미학과 석사논문, 2005 참조.

은 알려지지 않은 채 남아 우리의 거주에 척도를 제공한다. 신은 우리를 둘러싼 사물의 끝없는 다양성으로 드러나며, 인간에게는 친숙하지만 신에게는 낯선 것에 자신을 내어줌으로써 그 안에 알려지지 않는 것으로 남는다. 하이데거에 따르면, 우리는 신적인 것을 기다릴 수밖에 없으며, 우리는 신적인 것의 부재에 대한 앎 속에 거주해야 한다. 그러한 맥락에서 우리는 신적인 것을 대신하는 우상을 섬기고자 하는 유혹을 뿌리쳐야 한다.

참된 거주를 이렇게 이해한다면, 하이데거의 다음과 같은 언명이 뜻하는 바도 이해할 수 있을 것 같다.

> 거주에서 실제로 어려움은 단순히 주택 부족에 있지 않다. …… 거주에서 실제로 어려움은 오히려 죽을 자로서의 인간들이 항상 새로이 거주의 본질을 찾아야 한다는 것, 항상 거주하는 법을 배워야 하는 데 있다. …… 죽을 자로서의 인간들이 그들의 고향 상실에 대해 사고하는 것은 그들을 그들의 거주로 불러주는 유일한 호출이다.[23]

물론 해리스가 하이데거를 아무런 비판 없이 수용한 것은 아니다. 그는 참된 거주에 대한 하이데거의 개념을 전반적으로 받아들이되 하이데거의 개념을 따를 경우, 거주의 개념이 피상적이고 개인적으로 남을 수 있다고 보면서, 삶과 좀더 가깝게 연관된 것, 곧 '기억'을 강조함으로써 역사와 거주의 관계를 강조하고, '사랑'의 역할을 강조하여 거주의 공동체적인 성격을 강조함으로써 구체화하고 있다. 기독교적 이상을 더 이상 기대할 수 없는 오늘날, 그 대신 어느 정도 공유하고 있는 과거를 바탕으로 아직 가능성이 남아 있는 미래를 향

---

23 M. Heidegger, 앞의 책, p.159.

해 강한 공동체를 세워 나갈 수 있을 것이라 본 것이다. 그는 건축적 과거 보존이 진행되는 질서 속에서 개인의 장소를 정하게 해주기 때문에 참된 거주의 가능성을 열어두기 위해 역사적 환경을 보존할 것을 요청한다.

그러나 이러한 비판조차도 실은 하이데거가 인간의 실존을 말하면서 인간은 동료인간과 함께 이 세계에 던져졌다고 말한 부분이나 과거-현재-미래를 진정으로 묶어주는 자각적인 현존을 말한 부분에 이미 상당히 암시되어 있다.

우리 사회는 이른바 행정복합도시 건설을 둘러싼 논란의 소용돌이에서 완전히 자유롭지 못하다. 이는 인간의 근본적인 거주와 연관되는 주목할 만한 발언이 없는 사실과 결코 무관하지 않다. 논의가 단순히 경제 내지 정치적 실리의 수준에서 벗어나자면 추상적인 듯하지만, 거주와 건축에 대한 좀더 근본적인 논의가 절실하다.

제2장 세계화가 현대 도시문화에 미친 영향

이끔말

현대적 상황의 특수성을 특징짓는 방법들은 다양하다. 만일 우리가 오늘날의 사회를 후기산업사회라는 개념을 가지고 기술한다면, 다니엘 벨이 《후기산업사회의 도래: 사회적 예견의 모험》(1973)에서 말한 대로, 공장문화의 뚜렷한 변화 국면을 목도하게 된다. 즉 흔히 노동의 포디즘Fordism이라고 불리는 산업생산의 정언명령들이 더 이상 타당한 것으로 여겨지지 않게 된다. 이제 완전히 새로운 사회구조들이 출현한바, 그 뚜렷한 특색은 유연한 전문화flexible specialization, 곧 비숙련 노동자들을 대신하여 고도의 자질을 갖춘 노동자들이 새로운 중산계층을 구성하면서 사회 각 부문에서 전 방위적으로 그들 자신의 요구를 제기하고 있는 현상에서 발견된다.

만일 현대 문화 전체의 특성을 한마디로 특징화한다면, 그것은 포스트모던의 표찰이 될 것이다. 이때 우리는 포스트모던 건축을 구성하는 양식적 표지를 '복합적인 약호화multiple coding'로 지적하는 견해를 참조할 수 있을 것이다(Jencks, 1977). 그런가 하면, 프레드릭 제임슨의 주장에서 볼 수 있듯이, 포스트모던 미학 전체의 양식적 특징을 '텍스트성textuality'과 '페스티쉬pastische', 즉 혼성모방으로 강조하는 견해도 있다.

또한 료타르에 따르자면, 포스트모던 조건의 생산적인 국면들은 일종의 '차연Différance' 개념으로 파악할 수 있는데, 이는 갈등을 빚는 결코 사소하지 않은 담론들을 보편타당하고 궁극적인 차원으로 옮겨 감으로써 변증법적으로 화해시킬 수 없다는 원리적인 통약通約 불가능성을 지시한다. 그리하여 드디어는 19세기 산업사회와 동시에 나타났던 고급문화와 대중문화의 거대한 분리가 희미해지는 것을 포스트모던의 지배적인 특징으로 식별하는 입장도 대두되고 있다(Huyssen, 1993).

이와 같은 상황을 눈앞에 두고 독일의 미학자인 하인츠 페촐트(Paetzold, 2000)는 세계화의 표제 아래 진행하고 있는 논쟁의 한 부분으로서, 전 지구적 규모의 경제와 시장 출현이 오늘날의 도시문화에 어떤 영향을 미치는지를 집중적으로 따져 묻고 있다.[24] 즉, '세계화가 도시문화의 지속적인 국제화 이상을 의미하지 않는가?', '텔레커뮤니케이션(이하 텔레콤)의 새로운 매체들이 도시성의 새로운 구조들로 이어지지 않는가?', 좀더 노골적으로 표현해서, '사이버 공간이 사람들로 가득한 광장과 거리라는, 신체적으로 경험되는 도시 공간을 대체하는가?' 등의 질문들이 모두 이와 연관된다.

여기에서 '세계도시Global City'라는 개념에 유의할 필요가 있는데,

24 본 장의 논의는 페촐트의 논지를 전반적으로 받아들이면서, 이를 재구성하고자 하는 성격을 띠고 있다. 이는 사회적 근대성이라는 문제의식과도 상통하는데, 이에 대해서는 다음을 참고할 것. 앤서니 D. 킹, 〈근대성에 대한 탐구: 근대도시의 특징은 무엇인가?〉, "International Conference for Urban Humanities: Humanistic Reflection for the Humane City"(2009, Inchon).

이는 현대적인 거대도시들이 복속하는 경제적·정치적 변형 과정 전체를 이론적으로 기술하고자 주조된 개념이다(Sassen, 1991; 1994). 다시 말해서, 이는 현대적인 거대도시들에서 도시성이 갖는 새로운 사회적·정치적 조건들을 수용하기 위한 구조적 개념이다. 사센은 이러한 '세계도시'가 전적으로 새로운 사회경제적 구조를 나타낸다고 명료하게 밝히고 있는데, 이는 실상 막스 베버가 분석한 바 있는 중세도시들을 염두에 두면서 진행된 작업이다. 예컨대 한자동맹에 속해 있던 중세도시에서 이루어진 무역은 잉여생산의 교환 정도로 생각되었던바, 사센은 중세도시가 외부 무역으로부터 후퇴해도 비록 축소된 규모에서나마 그 자체를 계속 지탱할 수 있었던 것과는 달리, 세계도시들의 현대적 구성분자는 자족적인 장소들 사이의 무역과는 전혀 다르다고 본다.

여기에서 우리는 현대 도시문화에 대한 비판적인 철학의 탐색을 위해 도시성에 대한 세 가지 주류 담론을 분석적으로 구분할 필요가 있음을 상기하고자 한다. 첫째로, 도시학자urbanologists, urbanists, 건축가 그리고 도시계획가들에 따른 담론이 있다. 둘째로, 철학적인 문예비평들의 도시담론이 식별될 수 있다. 셋째는 사회과학에 따른 담론인데, 사센의 세계도시 개념은 이에 속한다.

이 셋이 모두 현대에서 기원하며, 그 각각은 도시의 복합영역을 특수한 각도에서 접근한다. 이렇게 볼 때, 도시문화에 대한 비판적 이론의 과제는 이 도시담론들의 내적 논리를 드러내는 것, 다시 말해, 그것들을 서로 더 가깝게 옮겨놓을 수 있도록 하는 새로운 관념틀을 발전시키는 것이라고 할 수 있다. 각각의 입장은 서로 다른 학문분과들에 의해 다루어지면서 현재까지 서로 분리되어 발전해왔기 때문이다.

이처럼 담론분석 방법을 활용하면서 도시성에 관한 더욱 총체적인 비판적 이론을 추출하려는 작업은 일단 전술한 세 가지 담론 유형을 개괄하는 한편, 이를 통해 '세계도시'의 특징을 윤곽 짓는 것에서부터 시작됨 직하다.

1. 도시학자들의 도시담론

도시학자, 건축가 그리고 도시계획가들에 따른 도시담론의 특징은 무엇인가? 19세기 후반에 시작된 이 담론은 현대도시의 전반적 윤곽을 탐색하는 데 전념할 수 있게 하는 이론적 언어를 마련해준다. 이러한 논의는 고도로 전문화된 술어로서, 우리들이 경험한 도시에 관해 일상 언어로 이야기하는 방식과 충돌한다. 예컨대 세르다Ildefonso Cerda, 올름스테드Frederick Law Olmsted 등의 도시학자들에 의한 도시담론의 대부분은 이론적 분석을 목적으로 한 관용어들이자, 도시의 건축적 형식에 개입하기 위한 도구로 고안된 것이다.

특별히 20세기적 도시주의는 의심할 여지없이 기능주의에 의해 주도되면서 이로부터 강한 영향을 받아왔다. 예컨대 르 꼬르뷔제Le Corbusier는 프로그램적 선언(urbanisme, 1925)을 통해 '도시학적 기능주의'의 관용어를 체계화한 것으로 평가받는다. 그에 따르면, 현대의 대도시는 산업, 주거, 여가활동, 구매 및 교통 구역들로 구획되지 않으면 안 된다. 그렇게 해야만, 대도시의 완전한 작업가능성workability이 확인되고 보장될 수 있기 때문이다.

1970년대 이래, 후기 기능주의적 도시주의가 등장하는데, 이는 양차대전 이후 우세했던 르 꼬르뷔제의 '도시학적 기능주의'를 반성적으로 조명한다. 이에 따르면, 기능주의의 틀 안에서 도시학자들은 '사회공학자social engineer'의 구실을 담당하면서 도시 전체를 정의된 목적에 따라 배치한다고 생각되었던 것과는 달리, 후기 기능주의적 도시학자들은 보편타당한 기술공학적 방법이 무엇인지를 모색한다고 볼 수 있다.

이러한 추세의 변화에서 레비스트로스Claude Levi-Strauss의 문화인류학적 영향이 발견될 수 있다. 다시 말해, 기능주의의 위압적인 목표와는 대조적으로, 후기 기능주의적 도시학자들은 보다 작은 규모의 도시직조urban fabric에 개입하고자 노력하며, 이를 위해 장소site의 문화적 해석, '마을경관townscape'을 위한 감수성, 도시 주민들의 '참여' 등과 같은 다양한 도구들을 활용하게 된다(Rowe & Koetter, 1993).

이와 같이 도시 전체를 목표로 삼아 궁극적인 유토피아적 해결 방안들을 찾는 기능주의의 노력은 도시의 새로운 위치 설정과 함께 더욱 아기자기하고 단편적인 개선을 추구하는 후기 기능주의에 따라 대체되어 왔다. 한마디로, 후기 기능주의적 도시계획은 더 이상 도시 전체의 건축적인 문제들에 대해 위압적이고 궁극적인 해결 방안을 제시하려 하기보다는 콜라주 방식으로 이루어지는 개입에 관계한다.

따라서 도시 텍스트성의 독해, 비동일자dissimilar와의 결합, 구조들의 복수성 등이 열쇠개념으로 부상한다. 이러한 점에서 후기 기능주의적 도시계획의 콜라주식 접근은 기초주의foundationalism의 이름으로 이루어지는 건축 및 도시 이해와 연결된다. 즉, 도시계획에 대한 콜라주식 접근은 도시가 지니는 의미의 서로 다른 역사적·사회적 차원들을 그 안에 공존시킬 수 있는 디자인을 선호한다. 이때 역사가 아직 그 궁극적 완성에 이르지 않은 것으로 여겨짐은 두말할 여지가 없다.

이상과 같은 도시학자의 담론을 이해하고자 함에서, 예컨대 팍Robert E. Park, 버게스Ernest W. Burgess, 토머스William I. Thomas 등 이른바 시카고 도시연구학파Chicago School of Urban Studies는 특별히 주목 받을 필요가 있다. 이들은 집단의 형성, 개인화의 과정 등 사회구조에 대한 조사와 지리학·생태학적 도시 지역들을 매개하는 이론적 접근을 특징으로 한다. 곧 문화인류학, 인간생태학, 자연사 연구 등에서 유래한 새로운 이론적 구성 요소들을 도시성, 사회과정 등의 공간적 재현, 도시문화 전반에 대한 이론화에 도입한 것이다.[25]

이러한 입장에서, 시카고 도시연구학파는 도시생활의 환경적 국면들에 집중하는데, 도시문화가 어떻게 인간이나 사회 생태학으로부터 유래하는지가 이들의 주된 관심사라 해도 지나친 말이 아니다. 여러 현장조사에서 보듯이, 이 학파에 속한 사람들은 해당 사회집단 또는 제도의 의미 있는 지역성을 지시하는 지도에 관심을 기울였다. 그 결과 이들은 도시의 각 부분이 불가피하게 그 인구의 독특한 정감에 따라 물들어 있다고 보면서, 처음에는 단순한 지리학적 표현이었던 것을 이웃으로, 즉 그 나름의 역사와 전통 그리고 정감들을 지닌 지역성으로 바꾼다고 단정한다.

요컨대, 시카고 학파의 도시사회학적 접근은 사회학을 문화인류학에 좀더 가깝게 접근시키는 사회학적 이해를 입증한다.[26] 이러한 맥락에서 팍이 '주변인marginal man'이라는 개념을 주조함으로써 대도시들에서 가장 분명하게 전면에 드러나는 문화적 변화들을 파악하고자

25 인간에 대한 과학인 인류학은 오늘에 이르기까지 주로 시원적인 인간에 대한 연구에 관여해 왔다. 그러나 문명화된 인간도 똑같이 흥미로운 연구 대상인 동시에 현재 생활은 관찰과 연구에 더욱 열려 있다. 도시 생활과 문화는 더욱 다양하고, 섬세하며, 복잡하다. 그러나 근본적인 동기는 두 예들에서 동일하다(Park, 1952, 15).

26 이와 같은 일종의 '문화인류학적 선회'는 문화에 미친 기후의 영향을 강조하는 문화이론을 발전시킨 독일의 헤르더Johann Gottfried Herder까지로 거슬러 올라갈 수 있는데, 로버트 팍은 독일에 체류하는 동안 이 문화지리학cultural geography의 전통과 만나게 된다. 그러나 문화지리학이 사회성과 지리학적 지역성을 매개하는 개념임에 반해, 헤르더나 팍 그리고 그의 학파 모두 어떤 지리학적 열정주의에 굴복하지 않았다. 헤르더도 이미 기후가 문화를 배치할 뿐 결정하지는 않는다고 말한 바 있지만, 팍 또한 문화를 본질적인 실체로 이해하는 것과는 거리가 멀다. 그는 오히려 문화적 변화와 변동에 민감하다.

했다는 점은 따로 언급될 만하다. 팍은 짐멜의 '이방인Fremde' 개념을 전용轉用하면서, '주변인'이라는 우산 아래 문화에 대해 외부적 위치에 있으면서 바로 그 때문에 문화변동을 담아낼 수 있는 사람들을 이론화하고자 했다. 이런 점에서 그의 도시사회학에서는 이민이 중요한 의미를 갖게 되는데, 이민자들은 양가적인 상태, 곧 자신들의 기원이 되는 문화와의 연대를 이미 상실했으면서도 아직 새로운 환경에 완전히 적응하지는 못한 상태에 있기 때문이다. 한마디로, '주변인' 개념은 그 역동적 국면들로 말미암아 도시문화의 생산에서 무엇보다도 중요한 의의를 지닌다(Lindner, 1980 참조).

2. 철학자들의 문예비평

도시학자의 담론에 이어 문예비평의 철학적 담론을 살피고자 함에서는 무엇보다도 벤야민Walter Benjamin의 경우가 주목을 끈다. 그는 팍과 마찬가지로 짐멜의 영향을 많이 받았지만, 《아케이드 프로젝트》를 통해서 보들레르Charles Baudelaire의 도시 서정시와 포Edgar Allen Poe의 소설에서 나타난 통찰들을 새롭게 포착하면서 도시문화에 관한 한, 누구라도 언급하지 않을 수 없는 자신의 핵심 개념들을 개진해 나갔다.

벤야민에 따르자면, 도시인들은 시적 이미지, 사진, 영화, 그림, 보고서, 에세이들을 제공하는 거대도시의 '산보자flanneur'라고 할 수 있다. 이 문화적 작업들은 스쳐 지나가는 계기들을 순간적으로 체험하는 경험과, 도시적 생활 세계의 경험 자체에 바탕을 둔 연속성 사이의 틈새hiatus를 연결한다. 이로써 우리는 근대성을 최고조로 드러내는 거대도시의 변증법적 이미지들을 받아들인다.

이 같은 산보가 고대 아테네나 로마가 아니라 19세기의 파리에서 기원하였다 할지라도, 이러한 전형적인 대도시 활동은 파리에만 매어 있지 않다. 시인, 사진작가 그리고 조형예술가들은 과거와 현재의 산보자이다. 곧 '산보'는 철학적으로 형이상학적인 주체성에 귀속시킬 수 있는 문화적 활동이자 순수하게 도시적인 이동 방식을 지시한다. 그러한 주체성은 스스로를 이미지, 에세이, 보고서 그리고 영화 속에서 분명하게 드러낸다. 그런 의미에서 '산보'는 문화적 근대성의 기관organon이라 부를 만하다.

다른 한편 '산보'는 우리에게 '미로' 같은 도시생활 경험에 익숙하도록 만든다. 그것은 도시의 군중들을 통해 실행되는바, 벤야민은 거대도시를 미로로 경험한다는 것 자체가 하나의 '예술'이라고 강조했다. '바라보는 예술'로 압축되면서 도시생활의 이미지들은 논리 질서를 따르는 대신, 오히려 꿈의 구조와 연결된다. 도시를 미로로 경험한다는 것은 항상 신비적이기 때문이다. 그렇다고 해서 로물루스와 레무스, 카인 또는 카드무스 등 도시의 기초를 놓은 존재들의 근본적인 신화로 되돌아갈 필요는 없다. 우리가 일상생활에서 도시직조를 경험하는 방식, 그 공간 구조, 지하 터널의 깊이와 평면적인 거리가 아스팔트 띠tape로 연결되는 놀라움 등은 근대적인 신비에 관한 새로운 이론을 요청하기 때문이다.

벤야민이 제시하는 이 두 가지 열쇠개념으로 대표되는 도시적 문예비평 관념들은 19세기 파리뿐만 아니라 우리 시대의 문화철학을 위해서도 아직 유용하다. 요컨대, 이와 같은 철학적 문예비평은 대도시 생활의 문화경험들을 결정적으로 제공하는데, 여기에서 우리는 현대 거대도시의 영역과 접목하는 우리들 자신의 친밀한 경험을 토로하는 데 도움이 되는 어휘, 즉 비유들의 숙어, 에세이적 재현과 시각적 이미지들의 숙어를 발견할 수 있게 된다.

3. 사회과학자들의 도시분석

이처럼 도시학자들과 철학적 문예비평의 담론들을 살펴봄으로써 우리는 이제 어느 정도 도시성에 대한 비판적 문화철학의 가능성을 점검해볼 태세를 갖추게 되었다. 그러나 여전히 오늘날의 도시문화가 도시생활을 밑받침하고 있는 경제적·정치적 구조로부터 어떻게 유래하고 또 뿌리내리고 있는지를 설명하는 사회과학적 해명이 남아 있다. 오늘날 우리가 도시생활을 어떻게 경험하고 있는지, 스쳐 지나가는 현대적인 생활체험의 흐름을 어떻게 감지하는지를 드러내는 현상학적 사고유형과의 만남에 기여할 수 있는 사회학적 연구로서, 우리는 세계화와 관계된 세계적 도시정책에 대한 연구를 참조할 필요가 있다. 앞에서 말한 사센의 이론은 도시과학 분야에 연속해 있는 동시에 그 초점을 세계화로 옮겨놓고 있다.[27] 사센의 '세계도시'에 관한 연구들이 지닌 이론적 가치는 무엇보다도 종종 새로운 매체, 곧 텔레콤에 대한 현실주의적 전망을 방해하는 이데올로기적 안개를 걷어내는 데 있다. 예컨대 맥루한Marshall McLuhan의 유명한 '지구촌 global village' 개념이 그러한 안개 가운데 하나로 평가될 수 있다. 카스텔Manuel Castells의 '정보도시The Informational City'로 대표되는 연구작업의 연장선에서 사센은 텔레콤을 비신화화하는데, 그녀의 핵심적인 주장은 '새로운 텔레콤이 새로운 세계적 통제기능의 기술공학적인 기초를 마련했다'는 것이다. 이 기능의 핵심은 텔레콤으로 가능해

27 사센(Saskia Sassen, 1991; 1994)을 비롯하여 킹(Anthony King, 1990; 1991; 1996)과 주킨(Sharon Zukin, 1988; 1995) 등의 미국 도시 사회학자들은 상징적 경제symbolic economy라는 개념을 중심으로 탈산업화된 도시들의 특징을 분석하는 데 심혈을 기울여 왔다. 이들의 작업은 오늘날 '문화산업 진흥'이 주도하고 있는 문화도시 조성에 관한 정책 담론을 거시적인 차원에서 이해하고자 할 때 상당한 중요성을 갖는다.

진 두 가지 성과들, 즉 그것이 광범위한 조직적 활동의 영역을 통합하는 동시에 지리적으로 배분한다는 데 있다. 두 기능 모두가 유례없는 통제 가능성을 산출하였고, 이는 무엇보다도 텔레콤이 단순히 공중에 떠도는 것이 아니라는 사실에 기인한다. 그것은 특수한 사회경제적인 구조의 전개 속에 자리 잡고 있으며, 동시에 이를 자극하기도 한다.

이렇게 해서 세계도시 정책은 경제적 과정들을 전반적으로, 즉 세계적인 규모에서 통제하고 방향 잡는 효과적인 도구가 된다. 이 도구는 '세계 경제의 재구조화 시기' 동안 결정적인 구실을 했다. 미국의 다국적 기업과 은행들은 1970년대의 위협적인 세력 공백을 경험했던 바, 거대한 제3세계 국가들이 심각한 위기를 맞이한 1980년대에, 미국 제조업의 시장점유율이 눈에 띌 만큼 하락하던 것과 달리, 금융업은 텔레콤의 발전에 의존하여 강력한 성장 계기를 마련했다. 다시 말해, 이 시기에 은행업, 보험업, 부동산업과 경영 상담을 위한 텔레콤 서비스들을 전문으로 하는 회사들이 결집하면서 하나의 공통적인 복합단위가 구성되었으며, 이 복합단위를 소유한 회사들은 주로 뉴욕, 런던 그리고 도쿄라는 거대도시들에 본사를 두면서 지역적으로 자리 잡게 된다. 우리가 놓치지 말아야 할 것은 이 세 거대도시들 사이에 새로운 연결망이 형성되면서, 세계 경제의 재구조화를 주도하는 전지구적 통제 중심이 구성되었다는 사실이다. 요즈음 경제위기의 증폭은 이러한 연결망의 위력을 역설적으로 보여준다.

이와 같은 사태에 대한 광범위한 경험적 자료들에 입각하여 사쎈은 텔레콤에 관한 논의를 저해하는 두 번째 신화를 분쇄한다. 즉 애초에 사람들은 텔레콤의 발흥이 회사 위치에 관한 질문들을 결정적으로 종식시킬 것으로 기대했는데, 현실은 정반대라는 것이다. 1980년대 이래 위의 세 도시는 은행, 보험, 산업, 주식, 법률, 컨설팅 회사로 구성되는 명령 중심들에서 예상치 못했던 증가 추세를 보이면서 관할구역 안에 정착하는 것을 경험했다.

본사들이 거대도시로 집중하는 것에 대한 이론적인 설명 근거는 오늘날 기술공학적 혁신들이 더욱 빠른 속도로 서로를 이어간다는 것 그리고 현대 텔레콤에서 기술공학적 혁신들은 거대 자본의 투입을 경유하여 금융산업들과 접촉하려 한다는 것이다. 결국 세계도시들은 ① 공간적으로 흩어져 있는 공장, 사무실, 서비스 아울렛들의 연결망을 운영하고자 복합조직들이 필요로 하는 특수화된 서비스들을 생산하고, ② 금융산업의 국제화와 팽창에서 중심을 이루는 금융 혁신과 생산 및 시장 개설을 위한 중심지가 되어 온 것이다.

이렇게 보면 뉴욕, 런던, 도쿄는 주도적인 금융산업들과 특수화된 텔레콤 서비스들이 자리 잡은 장소이기 때문에, 세계적 통제 능력의 조건들을 마음대로 손에 넣게 된다. 이러한 결합은 그것이 세계 규모의 시장들과 함께 세계적 연결망을 구축할 수 있는 능력을 포함하기 때문에 더없이 중요하다. 텔레콤은 고도로 특수화된 서비스들을 제공할 수 있기 때문에 모든 종류의 제조회사들에 영향을 미치고 있다. 어떤 종류의 상품들을 생산하는 과정이든 오늘날에는 가동적인 자본의 거대한 총량적 투자와 함께 텔레콤적 요소를 필수로 하고 있기 때문이다. 거대도시들이 언제나 은행이나 주식시장 등 돈이 자리 잡기에 가장 적합한 자리였다는 것을 인정하더라도, 텔레콤이라는 요소에 포함되어 있는 가능성은 전혀 새로운 것이다. 즉, 금융산업과 텔레콤이라는 두 요소가 세계도시들에게 새로운 전략적 특혜를 보장해주자, 새로운 현상으로서 세계도시들이 전 세계적 규모의 통제 기능을 과시한다. 그 결과, 이제는 전통적으로 제조산업들이 자리 잡았던 도시들이 철저하게 평가절하되는 사태가 벌어지고 있다.

세계 경제 제도가 도시들 사이에 엄격하게 서열화된 경제 순위와 손을 맞잡는다는 이와 같은 사실은 소득 분배에도 막대한 영향을 미치면서, 새로운 소득 양극화를 초래한다. 1970년대와 비교할 때, 천문학적 보수를 받는 극소수의 지도층과 저임금의 단순노동 종사자들 사이의 엄청난 격차가 특별히 두드러진다. 예컨대 뉴욕의 경우 금융, 보험 그리고 부동산 산업 분야의 평균임금은 1987년에 이미, 시청 직원들과 비교할 때 거의 배에 가까웠다. 이와 같은 격차가 피고용자들의 노동시간의 유연화로 이어졌고, 이는 파트타임 작업을 통해 자주 변화하는 작업 시간들에서 영구적인 임시노동casual work에 이르기까지 확장된다. 이른바 재택근무나 노동자를 장시간 혹사하는 착취공장sweatshop의 저임금노동이 극단적인 노동 평가절하의 사례라 할 것이다.

이에 따라 자본주의 안에서 노동을 보호했던 일련의 계약들은 날로 빈약해지고 드디어는 포기되고 만다. 이제 노동은 엎치락뒤치락하는 시장 파동들에 종속되고, 사람들은 지루하고 형식화된 노동조건의 틀에서 놓여나는 대신, 사회적 불안과 불확실성의 심연에 빠져들게 된다. 벡Ulrich Beck의 '위험사회'나 세넷Richard Sennet의 '유연한 인간' 등의 개념은 바로 이 심연을 가리키는 다양한 제목이라고 할 수 있다.

4. 세계화와 도시발전의 상호작용

이제 비로소 세계화가 도시문화에 미친 영향들이 무엇인지, 경제적인 세계화와 도시발전이 어떻게 함께 작용하는지를 물을 수 있는 단계에 이르렀다. 페촐트에 따르면 이는 다음과 같은 세 가지 방식으로 요약 탐색된다.

첫째로, 도심 지역들의 건축적 복구를 뜻하는 이른바 '고급화gentrification'에 주목해야 한다. 1970년대에 이르기까지 미국의 중산계층이 교외로 옮겨가는 것은 하나의 표준이었다. 그러나 세계도시 정책의 체제 아래 새로운 젊은 전문직업인들은 더 이상 도시 외곽으로 이동하지 않는다. 예전에 그랬던 것처럼 그들은 도심 지역을 점령한다. 그들의 사회적 문화적 필요에 부응하고자 이전에는 쇠락해가고 불량하게 유지되던 도심 영역들이 개량되어 좀더 비싼 소비에 대응한다.

이러한 지역의 더 가난한 주민들은 젊은 전문직업인들과 경쟁할 수 없기 때문에 떠날 수밖에 없다. 그러나 이 신흥부자들을 전통적인 부유층과 혼동해서는 안 된다. 주도적인 위치에 있는 이 젊은 전문직업인들의 높은 수입이 오래 계속되리라는 보장이 없기 때문이다. '고급화', 즉 도심 지역들의 건축적 복구는 이러한 새로운 조건에 반응한다.[28]

둘째로, 세계도시 정책은 수입에서 증가하는 '불균형'과 함께 이에 따른 소비의 불균형으로 이어진다(Sassen, 1994). 이는 나아가 대도시들의 지리학에서 심각한 사회적 분리를 일으키게 된다. 세계화 체제 아래 하나의 도시는 이러한 분리를 구현하는 방식으로 재편될 수밖에 없으며, 결국 값비싼 지역과 몰락에 직면해 있는 지역이 극단적인 대조를 이루게 된다. 뉴욕의 맨해튼과 퀸스 지역, 런던의 웨스트엔드

28 상대적으로 합리적이지만 그토록 좋은 상태를 유지하지 못하던 도심이, '고급화'로 말미암아 호사스럽고 비싼 지역으로 바뀌면서 그곳에 살고 있던 사람들이 더 이상 견디지 못하고 일종의 유랑생활을 한다는 사실은, 그곳이 뉴욕이든 서울이든 차이가 없다. 이와 같은 '고급화'와 무관하지 않게 노숙자Homeless의 숫자가 급증하고 있음을 여러 가지 실증적인 연구들이 제시하고 있다. 이로써 국제적인 차원에서 세계도시가 경제적인 교착의 새로운 단계를 표시할 뿐만 아니라, 도시 발전에 양가적이고 심지어는 부정적인 효과를 드러낸다고 말할 수 있다. 이 모든 것이 세계도시 정책의 결과들 가운데 하나로서 '고급화' 속에 함축되어 있다.

와 이스트엔드의 대비를 떠올려보라. 이와 같이 커지는 수입 불균형은 공간적인 양극화를 낳는다. 그리하여 도시의 다양한 지역성 속에서 이제까지 알려지지 않은 질적인 대조들이 나타나는데, '고급화' 도시, 교외 도시, 하숙 도시 그리고 포기된 도시 등의 구분이 생기는 것이다.

셋째로, 세계도시 정책의 개념은 통제 능력의 집중화를 함축한다. 세계도시에 따라 수행되는 종류의 통제는 국내보다는 세계시장에 적용된다. 우선 거대도시의 다국적 회사들은 때로 제3세계 국가, 규모가 더 작고 의존적인 외부의 제조업자와 협조한다. 또한 먼 농촌 지역에 있는 '가내 노동자들'은 커다란 사슬에 묶이게 된다. 사실상 이 사슬은 거대도시 안에 있는 중심으로부터 조종, 명령, 통제된다. 이와 연관된 또 하나의 측면은 세계도시 정책이 국민국가의 장벽을 존중하지도 않고, 이로써 길들여지거나 조절되지도 않는다는 것이다.

이는 곧 금융산업과 특수화된 서비스 부문들에 따라 실현된 경제성장의 이익이 자동적으로 국가경제의 일부가 되지 않음을 뜻한다. 세계도시의 이윤은 그러한 논리를 넘어서서 움직인다. 결과적으로 그것은 경제생활의 중요 영역들이 정치적으로 합법화된 기구들, 즉 민주주의적 민족국가들의 통제 범위를 넘어선다는 것을 뜻한다. 노동 과정들의 보호나 사회적 입법 규칙들은 파기된다.

세계화가 도시문화에 미친 영향을 위와 같이 요약했을 때, 이를 어떻게 읽어낼 수 있을까? 페촐트는 세 가지 방식을 제시하고 있는데, 무해한 독해, 회피적인 독해 그리고 적합한 독해가 그것이다.

우선, '무해한 독해'는 세계도시들의 외관에서 '세련된 다채로움 virtuous colorfulness'에 매달린다. 이는 이전에 지역적으로 닻을 내린 파워엘리트들의 주요 덕성으로 여겨졌던 금욕주의와 기능성이 증발되고, 이른바 '코스모폴리탄적 작업문화'가 유행한다는 사실과 연관된다. 새로운 도시문화는 쾌락주의적 생활양식들, 구경거릿감적인 주변 환경들, 좋은 삶에 대한 새로운 비전 등에서 파악 가능한데, 이는 세련된 태도라는 뜻의 도시성을 강화하기 때문에 '코스모폴리탄적'이라 할 만하다. 취미의 국제화는 이 문화의 두드러진 브랜드로서, 단순한 음식이 아니라 요리가, 단순한 옷이 아니라 디자이너의 상표가, 단순한 장식이 아니라 진정한 예술대상objets d'art이 중요하다.[29]

둘째로, '회피적인 독해'는 흔히 세계도시 정책에 노출되지 않았다고 여겨지는 지역에서 이루어지기 쉽다. 여기에는 세계도시 개념이 뉴욕, 런던, 도쿄 같은 거대도시들의 기벽奇癖들만을 다룬다는 사실이 구실로 작용한다. 그러나 이 회피적인 태도는, 비록 오늘날 각각의 대도시에서 작은 규모로만 통용되고 있을지라도, 편안하지 않다는 이유로 엄존하는 진리들에 대해 눈을 감는 태도라고 비판받을 수 있을 것이다.

마지막으로, '적합한 독해'는 세계도시들이 전에는 알려지지 않은 통제 능력의 집중을 나타낸다는 점에 주목한다. 그것은 전 지구적 규모로 확장된 세계 시장들에 적용된다. 세계경제를 수립, 통제, 유지하는 능력이 금융산업과 텔레콤 서비스들을 결합하는 터전 위에서 구조적으로 가능해진다는 것은 이미 말한 바 있다.

이제 앞서 말한 도시문화에 대한 비판적 철학의 전망을 열기 위해 필요한 전제들이 어느 정도 개진된 셈이다. 그럼에도 우리는 다음의

---

29 세계도시들은 쾌락주의적 기쁨을 목표로 하는 도시생활 방식을 끌어 모은다. 이 생활 양식은 종종 국제적인 주변 환경들을 인용한다. 거대도시적 생활은 더 다채롭고, 더 매력적이고, 더 다양해졌다. 그러나 세계도시 정책에 대한 표준적인 '무해한 독해'는 이익에 동반되는 어두운 그림자들을 간과할 수 있다. 우리는 차별화된 고급스러움을 지향하는 사치extravagancies와 명품exquisiteness이라는 새로운 영역이 감춰진 또는 드러난 새로운 빈곤을 희생양으로 삼은 대가임을 결코 잊어서는 안 된다. 즉, 결정적으로 세계도시에는 승자만이 아니라 패자도 살고 있다.

사실, 곧 모든 인간존재들은, 상당히 오랜 기간 허상 세계 또는 사이버 공간의 거주자로 살아가야 할지 모르지만, 언젠가는 실제 시간과 실제 지역 공간에서 죽어야 한다는 사실을 기억해야 한다. 이는 어떤 종류의 세계성globality이라도 최소한의 지역성regionality를 요청한다는 것과 연관된다. 지역적인 것과 세계적인 것 사이의 경계들이 항상 변하고 있고 그 의미가 항상 새롭게 발전되어야 할지라도, 그것들 사이의 변증법은 바로 '인간 조건'에 속하기 때문이다. 높은 수입을 받는 주도적인 임원들이 거듭거듭 자신의 사무실에서, 사이버 공간에서 그리고 전자 고속도로 위에서 작업한다 할지라도 일단 사무실을 떠나면, 그는 자신이 살고 있는 대도시 거리들의 실제 공간 속으로 들어서야 한다. 여기에서 그는 자신이 작업 속에서 항상 사용해온 제어 불가능한 통제 능력의 결과에 직면하지 않을 수 없게 된다.

맺음말

이제 우리의 논의는 애초에 설정된 목표, 즉 건축가와 계획가의 도시학적 담론, 철학적 문예비평 그리고 사회학자의 담론들을 염두에 두면서 도시생활에 관심 갖는 진정한 문화철학을 구축하고자 하는 목표를 위해 앞선 검토들이 어떻게 기여하는지를 제시해야 할 단계에 이르렀다. 결론부터 말한다면, 이 세 가지 담론은 모두 필요하되, 어떤 방식으로 필요로 하는지 그리고 어떻게 압도적인 하나의 패러다임적 장르로 환원되지 않으면서 통합적인 전체를 이룩할 수 있는지를 보여주어야 비로소 바람직한 도시문화 철학이 가능해진다는 것이다. 우리는 이를 위해 담론 분석이라는 이름 아래 세 가지 담론을 살펴보았고, 다시 한 번 그 요점을 간추려본다.

첫째로, 도시학적 담론은 도시를 하나의 환경적 전체로 윤곽 지을 수 있도록 하는 관용어들을 제공한다. 20세기 도시학적 담론의 어휘들은 오랫동안 기능주의에 의해 지배당해왔던바, '형식은 기능을 따른다'가 주요 신조이다. 이 원리 안에서 도시 공간 형식들은 분명하게 정의된 기능들 예컨대 교통, 레크리에이션, 작업, 거주, 쇼핑 등에서 유래된다. 도시에 대한 후기 기능주의적 담론은 지금도 형성되고 있는데, 기능을 변형 가능한 구조로 대체하고 있다. 그것은 상징적 해석 속에서 역사적 변동과 변화에 개방적이다. 나아가, 구조들은 다른 활용 경로에 따라 전유될 수 있으며, 하나의 압도적인 총체성 이념에 덧붙여짐 없이 공존할 수 있다. 즉 콜라주처럼 도시구조에 다층적인 의미를 제공하면서 함께 존재할 수 있다.

그러나 이 담론에 공헌하는 세계도시 정책에 함축된 도시 이념은 의심스럽다. 사회적 분리가 그 브랜드이기 때문이다. 그러나 반드시 콜라주 도시의 결과라고만 할 수 없는 사회적 분리가 사회적 결집을 위협한다는 것은 사실이다. 사회적 분리는 어떤 정도이든 '공통감sensus communis'을 생산해내지 못한다. 자유주의 정책의 필연적 차원이자 아마도 기초적 요구로 판단되어야 한다는 점을 감안하더라도, 세계도시의 정책 체계가 정치체political body로서의 도시를 단순히 연결되지 않은 부분들로 전락하게끔 위협한다는 것은 틀림없다. 이렇게 본다면, 한 도시의 문화를 구성하는 최소한의 지역성이 '공통감'을 위한 가능성의 필요조건이 될 수 있을 것이다.

논쟁과 대립을 배제하는 것이 아니라 오히려 그것을 요구하는 '공통감'은 도시에 관한 둘째 담론, 즉 문예비평의 담론으로써 강화된다. 한 도시의 문화를 위해 이 담론이 지니는 의의는 그것이 일시적이고 연결되지 않은 생생한 경험들과 도시적 형식의 순수한 경험들의 틈새에 다리를 놓는다는 데 있다. 문예비평의 담론은 도시의 광장과 거리, 한마디로, 한 도시의 다양한 지역성을 나타내는 지도, 이미지 그리고 비유에 대한 우리 자신의 개인적이고 특유한 (또는 집합적인) 지도 그리기를 구사할 수 있게 하는 어휘들을 마련해준다.

그러나 이 담론은 다양한 '산보' 활동을 전제로 한다. 우리는 벤야민의 멜랑콜리한 '산보'만을 언급했으나, 그 밖에도 여러 유형들이 있을 수 있다. 객관화된 경험의 유동적인 흐름은 도시학자의 관용어와 사회학자의 관용어를 우리 자신의 고유한 특유적 환상, 욕망, 생생한 경험들로 되돌려 연계하는 하나의 예가 된다.

마지막으로, 사회학자와 인류학자들에 따른 담론은 공통적으로 공유된 생활세계에 관한 어휘를 마련해준다. 거기에는 다음과 같은 질문들이 포함된다. 거대도시 안에서 도시 군중들이 함께 사는 삶이 개인적 자유의 의미에 어떤 영향을 미치는가? 거대도시는 타자들을 위한, 괴짜와 국외자들을 위한 관용의 정신을 자극하는가? 도시생활은 사회적 연대감을 강화하는가? 도시학자들의 비전이 도시거주자들의 구체적인 생활세계에 영향을 미치는가? 요컨대, 도시 사회학자들의 담론은 이 같은 쟁점과 주제에 관한 시종일관한 서사로 이해될 수 있다.

도시성에 관한 이러한 문화철학의 과제는 이 세 가지가 사실로서뿐 아니라, 필연적으로 존재한다는 것을 보여준다. 그러나 그것만으로 끝날 수는 없다. 조절되지 않은 세계화에 대항하는 도시문화에 대한 비판적 철학은 지역성을 활용한 대항적 균형을 필요로 하는바, 이는 최근에 관심 대상이 되고 있는 탈식민주의적 관점과 밀접하게 연관된다. 그러나 이 문제는 또 하나의 긴 논의를 필요로 하므로 여기에서는 더 이상 언급하지 않기로 한다.

다만 오늘날 문화적 지역주의에 대한 새로운 사고가 일어나고, 정치적으로 옹호하는 추세가 강해지고 있음을 환기하는 것으로 만족하고자 한다. 이는 도시들의 문화에도 적용 가능한데, 오늘날 우리는 하나의 사회 속에 서로 다른 문화들이 공존하는 현실에 직면하고 있기 때문이다. 특히 대도시의 영역 안에서는 새로운 문화다원주의가 출현하고 있으며, 경제의 세계화는 완전히 다른 문화적 배경을 가진 사람들을 한곳으로 옮겨왔다.

또한 세계도시들의 발흥은 새로운 이민의 물결과 손을 맞잡는데, 새로운 이민은, 과거에도 그랬지만 대부분의 경우, 열악한 보수로 만족해야 하는 새로운 노동력으로 취급될 뿐이다. 그러나 이 같은 타자적 문화의 현존 자체가 더 이상 무시될 수 없다는 것이 숨김없는 현실이며, 바로 이러한 문제의 근원을 파헤치기 위한 노력들 가운데 하나가 탈식민주의적 접근이다. 이는 단순한 사실 규명을 위한 이론 작업이기보다는 '소수를 위한 문화정책'의 구상과 실행을 위한 실천 작업이기도 하다는 점에서 특별한 관심을 필요로 한다. 여기에서 논의한 문제들이 그와 같은 접근으로 이어져야 한다는 것이 이 글의 또 다른 의도이기도 하다. 그 하나의 접근 방법이 '무장애 운동'으로서, 이는 문화 다양성 개념과 긴밀하게 연결되어 있다. 다음 장에서는 이 문제를 다루게 된다.

제3장 문화 다양성과 소수를 위한 도시문화

이끔말

우리 민족은 언제부터인가 단일민족임을 자랑하고 있다. 이는 오랜 역사를 거치는 동안 끊임없이 외적과 싸워야 했던 사실과 결코 무관하지 않다. 특히 최근세사에서 일본 제국주의의 침략으로 나라를 빼앗긴 경험은 우리로 하여금 단결의 필요성을 더욱 절감케 했을 것이다. 해방 뒤에도 이념 차이로 민족상쟁의 전쟁과 분단을 경험하면서 이승만 대통령의 '뭉치면 살고, 헤치면 죽는다'는 구호가 마치 금과옥조처럼 떠받들어졌다.

어찌 그뿐이랴! 반공을 국시로 내세운 군사정권 또한 내부 갈등을 잠재울 겸 단일성의 원리를 강조해 마지않았다. 오랜 민주화 투쟁을 거쳐 이른바 문민정부와 국민의 정부를 맞이했으나, 정치적 미숙으로 말미암은 혼란은 국민들에게 다양성보다는 또 다른 획일성을 선호하게 만드는 부작용마저 낳았던 것이 사실이다.

그러나 우리는 인간존재가 끊임없이 문화 요소들을 창안하고 교환해왔다는 사실을 잊어서는 안 된다. 따라서 문화 다양성은 인간적 경험의 한 부분으로서 그 존재 의의를 살려 왔다. 그러한 교환은 다른 지역 또는 권역 집단과 접촉한 역사적 자취들 속에서 끊임없이 확인된다. 이로 말미암아 더 가까워지기도 하고 더 큰 갈등이 불거지기도 한다. 그런 점에서 세계는 문화들의 콜라주나 모자이크라기보다는 서로 다른 흐름을 끊임없이 뒤섞어가며 흐르는 강줄기라고 해도 좋을 것이다. 넬슨 만델라가 남아프리카공화국의 새로운 정책을 '무지개 국가'라는 비유로 나타냈던 것을 원용한다면, '무지개 강물'이라고나 할까?

이는 모든 인간존재가 문화를 창조할 능력을 공유하고 있고, 공통된 창조적 잠재능력을 지니고 있음을 뜻한다. 그렇다고 그들 모두가 똑같은 문화를 가지고 있다거나 미래에 그러할 것임을 뜻하지는 않는다. 바로 그들 모두가 창조적이라는 이유 때문이다. 이는 국내 차원에서도 마찬가지이다. 따라서 우리의 경우, 단일민족을 지나치게 강조함으로써 그 구체적 성원들인 개인의 '창조성'[30]이 희생되는 일이 없도록 해야 할 것이다.

물론 새로운 통신기술의 거대한 성장이 지난 20~30년 동안 세계의 많은 부분을 밀접한 관계 속으로 끌어넣고, 이른바 '지구촌'의 약속을 충실히 이행했음을 부정할 수 없다. 그러나 그 이면에서 문화적

30 여기에서 '창조성creativity'은 단순히 의례적으로 일종의 '미덕'을 표현하려는 용어가 아니다. 오늘날 창조성은 탈산업화를 통한 정보사회의 등장과 맞물려 지식경제를 이끄는 가장 핵심적인 자본capital으로 평가받고 있기 때문이다. 경제성장에 관한 현대의 많은 이론들은 단순히 물적 자본이 아니라 인적 자본이 성장의 핵심에 자리한다는 것을 밝혀왔으며, 나아가 인간이 소유하는 많은 능력과 자질 가운데서도 창조성이 가장 핵심이고 원천임을 강조하고 있다. 바로 이러한 점에서 '지식경제'를 이끌고 있는 대표 주자라 할 수 있는 '문화산업'의 영역에서도 창조성에 관한 논의가 가장 주요한 쟁점을 이루고 있다. 영국 문화부DCMS는 기존의 '문화산업'을 '창조산업'으로 다시 명명하면서, 개인과 조직의 창조성이 발현될 수 있는 조건을 육성하고 이를 구체적인 성과로 전환해내는 데 영국의 미래가 달려 있다고 공공연하게 주장하였다. 이와 같은 창조성에 대한 주장에는 더 적극적이고 실천적인 이해가 자리 잡고 있다(DCMS, 1998; 2001 참조).

획일화가 심화될 것이라는 우려도 상당한 공감을 불러일으켜 왔으며, 따라서 '민족문화'에 대한 관심이 새롭게 고조되고 있는 것 또한 사실이다. 그렇지만 다시 한 번 강조하거니와, 문화는 통일성만큼이나 다양성을 전제로 한다. 따라서 세계화globalization가 문화 교류를 위한 새로운 기회를 창출하고, 새로운 관용성의 형식을 창출하도록 유도하지 않으면 안 된다. 비유컨대, 외부로부터의 강제를 막는 보호벽이 내부로부터의 강제를 정당화하는 감옥이 되어서는 안 된다.

더군다나 우리 안에는 과거에 선조들이 그랬듯이, 더 나은 생활조건을 찾아 들어온 외국인들도 적지 않다. 그러므로 예컨대 인종과 성별에 기초한 타자혐오와 인종주의, 인종전쟁, 편견, 낙인, 분리 그리고 차별은 폭력과 고통밖에는 낳을 것이 없다는 인식이 더욱 절실히 요청된다. 이러한 잘못된 관점들은 결국 타자가 우리 자신과 똑같은 권리를 지닌 완전한 인간존재라는 것을 거부하게 만든다. '차이'가 '차별'을 정당화하는 구실이 되어서는 안 된다는 것이다.

이를 방지하려면 인간적 궤적을 같은 질문에 대한 서로 다른 대답의 역사로 보는 훈련이 필요하다. 이는 개인 간, 민족 간, 국가 간 그리고 문화 간 상호관계라는 맥락에서 다같이 통용되는 진리이다. 이는 우리 자신의 문화유산에 관해서나, 다른 전통을 가진 사람들의 문화유산에 관해서나, 어떤 선택을 해야 할 경우, 마땅히 고려되어야 한다. 그렇다고 해서 절대적인 상대주의relativism를 무조건 옹호할 수 없다. 이는 자칫 허무주의로 빠지기 쉽기 때문이다. 그보다는 우리 자신이 지닌 한계를 서로 보완하여 더 나은 미래를 만들고자 하는 상관주의relationalism를 더욱 신중하게 고려해야 한다.

1. 다양성에 대한 세 가지 접근

일반적으로 다양성을 다루는 양태에는 세 가지가 존재한다. 첫째는 상대주의이다. 상대주의는 극단적으로 문화의 보편성을 취한다. 이에 따르면, 모든 인간존재는 '교양'된cultured 존재로서, 그들의 행동은 그들이 속한 집단 안에서 의미를 지닌다. 그러나 만일 모든 것이 '문화'라면, 문화를 가로질러 특성과 실천을 판단하고 비교할 수 있는 매개변수parameters가 존재하지 않게 된다. 문화는 폐쇄된 실천, 신념, 가치체계들로 환원되고, 그것들 사이의 경계는 고립되고 만다. 상대주의는 하나의 문화가 지닌 표준들이 다른 문화에는 적용될 수 없고, 따라서 어떤 특성이라도 모두 정당화되고 오로지 주어진 문화 안에서만 해석될 수 있다는 전제를 깔고 있다. 즉, 문화는 그들 자신의 고유한 정당화라는 입장이다.

또 하나의 극단으로서 오늘날의 세계에서 더 널리 퍼져 있는 견해는 '다수'와 '소수'문화들 사이, '주류'와 '주변'문화 사이에 존재하는 원초적 구분에 주목하는 것이다. 여기에서 전제는 어떤 사회나 국가 안에나 '다수' 또는 '지배' 문화가 존재하며, 소수, 토착집단, 이민자, 한마디로 '타자들'은 주도적인 양상에 스스로를 적응시켜야 한다는 것이다. '점령집단'이 '다수'를 이룰 때 '토착집단'도 이에 속하게 된다. 그러나 이러한 절대주의적인 접근은 다음과 같은 두 가지 중대한 문제를 일으킨다.

우선 이러한 접근은 '내부적'이며 단일적인 주류문화라는 생각 자체와 연관된다. 실제로 '지배 문화'는 항상 그 안에 사회적 차별과 서열적 복속을 포함한다. 모든 사람이 똑같은 수준으로 집단의 이익과 책임분담에 참여하는 것이 아니므로, 예컨대 성차별 ― 기본적·보편적 차이가 남과 여 사이에서 권력관계로 전환한다 ― 은 모든 사회가 아니라면 대부분의 사회에 깊게 배어온 차별 양상이다. 그것은 최근에야 가시화되기 시작한 보편적인 불의의 양상을 대표한다. 이를 시정하기 위해 고안된 정책들은 아직 매우 새롭고 또한 완성되기 어렵다. 왜냐하면 그것들은 문화적 실천에 각인된 기존의 권력관계에 대한 중대한 도전을 대표하기 때문이다.

둘째 문제는 '외부적'이다. 다른 말로 하면, 그것은 '타자들'을 마주해야만 눈에 띈다. 절대주의적 접근은 타자들이 다수 속에 완전히 통합할 것을 요구하는 동화주의 정책을 대표한다. 이는 결국 다양성과 타자성의 파괴를 목표로 삼는 길을 찾는다. 다른 또 하나의 형식은, 주류사회와 파워엘리트가 후원자적 태도에 기초하여 복속된 타자에게 차이를 요청할 때 이루어진다. 그것이 정치 영역 그리고 경제적 재분배 정책들에 따라 완전한 시민권을 지향하는 동시적인 운동들을 수반하지 않을 경우, 후원자적 태도의 결과는 문화적 차이를 장벽으로 바꿔버린다는 것이다. 즉 다수와 소수 모두가 주변화, 차별 그리고 배제를 포함하여 장벽의 구축과 유지에 동의하는 셈이 된다.

여기에서 우리가 제안하는 전망은 창조적 다원주의인바, 이는 상대주의와 절대주의 양자를 모두 피해간다. 다원주의는 단순한 관용도, 무관심도 아니고, 소수문화들을 '주류'문화에 효과적으로 굴복 또는 동화시키기 위한 단순한 속임수도 아니다. 창조적 다원주의는 다양한 집단의 적극적이고 역동적인 공존을 뜻하면서, 더 나은 상태를 지향하는 상관주의라고 해도 좋을 것이다.

이와 같은 논의는 무엇보다도 사람들이 모두 똑같은 선택의 자유를 가지고 있지 못한 현실에 대한 인식을 깨우치고자 하는 목표와 연결된다. 즉, 자원에 대한 불평등, 정치력의 불평등, 정보와 매체의 불평등이 사람들의 능력을 강력하게 제한하는데, 이러한 차이는 개인들뿐만 아니라 집단에도 적용된다는 것이다. 예컨대 많은 사회에서, 여성들은 '전통의 보존'이라는 미명 아래 실제로는 힘과 참여에서 불평등을 겪게 되는데, 이는 사실상 문화적 불의이다. 이런 점에서 문화적 다양성이란 자신에게 전수된 문화적 정통성에 기초하되 창조적인 건설이 허용될 때에야, 다시 말해서, 자신의 생활방식들에 다양성을 덧붙일 수 있을 때에야 비로소 가능해진다. 그러므로 새로운 예술가와 건축가들이 자신들의 세대에 적합한 기념물을 만드는 영감을 계속해서 끌어낼 수 없을 경우, 세계문화유산 목록은 한낱 과거의 유령에 지나지 않게 될 것이다.

오늘날의 인류는 대체로 440만 년 전에 아프리카에서 처음 출현한 선조 집단으로부터 유래했다는 것이 DNA 조사와 고고학적 발견에 따라 확인되고 있는데, 그러면서도 인류가 오늘날 다양한 문화양상을 보이는 것은 순전히 창의적인 보탬 덕이 아닌가? 물론 거기에 돌연변이가 작용하기도 했겠지만, 그것까지 포함하여 인류 역사는 완성을 향한 참으로 꾸준한 행진이었고, 완성을 위한 다양한 시도는 아직도 이어지고 있다.

다양한 시도가 차이를 낳거나 때로 적대관계로 번지기도 하고, 차이의 지각과 범주화가 지배의 기초가 되기도 하지만, 바로 그렇기 때문에 인류는 세계인권선언과 같은 역사적 기준을 제정하고 수용하게 된 것이다. 특히 그것이 양차 세계대전이라는 일찍이 없었던 인간에 의한 인간의 대량학살을 경험한 이후라는 사실은 오래 기억될 만하다. 우리의 경우, 같은 시기에 일제에 의해 모국어 금지와 창씨개명으로 상징되는 철저한 동화정치를 경험하고 만다.

타자성의 부정 이상의 인간 비극이 존재하지 않음에도 인류는 아직도 그것이 지닌 비인간성을 철저히 인식하지 못한 것 같아 보인다. 따라서 우리는 직접적으로나 간접적으로나 타자성의 인식과 관계된 인간 활동들을 존중해야 한다. 상징을 통해 타자성을 그려보게 하는 작업으로서 예술 전반이 지닌 의의는 이런 의미에서 아무리 강조해도 지나치지 않을 것이다. 이른바 '상생相生, conviviality'을 지구적 시민사회의 발전원리로 삼고자 하는 것은 바로 이러한 맥락에서이다.[31]

2. 문화적 상생을 위한 정책의 기본 원리

이렇게 본다면, 새로운 과제는 상호 인정과 정의의 정책이 함께 작용하도록 발전시키는 것이리라. 또한 그러한 정책은 평등의 사회정책과 확실하게 결합될 수 있는 차이의 문화정책을 획정하고 옹호하는 것이어야 한다.

문화적 상생은 제도적 표현 없이는 불가능한 한편, 사회에 따라 차이가 있는 역사적 전승으로부터 자유로울 수도 없는 만큼, 그와 같은 제도들이 상정할 만한 형식에 관해, 어떤 보편적인 처방도 있을 수 없다. 여기에서 우리는 다만 자유와 평등, 개인적 자유와 공동체적 책임, 지속 가능성과 공평, 정부의 구실, 민주주의와 정의 등 21세기에 들어선 시점에서도 여전히 해결되지 않은 근본적인 문제들 사이의 균형을 염두에 두어야 한다. 이 모든 영역의 상호성과 타협을

---

31 상생이라는 개념은 서양 언어로 옮기기 쉽지 않다. 〈World Culture Report 2000〉의 제1장에는 다음과 같은 표현이 구현되어 있는데, 'conviviality'는 '상생'의 개념에 근접해 있다고 볼 수 있기에 주목할 필요가 있다. The pages of history contain many instances where groups have not just tolerated others but have based their mutual relationship on respect or even a shared closeness. The bases for such closeness are practices that accord dignity to the other while maintaining a creative openness as well. This attitude and this relation deserve a name: we shall call it conviviality. The challenge facing us today is to know how to deal with conflict, domination and cultural injustice in ways that will foster conviviality. It is an attainable ideal. We should do all in our power to ensure that our ability to create convivial relations—what we might call 'conviviability'— becomes a principle of development in global civil society(UNESCO, 2000, 30).

위한 공간 확보에서 날로 중요한 구실을 담당할 문화정책의 기본원리들을 재확인할 수 있을 뿐이다.

① 정부 정책들은 문화적 인정을 인간존재의 기본원리로 규정해야 한다. 이는, 사회와 국가의 모든 성원들이 타자의 권리를 충실히 존중하는 한, 똑같은 권리를 가지고 있다는 고려를 함축한다. 덧붙여서, 타자를 존중하는 모든 문화는 그 자신의 정체성에 대해 동등한 인정을 요구할 권리를 가져야 한다. 모든 국가는 그러한 원리를 최선으로 신장할 법률, 제도 그리고 정책행동을 규정해야 한다.

② 문화적 정의는 필연적으로 경제적·정치적·사회적 정의를 성취하는 노력들과 더불어 증진되어야 한다.

③ 인정은 기본적 필요이다. 그러나 오늘날 정의는 경제적 배분과 인정 모두를 요청한다. 경제적 불평등과 정치적 주변화는 근본적으로 상생과 인간 발전 모두에 해롭다. 문화적 인정과 정치·경제적 평등이 지닌 해방에 대한 잠재력은 하나의 포괄적인 틀에 통합되어야 한다.

④ 만일 사람들이 개인으로나 집단으로나 스스로 열등하다고 느끼면, 그들의 능력은 불완전해질 것이다. 모든 사람이 지닌 개성의 완전한 발전을 허용하는 원리는 사람들 스스로의 필요, 욕망 그리고 열망 위에 세워진 정책에 대한 접근을 가능케 할 것을 암시한다. 이는 사람들을 정책의 수동적인 목표라기보다는 주도권과 책임성을 지닌 자율적인 주체로 여긴다.

⑤ 반차별적 정책들은 교육과 모든 정부 프로그램 안에 편입되어야 한다. 이는 시민과 국가 사이의 모든 공식적 관계에 영향을 미칠 것이다. 그러나 동등한 책임의 인식은 통치 관계 안에서 유효해져야 할 뿐 아니라, 사회 속에서 일상생활의 일부가 되어야 한다. 따라서 비공식적이면서도 네트워크화된 상생의 윤리가 모든 사회적 관계들에

대한 배경으로 발전되어야 한다.

⑥ 상생은 모든 인간존재들이 똑같이 문화를 창조할 수 있고 다른 인간존재들과 더불어 정서적 유대를 형성할 수 있는 능력을 가지고 있다는 원리에 기초하고 있다. 만일 이 능력을 상실할 경우, 우리는 고통과 결핍을 느끼게 될 것이다. 다원주의는 어떤 주어진 사회 속에서나 종종 예측할 수 없는 새로운 차이들을 받아들일 수 있는 능력에 힘입어 지속 가능해진다. 우리가 파악할 수 없는 것을 붙잡는 것이란 바로 '차이'를 상상하고, 그러한 인식과 더불어 살아가는 것을 뜻한다.

⑦ 감정이입과 다른 사람들에 대해 동정을 느낄 수 있는 인간존재의 능력은 서로 다른 종족과 문화 집단의 단순한 공존이라기보다 어떤 사회에서나 인간적 상생을 위한 기초로 인식되어야 한다. 그러한 감정들은 모든 남녀의 가장 심오한 영적 본성을 건드리며, 지구촌 사회에 관계되는 사회적 정치적 담론에서 공공연하게 인정되어야 한다.

⑧ 문화적 다원주의는 문화적 집단들에게 공공적 영역에서 다양성에 접근할 권리를 인정하는 것을 뜻한다. 이는 또한 그러한 집단들을 위한 어느 정도의 정치적 자주통치를 인정하는 것을 포함한다. 이는 한 가지 이상의 방법으로 주권을 공유하는 것을 뜻한다. 물론 권리들의 적당한 묶음은 국가에 따라 다를 수 있다.

⑨ 문화에 관한 소수의 관심을 보호하기 위해 다음과 같은 정책들이 수립될 수 있다.

a) 소수가 자신들의 문화를 서로 나누고, 개방하고, 전달하기 위한 법적 보호의 문턱을 마련하는 것. 그들 사이의 소통을 위한 기회는 아주 중요하다.

b) 이제껏 가치를 인정받아온 특징들을 파괴할지도 모르는 외부 세력

으로부터 문화를 보호하는 것. 정치적인 조직에서 소수의 자기현시는 필수적이며, 더욱이 기대하지 않았던 방식으로 갈등이 일어날 수도 있다는 관점에서 그러하다.

c) 소수가 그들이 관계되는 특수한 정책에 관해 정부로부터 그리고 정부로의 정보 접근을 보장할 수 있는 메커니즘을 포함하여 정부 행동에 관한 투명성을 보장할 것.

d) 정부의 권력 남용에 대항할 수단을 국내의 소수에게 마련해줄 메커니즘들. 즉, 세계적 청중과 변호망이 정부 차원의 국내적 남용의 위험성을 줄이도록 행동할 수 있다.

⑩ 정부, 사적 부문 그리고 시민사회 사이의 균형은 평화, 번영, 민주주의, 평등을 위한 사회적 기반이 된다. 이를 성취하기 위해 개인과 집단적인 또는 전체적인 권리, 책임, 조직 개념이라는 관계적 개념들이, 타자의 동등한 권리를 존중하는 한 이에 의존하는 비지배적인 문화적 형식들의 지속적인 동력화를 위한 공간의 창출이 필요하다.

⑪ 교육적 전략은 종족 운동처럼 문화적으로 장소에 근거를 둔 채 나타나는 정체성과 연계되는 주류 정체성의 재구성과 사회적 태도에 미치는 영향을 고려해야 한다. 이는 소수집단에만 적용되는 것이 아니라, 대중적 정체성의 재구성에도 타당하다.

⑫ 정책은 보조, 자율성 및 경제에 대한 권리와 인간적·생태학적 과정들을 통합하는 생태학적 디자인 원리의 이름으로 자연에 대한 대안적 관점을 창안해내는 연결망들을 지원해야 한다.

너무나 추상적으로 들릴지 모르지만 이와 같은 항목들이 소수를 통해 다원적인 문화를 형성해 가려는 노력에서 하나의 기반이 된다는 것은 부정할 수 없다. 한 걸음 더 나아가 이를 구체화할 때, 이미 암시되어 있지만, 온정주의적 접근은 근본적인 해결방안이 되지 못한다는 것도 다시 한 번 상기해야 할 것이다. 사회적 약자에 대한 동정에 바탕을 둔 온정주의적 접근은 자칫 다수 쪽이 자기만족에서 멈춰 문제의 근본적 해결을 불가능하게 만들 수도 있다. 물론 사회적 약자가 당면한 당장의 불편이나 고통을 덜어주고자 하는 응급조치가 불필요하다는 것은 아니다. 그러나 예컨대 경사노면이 보편화되지 않은 상태에서 지체부자유자에게 휠체어를 마련해주거나 좀더 편리한 휠체어를 고안해내는 정도의 발상으로는 문제의 핵심에 도달하기 어렵다는 것이다. 이런 관점에서 본다면, 소수를 위한 디자인은 단순히 미시적인 접근만으로 이루어질 성격이 아니다.

3. 하나의 범례: 무장애 운동에서 유니버설 디자인으로

이상의 원칙을 염두에 두고 도시환경 문제를 생각한다면, 최근 우리 사회에서도 부분적으로나마 관심 대상이 되고 있는 '무장애 운동'을 살펴보는 것이 필요할 듯하다. 무장애 운동은 무장애 공간 만들기, 무장애 학교 만들기, 무장애 주거환경 만들기 등으로 발전하여 무장애 도시 만들기로까지 나아가고 있다. '무장애'는 'Barrier Free'라는 개념을 우리말로 옮긴 것인데, 이를 문자 그대로 옮기면, '장벽이 없는' 또는 '장애물이 없는'이라는 뜻이 된다.[32]

건축 환경에서 이 용어는 '장애인과 노인 등도 이용하거나 접근할 수 있는'이라는 뜻으로 사용된다. 그러나 사회 환경을 개선하는 운동이라는 관점에서 사용될 때, 이 용어는 단순히 물리적 장벽이나 장애

32 이 부분은 장애인편의시설촉진시민연대(http://www.accessrights.or.kr)에서 발행하는 《자유공간》 96호(2005년 12월)에 실려 있는 이영범 교수와 성기창 교수의 글을 참고하였다.

물이 없는 것으로 끝나지 않는다. 이때의 장벽은 계단이나 이용할 수 없는 화장실 등만을 뜻하지 않고, 사회적 태도와 문화적 장벽 등 우리 사회가 장애인과 노인 등에 대해 갖는 모든 편견과 거부, 의도적 배제, 제한과 같은 차별을 의미한다. 따라서 무장애 운동은 단순히 물리적 장벽의 개선뿐만 아니라, 사회적 인식과 차별도 함께 개선해 나가려는 운동이다. 현재 일본에서는 '복지마을 만들기 운동'으로, 우리나라에서는 '무장애 운동' 또는 '무장벽 운동'으로 진행되고 있다. 그 기본이념을 살피기로 한다.

첫째, 무장애 운동은 디자인 개념에서부터 시작되었다. 도시환경 디자인이 보편화되면서 우리 사회의 건축 환경 디자인에 대한 반성이 일기 시작했다. 기존의 디자인은 젊고 건강하며 절대로 다치거나 병에 걸리지 않을 것으로 보이는 남성만을 기준으로 한 디자인이라는 것이다. 그 대안으로 등장하기 시작한 것이 바로 무장애 디자인이다. 이는 장애인과 노인 등 신체적인 약자들을 위한 디자인으로서, 접근 가능한 디자인Accessible Design이라고도 불린다.

하지만 이는 철저히 이분법적인 디자인 개념이었다. 이러한 무장애 디자인은 장애인 등을 건축 환경을 함께 사용하는 구성원으로 생각하기보다는 특별한 구성원으로 생각한다는 점에서 자칫 장애인과 비장애인을 분리할 수 있다는 비판을 받았다. 이러한 비판은 곧 장애인과 비장애인을 구분하지 않고, 젊은이와 노인을 구분하지 않는 디자인, 곧 '모든 사람을 위한 디자인'에 대한 요구로 이어지게 되었다. 그것이 바로 '유니버설 디자인Universal Design'이다. 1970년대 미국에서 시작된 유니버설 디자인 운동은 디자인을 일반 건축 환경 디자인과 무장애 디자인으로 구분하지 말고, 처음부터 모든 사람이 이용하고 접근할 수 있을 건축 환경과 제품으로 디자인하자는 운동이다.

둘째, 그런 의미에서 유니버설 디자인 운동은 우리 사회의 구성원과 사용자에 대한 인식 변화를 요구한다. 지금까지 우리 사회는 힘 있는 다수의 사람이 주류가 되고, 이러한 계층을 중심으로 모든 것이 디자인되고 계획되었다. 그리고 장애인, 노인 등 소외계층이나 비주류 계층에 대해서는 디자인과 설계에서 약간 배려하는 차원을 반영한 것이 전부였다. 그러나 시민사회의 인권 운동이 활발해져서 비주류에 대한 사회적 인식이 높아지면서, 소외계층이나 주변부 계층에 대한 인식도 달라지기 시작했다. 가진 자, 힘 있는 자의 배려가 아니라, 함께 살아가는 사회 구성원으로서 갖는 의무로 인식이 달라진 것이다. 장애인이나 노인이 접근하고 이용하기 쉬운 건축 환경이나 도시환경 계획과 디자인은 단순히 장애인 등에 대한 배려가 아니라 사회적 의무이며, 같은 사회구성원에 대한 당연한 도리인 것이다. '무장애 도시' 또는 '유니버설 디자인' 운동은 바로 배려를 의무로 전환시키고, 비주류를 동등한 사회구성원으로 인정하는 운동이다.

셋째, 무장애 운동은 최근 설치에서 제거로 방향이 바뀌고 있다. 즉, 지금까지 무장애 운동이 편의시설 등 시설물의 설치와 접근할 수 있는 건축 환경의 조성 중심이었다면, 최근에는 장벽들을 제거해 나간다는 개념으로 바뀌고 있는 것이다. 예를 들어, 기존의 편의시설 디자인 운동이 경사노면을 설치하는 운동이었다면, 유니버설 디자인은 필요 없는 계단을 제거하는 운동이다. 무장애 운동은 이러한 불필요한 시설들을 제거함으로써 그 공간 안에서는 어떤 구성원이든 장애를 느끼지 않고 생활할 수 있도록 하고자 한다.

무장애라는 개념이 이처럼 물리적 장벽과 인식·태도·문화의 장벽을 제거하여 모두가 장애를 느끼지 않고 살아갈 수 있는 사회 환경을 의미한다면, 무장애 도시는 그러한 도시환경과 인식을 갖춘 사회를 뜻한다. 즉, 무장애 도시는 단순히 물리적 도시환경이 아니라, 편견과 차별이 제거된 성숙한 인격을 갖춘 사회구성원이 함께 하는 도시를 의미한다.

이처럼 무장애 도시의 관건은 편견과 차별의 제거로서, 이는 인식과 태도와 문화의 장벽을 없앰으로써 출발한다. 비주류에 대해 갖는 모든 잘못된 생각을 뜻하는 부정적 인식은 여전히 장애인의 사회참여를 가로막거나 장애인과 비장애인의 어울림을 가로막는 요소로 작용하고 있다. 이러한 인식은 부정적 태도로 이어진다. 장애인을 만나기 꺼리게 되거나, 함께 일하고 공부하고 생활하는 것에 부담을 느끼게 된다. 나아가 장애인에 대한 무시, 경시, 소외, 거부, 제한, 폭력에 이르는 태도로 이어지게 된다. 반대로 장애인에 대한 동정, 시혜, 과잉보호, 과잉친절 등과 같은 자칫 위선이 될 수도 있는 자선적 태도가 나타나기도 한다. 전자든지 후자든지 이러한 태도들은 장애인에 대한 부정적 인식을 가중시키며, 그렇게 강화된 부정적 인식은 다시 부정적 태도들을 가중시킴으로써 악순환을 가져오게 된다. 이것이 바로 태도의 장벽이다.

부정적 인식과 태도는 궁극적으로 장애인에 대한 부정적 문화를 만들어낸다. 장애인을 소외시키는 문화, 장애인을 무능하게 만드는 문화, 장애인과 비장애인을 이분법적으로 구분하는 문화, 장애인이 특이하고 특별한 사람이 되는 문화, 장애인은 가난하고 비참하게 살아야 하는 문화, 장애인은 배우지 못하고 전문적인 직업을 가지지 못하게 되는 문화, 장애인은 리더가 될 수 없는 문화, 장애인은 배려와 동정의 대상일 뿐 동등한 관계가 될 수 없는 문화 등등 우리 사회의 장애인에 대한 부정적 문화는 헤아릴 수 없이 많다. 문화라는 개념에서 한참 먼 이러한 인식·태도·문화의 장벽들은 궁극적으로 장애인에 대한 차별을 낳으며, 이러한 차별은 장애인을 장애인으로 만드는 가장 근본적인 요인이 된다. 그리고 이렇게 장애인에 대한 차별이 남아 있는 한, 그 도시는 무장애 도시가 될 수 없으며, 그 사회는 무장애

사회가 될 수 없다.

다음으로 중요한 것은, 무장애 도시가 결코 '장애인만의 도시'도 아니며, '장애인을 위한' 도시도 아니라는 점이다. 무장애 도시는 그냥 도시이며, 시민들이 '함께' 살아가는 곳이다. 무장애 도시가 장애인에게 초점을 맞추고 장애인의 편의를 위해서 추진되어 간다면, 그 도시는 머지않아 또 다른 장벽을 만들게 되고, 또 다른 소외계층을 만들게 될 것이다.

최근에 무장애 도시 논의가 곳곳에서 이야기되는 것은 바람직하면서도, 다른 한편으로 바로 이 점이 가장 염려스럽다. 무장애 도시는 결코 '장애인의 도시'가 아니다. 무장애 도시에서 모든 장애로부터 자유로워야 할 사람은 장애인만이 아니다. 진정한 무장애 도시는 장애 개념을 포괄적으로 규정하여 그 안에 장애인과 노인과 교통약자 그리고 외국인 등 많은 사람들을 포함한다. 물론 일시적인 부상자나 각종 질병을 앓고 있는 환자들도 포함한다. 이처럼 넓혀진 장애 개념은 장애를 보편화시키며, 보편화된 장애는 더 이상 특별한 것도 특이한 것도 아닌, 일상적인 것이 된다. 그리고 그것은 편견과 차별의 제거는 물론, 더 나아가 장애에 대한 친숙함을 가져온다. 물리적 장벽의 제거는 의무가 아닌 당연하고 자연스러운 일이 되며, 인식·태도·문화의 장벽들은 서서히 사라지게 된다.

물리적 장벽의 제거와 함께 기억해야 할 마지막 요점은 우리 사회, 우리 도시의 모든 물리적 장벽이 단시간에, 그리고 한번에 제거될 수는 없다는 사실이다. 그것은 장애인에게뿐 아니라, 비장애인에게도 마찬가지이다. 어느 정도의 물리적 장벽은 남아 있을 수밖에 없으며, 그것이 인간의 한계이기도 하다. 우선 우리가 제거해야 할 것은 편견과 차별에 기초해 만들어진, 그리고 편견과 차별을 가져오는 물리적 장벽의 제거이지만, 이는 좁은 의미의 장애인에게 걸림돌이 되는 장벽을 제거하는 것이 아니라, 보편화된 포괄적 의미의 모든 장애인에게 걸림돌이 되는 장벽의 제거여야 한다.[33]

맺음말

지금까지 문화 다양성이라는 개념에서 출발하여 문화적 상생을 위한 원리들을 거쳐 무장애 운동 또는 유니버설 디자인 운동을 사례 삼아 살펴보았다. 무장애 도시라는 개념에서 우리는 장애인을 고려한 건축 환경의 창출이 장애인들을 그 어떤 특권을 요구하는 존재로 보는 것과는 관련이 없음을 확인하게 되었다. 사실상 그러한 환경 창출은 편의상 장애인이라는 표현을 썼지만, 비주류 또는 주변부로 분류되어온 그 밖의 '모든' 사람에게 적합한 계획으로 이해되어야 한다. 이러한 인식 전환은 법이나 규정 이전에 '삶의 질'에 대한 건축의

33 이와 같은 주장은 단순한 이론적인 차원을 벗어나 이미 실천 단계에 들어섰다. 예컨대 베를린은 모든 인간과 공간 사이의 적합성을 탐구하여 조성하는 무장애 생활환경의 개념을 일반 건축 계획과 설계의 보편적 개념으로 삼아 적극 실현하고 있다. 이런 의미에서 베를린을 중심으로 한 독일의 경우를 통해, 무장애 생활환경 창출을 위한 기본원칙들을 추출해보는 것은 의미가 있을 것이다. ① 무장애 생활환경의 조성을 위해서는 결코 '삶의 질', 즉 자신에게 적합한 주거공간에서의 삶을 배제한 채 주택보급률이라는 양적인 측면에서만 접근해서는 안 된다. 특히 공공자금으로 공급되는 주거에서는 다양한 이유들로 말미암아, 활동에 장애가 있는 노인과 장애인들을 위해 무장애 주거환경의 개념이 기본원칙으로 설정되어야 한다. ② 법적 구속력을 갖는 무장애 생활환경을 위한 건축 계획과 설계 기준 등이 마련되어야 하며, 이에 대한 기본방향은 특정 장애 유형을 위한 특별한 시설에 관한 것이 아니라, 사회 통합적 개념으로 모든 거주자를 위한 유니버설 디자인 개념으로 접근하여야 한다. ③ 무장애 생활환경 계획은 미래지향적인 건축 계획으로서, 한 인간의 전 생애를 고려한 건축 개념을 원칙으로 한다. ④ 무장애 생활환경 계획은 거주자의 변화와 개별적 필요에 대한 적응력이 높은 가변성을 기본원칙으로 한다. ⑤ 모두를 위한 무장애 생활환경 창출로서 편의시설의 설치 원칙은 특정 장애만을 위한 것이 아니라, 모든 사람이 함께 이용할 수 있는 보편적인 대안 중심이다. 따라서 편의시설의 설치 때문에 다른 사람에게 걸림돌이 될 수 있는 대안은 배제되어야 하며, 적극적인 디자인으로써 주어진 여건에서 모두에게 최선이 되는 해답이 무엇인지를 찾는다.

사회의식과 환경 창출에 대한 신념 그리고 이동과 활동 제한으로 말미암은 인간적인 삶의 제한에 대한 건축적 감정이입을 요청한다. 이러한 점에서 성기창의 다음과 같은 주장은 상당한 울림을 준다.

> 건축가는 모든 사람에 대한, 특히 사회의 주변 그룹을 형성하는 어린이, 임산부, 유모차를 사용하는 사람, 노인, 지체장애인, 시각 및 청각장애인 그리고 정신지체인 및 휠체어 사용자 등에 대해 사회적 책임을 지닌다. 따라서 복지사회를 지향하는 현시점에서 장애인을 고려한 무장애 생활환경은 해도 되고, 안 해도 되는 선택사양이 아니다. 이는 반드시 해야 하는 전제조건이며, 필요충분조건이다.[34]

우리는 무장애 운동을 하나의 구체적인 사례로 살펴보았거니와, 거시적인 차원에서는 이러한 새로운 흐름들 속에서 하나의 기초로 작용하고 있는 '문화적 다양성의 신장'이라는 원칙에 각별한 관심을 기울여야 할 것이다. 현대사회에서 획일적인 통제와 강요는 가능하지 않을뿐더러, 가능해서도 안 된다. 우리는 모든 개인이 더 자유롭게 자신의 문화적 필요를 충족시키고, 이를 통해 자신의 창조성을 활짝 꽃피우는 것이야말로 21세기의 정치, 경제, 문화의 발전을 추동하는 최선의 길임을 결코 잊어서는 안 된다. 이때 '소수'가 곧 '사회적 약자'로 통용되기보다는 그가 속한 공동체를 더 인간적인 사회로 바꾸어가는 데 꼭 필요한 '선두주자'로 여기는 발상의 전환이 무엇보다 중요하고도 긴급한 요청이 아닐 수 없다.

---

34 성기창, 〈독일의 건축적 무장애 생활환경〉, 《자유공간》 96호, 2005.

제4장 21세기 인간과 도시: 문화적 관점

이끔말

'신행정수도'가 사회적 쟁점으로 제기되었을 당시, 이 문제는 주로 정치, 행정, 경제적 측면에서만 논의되었을 뿐 철학적으로, 문화적으로 조명하려는 시도는 거의 존재하지 않았다. 그러나 신행정수도 논의가 21세기 대한민국의 가장 중요한 과제들 가운데 하나인 '국토균형개발'에서 괄목할 만한 논의로 취급되어야 한다면, 이에 대한 문화적 차원의 논의는 필수적이라고 할 수 있다. 그렇다면, 우리는 과연 어디에서부터 이 문제에 대한 고찰을 시작해야 할 것인가?

우선 신행정수도라는 발상이 법적으로 '행정중심복합도시'로 굳어진 상황에서 굳이 신행정수도라는 단어를 고집할 이유는 없을 것이다. 다만 맥락의 이해를 위해 이 용어를 둘러싼 진통의 내막을 조금 자세히 들여다보기로 한다.

'신행정수도 후속대책을 위한 연기·공주 지역 행정중심복합도시특별법'이 2005년 3월 2일 국회 본회의에서 의결되자, 참여정부는 행정중심복합도시 건설이 수도 이전이 아니라 국가의 중추기능은 서울에 그대로 남고 행정기능의 일부만을 옮기는 것이며, 해당 지역은 충남 연기·공주 일대이지만 그 근본 취지는 공공기관 지방 이전 등 전국이 골고루 잘사는 국가균형발전을 선도하기 위함이라고 선언했다. 다시 말해, 그것이 수도 이전을 위헌이라고 한 헌재의 결정에 불복하려는 것이 아니라고 하면서, 본격적인 사업추진에 들어간 것이다.

이와 달리, '수도이전반대국민연합'은 당시에 여전히 "행정도시특별법이 위헌으로 결정된 신행정수도 건설특별법과 대부분 조문에 차이도 없는 대체입법에 불과해 위헌성을 계승했다"는 이유로 헌법소원을 제출했고, 헌재는 하루 만에 이를 전원재판부에 넘겼다. 곧이어 본 재판소는 빠른 기일 안에 이 헌법소원을 무효화하는 결정을 내렸다.

이런 상황이 진행되는 와중에 국토개발원은 '행정중심복합도시 기본계획 수립을 위한 전략연구과제 워크숍'을 주최하였다. 필자는 '21세기 패러다임 변화와 우리의 미래'라는 주제를 다루면서, 그 용어가 행정수도이든, 행정중심복합도시이든 아니면 또 하나의 중핵도시 건설이든 상관없이, 미래예측에 대한 여러 자료들을 검토하고 이에 대한 기존의 대응 외에 문화적 차원의 대응을 모색함으로써 도시정책 자체를 좀더 충실하게 세워나가는 것이 바람직하다는 의견을 개진하였다.

이러한 입장에서 본다면, '신행정수도'라는 프로젝트의 추진 과정에서 불거진 문제들의 해결은 이념적인 갈등의 차원이 아니라, 구체적인 도시정책 차원에서 이루어져야 할 것이다. 그렇다면, 국가 균형발전 정책의 필요성이나 타당성을 지나치게 거시적인 차원에서 검토하는 것, 예컨대 '세계화 시대에서 지방화가 지니는 의의에 대한 탈식민주의적 고찰' 등은 일단 배제될 수밖에 없을 것이다. 그러나 도시와 도시생활을 근본적으로 가능케 하는 거주에 대한 반성적 고찰을 중심으로 한 논의는 하나의 전제로서 불가피할 수도 있다. 따라서 앞서 제기한 '국토균형개발에 대한 문화적 차원의 논의'의 일환으로서, 21세기에 이루어질 인간의 거주 양식과 연관된 거대한 사회적 추세에 관심하는 동시에, 이를 문화환경이라는 관점에서 구체적으로 분석함으로써 대응방안을 모색해보고자 한다.

1. 사회 변화의 일반적 추세

21세기의 인간생활과 도시문제라는 주제를 제대로 다루자면 무엇보다도 우선 미래사회가 어떤 모습을 갖추게 될 것인지를 심도 있게 논의해야 한다. 왜냐하면 인간이란 진공상태에 존재하는 것이 아니라, 자신이 몸담고 있는 사회의 객관적 상황과 밀접한 관계를 맺으면서 변화하게 마련이기 때문이다. 그런 의미에서 우선 현재 진행되고 있는 사회적 변화의 일반적 추세들을 간추려 보도록 한다. 많은 미래학자들은 21세기의 인간생활에 대해 대체로 다음과 같은 공감대를 형성하고 있다.

무엇보다도, 컴퓨터와 통신기술의 지속적인 발전에 따라 '정보사회'로의 이행이 촉진될 것이다.[35] 미래학자 토플러는 산업사회의 원

35 이와 같은 '정보사회' 이론이 본격적으로 학계의 주요한 쟁점으로 부상한 것은 1960년대와 1970년대 프릿츠 매클럽, 케네스 볼딩, 허먼 칸, 알랭 투렌, 다니엘 벨과 같은 학자들의 저서가 출간되면서부터였다. 매클럽의 *The Production and Distribution of Knowledge in the United States*(1962), 볼딩의 *The Meaning of 20th Century : The Great Transition*(1964), 칸과 위너의 *The Year 2000*(1967), 투렌의 *La Société Post-industrielle*(1969), 벨의 *The Coming of Post-Industrial Society*(1973) 등은 빼놓을 수 없는 저작들이다. 1980년대 이후로 대중적인 차원에서 이 담론의 확산을 이끈 사람들로는 앨빈 토플러, 피터 드러커, 존 나이스비트 등을 꼽을 수 있을 것이다. 보다 비판적인 입장에서는 투렌의 제자이기도 한 마뉴엘 카스텔의 '네트워크 사회' 이론이 학계와 정책 입안자들의 많은 주목을 받아왔다(Castells, "The Rise of the Network Society", 1996).

리가 대량생산, 대량판매, 대량소비라고 한다면, 정보사회의 그것은 다품종 소량 주문생산이라고 말한 바 있다. 이에 따라 이미지, 미디어, 생산, 소비, 생활방식 그리고 가치관에 이르기까지 모든 면에서 탈대량화와 탈규격화가 이룩될 것이다. 토플러는 이와 같은 특성을 갖춘 정보사회에서는 분산화가 촉진되고, 창조성과 개성이 발휘되며, 여가생활이 충실해지고, 정신적으로 여유 있는 생활이 실현되어 사회 전반에서 풍요로움과 '삶의 질'이 향상될 것이라고 전망한다.

이와 달리 정보사회의 부정적 측면을 강조하는 학자들은 생활수단의 자동화로 말미암은 대량실업 사태의 발생, 정보부자와 정보빈자의 격차 심화, 사생활의 침해 등에 대한 우려를 표명하기도 한다. 이와 같은 양면성을 갖는 정보사회로의 이행은 세계적인 변화추세일 뿐만 아니라, 예컨대 한국처럼 자본과 자연자원은 부족하지만 우수한 인적 자원이 풍부한 경우, 전략적 차원에서라도 지향해야 할 변화방향이라는 데 이론의 여지가 없다.

둘째로, 전 세계적으로 세계화와 함께 지역화가 확산되면서 국민들의 '민주화 의식'이 고양되고 자율과 형평의 욕구가 커지게 될 것이다. 이러한 전망은 첫 번째 이행과도 직결되는 것으로서, 이른바 '네트워크 사회'의 도래로 더 이상 과거의 일극적인 중앙집권적 모델이 경쟁력을 유지할 수 없다는 분석에서 말미암는다. 따라서 지역의 다양성이 존중되고, 지역 주민은 자기 지역사회에 대해 새로운 태도를 갖게 될 것이다.

셋째로, 가족 형태의 핵가족화 현상이 더욱 빠른 속도로 이루어질 것이다. 즉 전통적으로 중시되어오던 가계 계승이라는 가족의 규범적 기능이 약화되고, 결과적으로 '가부장적인 위계 윤리'가 도전받게 될 것이다. 그러므로 가족 안에서 부부관계와 부자관계, 나아가 가족 성원의 역할분담 등에 변화가 초래되고, 이와 같은 가족구조상의 변화와 가족윤리의 변화는 21세기 한국사회에서도 직접·간접으로 노인, 여성, 아동의 생활 영역에 상당한 영향을 미치게 될 것이다. 특히 여성의 사회진출이 주목된다. 여성의 자립화와 사회진출이 가족 안의 인간관계에 영향을 미치면서 앞으로 가족 기능을 크게 변화시킬 것이 예상된다.

넷째로, 출산율의 저하와 평균수명의 연장으로 인구의 '노령화 현상'이 가속될 전망이다. 예컨대 한국의 경우 1960년대 이후부터 인구증가율이 점차 감소하기 시작하였으며, 2021년에는 인구증가가 정지될 것으로 예측된다. 이와 달리 평균수명은 늘어날 전망이다. 전 세계적으로 급속하게 진행될 인구구성의 고령화는 사회·경제의 각 방면에 다양한 영향을 미칠 것이 예상되기 때문에 이에 대응할 수 있는 방안이 모색되어야 한다.

마지막으로, 일과 관련하여 예견되는 변화는 무엇보다도 '노동시간의 단축'이다. 정보사회로의 이행은 공장자동화, 사무자동화, 가사자동화를 촉진하게 된다. 거의 모든 작업이 인공지능으로 작동하는 기계에 따라 수행되면서 사람들은 늘어나는 여가를 주체하지 못하는 현실이 올 수도 있다. 예상되는 새로운 기술의 개발과 생산성의 향상이 단순노동작업을 대체해가면서 전문·기술직 분야와 서비스 분야의 작업량을 증대시키는 데 재투자될 것이지만, 노동시간의 단축이 그만큼 자유시간의 증대를 의미한다는 것은 틀림없는 사실이다.

이 같은 소득의 향상과 자유시간의 증가 등이 여가생활과 오락·여흥 등의 수요를 증대시켜 새로운 문화의 창출을 위한 요구를 확산시킬 것이며, 사람들이 뉴미디어의 발전에 따라 더욱 풍부해진 문화·여가 정보와 서비스를 제공받을 수 있게 되면서 다양한 취미활동을 효율적으로 전개해 나갈 수 있는 여건이 조성될 수 있다고 보는 견해가 없지 않다. 물론 반대급부로서 사람들이 도박, 퇴폐 등으로 빠져들 위험성 또한 증대한다.

결국 21세기는 과학기술의 진보, 국제화의 진전, 정보사회의 도래 등에 따라 특징화되면서, 사람들이 다원적인 가치를 존중하고, 소득 수준의 향상 및 자유시간의 증대 등과 함께 성숙한 사회를 지향할 것이 예상된다. 그러나 그와 동시에 자원과 에너지 문제가 '삶의 질'과 관련하여 중요한 제약조건으로 작용할 것이다. 또한 늘어나는 폐기물 처리를 둘러싼 환경문제도 심각한 문제로 남아 있을 가능성이 높다. 물론 과학기술의 발달이 노동력·자원·에너지·공해 등의 문제를 어느 정도 해결해 주게 될 것이지만, 그 모든 문제가 사람들의 생활태도와 관련이 있다는 점에서 예상되는 문제에 맞추어 자신들의 생활태도를 시정해가는 것이 중요한 과제가 된다고 본다.[36]

2. 21세기의 변화와 문화의 중심성

이와 같은 미래전망을 바탕으로 할 때, 21세기에 이루어질 변화는 20세기에 이루어진 변화 이상으로 급격하고 광범위하게 진행될 것으

36 지금까지 개괄한 미래사회에 대한 전망과 궤를 같이하면서, 나이스비트와 애버딘이 《메가트랜드 2000》에서 예측하고 있는 주요한 변화들은 다음과 같이 정리될 수 있다.

20세기 말에 시작된 변화 추세	21세기의 구조적 변화 예측
산업사회에서 정보사회로	정보화 추세의 가속화
강제적 기술에서 첨단기술로	예술의 대부흥
국가경제에서 세계경제로	세계적 생활양식과 문화적 민족주의 등장
집중에서 분산으로	자유시장 사회주의의 실현
제도적 원조에서 자조로	복지국가에서의 일반적인 민영화 추세
대의민주주의에서 참여민주주의로	환태평양 지역의 부상
피라미드형 위계에서 네트워크형으로	천년왕국적인 종교의 부흥
양자택일에서 다양한 선택으로	생물학적 사고와 패러다임의 시대

로 보인다. 무엇보다도 21세기에는 경제발전과 개인 소득의 증가에 따라 국민들의 자아실현 욕구가 확대될 것이 분명하다. 더불어 이러한 확대된 욕구를 충족시켜주는 것이 국가정책의 가장 우선적인 과제가 될 수밖에 없을 것이다. 그런데 중요한 것은 이러한 자아실현의 욕구 가운데 가장 상위 차원이 바로 문화라는 사실이다. 물론 이는 과거의 권위주의적인 정부로 퇴행하는 것이 아니라 지속적인 민주화의 진전에 따라, 경제성장에 따른 부가 국민들에게 골고루 분배될 것을 전제로 한다.

이에 21세기에는 창의성creativity의 정수인 예술·문화가 최고로 발전·융성하여 인간의 삶이 역사상 가장 풍요롭고 가치 있게 될 것이다. 예컨대 영국에서는 1997년 토니 블레어 정권New Labour의 수립 이후, 정부의 기본 방향으로 '창의영국Creative Britain'이라는 기치를 내세웠다. 그 뒤 문화 부문은 물론이고 산업, 교육, 비즈니스 부문 등에서도 창의성 개념을 빼놓고는 어떠한 정부 정책도 수립할 수 없을 정도로 이를 강력하게 추진해왔다.[37]

마지막으로, 21세기는 생산 및 유통과 부가가치의 대부분이 지식·정보·서비스 산업에 따라 창출되는 지식·정보사회가 될 것이 분명하다. 다시 말해, 창의성을 중심으로 하는 문화가 다시금 지식·정보 산업의 핵심으로 자리 잡는다는 것이다. 이러한 지식·정보화 혁명이 인류 역사에서 인류의 탄생, 농업혁명, 도시국가의 탄생, 사상혁명에 이은 다섯 번째 혁명이라고 지적하는 견해도 있지만, 이러한 미래전망은 유네스코가 소집한 스톡홀름 세계문화정책회의의 슬로건이 바

---

37 우리나라 또한 2004년에 '창의한국' 프로젝트를 추진하였다. 이는 OECD의 다른 국가들에 견주어 상당히 뒤떨어져 있는 우리의 예술·문화를 더욱 풍성하게 할 하나의 디딤돌이 되고자 했다. '창의영국'의 사례는 DCMS(1998; 2001; 2007a)를, '창의한국'의 사례는 문화관광부(2004a; 2004b)를 참조할 것.

로 '문화의 힘'이었다는 사실에서 극적으로 예증된다.

이는 그간 경제성장을 뒷받침해 오던 전통적인 생산요소의 상대적 비교우위가 무너지고 있다는 사실과 무관하지 않을 것이다. 이제 부를 창출하는 원천이 더 이상 노동력이나 하드웨어가 아니라, 지식이나 창조력으로 이동하는 본질적인 변화가 도래하고 있다. 즉, 다품종 소량생산체제에서는 문화와 감성을 담은 상품만이 경쟁력을 지닌다. 상품의 소비도 사용가치보다는 감각적·정신적 만족감에 따라 결정되는 등 문화적인 소비양태가 보편화된다.

요컨대, 확대된 자아실현의 욕구, 창의성의 부상과 예술·문화의 만개, 지식산업과 정보사회의 발흥 등으로 특징화될 21세기에 문화적 영역이 차지할 중요성은 아무리 강조해도 지나치지 않을 것이다. 게다가 21세기에는 자유 교역과 국경 없는 정보의 흐름 등 세계화의 진전에 따라 국가 사이의 경계가 모호해지고, 나라 안팎으로는 다원화가 더욱 진행될 것이다. 그러한 추세 속에서 정체성을 유지하고 사회통합을 가능케 하는 것도 바로 문화의 구실이라고 할 수 있다.

따라서 21세기에는 국가 존재의 결정에서나, 국제관계에서나 문화가 무엇보다 결정적인 구실을 할 것이다. 아울러 통일이라는 민족 염원을 달성하고 세계사의 중심에 서고자 하는 한국의 상황에서는 해양문화와 대륙문화, 동양적 가치와 서구적 가치를 통합해 새로운 문화를 창조해야 할 필요성이 새로이 부각되고 있음도 숙지해야 한다.

3. 근본적인 문화적 대응의 모색

이러한 필요에 근본적으로 대처하자면, 문화의 문제를 자연과의 조화라는 관점에서 다시 해석하고, 도시 문제 또한 이를 바탕으로 재고해야 할 것이다. 우선 전자의 문제를 살피기로 한다.

우리는 무엇보다도 산업사회가 도시 및 도시경관과 이를 둘러싸고 있는 지역들 사이에 많은 문제들을 산출했음을 인정해야 한다. 너무나 제약된 생활 조건들 때문에 대부분의 도시 주민들은 자연 환경과 접촉할 수 있는 기회를 상당히 잃었다. 또한 건물 증축으로 말미암은 공동 토지의 잠식 허용은 도시 내부에서도 열린 공간들을 점점 더 줄어들게 만들었고, 이것이 사회 환경에 미치는 폐해도 상당히 심각하다. 이에 모든 도시들이 거의 예외 없이 자신의 물리적, 역사적 자원들을 총동원해서 스스로를 개선해야 할 필요성에 직면하고 있다. 한마디로, 이제 넓은 의미에서 문화적인 접근이라 할 건축적, 도시계획적 그리고 미학적 고려들이 시급히 마련되지 않으면 안 된다. 이와 연관하여 문화유산의 보호와 경관 그리고 환경 보호를 위해 노력해온 유네스코에 주목할 필요가 있다.

1997년 당시 유네스코 문화 담당 사무차장 미셸 바티스Michel Batisse는 문화와 자연이 오늘날 서로 분리되어 있다는 사실 때문에 양자 모두 심각하게 위협받고 있으며, 그 사이의 공식적 연계가 다른 어떤 상징 못지않게 새로운 동맹을 요청한다고 지적한 바 있다. 그것이 미래의 인류생활을 위해 흔들리지 않는 기초가 되어야 한다는 것이다. 세계 유산목록에 등재된 문화재와 자연재의 보존을 위한 국제적인 연대를 목적으로 한 '세계문화 및 자연유산 보호 협약'이 1972년 11월 16일에 유네스코 총회에서 채택된 것은 바로 이와 같은 사태를 염두에 둘 때에만 그 의의가 진정으로 부각될 수 있다.

이는 오늘날 대량관광mass tourism의 발전과 더불어 전 세계적으로 일반 공중이 고고학적 기념물들과 유적에 대해 날로 관심을 증가시키고 있는 것과도 연관된다. 고대문명에 대한 이와 같은 열렬한 관심은 한편으로는 적극적으로 평가될 만하지만, 다른 한편으로는 그 유적들과 이를 둘러싼 경관들을 심각하게 위협하기도 한다. 따라서 관광객이나 현지 주민들이 환경 변화들에 직면하여 문화유산을 그들의 일상적인 환경의 일부로 받아들이면서, 파괴로부터 지켜줄 수 있도록 하는 방안의 모색이 절실해진 것이다.

그러나 유네스코는 좁은 의미의 역사적 기념물들만이 아니라 환경 전체의 보존을 새로운 관심 대상으로 부각시키고 있는데, 여기에는 특히 개발도상국의 인구폭발로 말미암은 마구잡이식 도시 확장에 제동을 거는 일이 무엇보다도 시급하다는 공감대가 형성되어 있다.

좀더 건설적인 논의의 진전을 위해서는 여기에서 말하는 '유산'과 '환경'이 과연 무엇을 뜻하는지를 분명하게 정의해둘 필요가 있다. 우선 유네스코가 말하는 '세계 유산'이 단순히 특정한 지리적 장소와 연계되기보다는 오히려 보편적인 성격을 갖는다는 것을 유념해야 한다. 그러기에 유네스코는 명물이나 명소뿐만 아니라, 도시와 농촌 경관 또한 유산의 특수하지만 필수적인 부분을 대표한다고 보면서, 건물과 공공 영역과 같은 형식들도 이에 포함시키고 있다.

아울러 '환경' 또한 가장 단순하고 일반적인 어법, 말하자면, '외적 환경external surroundings'들이라는 의미를 함축하지만, 좀더 자세히 살피면 미적·기술적·경제적·인간적 및 사회학적 자료들의 총체적 연계라는 의미가 내포될 수 있다. 그렇다면 이 개념은 어떤 방식으로든 건축예술과 연결된다. 만일 환경 문제가 성공적으로 해결되지 못하고 있다면, 책임 있는 당국으로서는 마땅히 이에 필요한 행정적·사회적·위생적 및 기술공학적 조처를 취해 상황을 개선하지 않으면 안 된다는 것이다.

바로 이와 같은 맥락에서 유네스코세계유산위원회는 1992년에 '문화경관cultural landscape'이라는 개념을 채택한 바 있다. 세계유산목록에 등재함으로써 유적들의 보호를 보장하고자 한 이제까지의 노력에 더하여 새로운 활동들이 추가되었는데, 여기에서는 인간존재와 생활에 대한 더욱 포괄적인 이해가 작용하고 있다. 즉, 역사적인 도심들 city centers의 재생rehabilitation이 핵심을 이루는바, 이는 도시계획사업의 수행을 위해 도시의 더 오래된 부분들을 훼손 또는 멸절시키는 것을 마치 최선의 방법인 양 능사로 삼았던 과거의 관행에 대한 제동을 의미하기도 한다. 이는 결국 '장소들의 기억'을 일상생활 속에 포함시킬 필요에 대한 각성을 뜻하기도 하는데, 경관이나 자연 환경 또한 이러한 각성의 중요한 계기로서 평가받고 있다.

물론 오늘날 우리들이 살아가는 세계 속에서 하나의 도시를 역사의 특정한 순간에 '얼어붙게' 할 수는 없다. 모든 살아 있는 존재와 마찬가지로 도시들도 변화하고 발전하게 마련이다. 영국의 도시 전문가 찰스 랜드리는 이와 같은 '유기체로서의 도시'라는 개념이 21세기 도시정책에서 나타나고 있는 가장 중요한 패러다임 전환의 하나라고 평가한다(Landry, 2000).

그러나 더 중요한 것은 우리가 이러한 변화 자체에 함몰되어서는 안 된다는 것이다. 다른 생명체들도 그렇겠지만, 성공적인 도시라면 변화 속에서도 자신의 특색을 보유할 수 있어야 한다. 그러므로 "아무리 최선의 의도를 지녔다 할지라도 재료들, 건물들의 규모, 건물 매개변수building parameters, 도시의 윤곽이나 교통 계획을 변화시키는 모든 외부적 개입은, 그것이 '유전적 유산genetic heritage'을 고려하지 않는다면, 치명적인 영향을 초래하고 말 것이다."(Bouchenaki, 2001, 9)

맺음말

문화라는 말은 너무나도 다양하게 쓰인다. 일본도시문제회의 간사이 회의는 1994년, 발족 10년을 맞이하여 '도시문화의 창조'를 주제로 연구모임을 개최한 바 있다. 그 결과물인 《도시의 문화》에는 문화가 '시민화된 지적·예술적 표현으로서, 사람들은 여러 가지 교양을 매개로 하여 그로부터 감동을 체득할 수 있다'고 씌어 있다. 이때 주목할 것은 '시민화'라는 개념으로서, 은연중에 혼란스러운 도시공간과 방종한 시민행동에 양식, 미·지·예의 등을 도입하는 것을 뜻한다. 말하자면, 시민에게 일정한 교양적 행동을 요구하는 것이 그 주류가 되는 셈이다. 물론 이와 같은 이해가 문화의 근본 개념과 꼭 일치하지 않는다는 반론도 있을 수 있다. 왜냐하면 문화는 때로 당대를 지배하는 규범에 저항적일 수도 있기 때문이다. 그러나 시민화된 지적·예술적 표현이 구체적으로 미술관·문학관·공연장 등과 아울러 도시경관을 아름답게 꾸미는 작업으로 나타난다면, 이를 굳이 반대할 이유는 없지 않을까?

이렇게 해서 예컨대 예술과 도시형성, 기업문화와 도시형성, 극장문화와 도시형성, 축제와 도시형성, 도시와 문화행정, 도시와 녹색환경 등이 논의대상이 될 수 있게 된다. 그뿐 아니라 만화, 영화 등의 대중문화와 관광이 지니는 문화적 가치도 논의되어야 하고, 심지어 도박 등의 오락이 갖는 의미도 논의에서 제외되어서는 안 된다. 특히 문화적 관점에서 도시공간의 정비를 추진해간다는 것이 단순히 외형을 분식粉飾하는 정도에 머물지 않고, 참으로 인간적인 삶이 가능해지도록 뒷받침하는 것을 뜻한다면, 오히려 바람직한 것으로 환영할 만하다.

사려 깊은 사람들이 행동할 수 있게 하는 문화적인 도시공간을 마련한다는 것은 분명 모든 도시계획의 목표가 되어야 한다. 또한 이와 같은 도시계획은 원칙적으로 관주도형보다는 민간주도형으로 추진되는 것이 더 바람직하다. 물론 민간주도형이 반드시 중앙이나 지방정부의 행정을 배제해야 한다는 것은 아니다. 이는 현실적으로 불가능하다. 다만 시민사회의 논의 구조를 최대한으로 활용할 때, 지역의 풍토가 만들어낸 역사와 전통, 풍습이 형성해온 문화의 창조적 계승과 시민들의 문화적 요구에 대한 대응이 더욱 원활하게 이루어질 수 있다는 것은 두말할 여지가 없다.

요컨대 도시공간이 갖는 중요한 문화적 의미는 문명의 움직임 속에 내포되어 있는 새로운 도시문화의 씨앗을 활성화시키는 것이라 할 수 있겠는데, 그 씨앗이 싹터서 도시 공간 여기저기에서 건강하게 자라날 때, 시민들은 자신의 도시에서 문화의 활력을 느끼게 된다. 물론 여기에서는 체제·반체제를 떠나서 이를 통해 정신적 고양이 이루어지고 있는지가 하나의 주요한 기준이 될 것이다. 그러나 그 경우 중산계급의 일반적 도덕률에만 의존하는 시민사회보다는 상식을 넘어서는 소수의 창조적 무리들이 벌이는 예술 활동을 받아들이는 시민사회 쪽이 새로운 문화를 만들어 가는 데 좀더 유리할 것이다. 이렇게 보면 도시문화론에서는 결국 자기정체성을 유지하면서도 문화의 다변적 성격과 행동을 용인하는 한편, 스스로의 존재에 자신을 가지면서 마음의 풍요를 구하는 시민사회를 이제부터 어떻게 만들어갈 수 있겠는지에 대한 논의가 출발점이 된다고 할 수 있을 것이다.

도시는 살아 숨 쉬는 존재로서 한순간도 쉬지 않고 활동을 계속하고 있는 만큼, 과거의 향기를 지켜나가고자 노력하면서도 정보화·고령화·세계화 등의 새로운 추세로부터 영향을 받지 않을 수 없다. 이런 맥락에서 특히 문화를 상징건물 속에 가두어 놓지 않고 주거 공간 전반에서 숨 쉴 수 있게 하는 배려가 절실히 요청된다. 그렇게 되면 규모 있는 예술축제나 향토축제가 배제될 필요도 없다. 다만 그와 같은 행사들이 단순한 과시행정의 일부가 되지 않고 서민생활과 직결될 수 있도록 하는 배려가 필요하다.

문화도시란, 말하자면, 이와 같은 모든 것을 담는 그릇이자 동시에 스스로가 예술작품의 성격을 지켜나가는 도시를 말한다고 할 수 있지 않을까? 우리는 지금 격조 높고 풍부한 정서를 지닌 인간도시를 만들려는 노력이 무엇보다도 아쉬운 시대를 살아가고 있다. '행정중심복합도시'가 이에 부과된 구실이 한정적일 수 있다 해도, 앞에서 든 여러 논점들을 충분히 고려하지 못해, 자칫 사람이 아니라 기능이 중심이 되는 인공도시로 전락하지 않게 되기를 간절히 희망한다.

제5장 지방자치시대의 문화권과 문화복지

이끔말

기본적 인권으로서의 문화권은 크게 두 가지 측면에서 고려되어 왔다. '자유권으로서의 문화에 관한 권리'와 '사회권으로서의 문화에 관한 권리'가 그것이다. 자유권적 문화권은 오늘날 대체로 헌법에 규정되고 있으나, 사회권적 문화권은 새로운 개념으로 자리 잡아 가고 있다.

우선 자유권적 문화권은, 독일의 경우, 기본법 제5조에 나타난 선언적 의미의 규정이 각 주의 헌법에서 더 구체화된다. 특히 바이에른Bayern 주 자치법 제108조, 브레멘Bremen 주 자치법 제11조, 헤센Hessen 주 자치법 제10조와 62조, 노르트라인 베스트팔렌Nordrhein-Westfalen 주 자치법 제18조 1항, 라인란트 팔츠Rheinland-Pfalz 주 자치법 제9조 1항, 슐레스비히 홀스타인Schleswig-Holstein 주 자치법 제7조 1항 등에는 학문과 예술의 자유가 규정되어 있다. 이는 문화를 국가로부터 완전하게 자유롭게 한다는 것을 의미한다.

한편, 사회권적 문화권은 예컨대 일본 헌법 제25조 1항의 "모든 국민은 건강하게 문화적으로 최저한도의 생활을 영위할 권리를 갖는다"는 규정에서 찾아볼 수 있는데, 이 조항은 권리의 주체와 그 실현 방법에서 다른 기본적 인권에서는 볼 수 없는 특징을 드러낸다. 왜냐하면 이와 같은 '생존권'을 구체적으로 보장하는 생활보장법이 "건강하게 문화적인 최저한도의 생활"의 기준을 "최소한도의 생활수요를 채우기에 충분하며 그것을 넘지 않아야 한다"고 규정하고 있기 때문이다.

그러나 이를 위한 구체적 판단기준은 문화의 발전과 국민경제의 진전 등과 더불어 향상하게 마련이며, 또한 다른 불확정적 요소를 모두 고려하여 신중하게 결정될 수밖에 없다. 따라서 "건강하게 문화적인 최저한도의 생활"을 판단하는 기준은 오직 경제생활 면에 한정되기보다는, 오늘날 경제발전과 함께 생긴 공해, 자연파괴, 도시환경의 악화, 더구나 과밀노동에 따른 과로사 등의 폐해가 인간다운 생존과 생활을 위협하게 됨에 따라 건강하고 문화적인 생활을 보장하는 또 다른 범주들을 포괄할 필요가 있다.

바로 여기에서 오늘날 '환경권' 같은 개념이 나오게 된 것이다. 모든 국민은 지역, 민족, 인류의 문화전승과 창조의 담당자이다. 교육 또한 장래 사회에서 문화적 재생산자인 어린이의 성장발달에 깊이 관련된다는 점을 고려한다면, 국민은 교육에 적극적으로 참여할 자유를 요구하는 권리를 가지게 된다. 이때 교육받을 권리에 함축된 문화생존권에 대한 이해가 대두되는데, 교육 외에 문화의 주요 영역인 예술이나 학술도 예외가 아니다.

이처럼 생존권의 차원에서 바라보는 기본권이 인간 생존 자체를 '더 나은 생활'로 향상시키려는 적극적인 지향과 가치 목적의 의의를 내재하고 있다고 할 때, 문화적 기본권의 영역이 존재한다는 주장의 정당성은 아무런 문제없이 확보될 수 있을 것이다.

이 밖에도 이른바 여가권(세계인권선언 제24조)이나 학문, 예술의 성과를 향수하는 권리와 문화생활에 자유롭게 참가할 권리(동 제27조) 등 헌법에는 명시되지 않았지만, 세계인권선언이나 인권규약을 적극 수용하는 국가의 입장에서 볼 때, '문화적 기본권' 개념은 우리에게도 국민들이 당연히 누려야 할 권리로서 구축되고 있다고 하겠다. 우리 헌법에서 문화적 기본권 조항과 연결될 수 있는 조항들을 찾자면, 문화정책의 가치기준과도 같은 것으로서 헌법 제19조의 '양심의 자유', 제20조의 '종교의 자유', 제21조의 '언론출판의 자유', 제22조의 '학문과 예술의 자유' 등을 꼽을 수 있다.

우리 헌법에서 보장하는 문화예술의 자유가 뜻하는 권리 내용은 문화예술 활동을 위해 국가가 그 내용이나 목표를 결정하는 것을 거부하며, 적어도 예술의 영역에서는 국가의 '비동일화 원리'를 실현하자는 것이다. 이는 예술의 자유를 인정하는 것이며, 국가로부터의 존중을 요구하는 것을 의미한다. 즉 '정신 생활의 가치' 영역을 구획하며, 문화 생활 영역의 자율성을 보장한다는 것을 말한다.

또한 사회권적 기본권으로서 문화에 대한 권리도 찾아볼 수 있다. 우리 헌법 전문에서는 "문화의 …… 영역에서 각인의 기회를 균등히 하고, 능력을 최고도로 발휘하게 하며"라고 규정함으로써 특히 문화 영역에서의 기회 균등을 명시하고 있다. 이는 평등권에 관한 헌법 제11조 1항에서 "누구든지 …… 문화적 생활의 모든 영역에 있어서 차별을 받지 아니한다"고 규정함으로써 구체화된다. 즉, 헌법 제10조의 "모든 국민은 인간으로서의 존엄과 가치를 가지며, 행복을 추구할 권리가 있다. 국가는 개인이 가지는 불가침의 기본권적 인권을 확인하고 이를 보장할 의무를 지닌다"는 행복추구권에 관한 규정과 제34조 1항의 '인간다운 생활을 추구할 권리'를 규정한 조항도 문화의 사회적 기본권의 토대가 될 수 있다.

1. 사회권으로서의 문화적 기본권리

'사회권으로서의 문화적 기본권'의 개념은 독자적으로 발전한 것이 아니라, 전후 오랜 세월에 걸쳐 유네스코를 중심으로 각국에서 모색되었다. 유네스코의 동향을 보면 1966년 제14차 파리총회에서 나온 '국제문화협력의 원칙에 관한 선언'을 계기로 문화에 관한 논의가 활발해졌다. 1968년에는 인권과 문화권에 관한 전문가회의가 열려 '인권으로서의 문화적 권리에 관한 성명'이 발표되었다. 여기에서 지금까지 획득된 노동권, 여가권, 사회보장권에 이어 '문화적 권리' 개념이 구축되었다. 이어 1970년에는 '문화정책에서 본 제도, 행정 및 재정의 제 측면에 관한 정부 간 회의'가 베니스에서 개최되어 1968년의 성명을 기초로 새롭고도 현실적인 문화정책을 만들기 위한 검토가 이루어졌다. 그리고 1975년, 유네스코 제19차 총회에서 대중의 문화적 생활에 대한 참여와 기여를 촉진하는 권고가 채택되었다. 이는 문화적 권리가 현대사회에서 정책으로 채택되고 법제화될 것을 권고하는 획기적인 의의를 갖는다. 1980년에는 예술가의 지위에 대한 권고가 나오게 되었으며, 1982년의 제2차 세계문화정책회의에서는 1970년대를 거치며 문화정책의 대상이 되었던 문화개념의 수용방식이 확대되어 문화정책의 추진에서 당면한 중점 사항이 논의되었다. 그것은 다음의 일곱 가지로 요약될 수 있다.

① 문화적 정체성의 존중

② 문화정책에서 민주주의와 참가의 중요성 확인

③ 문화발전을 사회발전의 목적 자체로 받아들이는 새로운 가치관의 제기

④ 문화와 교육의 상호관계 강조

⑤ 문화와 과학기술

⑥ 문화와 통신

⑦ 문화와 평화의 관계

이 일곱 가지 항목에서 드러나는 바와 같이 문화정책의 대상이 되는 문화 개념은 사회생활 전반에 걸친 다면적 접점에서 새로이 받아들여졌다. 이러한 정책의 근본이념이 되는 문화적 권리와 연관해서도 같은 모양으로 광범한 문화 개념이 도입되고 있다.

유네스코의 문화권에 대한 구체적인 항목을 보면, 문화생활에 참여할 권리, 문화적 자아정체성에 대한 권리, 국가적·민족적 문화유산 보존에 대한 권리, 창조성에 대한 권리, 문학적·예술적 생산품이 가져오는 도덕적·물질적 이익을 보호함으로써 생기는 혜택에 관한 권리, 국제적 문화협정에 대한 권리 등이 포함된다.

이와 함께 세계문화발전 10개년 계획(1988~1997)이 표방한 네 가지 목표인 문화적 주체성의 확인, 발전의 문화적 차원에 대한 중요성 인식, 문화생활에 대한 광범위한 참여, 국제적인 문화협력 증진 등도 '인권으로서의 문화적 권리'를 이해하는 데 필수적이다.

그 가운데서도 세 번째 목표, 즉 '문화생활에 대한 광범위한 참여'에 관한 부분은 문화복지의 중요한 이념적 근거가 된다. 나아가 고급문화의 향수를 대중들에게 확산해야 한다는 '문화의 민주화democratization of culture'와 각 개인들로 하여금 그 자신을 자유롭게 표현하고 특수한 동기에 따라 공동체의 문화 생활에 공헌할 수 있는 기회를 부여하는 '문화민주주의cultural democracy'는 문화복지를 위한 중요한 논리적 근거가 되어 왔다.

이를 바탕으로 특히 사회적으로 혜택 받지 못한 개인과 집단의 문화적 권리가 보장되어야 한다. 아울러 평생교육의 보편화와 교육의 민주화, 예술 교육의 강화, 모국어 교육의 확장, 창조성을 북돋우는 방법들의 더욱 광범위한 적용, 불관용과 성차별을 없애는 교육적 활동도 문화권 이념을 표방하는 문화복지로서 추구되어야 한다. 2003년에 채택된 문화 다양성에 관한 선언과 후속 조치들도 문화적 권리를 이해하는 데 필수적인 또 하나의 기준이 된다.

학자에 따라서는 '인간성 유지'라는 개념으로도 표현되는 이러한 권리를 재산과 소득, 기회, 권력 그리고 지위라는 소외의 네 가지 사회적 결정요인과 연관 짓기도 한다. 이 인간성 유지의 욕구는 인간의 기본적인 욕구 가운데 하나일 뿐만 아니라, 이러한 욕구의 충족이 보장되지 않는다면, 진정한 복지는 달성되기 어렵다는 취지에서이다. 따라서 우리가 물질적 풍요와 더불어 정신적 풍요를 국민복지의 중요한 조건으로 간주하는 것은 앞에서 살핀 대로 문화가 인간의 기본 욕구 가운데 하나이며, 따라서 문화적 권리는 인간의 기본권 가운데 하나로 여겨져야 한다는 인식에 근거하고 있다.

문화가 인간의 기본적 권리의 토대가 된다는 것은 미래를 연구하는 사람들의 주장에 근거해서도 타당하다. 토플러가 주장한 제3의 물결이 우리의 삶을 본격적으로 지배하는 21세기의 추세라고 가정한다면, 인간의 삶에서 문화가 본질적인 것임을 알아내기는 어렵지 않다. 농업 위주의 제1의 물결이 지배하던 시기에는 생명 보존이 문제였다. 제2의 물결인 산업사회에서는 인간다운 최저 생계가 목적이었다면, 제3의 물결인 정보화시대에서 인간에게 본질적으로 중요한 것은 정보인데, 이것은 결국 전혀 다른 맥락에서 본 문화라고 할 수 있기 때문이다.

2. 문화권의 실현으로서 문화복지

한마디로, 이와 같은 문화적 권리를 보장하는 것이 바로 문화복지의 중추적인 개념이 된다. 문화복지라는 개념은, 오늘날 복지국가가 당면하는 위기 상황의 극복을 위해 생산적 복지와 예방적 복지의 추구가 특별히 요청되고 있다는 점에서도, 그 의의가 높이 평가될 수 있다.

생산적 복지는 복지의 증진이 '삶의 질'을 높이는 동시에 경제의 활성화, 사회통합에 대한 기여 등에도 직·간접으로 기여하는 이른바 투자형 복지정책을 의미하면서, 경제와 복지의 조화로운 통일을 지향한다. 예방적 복지는 일회적인 소비적 복지를 최소화할 수 있는 최선의 대안으로서, 소비적 성격이 강한 사후적 복지를 가능한 한 최소화하는 복지체계의 정립을 지향한다. 이런 의미에서 문화복지는 생산적이고 예방적인 성격을 갖는 복지정책이다.

문화복지는 궁극적으로 조화로운 복지사회의 실현을 지향한다. 국민의 욕구에 따른 적정한 서비스의 제공과 효율적인 자원배분 등의 관점에서 문화복지 서비스를 포함한 사회적 서비스에 충실을 기하도록 하는 것은 물론, 세대 내·간 갈등의 해소와 남을 돕는 것을 자아실현의 한 방법으로 인식하는 문화가 사회적으로 생겨나고 확산되어 이를 바탕으로 한 공동체가 형성되도록 하는 것이다.

이처럼 정신적·문화적으로 풍요로운 삶을 지향하는 문화복지의 추진 방향은 우선 변화하는 개개인의 필요를 충족하여 자아실현에 도움이 되도록 하며, 탈산업사회에서 해체의 조짐마저 보이고 있는 가정의 중요성을 일깨우며, 지역의 정체성과 유기적 관계를 확고히 하는 방향을 지향하여야 한다. 이런 의미에서 문화복지의 증진을 위해서는 개인과 가정 그리고 지역사회가 일정한 구실을 다하여야 할 것이다. '개인'을 강조하는 이유는 오늘날의 개인들은 과거와 다르게 자아실현에 대한 강한 욕구를 갖고 있으며, 향후 이런 경향이 더욱 가속화될 것으로 보이기 때문이다.

또한 '가정'은 사회의 가치관 전달과 질서 유지의 최소 단위이면서도 후기산업사회에 들어서면서 보편적으로 해체 경향을 보이고 있는 까닭에 보호되어야 할 대상이라고 할 수 있다. 우리나라도 예외가 아니어서 핵가족화를 넘어서서 부분적으로 해체 현상이 일어나고 있으며, 가정이 갖는 기능이 앞으로 현저히 약화될 것으로 보인다. 특히 더욱 촉진될 도시화는 이러한 경향을 가속화할 것으로 보인다. 그러므로 개인의 자아실현과 더불어 가정의 고유 기능을 회복하기 위해서 우리는 가정을 문화복지를 위한 또 하나의 단위로 삼는 한편, 가정의 의미와 기능을 변화하는 사회 여건에 맞게 재해석하고 재정립할 필요성이 있다.

물론 가정의 와해는 예방되어야 하지만 동시에 가정은 친족 개념만이 아닌 넓은 의미의 공동체 개념으로 확대될 필요가 있다. 무엇보다도 '지역사회'가 지방화의 촉진과 더불어 독특한 문화적 주체성을 확립하는 것이 시급하다. 지역사회는 개인과 가정의 참여를 통해 그 나름의 전략을 토대로 정체성을 확립해 나가야 한다.

지역사회의 전략과 관련하여 독일의 사례는 참고할 만하다. 독일은 문화영역에 관한 기본적인 관할권을 연방국가의 특성상 연방이 아닌 각 주와 그보다 규모가 더 작은 기초자치단체에 부여하고 있다. 이처럼 문화관할권이 지방자치단체에 주어졌다고 해서 연방정부가 전혀 관여할 수 없는 것은 아니다. 예컨대 문화영역 가운데 교육시설, 교육계획과 학문연구 같은 분야에는 연방정부가 깊이 개입하고 있다. 이러한 연방과 지방정부 사이의 관계를 '보충의 원리'라고 한다. 국가권한 분배에 관한 이 원리에 따라 기초자치단체, 각 주 그리고 연방은 그 권한을 차례로 보충적으로 배분·행사할 수 있는바, 이런 활동들은 문화적 자유를 실현시켜 주는 것을 목적으로 하고 있다.

예컨대, 독일 남부의 바덴 뷔르템베르크Baden-Wuertemberg 주 자치법 제10조 2항은 "지방자치단체는 그 급부능력의 한계 내에서 주민들의 경제적, 사회적, 문화적 복지를 위해 필요한 공공시설을 창출한다"고 규정함으로써 지방자치단체의 정책 목표 가운데 문화복지를 하나의 과제로 명시하고 있다. 이처럼 각 주의 자치법들은 대부분 경제적, 사회적, 문화적 요청들을 고려하도록 규정하고 있다. 즉 행정구역의 형성에서는 도시공간 질서의 요청과 지역적 관계, 더욱이 교통·학교·행정관계들과 동시에, 가능한 한 문화적·역사적 관련성도 고려해야 한다고 규정함으로써 문화의 복지적 성격을 법적으로 반영하고 있다.

또한 자를란트Saarland 자치법 제134조 1항 제2문은 "모든 계층의 국민들이 문화적 소산에 참여할 수 있도록 해야 할 국가의 의무"를 천명하고 있다. 이런 의미에서 문화 소산에 대한 참여를 가능하게 하며, 문화에 대한 국민의 접근용이성을 확보할 수 있는 문화적 기반시설의 확충이 중요한 내용으로 부각된다. 문화적 환경조성과 문화적 '삶의 질'의 실효성 있는 확보를 위해 문화적 하부구조 시설의 확충은 문화복지 구현의 제도적 전제조건으로 작용하는 까닭이다.

이러한 문화의 복지적 측면을 반영한 독일이 우리에게 시사하는 것은 정책 주체로서 갖는 지방정부의 구실이 두드러진다는 점이다. 물론 역사적 경험이 서로 달라 이러한 사례를 그대로 따를 수는 없겠으나, 우리는 문화복지의 구체적 실천을 위해 지방자치단체가 매우 주도적인 구실을 하고 있다는 사실을 주의 깊게 바라볼 필요가 있다. 이에 대해서는 다음 절에서 좀더 자세히 살피도록 한다.

마지막으로 강조하고자 하는 바는 문화복지의 실천은 민간 부문의 참여가 활성화되는 방향을 지향하여야 하되, 적어도 초창기에는 불가피하게 정부와 지방자치단체 등 공공영역의 주도 아래 시행되어야 한다는 점이다. 이처럼 공공 부문이 주도적이어야 하는 만큼 문화복지 정책의 실행을 위한 재정의 확대는 필수적이다. 그러나 궁극적으로 볼 때, 자원봉사제도의 활용은 문화복지의 구현에서 지향해야 할 방향 가운데 하나이다. 자원봉사제도는 단순히 재정부담의 분담이라는 경제적 측면 이외에도, 참여를 통한 개개인의 자아실현과 복지정책의 궁극적 목표인 복지공동체의 구축을 위해서도 중요한 구실을 할 것이기 때문이다.

3. 지역 문화복지의 의미와 정책 방향

'지역 문화복지'에서 지역의 개념은 일단 공동생활권에 기초한 지역사회로 볼 수 있을 것이다. 그렇다면, 지역사회의 기초를 이루는 것은 지역성과 지역사회 의식이 된다. 다시 말해서, 지역사회의 구성요소는 동료의식, 역할의식, 의존의식 등으로서, 사회적 유사성, 공통된 사회적 관념, 공통된 전통, 공통된 관습, 공통의 귀속감 등과 연관된다. 이를 영문으로 표기하자면 'region'보다는 'community'의 개념에 더 가깝다고 할 수 있다.

이에 지역사회의 개념은 지리적·행정적 경계선에 따른 구분도 가능하지만, 그보다는 사회적·문화적 동질성, 합의, 자조 또는 다른 공동 행위와의 상호작용에 따른 형태에 더 가깝다. 지역사회의 특성이 강하다는 것은 지리적·행정적 성격과 사회·문화적 동질성이 강하게 드러나는 것을 의미한다. 이렇게 이해하면 문화복지가 지향하는 지역의 개념은 일상생활에서 문화 및 여가활동을 가능하게 하는 '생활권역 중심의 지역'으로서, 문화복지의 단위가 될 수 있다.

실제로 문화복지가 표방하는 정책의 기본방향 가운데 하나가 생활권역 중심의 문화·여가활동의 활성화이다. 그러므로 지역 문화복지의 개념을 이해하기 위해서는 이러한 생활권역 중심으로 복지를 고려하는 한편, 그 시행을 위해 행정 단위의 지역개념을 고려해야 한다. 이런 의미에서 지역 문화복지는 지역 특성에 기초하여 지역사회에서 이루어지는 문화활동을 중심으로 사회·문화적 동질성을 확보하고 생활권역 안에서 쾌적하고 건강한 삶을 영위할 수 있게 하는 여러 가지 조건을 마련하는 것을 지향한다.

지역 문화복지는 결국 지역문화에 대한 이해를 필요로 하는바, 이는 단적으로 주민자치의 기초단위 또는 일상생활권에서의 문화활동을 뜻한다. 이는 주민의 생활기반인 지역의 자연적, 역사적 개성을 바탕으로 주민들이 생활여건과 생활환경 그리고 생활양식을 개선해 나가면서 삶의 질을 향상시키고 정신적으로 위안을 받기 위한 행동이라 할 수 있다.

또한 지역 문화복지를 행정적으로 시행하는 지역 문화행정의 관점에서 보면, 경제·사회·정치를 포괄하는 '주민자치에 의한 주민문화 형성'이 주민의 목표인 동시에 지역 문화행정의 목표이기도 하다. 즉, 지역 문화행정은 지역 주민의 문화복지를 도모하고 문화생활 향상을 목적으로 하는 행정이라고 할 수 있다. 더욱이 지방화라는 거스를 수 없는 세계의 흐름에 부응하여 지역문화를 육성하자면 행정은 지역문화의 자치화와 자립화, 개성화와 특성화, 다양화와 다원화를 지향하여야 한다. 이를 위해 자치단체의 문화행정을 지향하고, 지역문화의 잠재역량을 발굴·활용하기 위한 종합적인 발전계획을 주민과 더불어 지역 단위에서 연구·개발, 실천해야 한다. 단순히 중앙정부의 획일적인 지시나 시책을 하향식으로 시행하거나 중앙의 보조금에만 의존하는 형태를 벗어남으로써 중앙행정의 위임이나 하청행정을 지양하여야 한다.

지역 문화복지가 추구해야 할 기본 방향은 근본적으로는 문화복지가 표방하는 이념적 지향을 따라야 하겠지만, 그 구체적인 실천 방향은 무엇보다도 지역 주민의 문화·여가활동에 대한 욕구를 충족시켜 주어야 한다는 것이다. 오늘날의 지역은 과거처럼 중앙을 거쳐 세계와 소통하지 않는다. 각종 매체와 정보수단의 발달은 지역이 직접 세계와 접촉하고 교류할 수 있는 가능성을 열어 놓았으며, 오늘날 그것은 현실화되고 있다. 또한 도시와 농촌이라는 근본적으로 다른 생산기반 위에 삶의 여건이 놓여 있던 과거와 다르게, 농촌지역 또한 산업화 또는 도시화해 나가는 일반적인 추세 속에 존재하고 있다.

문화생활과 여가활동에 대한 욕구가 크게 증대한다는 것은 오늘날 전국을 망라한 일반적인 추세이다. 소득이 늘고 여가시간이 확대됨에 따라, 사람들이 문화생활을 즐기고 건강하고 쾌적한 환경 속에서 살고 싶어 하는 것은 어느 지역이나 차이가 없다. 그러나 2006년 8월, 한국문화관광연구원이 발간한 문화경쟁력 보고서에 따르면, 한국사회는 다른 OECD 가입국에 견주어 문화적인 생산과 소비 그리고 인프라의 수준이 상당히 뒤처져 있는 것으로 나타났다. 즉 경제발전의 수준에 견주어 문화복지의 수준은 한참이나 뒤떨어져 있는 셈이다. 게다가 지금까지 한국 사회 안에서도 지방의 문화복지가 상대적으로 낙후되었던 것을 살펴본다면, 그 욕구의 정도는 지방이 오히려 더욱 크다고 할 수 있을 것이다.[38]

38 이런 경향은 여러 조사에서도 나타난다. 예컨대, 1994년 12월에 한국문화정책개발원이 발간한 '문화 향수 실태'에 관한 보고서는 한국 사회에서 문화예술 활동이 대도시에 집중되어 지방의 중소도시나 읍·면 지역은 문화적으로 상당히 열악함을 잘 보여준다. 특히 읍·면 지역의 경우는 거의 문화의 소외지대로서, 문화시설의 정비와 확충 대상으로 영화

지역 문화복지의 증진은 이 점을 고려해야 할 것이다. 이는 문화예술에 국한된 것만이 아니라, 생활체육 등 여가활동과 청소년들을 위한 활동공간과 프로그램의 확보 등에서도 마찬가지라고 할 수 있다. 그러므로 장래의 지역 문화복지의 정책 방향은 문화예술, 체육, 청소년, 관광 등이 별개의 영역으로 다루어질 것이 아니라, 어떻게 하면 주민들의 필요를 충족시켜 줄 것인가 하는 관점에서 종합적으로 다루어져야 한다.

실제로 이러한 작업을 실행하려 할 경우 지방자치단체는 중앙 부서보다 행정적으로 수월한 측면이 있다. 행정조직상 재편에 어려움이 있으면 자치단체장의 직속으로 문화복지추진위원회(가칭)와 같은 기구를 구성하여 그 실행에 추진력을 더할 수도 있을 것이기 때문이다.

맺음말

개발과 성장 중심의 사고가 지배적이던 시절에는 지역문화가 주로 '근대와 전통의 이분법적인 구도'에 따라 이해되면서, 지역의 특성 있는 문화 육성이라고 하면 대체로 전통문화 또는 민속 문화를 유지

관이 둘째로 높은 비율로 나타날 만큼 현격한 차이를 보이고 있다. 한마디로 읍·면 지역은 도시에는 흔한 영화관마저 갖추지 못하고 있는 것이라고 하겠다. 영화관이 이 정도이니 다른 공연이나 전시 등에 관한 조건이 어떠하리라는 것은 쉽게 짐작할 수 있다. 이 점은 문화예술정책의 중점 분야에 대한 국민들의 평가에서 지역문화 육성, 지방문화 시설 확충 등에 가장 높은 응답이 나온 데서도 나타난다. 지난 10여 년에 걸쳐 이러한 불만을 해소하고자 중앙과 지방정부가 많은 노력을 기울인 것은 부인할 수 없는 사실이지만, 문화 향수 실태에 관한 한국문화관광연구원의 최근 보고서들에서도 알 수 있듯이, 여전히 예산이나 기획 면에서 지방의 중앙 의존도는 심각한 실정이며, 따라서 높은 수준의 문화향수를 가능케 하는 문화적 하부구조를 지방에 구축하는 것은 아직까지 시급하고도 중요한 과제로 남아 있다.

하는 것을 주요 임무로 간주하곤 했다. 물론 지역민의 삶 속에 전승되어 오는 독특한 문화유산은 보존되어야 하며, 이는 앞으로도 문화정책의 중요한 대상이 될 것이다. 그러나 세계화와 지방화가 동시에 진행되는 시대에서 특성 있는 지역문화는 단순히 전통문화나 민속문화를 보존하는 것만이 아니라, 지역의 독특한 문화를 창조해 나아가는 것을 의미한다. 이러한 특성 있는 지역문화의 창조와 육성은 중앙문화의 획일적인 수용을 거부하며, 지역의 역사, 전통, 정서 그리고 여건에 맞는 문화발전을 의미한다.

이러한 발전을 위해서는 기본적으로 다양성과 창의성에 기초한 문화 추구가 우선이지만, 문화와 지역문화를 경제와 개발 중심으로 바라보는 관점에 큰 전환이 있어야 한다. 지방자치가 실시된 이래 지방자치단체들은 지역문화 정책을 다양한 행사를 통한 주민들의 문화향수 기회 확대, 전통문화의 발굴과 계승, 부족한 문화공간의 확충 등을 중심축으로 하여 시행하였다. 그러나 이러한 정책이 주민의 생활 속에 녹아들지 않으면 지역의 문화정체성은 확보되지 않은 채 일회적인 행사로 끝날 가능성이 여전하다.

이런 점에서 전통문화를 현대적으로 응용한 문화행사의 활성화가 절실하게 요청된다. 이때 이벤트를 중심으로 하여 문화, 관광, 청소년, 체육 등 문화복지 관련 영역들이 함께 다루어질 수 있으며, 이는 무엇보다도 주민들의 참여의식을 높일 수 있다. 뿐만 아니라 관광과도 자연스럽게 연결되어 문화복지 정책이 소비적인 정책이 아니라 생산적인 정책임을 인식시킬 수 있다.

한편 지역의 문화행사, 특히 향토축제가 중심이 된 행사는 지방정부, 지역기업, 지역주민 등의 유기적인 협조가 더욱 강조되며, 기획능력, 창의력 등이 어우러져 여러 측면에서 지역의 활성화를 위한 기능을 갖고 있다. 그러나 그것이 일방적인 관주도형으로 진행되어 지역주민의 소외현상, 재원의 미확보로 말미암은 부실 등이 전반적으로 야기된다는 문제점이 많이 지적되고 있다.

사실상 지방자치단체의 더 근본적인 바탕은 정치나 경제라기보다, 지역문화의 독창성 유지와 창조에 있다고 할 수 있다. 지역, 더욱이 중소도시의 문화적 욕구가 증가하고 있음은 주목할 만한 사실이지만, 이때 서울에서 이루어진 문화가 지역의 사정과 관계없이 재현되는 것이 아닌가 하는 의혹이 사라지지 않고 있다. 이러한 식의 문화적 욕구 증가는 그 지역 주민들만이 가진 자발적이고 고유한 문화적 삶이 없기 때문에 충분한 것이 되지 못한다. 따라서 지역문화의 특성을 육성할 수 있는 거점이 마련되어야 하며, 이 거점을 중심으로 한 지역의 삶이 다른 어느 곳과도 다른, 특징 있는 삶으로 태어날 때 진정한 지역문화가 형성되고 지역의 행정적 수단이 의미를 갖게 된다고 할 수 있다.

지금까지 살펴본 바처럼 지역 문화복지의 성공적 정착을 위해서 여러 방안이 제시될 수 있겠지만, 무엇보다도 근본적인 것은 기존 사고방식의 일대 전환이라고 할 수 있다. 문화의 중요성을 인식하지 못하거나 여전히 경제제일주의에 바탕을 둔 개발우선정책에 매달리는 한, 인간다운 삶을 지향하면서 근본적인 지역자치의 토대를 마련하려는 지역 문화복지는 성공적으로 이루어지기 어렵다. 이에 지역자치 단체장의 문화의식, 효율적인 행정체계의 확립 등과 더불어 지역주민과 단체들의 적극적인 참여가 반드시 요구된다.

변화하는 세계를 주도적으로 헤쳐 나가려는 의지가 표현되는 문화복지는 이제 건강하고 쾌적한 생활환경을 이루고 문화생활과 여가생활의 활성화를 통해 인간다운 삶을 누리도록 하는 목표를 전국적으로 확대해야 하는 시점에 들어섰다. 이의 성공을 위해서는 무엇보다도 지역 문화복지가 뿌리내려야 한다.

제6장 문화자원 개발과 지역 활성화

이끔말

앞 장에서 문화권과 문화복지라는 개념을 중심으로 지역문화 활성화에 관해 살펴보았다면, 본 장에서는 문화발전과 지역 활성화의 문제를 문화자원의 개발이라는 관점에서 다루어 보고자 한다. 이는 문화권리와 문화복지라는 개념을 더욱 상세하게 살피는 동시에, 이를 실질적인 '자원resource'과 연계하여 문화 활성화를 위해 더 직접적인 방안을 다루어보고자 하는 것이다. 물론 심도 있는 논의를 위해서는 해당 지역에 대한 실제적인 정보가 고려되어야 할 것이지만, 여기에서는 그러한 분석 이전 단계에서 일종의 총론 또는 원론에 국한하고자 한다. 이러한 취지에서 일단 문화자원 개발이 무엇을 뜻하는지를 규정할 필요가 있는바, ① 문화발전을 위한 기반 정비, ② 문화를 뒷받침할 인재의 양성·확보, ③ 예술 창조 활동의 활성화, ④ 전통문화의 계승·발전, ⑤ 지역문화·생활문화의 진흥, ⑥ 문화를 통한 국제공헌과 같은 여섯 항목을 총괄하는 것으로 이해하고자 한다.

1. 문화자원 개발의 기본 방향: 문화관광과 연관하여

이와 같은 문화자원들 가운데서 지역 활성화와 직결되는 사항에 주목해보자. 이념적으로 볼 때, 중앙뿐만 아니라 지방에서도 주민들이 우수한 예술문화를 가깝게 접할 수 있고, 개성이 풍부한 예술문화 활동을 활발하게 실행할 수 있도록 환경을 정비하는 것이 가장 바람직하다. 이를 위해서는 역사적인 명소 가꾸기를 비롯한 지역의 특색 있는 문화활동을 핵으로 삼아 문화의 향기가 높은 지역 조성을 적극적으로 지원하는 등 지역에서의 문화 창조, 축적 및 발전을 촉진할 필요가 있다.

더욱이 사람들의 의식과 행동을 생활문화를 중시하는 방향으로 이끌려면 자연과 역사 등을 포함한 다양한 문화 자원, 경제적·시간적 여유 그리고 사람들이 서로 얼굴을 알아볼 수 있을 규모의 지역이 지니고 있는 가치와 기능을 중시하는 것이 큰 의미를 지니게 된다. 물론 이 경우 광역 또는 기초자치단체가 가진 개성을 살려나가고자 하는 노력이 하나의 기본전제가 됨은 두말할 여지가 없다.

이는 문화관광의 의의를 생각할 때 더욱 그러하다. 그것은 본질적으로 문화적인 동기에 기초한 관광활동 형태를 의미하면서, 그 내용은 학습, 예술 감상, 축제, 문화 이벤트, 유적 방문, 자연·민속·예술 연구, 순례를 위한 여행을 포함하여 광범위하다. 그것은 또한 계속해서 사라져가는 생활양식의 흔적으로서 지방색이 지닌 풍부성을 찾는 관광활동의 형태이기도 하다. 이러한 관광은 문화를 획일화하거나 붕괴시키는 대신 현대사회에서 새롭게 창조해 나갈 기회가 되기도 한다. 따라서 문화관광 대상은 처음부터 사람들이 즐길 것을 의도하여 건설된 시설이라기보다는, 오히려 '역사'를 비롯하여 인간이 만들어낸 여러 가지 사물事物이라고 정의할 수 있다. 이는 사람들로 하여금 그 지역과 특정한 장소·시설 등을 방문하도록 만드는 흡인력이 된다. 이렇게 되면 문화관광은 문화적 대상을 활용한 관광의 총괄로서, 환경과 조화되고, 사물의 개성과 진정성이 매력을 발휘하게 하는, 지속 가능한 관광 전반을 의미하는 것이기도 하다.

물론 이러한 문화적인 관광대상이 단순히 과거 유산에 국한된다는 것은 아니다. 오늘을 살아가는 인간들이 과거를 바탕으로 삶을 새롭게 일구어가는 과정에서 생성한 사물들도 그 대상이 되어야 한다. 문제는 문화자원이 항존恒存하는 상수常數로서 중시되어야 한다는 것이다. 이는 대량생산, 대량소비 시대의 대량관광mass tourism보다는 오히려 새로이 대두되는 대안관광alternative tourism에 더욱 접근하는 개념이기도 하다. 그것은 관광대상과 항상 접하고 있는 주민을 통해 방문객 또한 이에 다가가고 싶은 욕망을 느끼게 만든다는 의미에서 체험관광과도 통한다.

여기에서 은연중에 강조된 사항을 좀더 분명하게 말한다면, 이는 결국 관광 진흥이 결코 관광객을 위한 것만이어서는 안 된다는 뜻이다. 지역 진흥이 지역주민의, 지역주민에 의한, 지역주민을 위한, 지역주민과 더불은 것이어야 한다는 대의에 따라, 그 일환인 관광 진흥도 관광객만이 아니라 지역주민의 피드백을 참조해야 한다. 지역주민에게 즐겁고 쾌적하지 않은 지역이, 다시 말해서, 주민들이 살면서 깊은 만족감을 느끼지 못하는 지역이 관광객들에게 만족감을 줄 수 없다는 것은 너무나도 분명하다.

지역주민의 피드백이 일단 소득창출과 증대, 고용 창출 등 관광의 외부경제효과를 의미하겠지만, 그와 함께 정신 면에서의 효용도 무시되어서는 안 된다. 관광은 경제적 효과만이 아니라, 지역과 국가의 정신적인 효용을 높이는 사회적 효과도 지니기 때문이다. 이것이 지역문화의 재창조, 시민도덕의 형성, 시민활동의 전개를 살리는 힘이 되는 동시에 관광객을 끌어들이는 매력의 원천이 된다. 그래서 그곳이 바로 다시 찾고 싶은 관광지가 되는 것이다. 이제 전통행사의 활용, 체험관광의 창출 등이 관광자원으로 인식되고, 지역문화와 지역관광의 진흥에 상승효과를 가져오는 시대가 되었다. 만일 이것을 직접적인 문화적 효과라고 한다면, 그것이 지역주민에게 평생교육의 기회를 주고 문화적으로도 새로운 지역문화를 창조하는 기폭제가 되는 경우가 많다는 것은 간접적인 문화적 효과라고 할 만하다.

한마디로, 관광(자원)의 항존성과 이에 기초한 관광 진흥과 지역진흥의 표리일체성, 나아가 관광을 통해 문화교류가 가져오는 지역주민에 대한 학습효과 그리고 이를 계기로 한 지역의 갱신효과 등이 함축적으로 이해될 때, 문화자원과 지역 활성화는 살아 있는 상호관계를 맺을 수 있다.

세계관광기구World Tourism Organization, WTO 아시아태평양사무소의 활동을 지원하고 있는 일본의 재단법인 아시아태평양관광교류센터APTEC는 2000년 3월에 《관광마을 조성 가이드북》을 간행하였다. 여기에서 관광마을 조성은 '지역이 주체가 되어 자연, 문화, 역사, 산업 등 지역의 여러 가지 자원을 살려내는 것으로써 교류를 진흥하고, 활력 있는 마을을 실현하기 위한 활동'이라고 정의된 바 있다. 이는 이제까지 일반적인 관광개발이 손님을 '끌 수 있는' 힘의 증강, 개발위주의 산업진흥에 우선한 결과 지역다움과 정주환경에 대한 배려를 소홀히 해 왔던 것에 대한 반성으로서, 관광마을 조성은 지역이 주체가 된 종합적 마을 조성을 목표로 한다.

즉 관광 진흥이란 자연, 지역의 정주환경, 주민들의 만족도 등 여러 측면에서 문제가 일어나지 않도록 균형을 잡아가면서 자원을 활용하고, 지역 전체의 지속적인 발전을 위한 조치를 취한다는 것이 강조된다. 이렇게 해서 그것은 이른바 '창조도시'라는 개념과도 짝을 이루게 된다. 이때 창조도시는 인간 창조정신의 자유로운 발현에 기초하여 문화와 산업에서 창조성이 풍부하고, 동시에 탈대량생산에 대비한 혁신적이고 유연한 경제 시스템을 갖춘 도시라고 정의될 수 있다.

이상의 다소간 비판적 입장은 관광산업과 관광 연관 산업만을 주목하면서 과도할 정도로 영리를 추구하는 관광 진흥이 이미 시대적 조류가 아니라, 오히려 지속 가능한 관광개발이 투자 가치가 있다는 점을 보여주고자 하는 것이다. 동시에 지방분권, 동반자형 사회의 도래라는 시대적 문맥을 관광 진흥의 분야에서도 확실히 인식하자는 제안이기도 하다. 이는 교류와 연대가 관광의 주요 구성요소인 이상 당연한 것이기도 하지만, 종래의 공리주의적 관광개발, 또는 개발형 관광개발의 폐해를 반면교사로 삼지 않으면 안 된다는 점을 강조하고자 한 것이기도 하다. 민간비영리조직NGO과 행정 그리고 기업과 대학이라는 주체들 사이의 연대와 협동이 지역 안에서 하나의 기둥이 되어, 산·관·학·민이 조화되는 새로운 동반자 정신에 따른 문화를 바탕으로 한 관광 진흥의 추진이 요청된다는 것이다.[39]

이러한 전환은 무엇보다도 문화적 권리와 '문화의 힘'에 대한 더 정확한 이해를 통해서만 올바르게 추동될 수 있을 것이다. 이때 '문

---

39 관광 진흥을 국가건설의 기둥으로 삼아 만남과 활력으로 가득 찬 관광교류대국을 실현하자는 구호는 단지 우리나라만이 아니라, 일본이 2000년 12월에 관광정책심의회 답신에서 밝힌 바 있다. 당시에 이미 관광과 그 관련 산업의 생산총액이 GDP의 5퍼센트에 달하고, 고용자 수가 200만 명에 달하는가 하면, 여행의 국내 소비를 10퍼센트 증가시킬 경우, 4.8조 엔의 생산효과와 41만 명의 고용효과가 생긴다는 관측이 통용되었던 만큼 일본으로서는 그럴 만도 했다. 그런가 하면, 일본을 방문한 외국인 관광객이 475만 7천 명인 것과 달리 일본인 해외 여행자 수는 1,781만 9천 명이라 관광적자가 284억 달러에 달했다니, 관광 진흥에 열을 올리지 않을 수 없었을 것이다. 그런데 일본에서는 그것이 결코 종전 방식으로는 이루어질 수 없다는 자각이 어느 정도 보편화되어 있음과 달리, 우리의 상황은 아직 그렇지 못하다는 점에서, 이 글에서 말하는 기본취지가 제대로 이해되었으면 하는 마음이 간절하다.

화의 힘'이라는 표현은 실로 여러 가지 의미를 함축한다. 세계적으로는 유네스코가 세계문화발전 10개년 계획을 마감하면서 이를 지속적으로 추진하고자 1994년에 스톡홀름 회의를 개최할 당시, 이 표현을 하나의 표어로 채택함으로써 일종의 유행어가 되기에 이르렀다. 여기에서는 주로 문화복지의 이념을 중심으로 이를 살펴보고자 한다.

2. 인권을 세우는 문화의 힘

우리나라는 1960년대 이래 세계에서 유례없이 빠른 속도로 경제발전을 거듭해 온 결과, 이제 절대빈곤에 시달리던 빈국의 위치에서 벗어나게 되었다. 뿐만 아니라 경제발전에 관한 한 세계에서 유례없는 모범국가로 손꼽히기도 한다. 그러나 이러한 경제발전이 우리로 하여금 성취 결과에 대한 만족만큼이나 경제발전 자체에 문제를 제기하도록 만들었던 것도 사실이다. 지난 50여 년 동안 우리의 의식세계를 지배한 것은 경제와 정치였으며, 이 때문에 인간의 삶을 이 두 개의 관점에서 바라보고 해결하려는 데 너무도 익숙하다. 그러한 가운데 기존의 사고방식을 극복하고자 하는 노력도 표출되었다. 사회복지 정책에 대한 전반적인 관심의 고양은 경제발전 제일주의로 말미암은 문제를 해결하는 차원에서 시작되었다고도 할 수 있다.

그러나 우리는 사회복지마저도 경제 중심으로 생각하고 정책을 준비하는 데 너무나 익숙하다. 사회복지 정책은 주로 고전적 의미의 경제발전이나 이를 추구하기 위한 산업사회적 발상에 기초하고 있으면서, 산업사회를 넘어서는 세계사적 변화와 그러한 과정에서 생기는 국민들의 새로운 욕구를 충분히 반영하고 있다고 보기 어렵다. 지방자치에 대해서도 경제제일주의에 토대를 둔 개발과 권력의 분점을 넘어서는 이해와 관점이 형성되고 있는지 의심스럽다. 사실상 오직 빠른 시간 내에 경제발전과 성장을 이루도록 추구해온 정책의 결과, 진정한 의미의 균형적인 지역발전과 특성을 살리는 정책은 제대로 시행되지 못하였다.

따라서 정치와 경제 중심의 지방자치가 과연 세계사적인 변화의 시대에 걸맞은 방향이냐, 아니냐에 대한 논의가 심도 있게 다루어지지 않은 채, 개발 위주의 사고와 정책의 연장선에서 '지방화 시대'가 개막되었다고 해도 지나친 말은 아니다.

그러나 오늘날 세계화, 정보화, 탈산업화, 디지털화 등의 용어로 표현되는 인류의 문명사적 변화는 우리로 하여금 이러한 인습적인 사고와 정책의 틀을 깰 것을 요구하고 있다. 그런 의미에서 '삶의 질' 향상을 위한 정책은 세계사적 변화에 부응하려는 정책적 노력이어야 한다. 다시 말해, 지방화 시대의 진정한 국민복지는 과거와 같이 물질적이고 경제적인 풍요만을 최고의 가치로 강조함으로써 나타났던 부작용을 치유하는 것은 물론, 21세기의 문명사적 변화에 부응하여 경제와 정치를 중심으로 지방화를 바라보는 사고를 극복해야 한다. 또한 전국적으로 지역의 특성에 맞는 문화를 유지하면서 향상된 '삶의 질'이 보장되는 일류국가로 진입하려는 국가적 노력이어야 한다.

이런 의미에서 우리는 사회복지라는 표현을 받아들이면서도 이에 문화복지라는 개념이 함축되어야 함을 다시금 강조할 필요가 있다. 사실상 제2차 세계대전 이후 많은 선진 국가들에서 복지국가 노선이 지배적으로 되면서 문화 진흥이 국민복지의 일부로 받아들여지게끔 되었다. 또한 민주주의 국가의 필연적인 요구로서 국민을 위한 문화가 선명히 자리매김되면서, 국민들의 문화생활 참여 기회의 충실이 하나의 목표가 되었다.

복지국가 실현에 매진해온 영국의 경우, 복지국가의 이념적 추진자였던 케인즈가 예술진흥에 적극 기여했다는 사실이 이러한 흐름을 단적으로 보여준다. 아울러 예술의 자유 규정을 정신적 자유권의 하나로 간주할 뿐만 아니라, 예술의 지원 그리고 가능한 한 많은 사람들이 참여하는 문화의 유지를 정부의 의무로 규정한 전후 독일의 기본법은, 이미 자세히 살핀 대로, 문화권의 신장에서 아주 모범적인 사례로 여겨진다.

앞 장에서 말했듯이, 이러한 배경에서 태동한 '기본적 인권으로서의 문화권'에 대한 인식은 헌법에 보장되어 있는 '자유권으로서의 문화에 관한 권리'와 점점 자리를 잡아가고 있는 '사회권으로서의 문화에 관한 권리'라는 두 측면으로 구분되어 왔다. 이 두 종류의 문화권이 갖는 의미를 밝히는 것은 어쩌면 우리의 삶에 미치는 '문화의 힘'이 얼마나 크고 중요한지를 밝히는 것과 상통한다고 하겠다.

우선, 자유권으로서 문화권은 무엇보다도 전체주의적 문화통제에 대한 반성으로서, '국가로부터의 자유'를 보장함을 강조하고 있다. 자유권적 문화권은 국민의 문화영역에 관한 권리를 국가가 인정하는 것이 문화의 자율성 확보를 위해 가장 기본적인 역할임을 전제로 하고 있다. 문화가 국가로부터 완전한 자유를 획득해야 함을 의미하는 이러한 정신적 자유권은, 곧 어떠한 문화를 어떻게 향수 또는 창조하는가 하는 문제가 종교·사상·학문과 함께 모든 사람 개개인의 내면에 깊게 관계되는 일이며, 국가권력이 이에 개입·통제해서는 안 된다는 것을 의미한다.

이처럼 정신활동으로 규정되는 문화적 권리에서 예술이 특별히 규정되어 있지는 않다. 그러나 예술은 인간의 내면을 표현하는 것이므로 '행복추구의 권리', '사상·양심의 자유' 또는 '표현의 자유' 그리고 '학문의 자유'에서 보장되는 것이 당연하다는 견해가 일반적이다. 그리고 표현의 자유는 그 수단이 특별히 한정되어 있지 않고, 연설, 신문과 잡지를 비롯한 각종 인쇄물, 라디오나 TV는 물론, 그림, 사진, 음악, 연극 등 모두를 포함한다. 무엇보다도 '검열의 금지'는 적극적인 표현의 자유를 헌법으로 규정하기 위한 조처라고 볼 수 있다.

그러나 문화의 자율성을 충분히 인정한다고 해서, 그것이 국가가 봉사적 차원에서 자율적 문화 영역에 관여하는 것을 배제하지는 않는다. 즉 자유권적 기본권으로서의 문화권은 기본원칙이며, 이를 손상시키지 않는 한, 문화발전에 대한 국가의 봉사는 열려있다는 것을 의미한다. 다시 말해서, 국가가 문화정책을 통해 문화에 개입하는 것은 문화의 자율성을 해칠 것이라는 우려가 있을 수 있지만, 경제 영역에서 국가가 시장경제체제를 인정하면서도 정책적 수단에 따라 '경제형성력'을 인정하는 것처럼 국가의 적극적인 '문화형성력'을 인정함으로써 문화의 자율성을 해치지 않고 상호발전을 꾀할 수 있는 가능성도 열리게 된다.

한편 사회권으로서 문화권은 기본적 인권의 일부로서, 그와 같은 권리를 보장하기 위한 책임은 대체로 공공기관에 위임되어 있다. 이러한 문화적 기본권이 생존권의 차원에서 나타나고 있음을 주목할 만하다. 즉, 생산과정에서 노동자들이 사람다운 생활을 요구하는 것을 배경으로 역사적으로 확립되어온 고전적인 생존권 개념을 바탕으로 하면서, 나아가 현대사회에서 생활파괴, 환경파괴 등 여러 가지 도시문제가 격발하는 중에 의문시되어온 '시민의 본원적인 살 권리'를 새로운 권리로 구축할 필요성이 대두된 것이다. 여기에서는 현대사회의 인간 생존이 생산과정에서의 수탈만이 아니라, 소비과정 등을 통한 체제적 수탈에도 위협받고 있다는 인식이 지배적이다. 동시에, 사람의 생존권을 노사의 대항관계에서 전자가 취할 지분을 증대시키고 나아가 생산과정의 존재조건을 향상시키는 것에 따라 보장하려는 것이 아니라, 정치사회에서 정치·행정의 존재방식에 관한 발언권을 요구·행사하고, 사람들의 포괄적인 생활조건을 확보하는 것으로써 실현하고자 하며, 더 넓은 이론적 구성을 요청한다.

이와 같은 맥락에서, 생활권의 이념은 대량생산·대량소비에 따른 현대사회의 메커니즘이 내포하는 여러 모순에 대해 저항하면서, 억눌린 시민적 권리의 법리로서 다음과 같은 세 가지 측면을 고려한다. 첫째는 방위적 측면으로서, 생활·환경파괴에 대항하는 생명 방위 근거가 되는 생활권이다. 둘째는 조건정비 또는 청구권적 측면으로서, 시민생활의 유지에 불가결한 공동생활 수단의 설치와 이용 등 공공정비에 대한 청구권이다. 그리고 셋째는 자율적 상호조정을 포함한 자주창조적 측면으로서, 공동체적 시민의 자주적인 풍요로운 지역사회 형성이라는 능동적인 영위의 총체적 보장을 요구하는 권리이다.

이상에서 보았듯이, 생활권은 환경권, 지방행정에 대한 시민참가권, 알 권리 등 주민 운동이 발전해 가는 가운데 모색되어 온 현대시민의 권리청구의 법리가 생존권적 기본권의 발전선상에서 체계를 갖추게 된 것으로서, 지방자치단체의 생활·복지·환경 정치의 근거가 되는 새로운 권리들의 전개를 위해 시사하는 바가 크다. 이는 문화적 권리와도 밀접하게 연관될 수 있는바, 여기에는 ① 인간다운 풍요로운 생활의 존재방식을 실현하기 위한 구체적인 공동정책을 청구할 근거로서 생존권을 생활권으로 발전시키는 관점이 명시되어 있고, ② 노동 과정뿐만 아니라 소비생활 과정을 포함한 사회 과정 총체에서 현대 자본주의의 이윤추구 메커니즘을 공공적으로 규제하는 것이 국민의 기본적인 청구권 행사로서 정당화될 수 있다는 관점이 분명하며, ③ 생활권의 내용이 단순히 방위적 성격을 갖거나 환경정비적 공공정책의 근거가 되는 것만이 아니라, 지역사회의 자치적 공동 창조의 보장이라고 규정되어 있다는 점에서 문화에 대한 권리의 고찰에 그대로 근거가 될 수 있다고 보기 때문이다.

요컨대, 여기에서는 효율성, 획일성, 도시화·공업화에 따른 편리성 등 현대사회의 지배적 가치에 맥없이 편입되어버리지 않고, 주민의 생활원리와 사는 보람, 지역적 정체성이 모색되고 있어, 지역문화 창조 등 주민의 자주적 영위를 생활권적 법리에 따라 보장하는 지방행정의 존재방식이 초점을 이룬다. 나아가 모든 국민이 지역, 민족, 인류의 문화전승과 창조의 담당자이고, 교육 또한 미래 사회의 문화적 재생산자인 어린이의 성장발달과 깊이 관련되어 있다는 점을 고려한다면, 국민은 적극적으로 교육에 참여할 자유를 요구할 수 있는 권리를 가진다. 이때 교육받을 권리에 함축된 문화 생존권에 대한 이해가 필요하게 되며 교육 외에 문화의 다른 영역인 예술이나 학술도 예외가 아니다. 이처럼 생활권 차원에서 바라보는 기본권이 인간 생존 자체를 더 나은 생활로 향상시키려는 적극적인 지향과 목적 가치의 의의를 내재하고 있다고 할 때, 문화적 기본권이라는 영역이 존재한다는 해석이 가능해지는 것이다.

3. 자율도시 또는 내발적 지역문화발전론

문화적 권리 개념을 위와 같이 이해하면, 그것을 구체화하는 정책은 자연스럽게 일상생활에서 문화와 여가활동을 가능하게 하는 생활권역 중심의 지역을 기본 단위로서 고려하게 된다.

이러한 고찰을 바탕으로 도시 문제에 접근하고자 할 때, 우리는 '자율도시'를 하나의 중심개념으로 삼고자 한다. 이때 자율도시를 결정짓는 논리를 일반화한다면, 그것은 '내발적 지역문화발전론'이라고 요약될 수 있을 듯하다(사사키, 1998; Garnham, 2005 참조). 즉 내발적 지역문화발전론은 본래 농촌의 여러 경험을 총괄하면서 생겨난 이론으로서, 예컨대 콤비나트 유치 등에 따른 외래형 개발과 대조를 이룬다. 그 논리를 특징화한다면, 대개 다음과 같다.

첫째로, 지역의 기술·산업·문화를 토대로, 지역을 주요한 시장으로 삼고, 그 주민이 학습·계획·경영하는 형태의 발전이다. 둘째로, 환경보존과 쾌적성을 주된 목적으로 삼고, 복지와 문화를 종합한 주민 인권 확립의 관점에서 본 총체적인 발전이다. 셋째로, 부가가치가 현지에 귀속하는 지역 산업 연관을 꾀한다. 넷째로, 주민 참가의 제도를 만들어, 주민의 의지에 기초하여 자본과 토지 이용을 규제하는 자치권을 중시한다. 한마디로, 지역의 문화자원을 보존, 육성, 활용함으로써 외부에 의존하지 않고 스스로 문화발전을 이룩하고자 하는 기획인 것이다.

이와 같은 내발적 발전론은 인간발달의 원칙, 자립의 원칙, 공동의 원칙, 자치의 원칙이라는 네 개의 원리로 정리될 수 있겠는데, 이를 달리 표현한다면, 다음과 같은 특징화도 가능하다. 첫째, 경제인간에 덧붙여 전인적 발전을 궁극의 목적으로 삼는다. 둘째, 타율적·지배적 발전을 부정하고, 공생·인간해방의 사회를 목표로 한다. 셋째, 협동주의·자주관리·참가의 조직 형태를 취한다. 넷째, 지역분권과 생태계를 중시하고, 자주성과 안정성을 특징으로 한다.

문화가 인간의 잠재력을 실현하는 형태라면, 지역문화란 지역 잠재력(지역의 주민·자연·기술·자본·조직·운동 등)의 실현 형태이며, 결국 그것은 이러한 내발적 지역발전의 논리에 따라 피어날 수 있게 될 것이다. 여기에는 토지소유와 토지이용의 공공화를 지향하고, 경제와 인구 성장을 조정하며, 도시와 농촌의 기능을 조화시키는 것을 목표로 하는 이른바 전원도시가 실현될 수 있어야 한다는 꿈이 있다. 이 새로운 도시발전의 원리는 한편으로는 높은 인간문화의 수단과 그 과정을 광범하게 보급하고, 다른 한편으로는 농촌의 생명지속적

환경과 생활본위적 관심을 존중하는 것을 목표로 한다고 볼 수 있다.

이와 같은 내발적 문화발전론은 신도시 건설보다는 주로 이미 있는 도시를 다시 만들기 위한 전략의 일환이다. 즉, 도시재생urban regeneration 전략을 특히 문화적 관점에서 검토하는 논의의 연장선에 놓여 있다고 말할 수도 있겠지만, 그 근본 원리는 신도시 건설에서도 마땅히 고려됨 직하다. 이처럼 도시재생이나 건설 전략에서 문화적 관점을 하나의 주요 변수로 활용한다는 것은 논쟁의 여지가 없는 의제가 되고 있다 해도, 이러한 합의가 사실상 경제적, 문화적 그리고 공동체적 발전에서 발견되는 전략적 선택들과 마찰하면서 일어나는 심중한 딜레마들을 바탕으로 하고 있다는 점 또한 지나쳐서는 안 된다. 다시 말해, 우리는 이러한 딜레마들에 대한 투철한 인식 아래 정책을 발전시킬 가능성을 검토하지 않으면 안 된다. 이에 성공을 거둔다면, 그것은 경제 발전과 사회 또는 문화 발전의 우선순위들을 조화시키는 데 어느 정도 기여할 수 있게 될 것이다.

이를 위해 무엇보다도 공공영역이자 정치공동체로서의 도시의 미래와 문화정책에 연관된 주제들이 좀더 폭넓게 검토되어야 한다. 이때 이러한 문화적 관점이 도시로 하여금 다시 한 번 순수하게 민주적인 공공영역으로서 기능하도록 도울 수 있겠는지, 즉 공동체적 사회생활을 위한 촉매가 될 수 있겠는지 하는 질문이 특히 초점의 대상이 되어야 한다는 것은 두말할 나위가 없다.

4. 정책적 딜레마와 대안의 모색

공공영역으로서의 도시의 미래와 문화정책에 관한 토론은 주로 1990년대 서구에서 시민생활의 미래와 지역민주주의에 관해 이루어진 논의와 연결되어 있다. 이 영역에서 다뤄진 두 개의 쟁점은 '서구 도시들에서 저소득 집단들의 사회적, 공간적 및 문화적 분리가 증가한다'는 것과, 따라서 '종족적 및 인종적 소수들을 시민 연결망의 필수부분으로 만들 필요가 있다'는 것이다. 우리 사회에서도 외국인 노동자 문제가 제기되고 있다는 점에서 후자에 관한 논의도 결코 무시할 수 없겠지만, 그보다 더 심각한 단계에 이르렀다는 점에서 전자에 관한 논의가 오히려 더 큰 관심거리가 된다.

다시 말해서, 정책 입안자들이 혜택받지 못한 사회집단들로 하여금 도시의 전반적인 발전을 위해 자신들의 생각과 열망, 기술과 자원을 제시하도록 격려받을 수 있는지 하는 문제이다. 물론, 1970년대 이후 문화정책의 흐름은 전 세계적으로 부분문화를 격려하는 '문화민주주의'라는 개념을 통해 고급문화의 보급을 강조해 온 '문화의 민주화'를 보완하는 방향으로 이어져 왔다. 또한 문화다원주의를 진흥하려면 중앙정부보다 도시를 중심으로 한 지방정부가 좀더 효율적이라는 것도 인식되었다. 곧 지방정부들이 도시문화정책 수립에서 중심적이고 대체할 수 없는 구실을 한다는 인식이 논의의 출발점이 된다. 그러면서 문화정책과 훈련·교육·조사와 발전에 관한 정책 간의 유기적 연결의 필요성, 정책 수립을 위한 기초로서 '도시재생'과 '삶의 질'에 대한 더 넓은 정의들을 채택하는 것 그리고 가장 중요한 사항으로서 정책입안자들의 훈련과 지방정부의 협력 작업을 위해 심중한 의의를 지니는 문화계획의 채택 등 이 문제와 관계된 유익한 변화를 가져올 사항들이 고려되어야 한다.

1980년대 유럽의 도시정책은 대부분, 스코틀랜드 글래스고의 사례에서 가장 잘 드러나듯이, 지역의 경제 발전을 촉진하는 것과 중앙 또는 지방정부 차원에서 상당한 정도로 정치적 합의를 이루어낸 도시 마케팅 전략의 지지를 목표로 삼아 왔다. 그러나 신자유주의에 입각한 이러한 정책은 문화적, 경제적, 사회적 그리고 공간적 의미함축에서 논쟁의 여지를 남겨 놓으면서, 전략적 딜레마들을 양산해왔다.

예컨대 문화적 설비들을 도심과 교외 지역 중 어디에다 배치할 것인지, 소비자를 겨냥한 전략과 지역의 문화생산을 위한 지원 중 어디에 중점을 두어야 할 것인지, 건물들에 대한 투자와 지역의 문화생산을 위한 지원 중 어느 쪽을 택할 것인지 등등의 갈등이 생겨날 수밖에 없었던 것이다. 정책입안자들이 직면하는 딜레마들은 그 밖에도 무수하지만, 많은 도시들에서 발견되는 대표적인 사례에 대해서는 더 자세한 설명이 필요할 것이다.

무엇보다도, 많은 도시들에서 경제적 불균등inequity은 공간적으로 분명히 드러난다. 예컨대 1980년대 유럽에서는 저소득층이 도시 중심의 '문화적 르네상스'에 참여할 기회가 여러 가지 여건 때문에 매몰되었다. 그 가운데 가장 중요한 요인은 아마도 이러한 사회집단이 경제구조의 재편 과정에서 새로운 기술발전에 적응하지 못하면서 장기적인 실업의 증가에 직접적으로 노출된 희생자들이었다는 점일 것이다. 아울러 범죄 증가에 대한 공포, 가정에 기초를 둔 여가 성장에 비교할 때 급격하게 상승한 실외 문화소비 비용 그리고 '공공' 형식의 문화활동에 참여하는 저소득 집단의 감축 등도 심화되어 갔다.

공간적 딜레마 가운데 또 하나의 전형은 도시의 특정 지역을 '문화지구cultural district or quarter'로 개척할 경우, 이른바 '고급화gentrification'의 돌격대원이라 할 예술가들이나 문화생산자들이 높아진 땅값과 생활비용의 압박에 못 이겨 그 '문화지구'에서 추방당하고 마는 결과가 빚어진다는 사실이다.[40]

---

40 문화활동이 꽃피는 생생하고 떠들썩한 도심과 날로 주변화되는 변두리 사이의 커지는 간극을 어떻게 메울 수 있을까? 도시정책 입안자를 끈질기게 괴롭혀온 이 문제에 대한 대응방안의 하나는 '지역사회 근린시설의 창설'로서, 독일 함부르크와 이태리 볼로냐의

공간적 딜레마에 더하여, 소비 대 생산이라는 경제 발전 딜레마 그리고 '일시적' 대 '영구적'이라는 문화투자 딜레마도 녹록하지 않다. 전자에서는 예컨대 관광, 소매상가, 호텔 그리고 음식배달을 위해 자석의 구실을 하는 도시문화적 매력과 활동을 발전시키고 진흥해야 하는가, 아니면 출판, 영화, TV, 전자음악, 디자인, 의상 그리고 특수한 기술과 기반시설을 요구하는 그 밖의 문화산업을 전략적으로 지원해야 하는가 하는 딜레마가 눈에 띈다. 그런가 하면 후자에서는 이벤트와 활동이라는 '일시적' 프로그램(예컨대 페스티벌이나 그 밖의 문화적 활성 주도 작업)과 콘서트 홀, 도서관, 박물관 그리고 미술센터와 같은 '항구적' 시설투자 사이의 선택이 문제된다.

서로 연관되는 이와 같은 딜레마가 원만히 해결될 수 있는 방안이 모색될 수 있을 때, 그와 같은 도시정책이나 도시계획은 비로소 성공적이라는 평가를 받을 수 있을 것이다. 바로 이와 같은 필요 때문에 자율도시를 개념화했던 것이다. 다시 한 번 말하거니와, 그것은 도시재생에서나 도시건설에서 다같이 유념해 볼 만한 기준으로서, 대도시 안에서의 부도심 문제에 대해서도 적용 가능하리라는 것을 하나의 전제로 삼고 있다.

사례가 손꼽힌다. 함부르크 시정부가 창설한 근린문화센터들은 이용자가 매해 약 50만 명에 이르는데, 어학교실에서 록 콘서트와 정치집회에 이르기까지 그 이용 내역은 다양하다. 볼로냐는 시의회가 1981년에 건립한 청소년 프로그램을 재정비하여 전자음악, 비디오, 컴퓨터 그래픽스, 공예 및 그 밖의 작업을 꽃피게 하였다. 이처럼 근린문화센터의 설립과 풀뿌리 문화활동에 주어진 지원은 도심에 자리 잡은 문화 설비에 대한 접근을 민주화하기 위한 전략과 효과적으로 결합될 수 있다. 지역주민들이 할인된 가격으로 문화시설에 접근할 수 있게 하는 '타운 카드'의 도입, 도시 중심에서 이루어지는 매력적인 활동에 관한 정확한 정보의 보급 그리고 순찰, 조명, 심야교통과 주차안전 등의 향상은 접근 가능성의 강화에 의미 있게 공헌했다.

맺음말

앞에서 우리는 문화권을 인간의 기본권 가운데 하나로 인식하고, 그래서 국가가 그 실행을 위한 법적 토대를 마련하는 것이 현대국가의 추세임을 알아본 바 있다. 아울러 그 구체적인 실행을 위한 문제, 즉 문화복지의 실천을 위한 중앙과 지방 간의 역할분담 문제도 언급해 보았다. 이러한 역할분담에 세계적으로 확정된 모델은 없다. 각 나라마다 상황에 따라 다양한 접근이 가능할 것이다. 다만 지역 문화복지는 '문화에 관한 보편적 권리'와 '문화의 접근성'을 강조함으로써 지역주민들에게 보편적 문화향유의 기회를 높이고, 지역의 독특한 문화를 육성해 나간다는 원칙만은 어느 경우에도 양보할 수 없을 것이다.

문화복지라는 개념은 최근에, 그것도 중앙행정 차원에서 시작된 만큼 우리나라의 각 지방자치단체들에서는 아직 낯설게 느껴질 수 있을 것이다. 그리고 지역의 발전을 위한 사업과 투자의 우선순위에서도 다른 과제보다 덜 중요하게 생각될 수도 있다. 그러나 곰곰이 생각해 보면 문화복지 정책이야말로 중앙보다 오히려 각 지역에서 반드시 필요한 정책이다. 지방화 시대가 열렸음은 두루 알려진 사실이지만, 그럼에도 그에 걸맞은 진정한 기초가 형성되었는지에 대해서는 우리 모두가 의문을 갖고 있는 것 또한 사실이다.

이러한 시점에서 지역의 문화적 특성을 살리고, 주민 위주의 복지 차원에서 문화예술, 체육, 관광 그리고 청소년에 관한 정책을 다루는 것은 반드시 필요하다. 문화는 더 이상 경제나 정치에 부속되거나 우선순위에서 뒤처지는 것이 아니다. 오히려 문화 없이는 정치와 경제도 원활히 전개될 수 없다는 사실을 우리는 분명히 인식하여야 한다. 앞서 살펴본 것처럼, 세계적으로 문화적 권리는 인간의 고유한 기본권 가운데 하나로 인식되고 있는 실정이다. 왜냐하면 인간의 삶은 물질적인 것만이 아니라, 정신적인 것도 포함하고 있기 때문이다.

이제 지방화 시대에 진정한 지역자치를 이루기 위하여 우리는 문화복지를 실천해야 할 시점에 왔다. 1인당 국민소득 2만 달러 시대를 넘어섰다고 자부하는 단계에서 정신적 측면의 '삶의 질'을 높이기 위해서만이 아니라, 진정한 통일을 이루면서 무한경쟁을 의미하는 세계화 시대에 살아남기 위해서도 문화복지의 실현은 필수적이다. 지역 문화복지의 이론과 그 구체적인 정책은 앞으로 더욱 연구하고 발전시켜 나아가야 하겠지만, 이를 실천하려는 의지와 노력이 반드시 선행되어야 한다.

문화를 경제와 개발 중심으로 바라보는 관점을 넘어서 다양성diversity과 창의성creativity에 기초한 문화 발전 개념을 갖는 것의 중요성은 아무리 강조해도 지나침이 없다. 게다가 아무리 올바른 개념과 이론에 입각한다 하더라도, 이러한 정책이 주민의 삶 속으로 녹아들지 않으면 지속 가능한 발전으로 이어지지 못한다는 것도 기억해야 한다. 이러한 점에서 지방자치단체의 진정한 성공은 지역문화의 독창성 유지와 창조에 달려 있다는 주장이 가능해진다. 따라서 지역문화의 고유한 특성을 재현하고 표현할 수 있는 유·무형의 '문화자원' 육성이 날이 갈수록 중요해지고 있다. 이러한 문화자원들이 지속적으로 축적되고 활용될 때 한 지역의 삶이 어느 곳과도 다른, 특징 있는 삶으로 전개될 수 있으며, 이 시점에 이르러 비로소 경쟁력 있는 지역문화가 형성되고 지역의 문화행정도 궤도에 올라설 수 있다.

변화하는 세계를 주도적으로 헤쳐 나가려는 의지의 표현이 되는 문화복지가, 건강하고 쾌적한 삶의 환경을 이루고 문화생활과 여가생활의 활성화를 통해 인간다운 삶을 누리도록 하는 목표를 향해 정책입안의 단계를 넘어 전국적으로 확대되어야 하는 시점에 들어섰다. 이의 성공을 위해서는 무엇보다도 지역 문화복지의 의미가 뿌리 내려야 한다는 점에서 이 글은 더욱 구체적인 토의에 앞서 그 의의와 실천 방향을 제시하고자 하였다.

제2부
환경미학과 도시재생

제1장 도시문명과 건축예술

이끔말

우리는 일단 도시를 크고 작은 지역들의 중심지로서, 다양한 중심성으로 말미암아 주변지역에 견주어 우월하다고 보는 입장에 서고자 한다. 이때 도시는 분명 단순히 표층공간의 중심지가 아니라, 심층공간의 중심지로 간주된다. 아울러, 지역이라는 지평공간에서 생기는 계층화와 그 중심이 되는 도시의 중심성 문제가 분명하게 부각된다. 이와 같은 관점에서 볼 때, 우선 도시의 경제적인 중심성이 지배적인 관심대상이 된다. 이는 곧 경제적 중심성이 수급원리에 기초하여 대도시로부터 극히 작은 시장집단에 이르기까지 계층구조를 형성하는 것을 뜻한다. 그뿐 아니라 교통원리에 기초한 지역구조의 변형, 행정원리에 기초한 지역구조의 구체화 등의 모델도 가능하다. 나아가 이처럼 재화의 공급기지로서 갖는 중심성 외에, 예컨대 의료 서비스의 중심성, 정치·사법적인 중심성 그리고 문화 면의 중심성에 대한 논의도 가능하다.

이처럼 지역을 심층공간으로 파악하고, 경제·사회·정치·문화의 각

영역에서 이루어지는 의미공간의 중심성을 밝히려는 도시이론들 가운데 도시에는 정신적 활동이, 농촌에는 육체적(물질적) 활동이 편재하면서, 정신적 활동과 물질적 활동의 분업이 왜곡된 모습으로 발전하고 있다는 견해도 있다. 나아가 이를 경직화한 유형으로서, 정신적 활동과 육체적(물질적) 활동 사이의 분업을 금지시키려는 도시폐절론이 강력하게 대두하기도 한다. 그러나 이는 실로 역사적 현실을 무시한 견해가 아닐 수 없으며, 지역에서의 의미집적을 통해 도시의 중심성을 인정할 수 있다는 사실 자체가 부정될 수는 없다.

1. 도시의 복권

의미집적의 관점에서 도시공간을 관찰할 경우, 예술표현의 영역은 크나큰 중요성을 지닐 수밖에 없다. 왜냐하면 역사를 통해 형성된 사실공간의 집적에 만족하지 않고 예술표현의 영역을 통해 이른바 상징공간이나 환상공간 또한 집적해 갈 수 있다면, 이것이 바로 도시가 지닌 매력의 근원이 될 수 있겠기 때문이다.

시각적으로는 도시의 건축과 회화, 청각적으로 도시의 음향, 시청각적으로는 도시의 시학과 극장예술이 의미집적에 대응하는 표현집적을 만들어내는데, 도시는 이런 의미에서 문화발신의 공간이다. 이것은 물론 시민대중이 문화수용자로서 존재한다는 것을 전제하고 있지만, 농촌 주민도 도시가 발신하는 문화를 수용할 수 있다는 것은 두말할 여지가 없다. 그러한 문화발신과 문화수용은 이러저러한 사회형태에 따라 다양해진다.

예컨대 수평적 기능화가 특징인 기독교 문화와 수직적 규범의 통합을 특징으로 하는 이슬람 문화 등의 문화양상 외에, 지역을 구성하는 부분사회의 권력구조와 이에 따라 규정되는 도시와 농촌의 역사적 관계도 큰 영향을 미친다. 중앙집권의 군주제와 지방분권의 공화제를 양극으로 삼은 채 여러 가지 중간형이 존재하는 서구사회에서는 도시와 농촌의 관계도 다양하지만, 성속 일원의 원칙을 일관시키는 형태와 서구 자본주의적 또는 사회주의적 세속화를 보이는 나라들로 양분되어 있는 이슬람 사회에서도 도시의 양상 그리고 도시와 농촌 관계가 결코 한 모양이 아니다.

이와 같은 문제들과 함께 이 글에서 사용하는 '문명'의 의미도 한정할 필요가 있다. 여기에서는 문화를 좀더 보편적인 인간사회의 여러 산물들과 그 배경이 되는 가치를 총칭하는 한편, 문명은 사회의 특정 단계에 따라 규정된 문화 형태를 의미하고자 한다. 이는 또한 장소의 규제도 받는다. 예컨대, 유교문화권 안에서도 (만일 그런 것이 존재한다고 할지라도) 한국, 중국, 일본과 그 밖의 지역 사이에는 상당한 차이가 있다.

요컨대 오늘날 사회, 나아가 그 결절지점인 도시는 급속히 변해가고 있는바, 이에 대한 종합적 이해는 21세기를 위해 하나의 불가결한 준비가 아닐 수 없다. 더욱이 문화적 관점은 21세기를 문화의 시대로 예감하는 만큼, 그 중요성이 날로 커진다고 할 수밖에 없다. 이는 다시금 종합적인 관점의 일환으로서 시도되어야 한다. 제2차 세계대전 이후에 등장한 '도시의 복권'이라는 기본이념이 그와 같은 종합적 관점을 대표한다고 보아도 무방할 것이다. 다시 말해서, 대도시는 인구과잉 때문에 비능률적이고, 생활환경이 비인간적이며, 도시산업으로서 협의의 공장만이 지칭되면서 공해를 비롯한 각종 문제를 발생시키고, 인심과 문화가 황폐해졌다는 비판에 맞서, '도시의 복권'은 다음과 같은 사항들을 강조한다.

첫째, 인구의 적정 분배, 활력의 유지를 위해서는 대도시가 가진 포용력과 동화력에 주목하면서 이를 살려나갈 국토계획 방안이 모색되어야 한다. 둘째, 문화 형성이라는 관점에 설 때, 대도시의 구실은 결정적이다. 물론, 풍속과 예능의 지방성은 귀중한 것이지만, 향토문화 그 자체만으로는 성장력이 약하고, 초기 단계에 고정되거나 단순화되는 경우가 적지 않다. 그것이 참으로 활력 있는 문화로 발전하려면 이질적인 취미와 세계관이 교류하는 세계, 즉 대도시가 불가결하다. 셋째, 거대한 인구집적을 지탱하는 힘의 바탕은 물론 산업이다. 그러나 도시는 앞으로 필수적으로 교육과 예술 그리고 유행의 창조라고 하는 정보산업의 장으로서 발전해 갈 것이다. 이처럼 지식집약산업을 중심으로 한 고도정보사회로 나아가려고 한다면, 도시산업의 존재방식이나 이를 감당해 갈 시민의 인간상 또한 이에 걸맞게 바뀌지 않으면 안 된다. 그러나 이것이 행여 인간성의 고갈로 귀착되어서는 안 된다는 것은 두말한 나위가 없다. 넷째로, 도시는 주민이 살아가는 장소인 동시에 전 국민의 재산으로서 국민들이 공동으로 이용하는 장소로서의 성격도 지니고 있다.

이처럼 문화를 축으로 한 대도시의 유용성에 착안하는 종합적인 관점으로 말미암아 우리는 감히 '문화가 지역을 만드는 시대의 도래'를 말할 수 있게 된다. 서두에서 말한 '도시폐절론'과는 대조를 이루는 이와 같은 대도시긍정론의 배경에는 물론 정보사회의 도래와 이에 따른 생활양식의 변화가 작용한다. 중화학공업을 축으로 한 이른바 고도성장시대가 '양quantity'의 시대라고 한다면, 정보의 밀도, 처리능력, 전달속도의 유효활용을 포함한 정보경제시대는 '질quality'의 시대라고 할 만하다.

앞선 시대의 생활양식은 목표추구형으로서, 예컨대 국민소득 배가계획이라는 명확한 목표를 위해 국민 모두가 땀을 흘리지 않으면 안 되었다. 그러나 소득의 증대, 수명의 연장, 여가의 확산 등과 함께 사는 보람의 추구와 문화적 욕구충족의 관점이 우세해졌다면, 시대는 이미 질적 변혁을 요청하는 셈이 된다. 바로 이와 함께 지역의 시대니, 문화의 시대니 하는 개념들이 태어난 것이다. 이와 같은 조류는 문화를 도시형성의 축으로 설정하려는 시도를 정당화한다.

이와 함께 문화의 지향은 필연적으로 세계화 쪽으로 강화된다. 왜냐하면 세계화란 단순히 나라와 나라에 머물지 않고 지역과 지역, 기업과 기업, 사람과 사람의 교류, 곧 지방자치단체와 민간의 교류가 높아진다는 인식을 강화하기 때문이다. 이렇게 해서 '국제문화도시'의 형성이라는 목표가 보편화된다. 그러나 이와 같은 국제문화도시의 형성을 위해서는 시민의식의 고양이 불가결하고, 개성 있고 창조적인 지역문화활동의 활성화가 필수적이다. 예술, 출판, 전통계승, 환경미화, 의식주 분야에서 지역문화의 창조를 위해 다채로운 활동이 펼쳐지고, 서울을 경유한 복제문화가 지배적인 전국 각지에서 오히려 세계적으로 민족문화를 대표한다고 평가받을 수 있는 활동이 활발하게 전개될 수 있다면, 이는 가히 '문화가 지역을 만드는 시대의 도래'를 상징할 수 있을 것이다.

2. 도시 쾌적성의 문제

앞에서 '도시의 복권'이라는 기본이념에 알맞은 거대도시가 주민이 살아가는 장소만이 아니라, 전 국민의 재산으로서 거기에 살고 있지 않은 국민들도 공동으로 이용할 수 있는 장소의 성격을 갖추지 않으면 안 된다는 점을 언급한 바 있다. 이런 의미에서 도시는 단순히 '살기 좋은 장소'만이 아니라, '쓰기 좋은 장소'가 되어야 한다. 다시 말해서, 국제문화도시는 전국적, 나아가 국제적 규모로 전개되는 문화활동을 지원하는 사명마저도 지닌다는 것이다. 이러한 관점에서는 이른바 도시 쾌적성amenity이 문제될 수 있다. 이를 더 구체화하자면, 도시가 다음과 같은 질문에 적극적으로 대답할 수 있는가 하는 문제로 집약된다.

첫째, 독특한 생활 여유, 거주의 자유, 매력 있는 문화가 거리에 넘쳐흐르고 있는가?

둘째, 따뜻하고 활력 있는 지역사회로서 사람들을 맞아들이기 위해 문호를 개방하고 있는가?

셋째, 독특한 그림이 될 만한 경관을 자랑할 수 있는가? 특히 도시와 자연의 공존이 독자적인 모습으로 사람들의 생활 속에 녹아들어 있는가?

넷째, 도시산업행동이 독창적이면서도 다양한가?

말하자면, 쾌적한 주거환경과 충실한 문화활동, 개방적인 성격과 독특한 도시경관, 산업의 문화성 등이 그 도시를 세계적인 문화도시로 내세울 만하게 한다는 것이다. 사람에게 인격이 있듯이, 도시에는 시격市格이 있다고나 할까? 국제문화도시란 다름 아니라 도시의 품격이 세계도시로서 손꼽힐 수 있을 정도로 높아져야 한다는 일종의 당위적인 요청인 셈이다. 그러나 단순히 경제력이 높다고 해서 도시의 품격이 높아질 수는 없다.

이와 같은 관점에 따른 구체적인 문화시책은 상당히 다차원적일 수밖에 없다. 예컨대 좁은 의미의 '문화 시설들'도 과거와는 다른 지향을 갖게 되는데, 박물관의 경우, 서구형 근대 박물관들처럼 문화보급이나 교육 또는 학습을 목표로 하는 정도를 넘어서서 관람객들이 자유로운 분위기 아래 자주적으로 정보를 창조하는 즐거움을 찾아낼 수 있게 하는, 이른바 제3세대 박물관이 주목의 대상이 된다. 여기에서는 허상현실virtual reality 기법이 좀더 자유롭게 구사되기도 한다.

일본 총합연구개발기구의 《문화수도의 연구》에 따르자면, 활발한 창조력과 발신능력을 강력하게 발휘하여 주변에 계속적인 영향을 미치는 한편, 이를 세계적으로 보편화해 나가는 도시들이 문화수도라고 불릴 만하다. 예컨대 간사이 문화학술연구도시에는 문화수도의 중핵 구실을 감당해내고자 국립문화재총합기구, 국립예술총합센터 등이 구상된 바 있다. 후자의 경우, 예술에 대한 국민의 욕구를 충족시키기 위해 각종 문화시설을 각지에 설치해야 하지만, 그에 앞서 그 모태가 되는 기관을 만들 필요가 있다는 전제 아래, 예술정보센터라고 할 만한 시설로서 제안된 것이다. 즉, 전 세계적으로 예술에 관한 여러 가지 자료·정보를 수집하는 한편, 이를 연구하고, 그 성과를 전시나 공연을 통해 일반 대중에게 공개한다는 것이다. 나아가 그들은 그러한 정보를 각지의 예술시설에 제공하는 것과 함께, 예술·문화의 추진과 보급에 대비하는 전문요원을 양성하고, 집적된 자료와 연구기회를 세계적인 예술진흥을 위해 제공함으로써 인류발전에 공헌하겠다는 포부마저 밝히고 있다.

이와 같은 관점을 더욱 심화·확대하는 과정에서 피할 수 없는 주제 가운데 하나가 바로 예술과 도시형성의 관계이다. 이 테두리 안에서 예술로서의 건축이 도시형성 역사에서 어떠한 구실을 해왔는지를 간략하게 검토해볼 필요가 있다.

3. 예술로서의 건축과 도시

건축은 고대부터 '예술의 종합'이자 그 안에서 예술 활동이 이루어지도록 한다는 의미에서 예술과 뗄 수 없는 관계를 맺고 있다. 더군다나 신전은 도시의 왕관에 해당한다. 물론 로마건축처럼 예술보다는 기술의 종합으로서 기념적·공간적 장치로 그 모습을 바꾸거나, 중세건축 특히 고딕건축처럼 지방성을 드러내는 동시에, 오랜 세월에 걸쳐 그 도시가 지니고 있는 두꺼운 층의 문화를 한 곳에 집적하는 경우도 없지 않다. 완성을 향한 과정의 인간적 사회적 드라마가 도시의 개성을 이야기해 주는 셈이다.

르네상스 건축에도 고딕처럼 오랜 시간에 걸쳐 완성된다는 특징이 나타나지만, 중세와는 달리 건축가들이 익명의 상황에서 벗어나 스스로의 이름을 날리면서 예컨대 로마의 얼굴로 살아남아 있다. 말하자면, 근대는 건축가 개인의 우수한 재능을 통해 도시공간과 도시상징을 예술작품으로 만들었다고 할 수 있다.

바로크 시대까지 이어지는 이와 같은 흐름은 산업혁명을 경험하는 시대로 접어들면서 건축과 도시의 예술적 가능성을 다시 한 번 드러낸다. 말하자면, 예술이 기술과 생활에 좀더 깊게 뿌리내린 것이 사실이라 할지라도, 이로써 예술적인 의지가 완전히 소멸된 것은 아니라 할 수 있다. 영국에서 시작된 미술공예운동에서 주도적인 구실을 한 윌리엄 모리스에서 볼 수 있듯이, 이제까지 벽을 덮고 있는 그림이 종교적인 주제라든가, 극적이라 할 만한 역사적 사건을 소재로 택해 왔던 것과 달리, 몸 가까이에 있는 풀과 꽃, 또는 풍경으로써 자신의 생활공간을 아름답게 장식하여 일상적인 즐거움을 창조해내고자 하는 의지가 분명해진다. 이는 건축가의 작업에서도 마찬가지이다. 곧, 건전한 예술활동이 건전한 건축가를 만든다는 것이다.

한편 미술공예운동이 전개되는 가운데 등장한 아르누보는 몸 가까운 공간에서 새로운 심볼리즘을 전개함으로써 당시의 도시사회에 새로운 기호성을 부여하고자 했다. 이는 장식성으로 빠져들었다는 비난을 면치 못하고 있지만, 그 연장선에 있는 이른바 분리파Sezession 운동도 장식성을 강조하면서 사랑스러움, 친밀함, 아름다움 등으로써 실용성을 넘어서고자 하는 정신에 충실했다고 볼 수 있다.

그러나 이 운동을 주도했던 건축가 오토 바그너가 빈의 도시계획이나 공공건축에도 손을 댔다는 점에서, 그것이 단순히 장식성에만 치우쳤다고 비난하는 것은 온당치 않을 수도 있다. 더군다나 그가 빈이라는 도시공간에 대한 전반적인 인식을 기초로 그 안에서 자신의 건축이 어떤 공헌을 할 수 있는지 세심하게 살피는 것을 창작의 출발점으로 삼았다는 것은 아직도 평가받을 만하다. 현대의 건축가들이 이를 극히 소홀히 하고 있다는 점에서 더욱 그러하다.

예술로서의 건축을 이해하고자 할 때, 종교를 하나의 매개 변수로 보는 견해도 참고할 만하다. 현대를 대표하는 신학자로서 예술, 특히 건축에 남다른 관심을 보인 폴 틸리히가 그러하다. 틸리히는 인류의 역사를 통해 볼 때 종교적 예술이 '표현주의적'이었다고 주장한다. 그렇다고 자연주의적, 이상주의적 예술에는 신적인 것이 빠져 있다는 것을 뜻하지는 않는다. 그는 신적인 것이 빠진 어떤 예술도 존재하지 않는다고 보기 때문이다. 다만 자연주의적 예술에서는 신적인 것이 한정된 형식과 그 한정된 세계의 관련으로만 간접적으로 보인다는 의미일 뿐이다. 이렇게 해서 종교적 주제나 종교적 양식이 없는 풍경화, 초상화, 교량 등의 차원을 넘어서서, 그리고 르네상스와 이에 이어지는 여러 세기의 많은 그림들같이 종교적 주제는 있으나 종교적 양식이 아닌 다른 유형, 반대로 종교적 주제를 가지지 않으면서도 종교적 차원을 지닌 예술이 생긴다고 하면서, 이를 넓은 의미에서 '표현주의적'이라고 한 것이다.

그것은 예술가의 주관이 아니라 '존재' 자체의 근거(기저)를 표현하고자 하는 것인데, 틸리히는 표현주의의 성격을 갖는 종교예술의 위대한 전통이 초기 그리스도교시대와 비잔틴 예술에서 받아들여져서, 초기와 후기의 로마네스코와 고딕에서도 보이고, 바로크의 몇몇 그림에서도 보인다고 말한다. 더욱이 그는 바로크를 르네상스적 휴머니즘의 형식과는 반대되는 종교적 삶의 거리를 보충한 것으로 보면서, 아래로부터 이루어지는 바로크의 신비주의를 위로부터 이루어지는 중세 신비주의와 대조시킨다. 그러나 그는 17세기 중반 렘브란트 이후부터 19세기에 이르는 대균열grand gap을 설정하는데, 여기에서는 중요한 종교예술을 볼 수 없다고 단정한다. 그런 의미에서 그는 20세기 종교적 예술의 위대성은 표현주의적 원리, 곧 사물을 미화한 자연주의적 표층을 통해 존재하는 심층으로 돌파한다고 하는 원리를 재발견한 것이라고까지 말한다. 다시 말해서, 실제로 존재하는 자연스러운 표면이 붕괴한다는 것이다. 문제는 오늘날에도 새로운 상징을 만들어낼 가능성 여부이다. 틸리히는 예컨대 피카소의 〈게르니카〉를 가장 위대한 프로테스탄트 회화라고 하면서, 그것의 특징은 문제를 제기할 뿐 답을 주지는 않는다고 하는 점에서 긍정적인 그림이 아니라고 평가한다. 이 같은 맥락에서 그는 정교회의 경우, 도상icon의 본성 자체가 성례전적聖禮典的이기 때문에 자유롭지 못하다고 지적한다. 이는 곧 교회가 예술가에게 성화 제작을 위해 따라야만 하는 명확한 규칙을 전달하는 것을 정당화한다. 예술가에게는 많은 부분에서 자유로우나, 성화를 성례전적으로 여겨야 한다는 점에서는 자유가 없다.

이렇게 보면, 로마교회가 일찍이 이 관념에서 이탈했고, 따라서 로마교회의 도상학은 속세와 구별된다는 점에서는 성스럽지만, '거룩한 힘'을 표현하고 있지는 못한 셈이 된다. 그는 그리스도교의 예술과 건축의 위대한 시대는 예외 없이 로마가톨릭의 예술과 건축의 위대한 시대였음을 인정한다. 과거의 거대한 바실리카와 대성당은 로마가톨릭교회가 지닌 신비와 위계질서의 힘 전체를 대표한다는 것이다.

이러한 유한한 표현과 정신의 일체성이 프로테스탄티즘의 출현과 함께 단절되었다. 프로테스탄트 신앙은 처음부터 건축을 포함한 시각예술과 불화를 자아냈다. 프로테스탄트 사상에서는 눈을 넘어서는, 아니 눈과 대립하는 귀의 우위가 위대한 건축, 회화, 조각을 창조해 내지 못하는 결과를 낳았다. 그러나 건물 자체가 남아 있고, 건물과 함께 그것들의 양식이 가진 표현력도 존속하는 까닭에, 프로테스탄트 회중의 여러 원리 및 요구와 가톨릭교회의 건축에 나타난 상징적 의미 사이에는 긴장이 생긴다. 이 긴장을 해소시키려는 시도가 없었던 것은 아니다. 그러나 그러한 시도가 아직 정착되지 못한 채, 19세기의 역사주의, 곧 네오고딕, 네오바로크 또는 그 밖의 모방적 양식이 반복되거나 정교 교회당이 지배적인 상태이다.

로마가톨릭교회에서 발전한 프로테스탄티즘은 '궁극적 관심'을 표현하려는 표현의 자유를 얼마든지 인정한다는 점에서 완전히 자유롭다. 그는 프로테스탄트 원리를 신적인 것의 존엄을 승인하는 것으로 정의하면서, 그러기에 교회 자체나, 교회의 자기표현 가운데 그 어떤 것도 절대적이지 않다고 주장한다. 어떠한 종교도, 사상 양식도, 교리도, 예배 양식도, 윤리 양식도 절대적으로 제약이 없는 양식으로 존재하지 않는다는 것이다. 이는 교회의 예술적인 자기표현에서도 마찬가지이다.

이에 따라 프로테스탄트 원리에서 이끌어낼 수 있는 또 하나의 요점은 프로테스탄티즘이 세속세계 및 여러 종류의 세속적인 창작과 밀접한 관련을 가진다는 것이 된다. 성스러운 권역 자체만으로는 세속성에 대해 우위를 주장할 수 없다. 원칙적으로 신을 만나보기 위해 지성소에 갈 필요가 없는 것처럼, 인간은 어디에서나 신을 만날 수 있기 때문이다.

프로테스탄트 원리에서 이끌어낼 수 있는 제3의 요점은 다양성이다. 그러나 그리스도교회이려면 그 나름대로 그리스도적 사건에 참여하지 않으면 안 된다. 틸리히는 그리스도교적 사건을 예수에게 그리스도로서의 새로운 리얼리티가 나타나는 것이라고 정의하는 한편, 전통으로만 이에 대한 참여가 가능하다고 못 박는다. 이 점에서 그는 자신이 영국 성공회의 친구들과 같다고 말한다. 다시 말해, 오늘날 사람들이 2천 년을 뛰어넘어 직접 바울이나 요한의 무릎에 오를 수 있다고 하는 프로테스탄트적 관념은 불가능하며, 전통을 통해서만 과거에 참여할 수 있다는 것이다. 그러나 그가 말하는 전통이 예컨대 20세기에 들어서서 11세기나 13세기 고딕 건물의 청사진을 모방하는 방식을 뜻하지 않는다는 것은 두말할 여지가 없다. 곧, 과거의 전통을 귀중한 유산의 기계적인 수용으로 보지 않아야 한다는 것이다. 말하자면, 그는 실패할 수 있는 용기가 있을 때에만 창조할 수 있다고 말하고 싶은 것이다.

그는 이로써 전통과 개혁의 균형을 옹호하고자 한다. 그 가운데 어느 것도 일방적이어서는 안 된다는 것이다. 이는 프로테스탄티즘의 역사에서 상징을 격렬하게 파괴했다는 것과 연관이 있는데, 틸리히는 이에 대항하여 싸우지 않으면 안 된다고 주장한다. 그렇다고 해서 그가 몇몇 상징을 절대화하고자 한 것은 물론 아니다. 오히려 힘을 잃은 상징들을 배제하든가, 아니면 아직 힘을 지닌 상징을 다시 해석함으로써 이와 같은 투쟁을 이루어내야 한다는 것이 그의 본심에 가깝다.

틸리히는 이와 같은 상황을 극복하려면 무엇보다도 두 가지 특징을 염두에 두어야 한다고 본다.[1] 첫째는 성례전에 대한 말씀의 우위

1 Paul Tillich, "Comtemporary Architecture", : *Modern Church Architecture: A Guide to the*

이고, 둘째는 전례지도자들에 대한 회중의 우위이다. 이렇게 본다면, 교회당의 평면이 중요시될 수밖에 없다. 프로테스탄트의 목적에 적합한 평면은, 가능한 한 회중 각 사람들이 얼굴을 마주하고 목사가 설교와 전례인도를 위해 회중 한가운데 있게 되는 집중식 평면이 아닐까? 이상적으로는 제단으로 마련된 장소도 멀지 않고, 모든 회중이 참여할 수 있는 성찬 장소의 성격을 보존할 만하다. 건물의 다른 부분에서 격리된 가장 성스러운 장소로서 멀리 있는 제단과 그리로 나아가는 긴 주랑은 본질적으로 프로테스탄트적이지 않다는 것이다. 따라서 평신도와 성직자 사이, 세속적인 역할과 성스러운 역할 사이의 어떤 종류의 위계질서적 이원론일지라도 철폐하는 것이 만인사제설에 좀더 가깝게 다가가는 길이 된다.

그러면서도 틸리히는 프로테스탄티즘도, 정해진 시간에 정해진 장소에서 신적인 것이 개인의 삶에 모습을 드러낸다는 것을 긍정하는 이상, 우상숭배를 조장하거나 주술의 관념과 태도를 조장하는 것은 어느 것이라도 인정하지 않는다 할지라도, '그리스도로서 예수가 실현하는 초월적인 신의 현현顯現'이라는 판단 기준에 부합하는 여러 종류의 상징을 완전히 배제한, 그야말로 공허void를 지지할 수도 없다. 이 공허는 상실로 말미암은 것이 아니라 영감으로 말미암은 공허로서, 그 공간은 어떤 형식으로도 표현할 수 없는 임재presence로 가득 차 있다고 느낄 만한 것이다. 이처럼 단순한 공허 또는 추악한 공허를 극복하고자 단순히 과거에 거부된 조각상이나 회화로 돌아가는 경우도 있다. 그러나 틸리히는 개별적인 인물상은 아무래도 고대의 우상숭배를 암시하게 하여 적합하지 않기에, 빛을 이용하는 경우가

Forum and Spirit of 20th Century Religious Buildings. ed. Albert Christ-Janer and Mary Mix Foley, N.Y.: McGrawHill, Inc., 1962, pp.122~125.

늘어난다는 점에 주목한다. 그는 투명한 지성의 지배를 상징하는 무색광의 일방적인 지배에서 벗어나 굴절되는 빛의 경이를 체험하려면 색채가 지닌 순수한 힘을 약화시켜서는 안 된다고 보고, 빛과 색채로 근대 양식에 공헌한 기하학적 추상이 지닌 잠재능력을 교회건축에도 충분히 고려해야 한다고 주장하였다. 달리 말하면, 초기 조합교회주의자들은 종교의 합리주의적 요소를 강조하면서 투명 유리를 유일한 해결방법이라고도 했지만, 대부분의 프로테스탄트교회 교파들은 이를 포기하고 기하학적이고 추상적인 스테인드글라스를 선호하는 방향으로 되돌아가고 있다는 것이다. 투명 유리는 주변의 아름다운 자연, 곧 수목과 화초, 물과 하늘을 향해 열려 있는 상태로 국한되어야 하는데, 이는 곧 자연을 '성스러운 임재holy presence'의 권역으로 끌어들이고자 하기 때문이다. 인도의 경우를 떠올리면, 거기에는 성스러운 건물 전체에 식물이 풍부하고, 인간의 지체가 유연하게 뻗쳐 있고, 신적 생물들이 무한히 다양하다. 그러나 회중 각자가 '성스러운 임재'에 마음을 집중하기 위해 자신을 바깥 세계와 완전히 차단하는 경우가 오히려 더 잦은 것이 현실인데, 이에 따라 반투명의 유리블록이 더 많이 활용된다.

요컨대 우리가 살고 있는 입체파적·비재현적 예술의 시대에 자연주의적 형식을 만들어 내고자 하는 것은 아무래도 시대착오적인바, 비재현적 예술은 상징적인 힘을 더 가질 수 있다는 점에서 유리하다는 것이다. 이러한 견해는 십자가의 활용에서도 그대로 적용된다. 이른바 고상苦像 십자가보다는 표현적 양식 또는 비자연주의적인 간소한 십자가가 선호되는 경향이 눈에 띈다.

아직 정형이 이루어지지 않은 가운데 신앙의 여러 가지 행위에서 위험을 무릅쓰지 않으면 안 되듯이, 성스러운 장소를 건설하는 데에도 위험 요소는 피할 수 없다는 것이 틸리히의 결론이라면 결론이다.

맺음말

막스 베버(1996)는 서구의 도시화 과정을 세계의 탈마법화 과정 또는 마술로부터의 해방이라고 보고 사실상 이 두 가지 영역의 연계를 주목하면서 거기에서 이루어지는 의미집적을 인정한 셈이다. 즉, 자연과학·사회과학·인간과학과 이에 상응하는 자연기술·사회기술·인간기술의 여러 목적적인 활동이 보이는 목적합리성의 실현과정과, 종교·사상·윤리·도덕의 여러 가치적인 활동이 보이는 비합리적인 가치합리화의 과정을 연관시키면서 서구의 근대화를 설명했던 것이다.

물론 서구사회의 목적합리적 지향과 그 사회가 수용한 기독교적 가치관이 역동적으로 교직하면서 만들어낸 이러한 역사적 특수성을 무차별하게 일반화할 수는 없을 것이다. 예컨대 이슬람 문화권의 여러 도시의 경우, 유일절대적 신에 대한 신앙과 함께 성속聖俗 일원적 세계 지향으로 말미암아, 가치적 세계와 목적적 세계가 수직적으로 통합되어 있다. 이에 따라, 도시에서의 의미축적도 이러한 수직적 통합의 결과로 생겨나면서, 도시 안의 공간이나 도시·농촌 사이의 관계공간도 서구에서 볼 수 있는 방식으로 기능분화를 일으키지 않고 있다. 거기에서 설혹 서구의 문화침입 때문에 부분적으로 목적합리주의가 보인다 해도, 그것만의 독주는 기본적으로 억제되어 있다. 베버 식으로 말한다면, 세계가 마술로부터 해방된 것이 아니라, 이상적인 공존관계를 지향하고 있다고나 할까? 즉, 의미의 집적이 서구의 여러 도시에서 볼 수 있는 세속화보다는 신성화의 방향으로 이루어져 있음이 잘 드러난다.

이와 같이 양상을 달리하는 독특한 의미집적에서 서로 다른 도시공간이 출현한다. 다시 말해서, 그 지역에 사는 사람들의 지각과 감정의 동향으로부터 유래하는 공간감각과 언어가 대표하는 소통의 이미지, 나아가 이러한 여러 요소를 하나의 도시공간으로 표현해내는 계획, 이성의 운동 등이 다양한 도시공간을 표출해낸다. 이렇게 보면 의미집적이란 곧 문화를 구성하는 요소들의 집적을 뜻하며, 그러한 여러 요소의 합성물이 곧 구체적인 개별 도시공간을 만들어낸다고 볼 수 있다.

건축을 하나의 예술로서 생각하는 한편, 그것을 도시형성과 일체화하는 의식을 적극적으로 평가하려는 것이 이 장의 숨은 의도 가운데 하나라는 점에서, 현대건축의 역사를 도시미학과 환경미학의 관점에서 되살펴 보는 것이 앞으로 이어져야 할 작업이 될 수 있을 것이다.

제2장 경관의 환경미학적 이해

이끔말

환경미학의 관점에서 경관의 문제를 다루고자 할 때, 우선 '경관'이 실제로 무엇을 뜻하는지를 분명히 해야 한다. 많은 사람들이 이 개념 아래 일단 자연을 떠올릴 것 같다. 사실 경관이라고 번역되는 영어 단어 'landscape'가 사전에서 자연풍경을 뜻한다는 점에서 그와 같은 연상은 어쩌면 당연할지도 모른다. 미학이라는 학문이 철학의 한 분과로 체계화되기 시작한 18세기를 염두에 두더라도 이와 같은 연상 작용은 그야말로 자연스럽다 할 것이다. 당시 미학의 실질적인 대상이 예술(작품)이었던 것은 분명한 사실이지만, 그 예술을 자연의 모방이라고 보는 견해가 지배적이어서 자연미가 차지하는 비중이 결코 가볍지 않았기 때문이다.

그러나 이미 19세기로 접어들면서 미학이라는 학명 아래 실제로는 예술철학이 다루어지고 있었으니, 헤겔이 그 대표 격이다. 그가 보기에 자연 또한 절대정신이 자신을 외화外化하는 한 단계임에 틀림없으나, 그것이 인간 정신의 참여를 기다리는 미완의 상태로 자리매김되고 있었음은 주지의 사실이었다.

이 같은 태도는 실상 자연을 이용의 대상으로 여기는 도구주의적 이성이 지배적이었던 시대정신을 직·간접적으로 반영하고 있다고 해도 지나친 말이 아니다. 이러한 사고방식은 산업화를 더욱 촉진시킨 20세기에 들어서서 자연에 대한 인간의 태도에서 더욱 지배적일 수 밖에 없었다. 그러나 20세기 후반에 이르러 이로 말미암은 자연파괴가 극심해지고, 그 연장선에서 인간에 의한 인간의 지배가 빚은 소외 현상이 극심해지면서, 자연에 대한 새로운 이해 요구가 제기되었다.

미학 또한 그와 같은 방향으로 서서히 궤도를 수정하려는 움직임을 나타내기 시작했으니, 환경미학에 대한 관심 고조는 이를 상징적으로 보여준다. 그렇다고 마치 '자연으로 돌아가라'는 식의 주장을 액면 그대로 받아들일 수 없는 노릇이다. 이렇게 해서 환경미학은 넓은 의미의 예술과 자연의 조화를 추구하지 않을 수 없게 되고, 도시 경관 또는 도시미학의 쟁점들도 같은 맥락에서 논의하게 되었다(von Bonsdorff, 2002).

이 장은 일단 이와 같은 맥락에서 건축의 문제를 다루어보고자 한다. 다시 말해, 인간의 거주habitation라는 좀더 넓은 맥락 안에 건축을 자리매김하게 될 것이다. 이때 건물은 인간의 행동을 틀 지울 뿐만 아니라, 스스로 이에 따라 틀 지워지는 것으로 이해될 필요가 있다. 나아가 이러한 고찰에서 우리는 그것이 문화적이든 자연적이든 다양성의 원리가 존중되어야 한다는 것을 드러내려고 한다.

1. 건축의 위상

건축은 종종 다양한 이유로 '어머니예술'이라고 불린다.[2] 무엇보다도 건물들이 매우 구체적인 방식으로 인간의 다른 예술들과 문화활동 전반을 포괄한다는 점에서 그러하다. 책을 읽거나, 음악을 듣거나, 공연이나 그림을 보거나 하는 일들이 우리가 주목하는 대상들을 틀 짓는 공간 안에서 이루어질 뿐 아니라, 그것들을 지각하는 방식에 영향을 미친다. 우리는 또한 공간 안에서 일하고, 먹고, 자고, 다른 사람들과 만나 즐기는가 하면, 우리 자신이 건설한 공간에 따라 틀 지워지고, 지탱되고, 한정된다. 나아가 건물 자체가 다른 건물들이나 거리, 가도, 교량 등과 같이 건설된 구조들에 따라 전형적으로 틀 지워진다. 이는 더욱이 도시 또는 준도시환경들 안에서 그러한즉, 오늘날에는 많은 사람들이 이러한 유형의 환경들 안에서 살아간다.

건물이 이처럼 인간의 주거habitats에서 꼭 필요한 부분이라면, 건물에 대한 우리의 이해, 지각 그리고 경험은 항상 그 안에서 일어나는 인간 활동들에 대한 우리의 생각과 환경에 대한 개인적 관계에 따라 매개되기 마련이다. 문화적 현상으로 나타나는 건축은 사회적으로, 정치적으로 구성되는 동시에 그것이 가시화하는 맥락, 구조, 제도들의 일부가 된다. 그런 의미에서 건물은 단순히 '건물'이 아니라, 항상 특정한 종류의 건물일 수밖에 없다. 즉, 주택이든지, 사무실 건물이든지, 교회든지 또는 학교든지다. 그렇기 때문에 일상적인 환경 안이거나 건설된 공간의 걸작 안이거나, 기능이 차지하는 타당성은 부정될 수 없다.

이는 건설된 환경에 대한 미적 반응과 판단에서도 거주가능성habitability이 중심 기준이 된다는 주장으로 연결된다. 물론 이와 같은 기준은 상당히 관대할 수밖에 없는데, 건설된 환경들은 다양한 방식

---

2 예술로서의 건축에 대한 논의를 위해서는 다음의 문헌들을 참고할 만하다. Roger Scruton, 1980; Anthony Savile, 1993; Karsten Harries, 1997.

으로 거주할 수 있기 때문이다. 즉, 거주방식은 부분적으로 지역의 경관, 기후, 문화에 의존한다. 나아가 우리는 목표에 따라 행동한다거나, 과제를 수행한다거나, 한 장소에서 다른 장소로 이동한다거나 할 뿐 아니라, 사람들을 우연히 만난다거나, 시간을 보낸다든가, 반성하고, 이야기하고, 꿈꾼다든가 하는 방식으로도 거주한다. 그러므로 우리가 건설된 환경과 맺는 관계를 논의하고자 할 때, '이용'보다 '거주'가 열쇠개념으로 선호될 만하다. 왜냐하면 '이용'은 환경적 경험의 명상적, 수용적 그리고 순수하게 상호적 국면들을 위한 여지를 전혀 남겨놓지 않은 채, 도구적 관계만을 떠올리기 십상이기 때문이다.

물론 인간만이 주거를 필요로 하는 것은 아니다. 인간의 주거는 오직 인간이라는 종족이 살아가기에 적합하다는 의미를 지닐 뿐이다. 그렇다고 인간의 주거가 고정되어 있는 것은 아니다. 다른 동물들이 환경에 적응하듯, 인간 또한 서로 다른 환경 속에서 서로 다른 방식으로 자신의 필요를 충족시킨다. 이것은 단순히 물질적 필요만을 뜻하지 않는다. 특정한 환경에서 문화적·정신적 필요들이 종종 일어난다. 도시들도 마찬가지이며 서로 다른 방식으로 좋다는 평가를 받을 수 있다. 즉, 서로 다른 취향, 습관, 기질을 가진 사람들의 서로 다른 이유에 따라 평가받게 마련이다.

이런 맥락에서 본다면, 건축을 예술로서 간주할 경우에라도, 항상 이름난 건물이나 이름난 건축가가 설계한 건물들만을 염두에 둔다는 것은 극히 제한적이다. 이는 건축에 대한 좁은 이해만을 가져와, 결국 건설된 환경의 나머지 부분들을 쉽사리 미적 고려와 비평의 영역 밖으로 몰아내는 결과를 빚기 때문이다. 다시 말해서, 건축가들이 설계한 특정 공간에만 관심을 보인다거나, 질적 평가를 적용하는 것은 자칫 시야를 지나치게 좁게 만들 우려가 있다. 일상적인 환경 경험에서 볼 때, 걸작들은 오히려 분리된 대상들로 고립되어 있지 않다. '에

베레스트 산은 히말라야 산맥 안에 있기 때문에 높다'는 식의 표현은 이 경우에도 유효하다.

종종 건축 이론은 그 대상을 디자이너의 관점에서만 고려하여 거주자들이나 문화적 맥락에서 일어날 수밖에 없는 변화를 망각하기 쉽다. 그러나 우리는 건물들을 의미 있게 만드는 맥락들이 복합적이면서 항상 변화하고 진화하기 때문에 여러 가지 방식으로 예측 불가능하다는 것을 잊어서는 안 된다. 거주자들은 그들 자신의 생활방식, 필요, 습관에 따라 주거를 변형시키며, 장소는 때때로 누군가의 또는 누군가를 위한 것이어서, 즉 성격을 가지고 있기 때문에, 장소로서 보인다.

이와 같은 고려에서 우리는 흔히 인간 종족만을 계산에 넣는 것으로 만족하는데, 실상 도시 안팎에는 인간 이외에도 다른 생물종들이 같이 살고 있어 이것이 한 도시의 다양성을 더욱 풍부하게 만드는 경우가 없지 않기 때문에, 마땅히 이 또한 배려하지 않으면 안 된다. 같은 맥락에서 도시가 종종 더 큰 비도시적인 환경에 둘러싸여 있어 그 영향을 받으면서 성격을 구축해간다는 점도 염두에 두어야 한다. 물론 오늘날의 도시들이 과거처럼 농촌이나 성곽으로 둘러싸여 있기보다는 그 경계가 날로 희미해지는 경향이 있다는 것은 틀림없는 사실이다. 오늘날 도시들은 준도시, 교외 도시 또는 산업·상업 지역으로 둘러싸인 채, 고속도로들로 구획되어 있다.

그렇다고 도심의 특징이 사라졌다는 것은 아니다. 도심은 서로 다른 사람들의 존재에서 이득을 취하려는 상업, 문화 그리고 그 밖의 활동들이 벌어지는 지역 중심으로서, 사람들은 시간을 보내거나 새로운 문물과 다른 이들을 보기 위해 도심으로 몰려든다. 또한 이민자들과 같은 이방인들도 익명성을 이유로 도심을 선호할 수 있다.

이러한 의미에서 도심은 그 도시의 과거와 현재 그리고 미래를 알아볼 수 있는 얼굴이어야 하는데, 오늘날 많은 도심들이 너무나도 천편일률적이라는 데 문제가 있다. 물론 도시에는 이질적인 사람들이 새로 모여들게 마련이고, 이것이 그 도시의 성격을 변화시키는 것이 어찌 보면 자연스럽기도 하다. 그러나 가변성과 불가변성 사이에 일정한 균형이 있어야 한다는 것은 두말할 여지가 없다. 그러한 균형 속에서 이루어진 다양성이야말로 진정한 다양성이라고 할 만하다. 도시경영의 핵심이 바로 이와 같은 균형에 있다 해도 지나친 말이 아니므로, 이 문제는 다양성의 원리와 함께 더욱 자세히 논구해 볼 필요가 있다.

2. 다양성의 원리

우선 공공장소에서 인간적 다양성이 계획에 따라 좌우될 수 있음을 생각해본다. 그러나 동시에 계획이 인간생활을 기계적으로 구획하는 것을 능사로 삼아서는 안 된다는 것에 유념해야 한다. 앞에서 도시에서 도심은 어떤 의미에서 불가피하다고 말했지만, 그것이 꼭 하나여야 할 이유는 없다. 때로 부도심이라는 단어가 활용되기도 하지만, 가능하다면 그 역시 인간생활의 다양성을 보장하는 자족적인 성격을 갖추어야 할 것이다. 예컨대 대기업의 사무 건물들 가까이에 노인을 위한 시설과 학교 그리고 공공건물을 배치하는 것도 고려할 만하다. 그 방식이야 어떻든지 도시 지역과 공간의 독과점기능성 mono-functionality의 증가는 경계할 만한 사항으로서, 만일 사업, 야간생활, 행정, 문화, 주거 지역들이 분리된다면, 자신과 다른 사람들 속으로 뒤섞여 들어갈 기회가 분명히 줄어들고 말 것이며, 그렇게 되면 다양성은 지도 위에서나 존재할 뿐, 특정한 상황에서 서로 다른 생활

형식들과 활동들이 동시에 이루어질 가능성, 즉 동시성simultaneity은 결여되고 말 것이다.

다양성의 보장 문제에서 크게 고려되어야 할 사항들 가운데 교통 문제가 있다. 오늘날 도시에서 교통은 종종 인간적 다양성을 경험할 기회를 감소시키기 때문이다. 그 가운데서도 개인 승용차가 골칫거리이다. 그 안에 타고 있는 사람들은 개인이거나 이미 서로 알고 있는 사람들이어서, 도시 공간을 다른 사람들과 공유하는 것을 거의 불가능하게 만든다. 또한 소음, 공해, 보행자, 동물, 모터가 달려 있지 않은 교통수단, 예컨대 자전거 이용자들의 가동성을 방해하는 등 녹록하지 않은 문제를 발생시킨다. 새로운 도로건설을 위해 내세워지는 이동의 자유가 사실상 자동차, 특히 개인 승용차를 이용하는 사람들을 위한 자유에 지나지 않을 경우가 많다는 것에 유의하지 않으면 안 된다.

다양성의 문제를 고려할 때, 또한 역사 문제를 도외시할 수 없다. 더욱이 재개발이라는 명목 아래 이루어지는 작업들이 이를 소홀히 할 경우, 그 도시가 갖는 역사적 이미지는 크게 손상되고 말 것이다. 이 점에서 역사가 현대 생활의 한 부분이 되어 있는 로마 같은 경우가 돋보인다. 인간 활동의 결과인 물질적 역사는 자연 과정이나 기후의 영향에 비견할 정도로 건설된 환경에 영향을 미친다.

오늘날 유네스코가 문화환경cultural environment에 주목하고 있는 것도 바로 이러한 맥락에서이다. '21세기 문화경관'이라는 국제학술회의(2005년 4월 11일~16일, 영국 뉴캐슬 대)의 주제 항목만 보아도 그 논의 범위를 짐작할 수 있다. 거기에는 ① 문화경관, 박물관 그리고 (유형, 무형) 문화유산, ② 문화경관과 시각 문화, ③ 문화경관, 정체성 그리고 공동체, ④ 문화경관, 관광 그리고 경제, ⑤ 문화경관과 건축, ⑥ 문화경관과 교육, ⑦ 문화경관, 경영과 보호 등이 포괄되어 있다.

이 가운데서 우리의 현재적 관심과 직결되는 '문화경관과 건축' 부분은 또 다시 문화경관으로서의 도시경관cityscapes, 해안coastal경관, 농촌경관, 서명건물들signature buildings과 문화경관, 건축 또는 경관유산 목록화 정책, 역사건물들과 경관 경영, 역사건물 경영, 건축과 역사경관, 지방vernacular 건축과 문화경관 그리고 문화유산으로서 설계된 경관 등의 문제를 다루도록 되어 있다.

위에서 보듯이, 도시와 자연의 관계는 역사와의 관계와 비슷하게 완전한 인간생활을 위한 하나의 필요조건이다. 그러나 이제까지는 모든 인간주거에서 자연이 차지하는 비중은 간과한 채, 인간의 영향이 최소화된 또는 지각 불가능한 영역만을 진정한 자연인 것처럼 대하는 경향이 있었다. 그러나 역사와 더불어 자연과 함께 살고 이를 지각할 수 있는 가능성은 인간존재를 생각할 때 대체 불가능한 실존적 가치를 지닌다. 자연은 생명이 어떻게 태어나고, 성장하고, 죽는지 또 생활형식들이 상호의존적이어서 얼마나 상처받기 쉬운지 그리고 자연의 생명력이 전체적으로 볼 때 얼마나 강인한지에 대한 반성적 사고를 촉구할 수 있다.

요컨대, 인간적·자연적·사회적·문화적·역사적 그리고 정치적 다양성은 도시가 지닌 내재적 가치인바, 예측 불가능성은 그 필수적인 부분이 된다. 이는 우리가 완전히 통제되지 않을뿐더러 그럴 수 없음을 안다는 것과 직결되는데, 다른 생활형식들을 위한 여지의 허용이 개인과 집단들 그리고 사회 전체의 삶을 개선시키는 것임을 생각하면, 다양성은 하나의 체계적 가치로 간주될 수 있다. 이는 실존적으로는 타자들 속에서 한 개인으로서 자신이 점유하는 고유한 위상을 실현하는 것이고, 사회적으로는 삶을 풍성케 하는 것이며, 정치적으로는 다른 견해에 대한 이해와 관용을 증가시키는 것이다. 세계의 다양성은 세계를 미적으로, 문화적으로 그리고 과학적으로 흥미롭게 만드는 중요한 부분으로서, 이에 덧붙여 환경적 다양성은 우리의 자기이해와 윤리적 성장을 증가시키는 데 도움을 줄 수 있다. 유네스코가 오늘날 문화 다양성과 생물종 다양성을 인류가 지켜나가야 할 중요한 덕목으로 강조하는 것도 바로 이런 이유 때문이다. 도시에 대한 이해도 바로 이에 근거해야 한다.

3. 주거의 미학

앞에서 건축이 어머니예술이라고 하는 견해를 말한 바 있는데, 예술로 간주될 경우, 그것은 불가피하게 미적 가치와 연결될 수밖에 없다. 이에 우리는 거주에 대한 미적 반성들에서 미적 가치를 좀더 넓게 그리고 깊게 이해하는 것이 중요함을 강조하지 않으면 안 된다. 그렇게 되면 미적 차원은 단지 환경의 감관感官적 쾌sensuous pleasure만을 의미하지 않게 된다. 이와 관계된 문제들을 다루는 미학의 한 분야, 즉 미적 범주론에서도 쾌가 중요한 기준이 되고 있었음이 간과되어서는 안 되겠지만, 그러한 가운데서도 이미 좁은 의미의 미the beautiful 외에도 숭고the sublime, 희극적인 것과 비극적인 것, 심지어 추the ugly까지도 미적 범주의 일원으로 여겨지고 있었음을 상기할 필요가 있다. 아울러 이와 같이 광범위한 미적인 것the aesthetic이 진과 선, 또는 성聖이라는 가치영역과 맺고 있는 관계에 대한 규명도 미학의 주요한 연구영역이었던 사실도 잊어서는 안 된다. 그렇기 때문에 미와 실용성을 마치 대립적인 것으로 여겨 왔던 전통적인 통념마저 현대에 와서는 상당히 도전받고 있다.

다른 예술들과 한가지로 건축이 즉각적인 현존 이외의 것을 암시하고, 그런 의미에서 우리의 꿈과 상상력을 자극할 수 있다는 것은 틀림없지만, 이와 더불어 우리가 그 안에서 살아가는 현실세계를 구성한다는 점에서 특징을 지닌다는 것은 결코 부정할 수 없다. 물론 이러한 주장이 눈앞의 현실세계에 급급하자는 것은 결코 아니다. 오히려 미래를 위한 여지를 남겨놓을 때, 오히려 현실은 좀더 넉넉해지고 매력적일 수 있기 때문이다. 그러한 여유를 환경에 대한 관대성 generosity이라는 개념으로 이해하는 견해도 있거니와(Relph, 1993, 37), 이는 당장의 이익을 늘리거나 표를 얻는 것과는 상관없이 장소의 외양을 개선하는 도시설계나 경관건축을 특징짓는 개념이면서, 자발성이나 창의성과도 연결된다. 좀더 일반화한다면, 타자를 위한 배려라고도 할 수 있을 것이다.

환경을 좀더 거주할 만하게 만드는 특질로서 이 밖에도 풍부성 affordances, 매력enticement 그리고 인지가능성recognizablility을 꼽는 견해도 있으나, 상론은 생략하기로 한다. 그보다는 다양성과 거주가능성을 도시환경의 중요한 특질들로 손꼽을 경우, 이를 자연환경과 사회환경을 진지하게 생각하는 균형의 예술이라고 보는 견해를 검토해 보기로 한다. 이는 독일 철학자 마르틴 하이데거의 거주 개념과도 맞닿는다. 거주자는 단순히 건물과 공간들을 이용하는 것이 아니라, 그것들을 만들고, 돋보이게 하고, 빛과 소리로 채우며, 사물들과 동물들 그리고 다른 사람들을 맞아들이기도 한다는 사실을 의식한다(김문환, 2005, 417~435). 그러면서 그 모든 것의 기초가 어디에 놓여야 하는지를 깨우치고자 한다. 즉, 사려 깊은 거주는 우리의 세계를 물질적·정신적으로 건설해가는 끊임없는 과정의 일부로서, 이에 공동 책임을 져야 한다는 것이다. '거주는 곧 건축이다'라는 생각은 결코 가치중립적이지 않고, 오히려 우리의 생활방식이 생태계와 생물공동체에 영향을 끼치는 것을 자각하면서, 다른 사람들 및 다른 생물종과 공유하는 관심임을 강조한다. 바로 이러한 틀 안에서야 우리의 주거와 개인적 또는 집단적 생활방식들이 좋다는 평가를 얻을 수 있게 된다.

물론 도시 현실과 자연 및 사회 환경 사이에 균형을 갖춘다는 것은 결코 쉬운 일이 아니다. 이런 의미에서 건축의 유토피아는 하나의 장소라기보다는 하나의 방향으로 존재한다고도 말할 수 있을 것이다. 그러면서도 우리는 여전히 인간의 주거가 환경과 예술, 경관과 기술공학, 인간 외적 자연과 인간 문화의 결합임을 염두에 두는 한편, 좋은 건축이란 결코 인간적 가치들을 환경에 덮어씌우는 것으로 이루어질 수 없음을 상기해야 한다. 전 세계에 걸쳐 우수한 건물들의 사례는 모두 그것이 더 큰 환경을 존중하고 보강하는 정도만큼 성공을 거둘 수 있다는 것을 보여준다. 즉, 다른 생명형식들을 파괴하지 않으면서 사고와 꿈을 통해 우리의 즉각적인 현실조건들을 초월해나가는 것이야말로 건축의 이상이어야 한다.

건설된 구조들은 어떤 경우에나 환경의 다양성과 아름다움을 더해나가야 한다는 원칙에 비추어 볼 때, 오늘날 대부분의 물리적 건설이 종종 파괴에 가깝다는 것을 우리는 진정으로 반성해야 한다. 바로 여기에 현대건축, 아니 환경정책의 중대한 위기와 함께 위대한 가능성을 위한 도전이 존재한다고 할 수 있다.

4. 실내건축의 경우

이제까지 다양성과 거주가능성이라는 원리에 입각하여 경관의 문제를 거시적인 안목에서 다루어왔다. 그러나 환경과의 관계를 더욱 실감 있게 설명하려면 오히려 실내건축의 경우를 고려해보는 것이 더 나을지도 모른다. 이 점에서 케빈 멜치온의 견해는 흥미로우면서도 참조할 만하다(Melchionne, 1998 참조).

필립 존슨의 악명 높은 유리집Glass House은 상당한 정도로 현대적인 건축과 실내건축의 표준적인 사례로 거론되는데(Whitney & Kipnis, 1993), 유리판이 구조를 둘러싸고 있어 360도 어디에서나 실외 경관을 볼 수 있을 뿐 아니라, 실외에서도 실내를 자유롭게 들여다볼 수 있다. 또한 실내는 많지는 않지만 아주 세심하게 배려된, 그 자체로 아주 특징 있는 현대적인 양식의 가구들로 채워졌다. 코네티컷Connecticut 주의 뉴 가나안New Canaan에 자리 잡은 이 집은 처음부터 건축계의 비상한 관심을 모았는데, 여전히 가장 현대적인 걸작으로 칭송받으면서 현대 건축 보고서들에 정규적으로 등장하곤 한다.

그러나 존슨의 집은 그 미술사적 중요성에도, 대부분의 사람들이 살기에 좋지 않은 집으로 간주한다. 물론 이는 미적으로 불쾌해서가 아니라, 오히려 그러한 미적 즐거움 때문에 다른 모든 목적이 부차적인 것이 되었기 때문이다. 이 유리집의 실내가 많은 사람들에게 추한 것으로 생각된다면, 이는 아마도 실내가 가지는 매력이 시각적 광경만이 아니라 생활가능성livability 정도에 달려 있기 때문일 것이다. 즉 이 유리집은 우리가 오늘날 일반적으로 살기에 좋다고 판단하는 어떤 요소를 결여하고 있는데, 그것은 안락함, 일상성 그리고 어느 정도의 부드러운 친밀감 등이다. 건축이 단순히 미적 요소만을 고려하거나 미술사적 파장을 일으키려는 목적을 갖게 되면, 이러한 동기는 그 집을 가정생활의 현세적인 즐거움들로부터 좀더 분리시키게 마련이다.

처음 볼 때, 이 유리집은 상당한 환경 예술작품으로 보인다. 유리벽에 둘러싸인 채 거주자는 실외의 변화하는 대기조건 속으로 빠져들게 된다. 아마도 거주자는 다른 집으로는 주위 자연환경에 대해 이보다 더 가까운 느낌을 가질 수 없을 것이다. 그러나 이것이 주거 공간의 환경미학이 의미하는 것일까? 가장 기본적인 규칙으로서 실내건축의 기능은 다음과 같이 설명된다. 즉 요리라든가, 접대, 취침, 목욕, 세탁 등을 위한 환경의 구성에서 예술적으로 만족스러우면서도 실제적으로 효과적인 방안을 제공해야 한다는 것이다. 그렇다면 주거 실내건축의 예술은 환경을 미적으로 주목할 만하고 감탄할 만한 것으로 만드는 동시에 집안일들을 용이하게 하는 환경을 창조하는 것이어야 한다. 이러한 관점에서, 이 유리집은 완전한 실내건축으로서는, 즉 환경 예술로서는 실패한 것이 된다.[3]

실내건축에 대한 관습적인 견해에서 보자면, 사람들이 이 유리집에 거주하자면 몇 개의 방을 더하고, 더 많은 가구와 물건들을 집어넣어서 자신이 그 속에 편안하게 '자리 잡게 될' 것을 요구할 것이다. 그러나 그렇게 되면, 그 건축은 더 이상 존슨에 의해 설계된 예술작품의 유리집일 수 없다. 예술작품 안에 살려면, 그것을 설계된 산물로서 존중해야만 한다. 다시 말해, 그 규칙에 따라 살아야 하는 것이다. 이는 곧 구성을 깨지 않도록 가구를 움직인다거나 사물들을 더 집어넣거나 하지 않는다는 것을 의미한다. 정중한 거주자는 그 집 안에 살면서도 이를 잘 보존해야만 할 것이다. 결국 이 유리집에서 사는 것이 불가능하지는 않지만, 아마도 그곳에 사는 이는 특별한 종류

3 환경미학의 이러한 정의는 지금은 고전이 된 Sparshott의 환경미학에 관한 논문(1972, 11~23)에 의존하는 바가 크다. 더 구체적으로 말하자면, 문제의 그 유리벽은 거주자에게 자신이 관찰되고 있다고 의식하게 만든다. 드문드문 있는 가구들과 극도로 질서 있게 정돈된 집은 심지어 테이블 위에 놓인 아주 오래된 골동품들조차 정확한 위치가 세심하게 표시되어 있는데, 이로 말미암아 누구라도 진정 안락하게 느낄 수 없다. 이 유리집은 울타리를 치고, 사생활을 보장받고, 휴식을 취하면서 살아가는 서구의 오랜 주거 전통과 모순된다. 이러한 경향은 깊게 뿌리내려 있기 때문에, 대부분의 서구인들은 이 유리집에 익숙해질 수 없고, 진정으로 그곳에서 살아가기가 어렵게 된다. 그러나 바로 이러한 이유들 때문에 이 유리집은 실상 가정에 거주하는 일반적인 과정이 어떻게 해서 예술적 실행, 또는 환경 예술이 되는지를 이해할 수 있게 하는 극단적인 사례로서 의의를 갖는다고 할 수도 있을 것이다.

의 사람, 즉 '극단적인 심미가'라고 불릴 만한 사람일 것이다.

존슨이 그 집을 '진짜로 살 집true living'의 보편적인 모델로 계획하지 않았다는 사실은 시사하는 바가 크다. 그가 그 집을 방문한 어떤 사람이 그 안에서 사는 것에 대해 극도의 혐오감을 표현했을 때 되받아친 유명한 말은, 그가 자신 이외에 어느 누구를 위해서도 이 집을 설계하지 않았다는 것이다. 존슨은 이로써 극단적인 심미주의aestheticism를 나타내는 것 같다. 그는 미적 즐거움의 추구에다 무엇보다도 더 큰 중요성을 부여하고, 또 다른 사람들은 끔찍하게 불편하며, 심지어는 비인간적이라고 인식하는 방식으로 사는 것에 완전히 만족해한다. 그러나 아마도 존슨은 대부분의 사람들이 각자의 집에 사는 것처럼 이 유리집에서 정말로 살지는 않을 것이다. 결국 이 유리집은 그의 본래적 주거지가 아니라, 뉴욕에서 얼마간 떨어진 주말 별장 정도였기 때문이다.

그렇다면, 존슨은 자신을 미적 요소를 인상적으로 만들 줄 아는 건축가로서 승격시키고자 이 유리집에 살고 있는 체하는 것일까? 이 경우에 이 유리집은 단지 반은 무대 세트로, 반은 호텔방으로 남아 있을 뿐이며, 존슨의 심미주의는 단순한 뽐내기로 전락한다. 그러나 이 사례는 어떤 집에 산다는 것이 어떻게 해서 환경예술로 보일 수 있는지를 설명해준다는 데 묘미가 있다. 다시 말해서, 이 유리집은 주거 공간으로서는 살기 불가능하다 할 예술작품으로서, 사실상 우리에게 일상생활에서 유용한 경험들을 고상하게 하고 강화시키는 방식을 적나라하게 보여주고 있지 않은가? 비록 이 유리집의 엄격성이 많은 사람들에게 고집스럽게 느껴진다 할지라도, 이것은 어떤 의미에서 단지 어떤 민감한 주부의 행동을 극단적으로 고상하게 강조한 해석일 뿐이라는 주장도 가능한 것이다.[4]

이 유리집의 심미성을 놓치지 않으려면, 우리의 신체는 공간을 이미 존재했던 습관에 따라 구성하기보다는 이 집의 이상화된 질서에 순치된다는 의미에서 새롭게 훈련되어야 할 것이다. 이제 실제의 주거 생활은 그 이상적인 질서에 함축된 규율을 유지하고, 그 미적 개념을 따르도록 습관을 훈련시키는 기술이 된다. 급진적 심미주의자들과 달리 오늘날 대부분의 사람들은 존슨의 유리집이 극단적인 예가 되는 엄격하게 설계된 공간에 반발할 가능성이 크다. 우리들 대부분의 삶은 그러한 극단적인 정갈함을 추구하기에는 너무나 여유가 없고 혼잡하기 때문이다. 그렇기 때문에 세련된 디자인을 깨끗하게 유지하는 것은 누군가에게 돈을 지불할 수 있는 부유한 가정에만 가능해 보인다.

이러한 이유로 주거 생활의 습관과 주거 공간의 완전한 조화의 규범은 엘리트주의로 인식된다. 예를 들어, 그러한 공간에는 안락함이 빠져 있으며, 이 안락함의 결여가 현대 건축과 디자인에 깊숙하게 자리 잡은 실수라는 이유로 존슨의 심미주의를 수상쩍어 하는 견해가 있다. 즉, 모더니즘은 미적 이데올로기에 젖어서 안락감과 친밀감의 증진을 도모해야 하는 실내건축의 정도正道를 놓치고 있다는 지적이다. 스타일이 디자인을 잠식하고, 현실적이지만 궁극적으로 더욱 중요한 주거 생활의 가치를 흐리게 하고 있는데, 이러한 실수가 현대

4 과장되게 구성된 환경에서는 디자인이 우선되고, 습관은 그것에 뒤따르게 마련이다. 존슨이 창조한 이상적인 공간은 사생활 보장, 무형식, 안락함을 특징으로 하는 관습적인 생활양식의 패턴으로부터 상대적으로 추상화되어, 균형, 통일성, 조화와 같은 형식적 원리들을 명확하게 드러내는 것을 특징으로 한다. 이 유리집에서 모든 것들은 제자리를 차지하는바, 공간은 곧 구성이므로 구성의 한 부분을 움직인다는 것은 예술작품을 파괴하는 것이다. 따라서 이 유리집에서 사는 올바른 방식은 본래의 구성을 보호하는 형식이어야 한다. 그 구성을 유지하려면 진정한 거주자는 모든 것을 제자리로 돌려놓아야 할 것이다. 그것들을 올바르게 사용하고 제자리에 놓는 것은 우리의 습관이 완벽하게 그 구성에 적응되어야 한다는 것을 의미한다. 습관적으로 물건을 제자리에 돌려놓는 사람은 주거 공간의 구성적이고 미적인 표현들에 충분히 반응하는 습관의 목록을 갖는 셈이 된다. 따라서 이 유리집에서 성공적으로 살려면 아마도 완벽하게 정갈해야 할 것이다.

디자인 이론들을 살펴봄으로써 설명될 수 있다는 것이다. 물론 이러한 비판에 일리가 없는 바는 아니지만, 그렇다고 빅토리아 시대풍의 안락함 같은 유행으로 되돌아가는 것 또한 그다지 바람직해 보이지는 않는다.

그렇다면 대안으로 어떠한 입장을 취할 수 있을까? 여기에서 기억할 만한 사실은 우리가 '어떤 공간에 습관적으로 적응하는 능력'이 결국 공간을 배열하는 지혜에 달려 있다는 사실이다. 구성의 체계를 기억하거나 유지하기 위해 정돈하는 일은 많은 에너지를 요구하며, 따라서 정돈은 자주 이루어지기 어렵고 결국 디자인의 미적 특징들은 종종 흐려지게 된다. 결국 그러한 디자인과 습관의 조절이 바로 주거 생활의 예술에 필수적인 것이 된다. 실내장식은 일상적 삶을 순수한 시각적 광경으로 떠다니게 하는 것이 아니라, 정돈과 같은 현실적인 노동 또는 습관과 연결되어 있다.

정돈은 사용과 디자인 사이에 다리를 놓아주며, 공간을 배열하고 질서 짓는다. 다시 말해 사물을 적재적소에 돌려놓거나 적합한 자리를 확립하는 정리 정돈, 곧 청소가 방 안에서 질서 감각을 명확히 하는 것이라고 말할 수 있을 것이다. 정돈은 디자인과 직접적인 관련을 갖는바, 디자인은 정돈을 위해 필수적인 조건이다. 사물들을 제자리에 돌려놓는 일은 실내 공간이 그 부분들에 따라 질서를 갖추어야 했다는 것을 의미한다. 구성을 원래의 생각대로 재배열하면서 우리는 본래의 장식 의도를 되살려내 그 집의 미적 특질을 함양할 수 있다. 정돈된 집은 방문객과 거주자에게 그 집을 예술작품으로 보도록 이끈다. 또한 정돈은 가구를 옮기거나 선반 위의 물건들을 재배열하면서 본래의 도식에 다양한 변화를 줄 수 있다. 여기에서 정돈은 본래의 창조적인 행동의 적응 또는 고심의 작업이다. 그러한 경우에 정돈은 좀더 창조적인 결정을 포함한다.[5]

정돈과 반대되는 경우도 생각해볼 수 있다. 예컨대, 어떤 사람들은 잡동사니를 더 좋아해서 그것을 미적으로 단정한 것보다 뛰어나다고 생각한다. 사실상 우리는 잡동사니 속에서도 디자인 전략을 발견할 수 있다. 특히 컬렉션을 통한 장식이 그러한데, 세심한 관심을 가진 주부는 한 공간 안에 점점 더 많은 사물들을 더하게 된다. 잡동사니의 미학에 발동이 걸리면 더 열심히 그리고 빨리 일해서 더욱 질 좋은 물건들을 충분히 모아들이고 그것들을 조심스럽게 잘 편집하는 습관을 갖게 되며, 극소주의는 그때 거의 묘기 수준이 된다.

한편 주거생활의 예술을 강조하려는 시도를 혐오하는 입장도 나름대로 타당성을 갖는다. 예컨대 이 계획이 여성들의 종속을 눈속임하면서 미화하는 것일 수 있다는 주장이 페미니즘 일각에서 제기되는데, 이 입장은 우리가 성차gender 중립적 의미에서 주거생활의 예술을 재형성해야 한다고 주장한다. 그러나 속박으로서의 가정 가꾸기와 교양으로서의 가정 가꾸기의 미묘한 차이는 구별 가능하다. 즉, 가정 가꾸기는 단순한 속박이 아니라 즐거움과 노동을 한데 모으고 즐거움의 범위를 넓히면서 습관 패턴들을 편성하는 것으로 이해될 수 있는 것이다.

요컨대, '거주예술'이나 '가정예술'은 내부 설계와 장식에서 청소, 요리, 접대에까지 걸치는 기술과 감수성의 복합체이다. 다시 말해, 애버크롬비(Abercrombie, 1990)가 지적하듯이, 실내건축의 미학은 단순히 방과 그것의 시각적 외관에 있는 것이 아니라, 우리가 방의 내

5 그러나 창조적인 면에서 본 정돈의 중요성은 흔히 평가 절하된다. 경비와 관습의 문제 때문에 대부분의 사람들은 집을 한 번에 장식하기보다는 시간이 흐르면서 방의 도식이 완벽한 상태에 이를 때까지 서서히 윤곽을 드러내게 하는데, 그때조차 방은 종종 '작업 중에 있는' 상태로 돌아간다. 이와 같은 '천천히 나아가는' 접근은 미적 시각을 날카롭게 하고, 시간에 따라 발생하는 실제 필요들을 정의하도록 한다. 이런 식으로는 극적인 무엇인가를 창조하기가 어렵지만, 전체적인 실패의 위험은 낮출 수 있다.

용을 어떻게 경험하는지, 즉 내부 공간을 환경으로 어떻게 경험하는지에 달려 있다. 이러한 경험은 우리가 방에서 만나게 되는 사물에 대한 관심에 따르기보다는 오히려 그 방에 들어서게 될 때 인식되지 않은 배경이나 환경으로서, 일반적으로 우리의 초점에서 벗어나 있는 의미에 따라 결정된다. 이처럼 환경적 특징들은 그 자체가 우리에게 드러나는 '아이콘Icon'이라기보다 배경의 질감으로, 장식으로, 또는 수정으로 기능한다. 그러한 미적 가치는 그것의 관심을 독점하는 자율적인 대상으로 기능하는 경우 오히려 비환경적일 수 있는 것이다(Sparshott, 1972, 22).

맺음말

경관에 대한 환경적 관점을 통해 살펴본 실내 디자인의 사례는 왜 그것이 예술로서 무시되어 왔는지를 설명하는 데 도움이 될 것이다. 분명한 것은 잘 디자인된 실내는 눈에 띄지는 않지만 매력적인, 예술적으로 적용된 구조로서 받아들여지기에 충분하다는 점이다. 이와 같은 방식으로, 회화나 시 같은 범례적인 예술 형태들과 달리, 주거생활의 예술은 환경예술로 특징화될 수 있다. 즉 대상 중심적이기보다는 환경 중심적인 예술로 특징화할 때, 우리는 실제적인 주거생활이 미적으로 예술적으로 보유하고 있는 중요성을 이해하는 첫걸음을 내딛을 수 있다.

환경예술로서의 주거 생활에 대한 개념은 보통 분리되어 설명되긴 하지만, 두 가지 독특한 실행과 연결된다고 볼 수 있다. 하나는 실내건축가의 전형적인 작업으로 나타나는 실내건축이고, 다른 하나는 공간에 거주하고 그것을 유지하는 실제 과정이다. 이는 어떤 의미 있는 방식으로나 '예술적'이라고 생각되지 않아 왔는데, 비록 미학자들이 간과해 왔기는 했지만, 이것들은 더 이상 그리 낯설거나 무의미하지만은 않다.

결론적으로 말해서, 환경미학적 관점에서 경관에 대해 논한다는 것이 무엇인지를 실감하기 위한 이상의 검토는 지나치게 상식적이거나 지나치게 비속한 것처럼 보일 수도 있다. 그러나 경관에 대한 환경미학적 접근이 예술작품의 감상과는 달리 대상과 좀더 폭넓은 교감과 일상적인 참여를 요구한다는 사실은 분명히 밝혀졌다고 할 수 있을 것이다. 아울러 미학이란 어떤 경우에나 구체적인 실천방법을 지시하기보다는 새로운 사고방식의 촉발에 더 많은 관심을 갖는다는 점도 충분히 이해되었을 것이다. 경관에 대한 더욱 지속적이고 깊이 있는 탐색이 이어지기를 기대한다.

제3장 아름다운 하천에 대한 미학적 성찰

이끔말

한국하천협회가 건설교통부의 후원 아래 '아름다운 하천 가꾸기' 원년 행사의 일환으로 개최하는 한국하천환경세미나에서 '아름다운 하천'에 대한 견해를 발표할 기회가 있었다. 편의상 '하천'이라고 했지만, 우리의 언어습관에서는 '산천'이라든지 '산하'라는 말이 오히려 더욱 익숙하게 여겨진다. 이는 '치산치수'라는 숙어에도 그대로 반영되어 있다. 이는 하천이 결코 고립되어 있지 않고 자연이나 생태 체계의 일부로서만 존재할 수 있음을 우리 선조들이 잘 알고 있었던 것을 뜻하지 않을까? 일찍이 알베르트 아인슈타인이 "인간존재는 우리가 '우주'라고 부르는 전체의 일부로서 시간과 공간 안에 제한된 일부이다"라고 말한 바 있는데, 이는 결코 인간존재에만 해당하는 것은 아니다.

그러나 굳이 '하천'이라고 좁혀 말해야 한다면, 아무래도 '물'에 대한 우리의 생각을 좀더 차분하게 정리해보아야 할 것 같다. 이때 '삶을 위한 물'이라는 표어 아래 유네스코가 2005년부터 2015년까지 구체적인 행동을 추진하기로 결의한 사실을 상기해볼 필요가 있다. 여기에는 지금부터 2030년 사이에 세계 인구가 60억에서 90억으로 늘어날 것이라는 예측이 배후에서 작용한다. 즉 이로 말미암아 물 소비에서 명실상부한 폭발이 초래될 것이라는 예측이다. '행동을 위한 세계 10년'은 물의 합리적인 사용에 부합하는 행위를 격려하기 위해 물의 가치에 대한 인식 고양에 이바지하고자 한다. 지역 차원에서 '행동을 위한 세계 10년'은 물을 잘 관리하기 위해 필요한 기술을 창출해내는 동시에, 경제적인 측면에서 물 소비가 발전과 공해에서 차지하는 역할을 중심으로 평가 작업을 실시한다. 행동의 기본원리는 다음과 같다.

① 생물다양성을 위한 물: 생수fresh water 생태체계의 회복. 생수 원천들의 재생을 가능케 하는 생태체계들이 세계적인 차원에서 위협당하고 있다. 자연환경의 조작은 빙산, 호수 그 밖의 물 공급 원천들의 영락을 초래한다. 하천의 오염은 마찬가지로 연안의 생태체계들도 위협한다.

② 농업을 위한 물: 낭비 방지와 새로운 물 관리 방법들의 창안. 생산성을 4배로 늘리려는 관개 작업은 세계 생수의 근 80퍼센트를 사용한다. 오늘부터 2030년까지 식량 요구는 60퍼센트나 증가하게 될 것이다.

③ 건강을 위한 물: 공중위생설비를 통한 오염의 방지. 오염된 물은 전 세계적으로 가장 으뜸 되는 질병 원인이다. 오염과 관계된 질병으로 고통 받은 사람들이 전 세계 병상들의 절반 이상을 차지하고 있다. 발전도상국들의 경우, 소비되는 물의 90퍼센트 이상이 위생처리를 받지 못한 상태이다.

④ 에너지를 위한 물: 농촌 지역과 전력의 연결. 세계 에너지 소비는

> 2035년에 이르면 두 배로 뛸 것으로 예측된다. 더욱이 농촌 또는 교외 지역의 물은 재생 가능하고, 오염되지 않은 주요한 에너지 생산 원천들 가운데 하나가 될 잠재력을 지니고 있다.

이상의 언급들은 모두 유네스코가 이와 병행하여 추진하는 '지속 가능한 발전을 위한 교육 10년'과 맞물려 있다. 지속 가능한 발전은 생활수준 향상에 해악을 끼치지 않으면서 자연 자원들의 신중한 사용을 요청하기 때문이다. 좀더 구체적으로 말한다면, 낭비를 막고 재활용을 가능케 하는 동시에 재생 가능한 에너지 원천들의 사용과 인구 증가의 억제를 뜻한다. 그것은 또한 모든 사람들에게 오늘 내리는 결정이 미래 세대에 미칠 장기적인 효과들에 관한 숙고를 요청한다.

성공을 거두려면 생활 습관과 교육적 실천들이 재고되어야 할 것인데, 이때 문화, 역사 그리고 차이의 중요성을 간과해서는 안 된다. 국내에서도 《하천과 문화》 등을 중심으로 '한국 하천환경 교육망'에 대한 제안이 이루어져 왔으며, 거기에서 말하는 대로 하천이 갖고 있는 시대적 가치나 중요성을 직접 탐구와 모니터링을 통해 가르치고, 미래 세대와 시민들이 생활에서 환경보존을 실현할 수 있는 실천력을 키우고 있다. 그러한 활동의 결과를 공유함으로써 지속적이고 통합적인 접근을 통한 체계적이고도 효과적인 '강 살리기 운동'이 절실히 요청되고 있다. 이러한 노력으로 하천이 자연과 인간의 희망이 담긴 공간으로 되살아날 수 있게 하려면, 아무래도 물이나 강에 대한 더욱 깊이 있는 성찰이 요구된다. 그런 취지에서 다음 절을 구상해본다.

1. 물에 대한 철학적 단상

강은 끊임없는 순환의 상징이다. 샘에서 솟은 물은 시내를 이루고, 강을 이루어 바다에 이르렀다가 하늘의 구름이 되고, 이윽고 다시금 땅속으로 스며 샘을 이룬다. 거기에는 어떤 마침표도 없다. 오로지 '되어감'이 있을 뿐이다. 모든 있음은 돌이킴의 한 단계이기에 그 흐름을 억지로 바꾸려 할 때, 순리에 역행하는 역리逆理가 빚어진다. 그렇기 때문에 물은 다스리려 하기보다는 그 길을 바로 알아 따르고자 해야 한다.

그와 같은 순리에서 물은 생명의 근원이 된다. 눈에 보이지 않는 미생물에서 온갖 식물들과 몸집이 집채만 한 짐승에 이르기까지 온갖 생명이 물에서 생명을 얻고, 물로 생명을 이어가고, 이윽고 물속으로 녹아든다. 무릇 물을 떠나서는 생명을 말할 수 없고, 물의 순환 과정에서 강은 문자 그대로 중심을 이루면서 많은 생명의 구체적인 서식장소가 되는 만큼, 강을 제대로 지키지 않고서는 생명을 논할 수가 없다. 인간의 과학기술이 날로 발전하여 우주탐사에까지 그 범위가 확장되고 있지만, 인간의 손길이 닿는 이에 대한 첫째 관심은 여전히 생명의 존재 여부로서, 이는 물의 흔적을 찾는 일로 상징된다.

이와 같이 생명의 근원이기에 물은 인간의 궁극적 관심인 종교와도 깊은 연관을 맺고 있다. 정한수를 떠놓고 비는 어머니들의 정성은 그대로 예배의식에 적용되어 민족종교인 천도교에서는 한울님께 청수를 봉헌하는 예식 순서가 소중하게 여겨지는가 하면, 기독교회들은 세례의식을 성례전으로 거행한다. 목욕재계한다는 표현은 경건의 대명사가 되고, 생명강가에 살고 싶다는 소원은 그대로 낙원과 복지의 상징이 된다. 노예생활로부터의 해방은 요단강을 둘러싼 복지에 대한 희망이 되고, 정의에 대한 갈구는 '정의가 강같이 흐르게 하라'

는 명령이 되는가 하면, '내게 강 같은 평화를 달라'는 기도는 노래가 된다.

그렇기 때문에 사람은 샘터와 강가에서 모듬살이를 시작하여 역사와 문명을 가꾸어 왔다. 인간생활의 중심은 대체로 항상 큰 강을 끼고 형성되어 왔은즉, 황허黃河와 양쯔강揚子江, 인더스 강과 갠지스 강, 유프라테스 강과 티그리스 강, 나일 강 등을 빼놓고는 인류문명을 말할 수 없고, 헤이룽강黑龍江과 쑹화강松花江, 압록강과 두만강, 대동강과 한강, 금강과 낙동강을 빼놓고는 한민족의 문화를 말할 수 없다. 오늘날에도 '라인 강의 기적'과 마찬가지로 '한강의 기적'을 개념화하고 있는 것 역시 그와 같은 맥락 속에서만 이해 가능하다.

그러나 인간의 문명사를 되살펴볼 때, 그것은 단순히 자연의 일부라기보다는 자연을 지배하는 법칙을 나름대로 파악하여 인간생활의 편의에 활용해온 오랜 과정이었음을 부정할 수 없다. 그와 같은 과정에서 때로 인간들의 이기주의적 속성이 과도하게 발현되어 자연파괴를 가져오고, 자연 또한 이에 보복을 가해오고 있음을 우리는 오늘날 더욱 늘어나고 있는 자연재해를 통해 여실히 실감하고 있다. 최강대국임을 자랑하는 미국의 뉴올리언스 시의 참극도 결국 자연에 대한 올바르지 못한 대응에서 말미암고 있음을 아무도 부정하지 못할 것이다.

우리는 흔히 산하山河라 하여 가람과 뫼를 짝지어 말하기도 한다. 말하자면, 고립보다는 조화가 좀더 본래적인 상태임을 드러내면서 인간과 자연의 조화로운 삶을 무엇보다도 소중히 여겨야 함을 일러준다. 이와 같은 조화로움은 우리가 느끼는 아름다움의 원천이다. 예로부터 인간생활의 꽃이라 할 예술은 자연의 아름다움을 모방하는 활동으로 여겨져 왔다. 이 조화로움이 깨어졌을 때, 이를 파괴한 인간 행위에 대한 고발로서 예술이 아름다움 대신 극한적인 추함을 그려내는 경향이 강해지고 있지만, 이는 어디까지나 하나의 반면교사로서 인간심성에서 아름다움에 대한 그리움을 반성적으로 환기시키고자 한다.

옛사람들이 산수화를 즐겨 그려 곁에 두고 정원을 석가산石假山으로 꾸민 것은 바로 자연을 좀더 가까이 하면서 이를 닮아가고자 했기 때문이다. 물론 오늘날에도 자연을 모범으로 삼아 아름다움 그 자체를 추구하는 작업이 여전히 이루어지고 있는데, 이는 그 나름대로 의의가 없지 않다. 그러나 우리는 그것이 자칫 부조리와 모순이 지배하고 있는 현실을 호도하는 꾸밈이 될 수도 있다는 것을 간과해서는 안 된다. 그런 점에서 오늘날 날로 강화되고 있는 도시화의 물결 속에서 범죄와 소외, 약탈과 외설이 자칫 마치 필요악인 듯 범람하는 현실을 무시한 채, 도심을 관통하는 하천을 아름답게 꾸미는 데만 급급한다면, 우리는 영원히 허위의식으로부터 헤어날 수 없게 된다.

사실상, 예술은 그 단초부터 생활에 깊숙이 뿌리를 내린 채, '살되 더 사람답게 살고자 하는 의식', 즉 완성지향적 가치의식을 반영해왔던 만큼 아름다움의 추구가 현실을 제대로 이해하게 만드는 노력 대신 현실로부터 도피하게 만들고자 하는 기만으로 곡해되어서는 안 된다. 도시재생이나 도시건설의 핵심도 이와 같아야 한다.

이와 같은 관점에서 우리는 동양의 오랜 지혜를 담고 있는 노자의 가르침에서 단단함보다 유연함이, 산봉우리보다 골짜기가, 바위보다 물방울이, 수컷보다 암컷이 더욱 존중받고 있는 까닭을 깨달을 수 있어야 한다. 한마디로, 왜 '있음'보다 '없음'이 좀더 근원적이라고 하는지를 알아야 한다. 온통 메워져 있는 물 잔에는 아무것도 채울 수가 없다. 우리는 자꾸 무엇인가를 쌓아 올리려고만 하는데, 정작 중요한 것은 터전이다. 온갖 욕심이 허망하게 무너지고 마는 것은 실상 우리가 터전을 제대로 다지려 하기는커녕 서둘러서 한 뼘의 땅이라도 더 넓히는 데 급급하여 무리하게 강둑을 쌓아 올리고 물길을 인위적으로 막거나 돌려온 탓이 아닐까?

2. '안개제방'의 사례

이상에서 물 또는 강에 대한 일종의 철학적 단상을 시도해 본 셈인데, 논의가 지나치게 추상적으로 치우친 느낌을 갖는 독자들도 없지 않을 듯하여 이를 바탕으로 좀더 구체적인 논의를 이어보기로 한다. 이 경우 '안개제방'이 하나의 좋은 사례가 될 수 있을 것이다. '안개제방'이란 일본어 '가스미테이霞堤'를 우리말로 옮긴 것인데, 흔히 안개가 몇 겹이고 불연속적으로 끼어 있는 데다가 제방 아래쪽이 강을 향해 열려 있어, 홍수 때에는 이를 통해 넘치는 물의 일부가 둑 안으로 역류했다가 홍수 뒤에는 그 범람수가 빠르게 배출되는 방식의 제방을 말한다. 이는 특히 급류하천에 설치하는 합리적인 제방쌓기로 일본 전국에서 만들어져 왔던바, 많은 지방에서 그 이름을 지닌 풍경을 볼 수 있다.

안개제방이 화제가 되는 이유는 일본의 근대적 국토행정이 범람을 허용하지 않는 태도로 전환하면서 국토의 재편을 시행해왔기 때문이다. 즉 자연의 맹위를 적으로 간주하면서 고도화된 토목기술로써 힘 닿는 대로 홍수를 억제해왔던 것이다. 이에 하천영역과 그 바깥 공간 사이에 선을 명확하게 구획함으로써, 불연속제방으로 야기되는 범람을 완전히 없애 토지를 효율적으로 이용한다는 취지에서 '안개제방 없애기(가스미테이시메키리)'라는 단어마저 생겨나게 했다. 여기에는 효율성과 직결된 관념에 따라 공간을 분명하게 구획한다고 하는 근대사상이 표현되어 있다. 이는 자연의 힘을 유연하게 수용해온 전통사상을 부정할 뿐 아니라, 그 전통사상을 전할 수 있는 공간의 내력마저 말소시키는 작업으로 비판 받기도 한다(구와코 도시오, 2005).[6]

한편 미야기 현의 기타가와北川는 1997년의 홍수로 '하천격심재해대책특별사업'의 하나로 지정받아 개수사업을 진행했는데, 처음부터 '안개제방'을 계승하고자 하는 의사를 명확하게 내세웠다. 이 사업은 종래의 공공사업 발상을 획기적으로 전환시킨 것으로 손꼽히는데, '안개제방 방식의 계승' 외에도 '지역과 자연환경에 대한 배려', '수목에 대한 배려' 그리고 '환경을 배려한 시행과 모니터링'을 새로운 하천법의 주요한 정비지침으로 삼아 전문가나 지역주민의 의견을 가능한 한 충분히 반영하기 위한 노력이라고 할 수 있다.

여기에서는 '강의 아름다움'에 기초하여 사업을 전개한다는 관점이 두드러지면서, '홍수의 두려움'에서 출발한 이제까지의 발상을 획기적으로 전환시켰다. 또한 '공간의 내력'을 존중하고자 하는 의도를 읽을 수 있는데, 이는 곧 하천 공간이 거기에서 살아온 사람들의 내력과 일체가 되어 있음을 중시하는 자세를 의미한다. 강이 보여주는 변화상은 실상 그것을 체험하는 인간경험의 풍부성이라고 할 수 있겠는데, 이는 강이 사람들에게 여러 가지 경험을 주고, 인생을 풍부하게 할 가능성을 지니고 있기 때문이다. 강을 '흐름을 경험할 수 있는 신체 공간'으로 보는 이러한 견해에 따르자면, 하천 체험은 곧 흐르는 물과 물의 여러 가지 양태의 체험인 동시에 신체를 이동하는 가운데 얻게 되는 경관 체험이라 할 수 있다.

같은 맥락에서 주민 참가는 바로 거주자의 신체 경험을 중시한다는 의미를 지닌다. 거주하는 사람들이 자신의 고유한 내력을 풍부하

6 구와코 도시오桑子敏雄의 《風景のなかの環境哲學》(東京: 東京大學出版部, 2005) 가운데서 특히 '제2장 河川空間と霞堤の思想'이 우리의 논의와 연관하여 참조할 만하다.

게 지닐 수 있게 하는 공간을 확보한다는 의미에서 주민 참가에 따른 합의형성이라는 과제는 하천 경관과 자연 환경에 대해 의견을 묻는 것과 직결되지만, 단순히 이에 멈추지 않고 예컨대 홍수 위험에 대한 주민의 부담에 관한 합의를 포함한다는 점에서 아주 중요한 의미를 지니고 있다. 왜냐하면 이는 홍수 대비에서도 주민 참가가 없는 공공사업은 추진될 수 없는 시대가 왔다는 것을 보여주면서, 중앙정부와 지방정부의 독점영역인 것처럼 여겨졌던 공공사업에서 일대 전환을 요구하기 때문이다.

구조물에 따른 공간 구획에 익숙한 근대적인 사고방식은 19세기 및 20세기에 이루어진 공공사업 전체에도 해당한다. 여기에서 '치수'를 '치산'과 확연히 구별되는 것으로 본다든가, 담당부서의 소관공간 구분에 따라 강이 산으로부터, 농지로부터, 바다로부터 떨어져 나간다든가 하는 식의 사례들을 상기할 필요가 있다. 즉 개념적 구분이 공간적 구분과 밀착하여 제도화되면서, 국토공간의 모습을 추악하게 그리고 빈약하게 변모시켜 왔음은 부인하기 어려운 현실이다. 요컨대, 지방분권이 추진되고 정보공개가 날로 빠르게 이루어지는 순환형 사회를 구축한다는 이상을 이야기하려면, 환경에 대한 배려와 주민참가라는 방향이 결코 무시되어서는 안 된다. 이런 의미에서 '안개제방'의 사례가 보여주는 교훈을 지지해줄 확실한 제도 또한 강구되어야만 한다.

맺음말

동양 삼국에서 흔히 볼 수 있는 실재하는 산수를 그린 진경산수라 해도 사실상 자연과 조화를 이룬 인간생활의 이상형을 지향하고 있다. 그것은 오늘날의 도시생활에서 쉽게 구현될 수 없다는 의미에서 이상향일 수도 있지만, 바로 그렇기에 우리가 부단하게 이의 실현을 꿈꾸어야 한다는 의미에서 이상향이기도 하다. 전통 정원에서도 볼 수 있는 이와 같은 사고는, 인공적인 자연을 만드는 경우에도 자연 자체를 자연의 본질 안에 있는 것으로 표현해 내고자 하는 의지를 읽을 수 있게 한다.

오늘날 대부분의 도시에서는 토지를 포장하여 물이 지면에 흡수되지 못하는 등 인위적인 원인도 작용하면서 홍수가 일어날 경우, 공포와 위험을 앞세워 '자연의 위협'을 때로는 악의적으로 과장하여 적대적으로 표현하기도 한다. 그리하여 강은 흘러야 함에도, 무리하게 댐을 쌓아 올려 가두어 둠으로써 그곳을 지켜왔던 생태계와 인간 문화 또한 더 이상 유연하게 흘러가지 못하게 된다는 것을 신중하게 생각하지 않는 경우가 허다하다. 예컨대 4대강 사업에서도 하천행정이란 '흐름을 유연하게 하기 위한 사업'이어야 함을 강조하지 않을 수 없게 된다.

하천 관리는 이제까지 주로 '치수', '이수利水'를 중심으로 진행되어 왔다. 그것이 흐르는 물을 통제하여 이용하고자 하는 것에 지나지 않았다면, 그래서 하천공간의 황폐라는 현상을 초래했다면, 이제부터의 토목사업은 위기관리의 토목기술만이 아니어야 한다. 그것이 풍요로움과 자비로움을 위한 기술로서 기능해야 한다는 것은 너무나도 당연한데, 이는 물론 한층 고도한 기술에 대한 요청으로 이해되어야 한다. 즉, 하천을 정비하고 살려 도시를 재구축하고자 한다면, 흐르는 물에 대한 지각과 이동하는 신체가 경험하는 다양한 풍경을 가능케 하는 정비가 필요하며, 이에 부합하는 기술이 개발되어야 한다는 것이다.

한편, 하천 정비는 하천을 따라 생겨나는 길의 정비도 동시에 이루어내는데, 길은 경우에 따라서 수면에 가깝게도 되고 수면보다 높아지기도 한다. 사람들은 이와 같은 길을 걸으면서 강을 체험하기도 하고, 강의 배경이 되는 도시의 경관을 체험하기도 하고, 그 위를 걷는 자신의 체험을 의식하기도 한다. 이와 같은 다양한 체험 가능성이 곧 공간의 풍요로움이라고 한다면, 이를 가능케 하는 사고를 뒷받침해줄 기술 개발이 절실하다. '흘러온 미지의 과거'와 '흘러갈 미지의 미래'를 잇는 강의 현재 풍경을 이미 완전히 파악하고 있다는 듯이 접근하는 개념과 기술은 강이 가져야 할 '연속성' 자체를 깨뜨리기 십상이라는 점에서 비판받을 만하다. 그렇기 때문에 볼 수 없는 공간에서 흘러와 다시금 볼 수 없는 공간으로 흘러가는 흐름의 한 부분에서, 여러 가지 새로운 발상을 가능케 할 창조적인 공간을 만들어내고자 할 때, 겸손하면서도 시간을 의식할 줄 아는 현명한 자세가 필수적이다.

우리는 이제까지 주로 '흐르는 물'이라는 관점에서 '아름다운 강'을 고찰해보았다. 강이 여러 구역의 경계가 된다는 의미에서, 구별하는 동시에 맺는 공간 즉 '경계공간'이라는 점도 주목 받을 만하다. 그러나 본래 연속되었던 공간이 구획에 따라 단절되고 있음을 비판하는 이러한 관점의 기본취지는 앞선 논의로도 어느 정도 파악될 수 있다고 보기에 상론은 생략하기로 한다.

다만, 하천관리자는 이와 같이 내력을 지닌 공간의 창조적 계승이라는 관점에서 그 공간에서 이루어지는 신체적 관계를 중시하고, 그와 같은 관계에 드러나는 여러 가지 공간의 고유한 가치 구축에 필요한 기술적 지식을 제공하는 입장에 서야 한다. 동시에, 가급적이면 과거나 현재 그 공간에서 거주 또는 활동하거나 아니면 심지어 단순히 방문한 사람들의 의견이라도 적극적으로 수렴하여야 한다. 그 공간에 거주한 적도, 방문한 적도 없는 사람이 공간을 재편하는 사업의 책임을 진다든지, 지방 하천 정비를 중앙의 설계 사무실 사람에게 맡겨버린다는 것은 결코 바람직하지 못하다.

제4장 문화와 자연이 조화된 녹색도시

이끔말

이 장에서는 주로 독일의 사례를 중심으로 도시와 녹색환경의 상호관계를 역사적 관점에서 살펴보고자 한다. 이를 위해서는 사람들의 사고와 사회적 상황을 교차시키는 것 이외에 녹색공간이 형성되어온 과정도 충분히 고려해야 한다. 이와 같은 독해는 세계의 여러 도시에서 녹색공간이 가장 중요한 요소들 가운데 하나로 손꼽히고 있다는 것과 밀접하게 연관된다.

즉 어느 도시라도 이제는 문화와 자연이 조화된 '녹색이 풍부한 마을'을 최고의 목표 가운데 하나로 내걸고 있는바, 실제로 녹색이 풍부한 주택가는 이상적인 거주환경으로 여겨지면서 상업적으로 볼 때에도 최고급 주택가와 동의어가 되고 있다. 이런 상황에도 녹색공간의 역사적인 변천과 다양한 의미 함축에 대한 반성적 고찰은 그리 보편적이지 않다.

그런 의미에서 19세기에서 20세기에 이르기까지 자연환경과의 연관이 어떻게 형성되어 왔는지를 중심으로 근대도시의 녹색공간에 대

한 이해를 살피는 의의는 충분히 인정받을 수 있을 것이다.[7]

1. 환경사 연구의 흐름

우선 독일의 자연환경 변화에 관한 연구동향을 환경사라는 연구 분야와 연관하여 살펴보기로 한다. 이는 자연환경에 국한하지 않고 환경 문제에 관한 전반을 취급하는 장르로 주목 받고 있으며, 현대 환경위기의 원인규명이라는 강한 사회적 요청에 따라 고취되어 1960년대부터 북미에서 왕성하게 이루어졌다. 미국의 고유한 정치 및 사상을 설명하는 요소로서 환경을 둘러싼 문제를 다루는 연구에서 출발하여 이내 환경 자체의 변화 그리고 환경변화가 사회에 미친 경제적·문화적 영향 등, 환경사의 주제는 환경과 사회의 상호 영향관계의 역사로 확대되어 왔다(Myllyntaus & Saikku, 2001 참조).

물론 환경이라는 요소를 시야에 넣은 역사 연구가 1970년대 이전의 미국이나 그 밖의 지역에 존재하지 않았다는 것은 아니다. 특히 전근대사회에 관한 연구와 지역 연구에서는 생업과 생활에 밀접하게 연관된 자연환경이 중요한 구실을 했으며, 프랑스 아날학파의 연구를 시점으로 이 문제가 크게 취급되었다는 것 또한 숨김없는 사실이다. 그러나 그러한 연구에서는 인간의 생활과 활동을 규정하는 외적 요인으로서의 자연환경 등 사회를 둘러싼 구체적인 환경에 유의했을 뿐, 인간의 활동과 그 밖의 요인에 따른 환경 자체의 변화 등 환경변동의 역동성은 고려하지 않은 채 대체로 정태적인 관찰에 머물고

7 이 장은 대체로 호타카 도모미의 저술(2004)을 필자의 관심에 따라 재구성한 것이며, 인용된 저서들도 이 방면에 대한 계속적인 탐구를 위해 이 책에서 비롯된 것임을 밝혀둔다.

말았다는 평가를 받고 있다. 나아가 자연환경과 사회의 연관을 연구 주제로 삼는 일도 거의 없었다는 관측이 지배적이다.

이와 달리 오늘날의 환경사 연구에서는 환경의 변화, 사회에 미친 경제적·문화적 영향 등 환경과 사회의 상호 영향관계와 환경의 역사적 변천을 둘러싼 문제들을 자립적인 주제로 중점적으로 취급하는 연구, 또는 중점적으로 취급하지는 않는다 해도 환경과의 연관을 역사 서술의 중요한 요소로 자리매김하고, 그 변천을 시야에 넣는 연구가 주류를 이루고 있다. 이와 같은 환경사 연구는 단순히 역사학에 머물지 않고 주제에 따라 학제적인 접근이 결정적으로 중요하다는 특징을 보인다. 즉 삼림학, 농학을 비롯한 자연과학과 지리학, 고고학, 경제학, 인류학, 사회학 등 다수의 분야와 연구주제 및 연구방법을 공유해가면서 연구가 진행되고 있다.

1980년대부터는 세계적인 관점으로 포착된 환경사 연구가 한층 진척되었는데, 국가를 대신하여 세계 지역 간의 관계를 다루는 틀로서 '제국帝國'이라는 개념을 사용한 연구가 미국과 영국을 중심으로 늘어난다. 이와 같은 세계적인 틀 짜기에 따라 환경 파괴의 세계적인 연쇄관계와 식민지와 제국 사이의 환경정책에 관한 연관성이 밝혀지고, 나아가, 이제까지 한 나라라는 틀에서 논의되어왔던 유럽적 자연관에 대해서도 상대적인 관점에서 재고를 촉구하는 새로운 자극이 주어졌다(Crosby, 1986).

한편, 보다 한정된 일정 지역의 자연환경과 인간사회의 복잡한 관계성에 초점을 둔 연구도 충실히 이루어졌다. 나아가 이제까지의 환경사 연구에서는 중심적인 연구영역으로 인정받지 못했던 도시를 대상으로 한 환경사 연구가 1990년대부터 번성하게 되었다(Rosen & Tarr, 1994).

미국의 환경사 연구에 자극을 받아 1980년대 이후, 세계 각지에서 환경사 연구와 그 방법론에 관한 논의가 활발해져, 유럽에서도 1980년대부터 환경사에 관한 출판물이 증가하게 되었고, 유럽 안의 환경사 연구자들의 교류와 공동연구도 늘어났다. 1999년에는 유럽환경사학회가 결성되어, 2001년부터 2년마다 정기적인 학술대회가 개최되고 있다. 유럽 여러 나라 중에서도 독일은 1980년대부터 환경사가 번창하게 된 나라 가운데 하나로 손꼽힌다. 1994년에는 독일의 주요한 역사학 전문 학술지인 《역사와 사회Geschichte und Gesellschaft》 특별호에서도 환경사가 특집으로 다루어진 바 있다.

독일의 환경사 연구는 당초 미국 환경사의 영향을 받아 '사람에 의해 가공되지 않은 자연환경'을 상정하고, 인간을 매개시키지 않은 자연 자체의 역사 서술을 목표로 하는 자세가 뚜렷했다(Fuchsloch, 1996). 이와 같은 접근에 따라 이제까지 인간사회를 중심으로 묘사된 역사에 드러난 자연환경상과는 확실히 다른, 장기적인 안목에서 자연환경 자체의 변동 역학을 그려내는 새로운 측면의 조명이 가능해졌다. 그리하여 "환경사란 인간과 자연의 관계 및 사회적인 자연의 선점에 대한 연구로서, 정신적 내지 문화적인 가공과 같은 생산·재생산의 관계 역시 포함한다"고 명시하여 자연환경과 인간사회의 관계성 해명을 주된 과제로 삼는 환경사 연구가 영향력을 발휘하게 된다(Andersen, 1993). 이와 아울러 1980년대부터는 자연관 등 자연인식의 변화에 관한 연구도 급속히 진전된 것으로 파악된다.

2. 18세기 이후의 자연관

이상의 연구들을 참조하면서 18세기 이후의 자연환경에 대한 이해와 구체적인 취급방식을 특히 유럽을 염두에 두고 개관한다면, 대체로 다음과 같은 서술이 가능해진다.

유럽에서는 일반적으로 자연환경이 오랫동안 인간의 생활을 위협하는 존재, 또는 생활의 필요를 해결하기 위한 편의적 이용의 대상으로 여겨져 왔다. 그러다가 18세기가 되자, 자연환경과 자연체계를 학문 대상으로 다루는 경향이 뚜렷해졌다. 물론 하버마스가 지적한 대로 이른바 법칙론적 학문의 배후에는 대상을 지배하는 법칙을 알아냄으로써 그 대상을 지배하고자 하는 관심이 작용하고 있다는 것은 두말할 여지가 없다. 이에 대한 일종의 평형추로서 자연을 이용의 대상이 아니라 관조의 대상으로 보고자 하는 미적 관심이 드디어 미학이라는 새로운 학문을 낳게 한 사실도 간과할 수 없다. 미와 숭고라는 미적 범주는 일단 자연을 대상으로 형성되어 예술로까지 연장되었다.

이에 발맞추어 자연계에서 신을 보아내는 범신론적인 자연숭배가 19세기 전반에 최성기를 맞이하지만, 미적이면서 감상적인 자연애가 19세기를 거쳐 특히 독일에서 강하게 나타난다. 이른바 낭만주의는 이와 밀접한 연관을 맺고 있거니와, 이러한 자연애는 시민적 교양의 일부인 동시에 심신의 긴장과 피로를 풀어주는 효과를 가져다주는 것으로 간주되었다. 그리하여 자연 속을 거니는 것 자체를 마치 목적인 양 여기는 도보여행Wanderung이 알프스 등의 경승지를 중심으로 18세기 이후에 크게 환영받기도 한다.

그러나 더 많은 사람들이 일반적으로 도시와 그 주변 산책을 더 즐긴 편이었다. 이에 따라 도시마다 산책로가 정비되고, 18세기 후반부터는 산책로를 따라 구불거리는 풍경식 정원이 독일에서 일세를 풍미하기도 했다. 이처럼 산책은 시민적인 교양을 갖춘 사람이 행하는 문화적인 행동양식의 하나로 여겨졌다. 풍경식 정원에는 당시의 자연에 대한 고찰 방식도 반영되어 있는데, 정원예술에서 자연은 답

습할 만한 견본인 동시에, 이상적인 자연이란 아름답고 손질이 끝난 풍경이어야 한다고 생각되었던 것이다. 결국 미의식에서 자연미와 예술미는 상당한 정도로 일체화되었다고 할 수 있다.

급격한 도시화 및 공업화를 경험한 19세기 후반에는 자연에 대한 관심이 이제까지보다 더 강해졌다. 우선 도시 주민의 자연환경에 대한 접근 확보가 중요한 문제가 되었으며, 이와 병행하여 도시마다 대규모의 공공녹지가 배치된다. 자연 속에서 이상향을 구해 도시로부터 멀리 떨어져 모여 사는 콜로니를 건설하는 움직임과 '자연에 입각한 생활방식'을 내걸고 생활개선을 실천하고자 하는 움직임 등, 여러 가지 모양의 대안운동이 세기 말에 즈음하여 활발해진 것이다.

자연을 희구하는 시대적 욕구는 세기 말을 맞아 독자적인 자연보호활동도 발달시켰다. 19세기 후반, 사회적 지배계층인 시민 사이에서는 고도의 공업화에 따른 사회상황의 급격한 변화에 대한 위기의식이 강해졌다. 이는 한편으로 대도시를 퇴폐적이라고 보는 도시 적대사상을 낳는가 하면, 다른 한편으로는 붕괴하고 있는 농촌의 생활문화를 독일 국민의 건강한 기층문화로 이상화하는 경향을 만들어내면서, 독일 문화의 원류를 농촌에서 구하는 움직임, 즉 '향토'를 자기정체성이 귀착되는 대상으로 보는 사상을 정착시키기도 했다. 이에 따라 향토 개념은 토착성과 지리적 특성을 강조하는 동시에 공간 개념으로서는 추상적이기 때문에, 적어도 제2제국 시대의 독일에서는 고래의 지방적인 자기정체성과 새로운 통일국가를 위한 민족주의를 유연하게 연결시켜 결과적으로 민족주의의 강화에도 기여한 것으로 평가된다.

향토는 도시화와 공업화, 나아가 문화 및 사회의 국제화 그리고 외국, 특히 동부로부터 대량의 인구유입이라는 현실을 눈앞에 두고, 이와 같이 거센 파도로부터 지켜내야 할 대상으로 인식되기에 이르렀다. 이와 같은 '향토 보호'는 음악에서 시작해서 사랑받을 만한 유형·무형 문화재의 평가와 옹호라는 전폭적인 의미를 지니면서 전국적으로 보급되었다. 음악가 루돌프 등에 따라 1904년에 통일조직으로 성립된 향토보호연맹의 결성이 그 정점을 이루는바, 제1차 세계대전 전야인 1914년에 이 연맹은 25개를 넘는 지방협회를 가입시키면서 대체로 3만 명 정도의 회원을 확보하기에 이른다.

이 향토보호운동은 자연과의 공생을 이상으로 내세우면서, 자연환경을 향토의 일부로 인정하여 적극적으로 보호하고자 하는 기운을 강화했다. 전통적인 생활과 문화가 배양해온 자연풍경을 주로 미적 관점에서 높이 평가하면서 이의 보호를 여론에 호소하고, 완전한 보호가 아니라도 근대적인 생활과 더 나은 융합을 도모하기 위해 공장과 지역 전체의 개발에 관한 독자적인 대안을 구체적으로 제기하기도 했다. 이 조직은 프로이센에서 실제로 행정에 영향을 미쳐 프로이센국립천연기념물보존국의 설치와 경승지보호법의 법제화(1907)에 크게 기여하기도 했다.

그뿐 아니라 부르주아 출신 청년조직인 반더포겔Wandervogel 운동에서 보듯이, 도시청년결사로까지 이어진다. 이는 도보여행을 매개로 낭만주의로 회귀하려는 움직임을 바탕으로 한다. 숫자상으로는 전국적으로 3만 명에도 미치지 못했지만, 대부분의 청년층에게 고도로 근대화된 도시생활과 전통적인 규율이 엄격한 김나지움 생활에서 벗어나는 자유를 상징하는 매력적인 울림을 지니고 있었다. 이리하여 비슷한 모습의 도보여행이 20세기 초에 청소년 여가활동으로서 가장 사랑받는 것이 되기도 했다.

독일의 역사적 풍경을 상기시키는 로맨틱하고 장대한 자연환경과 아울러 오랜 세월에 걸쳐 인간이 개조하고 구축해 왔으면서 근대 산업에 따른 대규모적 파괴를 용케도 면한 자연환경이 도보여행에서 주로 선택된 대상 지역이었다. 이때 거친 야생적인 자연환경보다 인간들이 자연과 조화를 이루면서 생활해온 것으로 간주된 경우가 더욱 선호되었다. 농촌에 대한 이러한 낭만주의적 평가는 심지어 외래식물과 그 밖의 유럽 여러 나라에서 전해진 조원양식과 국제양식 등에 대한 배타적인 감정이나 방어적인 자세마저 낳게 하였다.

그러나 그와 같은 이미지는 실상 현실적인 농촌 자체가 아니었음은 두말할 필요가 없다. 또한 반더포겔 운동은 어디까지나 엘리트 시민의 자제임을 자부하는 청년들을 위해서만 허용되었을 뿐, 노동자 청년들의 도보여행은 허용하지 않았을 정도로 자연 경관이 독점적인 향유대상이었던 것도 간과해서는 안 된다. 이른바 제3제국 시대에는 그것이 우생학적 사상과 결합되어 '피와 땅'의 이데올로기로서 강력한 국가선전의 일익을 담당하는 배경이 되며, 동부 점령지대에서 '독일적인' 경관을 창출해내려는 대규모 구상까지 나온다.

그렇다고는 해도 전국 각지에서 전개된 향토보호운동과 청년층에 광범하게 번진 반더포겔 운동이, 전반적으로 독일 각지의 자연환경을 정신적인 공유재산으로 높이 평가하고 자연환경을 관상 대상으로서 포착하게 하는 운동을 사회에 널리 보급했다는 점은 인정받을 만하다.

3. 녹지 · 조원사에서의 변화

이상으로 독일의 경우를 특히 염두에 두고 환경사적 관점에서 자연이 어떻게 이해되어 왔는지 개략적으로 살펴보았다. 그러나 이와 같은 환경사 연구와는 별도로 녹지와 조원에 대한 역사적 연구도 도시 주민과 녹색공간의 상호연관에 관한 역사적 고찰에서 필요하다.

1970년대부터 공공녹지의 형태에 관한 연구가 활발하게 되었는데, 이로써 공원이 18세기 말쯤에 도시의 사회계몽장치로 구상되어, 19세기에는 공원 등의 공공녹지가 상당한 정도로 정비되어온 것이 밝혀졌다. 그러나 이때까지의 녹지사(조원사) 연구는 대체로 전통적인 수법에 의거하였다. 특히 1980년대까지는 녹화정책을 지방자치단체의 사회정책 가운데 하나로 자리매김한 연구서에서조차 위대한 조원사造園師에 관한 연구가 높은 비중을 차지하는 식의 한계를 보이면서, 도시의 공공녹지와 사회의 접점에 대한 고찰은 자칫 소홀하게 되었다.[8] 더군다나 독일의 경우, 저명한 조원사들이 대체로 베를린, 뮌헨, 하노버 등의 궁정도시를 비롯한 대도시에서 활동했기 때문에, 연구 또한 결과적으로 대도시의 녹지에 치우치는 경향도 나타난다. 다시 말해, 그러한 연구들은 도시의 규모, 인구, 경제력에서 궁정도시와 큰 차이가 있는 중·소도시의 녹지형태의 파악에는 별로 도움을 주지 못한다는 것이다.

다행히도 1980년대 이후의 연구에서는 지역녹지사의 전개와 함께 중소도시 공공녹지의 형태에 대한 이해가 깊어져서, 이러한 연구 축적을 토대로 공공녹지의 역사적인 도심 재구축이 가능해졌다. 나아가 1990년대부터는 공공녹지뿐만 아니라 정원 등의 개인적인 공간을 체계적으로 다루는 연구도 가능해진 동시에, 녹지의 사회적 기능의 역사를 주제로 한 연구도 등장하여 설계자가 본 도시 녹지의 형태가 아니라, 그것이 어떻게 이용되는지를 주제로 한 연구가 이루어질 수 있었다. 세기 말 이래의 청년운동과 식물애호열이 특히 제3제국에서 어떤 정치적·사회적 의미를 가졌는지를 고찰한 사례가 그런 맥락에

8 Hennebo, Dieter(Hg.), Geschichte des Stattgrüns Hannover, Berlin, Bd. 1(1970), Bd. 2(1977), Bd. 3(1977), Bd. 4(1979), Bd. 5(1981)가 대표적인 사례가 된다.

서 거론된다(Gröning & Wolschke-Bulmahn, 1995).

그러나 전반적으로 볼 때, 공공녹지 설치 후의 상황에 대해서나 공공녹지 이외의 도시 자연환경에 대해서는 연구가 거의 이루어지지 않았다고 할 수 있다. 자연환경이 도시 가운데 오랫동안 존속해온 것은 사실상 주민들이 이를 받아들였고 이에 따라 그것이 생활 속에 뿌리를 내렸기 때문이라는 것을 감안할 때, 사람들이 일상생활에서 자연환경과 어떤 접점을 가지고 있으며, 그것이 또한 구체적으로 사람들 사이에서 어떤 의미를 지니는가에 더 많은 관심을 기울일 필요가 있다.

이러한 점에서 이제 우리는 공적 차원에서 시민 엘리트 계층의 주도로 진행되어온 도시 안팎의 자연환경에 대한 재평가와 재배치의 움직임만이 아니라, 노동자를 포함하여 더 광범위한 도시주민과 자연환경의 관계를 고찰대상으로 삼아야 할 것이다. 나아가 생활에 더 가까운 자연환경, 즉 소규모 녹지 등이 주민과 자연환경의 상호 관계라는 주제 속에서 어떤 의미를 지니면서 생성해 왔는지를 살필 필요가 있다.

독일의 라이프치히가 이를 위한 하나의 사례로서 검토될 만하다. 라이프치히는 1830년대부터 그 밖의 독일 도시에 앞서 교외 중심으로 공업화가 시작되면서 출판과 기계공업을 주력으로 한 공업도시로 발전해왔다. 나아가 철도망이 발달하면서 유럽의 동서, 남북을 잇는 중부 유럽의 상업 중심으로도 번영해왔다. 그리고 20세기 초에는 베를린, 함부르크, 뮌헨에 이어 독일에서 네 번째로 큰 도시로 급성장하면서, 경제와 문화의 번영을 과시하기도 했다. 그런 한편, 라이프치히와 그 주변에서는 19세기를 거치는 동안 급격한 도시화로 말미암아 그 밖의 독일 도시와 마찬가지로 녹색과 자연환경이 모습을 감추었다. 게다가 라이프치히에는 베를린, 뮌헨, 드레스덴 등의 궁정도시와 같이 공적인 개방에 따라 대규모의 공공녹지로 개조될 수 있는 궁정정원도 없었다.

이 같은 상황에서 라이프치히 시 당국은 새로운 공공녹지 설치에 힘을 기울이게 되어, 19세기 중·후반부터는 클라인가르텐Kleingarten이라고 불리는 새로운 형태의 녹지시설, 즉 '임대식 소구획 원예용지 집합시설'을 다른 독일 도시와 견줄 때 돌출적이라 할 만큼 보급해왔다. 이와 함께 정원과 주거 안 원예공간도 교육과 여가의 장으로서 확충되었다.

도시생활에서 몸 가까이 만날 수 있는 자연환경에 대한 당대의 요구에 부합하여 원예와 그 대상이 되는 식물이 주목 받게 되었는데, 사람들은 원예를 통해 규모에 관계없이 자연과 접촉하는 것이 가능하다고 생각하였다. 즉 원예의 대상이 되는 공간, 또는 거기에서 재배되는 식물 전부를 자연환경의 한 형태로 파악했던 것이다. 그 결과 라이프치히는 19세기 말부터 20세기 초까지 독자적인 녹색공간 구조를 발달시킬 수 있게 되었다. 노동자를 비롯한 일반 주민들도 광범위하게 포함하면서 전개된 라이프치히의 녹화 궤적에서 근대 독일의 도시공간에서 이루어지는 일상적인 자연환경과의 관계가 읽힌다는 주장은 바로 이와 같은 사실을 배경으로 한다.[9]

---

9 일종의 대안적 의의를 지니는 클라인가르텐은 라이프치히뿐 아니라, 독일 전역으로 보급되었는데, 필자에게는 이와 관련된 우스꽝스러운 경험이 있다.
1976년 9월, 유학 차 독일에 도착하여 첫 6개월을 보쿰에서 지냈는데 오리엔테이션 기간에 장학기관에서 마련해준 기차여행을 하게 되었다. 창밖으로 전개되는 낯선 풍경들을 바라보다가 판잣집 비슷한 작은 집들이 많이 몰려 있는 지역을 지나치게 되었다. 그 순간 '패전 뒤 독일에는 아직 복구되지 못한 지역들이 꽤 남아있구나' 하는 생각을 떠올렸다. 그러나 곧 그것들이 여가용 클라인가르텐들이었음을 알게 되고, 혼자 실소를 금치 못했던 것이다.
2005년 10월, 도르트문트에 살고 있던 아들 가족을 방문했을 때, 아파트 뒤쪽의 녹지에 조성된 본격적인 클라인가르텐 단지에서 새삼스레 놀란 기억도 있다. 작은 규모지만 각자의 이용공간뿐만 아니라, 집회소와 어린이 놀이터 그리고 운동장 시설까지 갖춰져 있었기 때문이다.

4. 클라인가르텐과 근대독일

1914~1918년까지 제1차 세계대전 당시 식량부족이 심각해지면서 클라인가르텐의 식량 공급 능력이 과거 어느 때보다 더욱 높이 평가되었다. 전시에는 클라인가르텐 시설만이 아니라 공공녹지도 야채와 감자류를 재배하는 밭으로 사용되는 장면이 쉽게 눈에 띄었다. 이러한 클라인가르텐 시설에 대한 평가는 그 시설에 대한 독일 최초의 법률 정비로까지 발전하였고, 이를 통해 클라인가르텐 시설은 적극적인 보호를 받게 되는 한편, 시의 녹화행정 관리 아래 들어서게 되었다.

이후 라이프치히에서도 클라인가르텐 시설을 둘러싼 환경이 크게 호전되었다. 예컨대, 1920년대에는 공공녹지 설치가 실업자 구제사업의 일환으로 다시 번성했으며, 더욱이 노동자 거주 지역을 대상으로 한 민중공원Volkspark의 설치가 최성기를 맞이했다. 여기에서는 운동장과 어린이를 위한 놀이터와 함께 클라인가르텐 시설이 부가되곤 했다. 1930년에 이르러서는 클라인가르텐 시설의 국민경제적·건강위생적·문화적·사회적 의의에 대해 이론의 여지가 없었을 뿐만 아니라, 향토보호의 관점에서도 높이 평가받게 되었다. 이와 함께 도시경관을 해치지 않아야 한다는 요청 또한 제기되었던바, 그것은 곧 단순히 녹지를 아름답게 정비한다는 것에 머물지 않고, 클라인가르텐 시설의 미화에도 힘을 쓸 필요가 있다는 요청이었다. 이에 따라 그 안의 각종 설비뿐 아니라, 심지어 문과 울타리까지도 공적인 통제대상이 되었다.

그러나 1933년부터 시작된 제3제국 시대에는 독일의 지형과 경관의 고유성 그리고 거기에서 자라온 생태계가 강조되고, 이국적인 요소를 배제하는 경향이 강해져 공공녹지는 다시금 변용을 겪지 않으면 안 되었다(Milchert, 1980, 703~716). 클라인가르텐 시설은 나치 정권 아래 주택 지역의 개발을 위해 실질적으로 감소한 한편, 이용자 수가 증가하여 1939년에는 조직화되지 않은 시설까지 포함하여 약 150만 명에 달하였다. 1940년부터는 식량자급정책의 일환으로 정부도 클라인가르텐의 옹호에 나서게 되어, 1944년에 생긴 해약보호법은 해약을 원칙적으로 불가능하게 만들어 계약이 무기한으로 유효하게 되었다.

나아가 클라인가르텐 시설의 대부분이 기초자치단체의 소유로서 공공이용의 경우 이외에는 해약을 일체 허용하지 않은 영구시설이 되었다. 새로운 공공녹지의 건설은 중요한 공공건축과 연병장, 인민집회소 등에 부속되는 소수에 멈춘 것과 달리, 도시 주민으로 하여금 향토가 상징하는 독일적 경관에 익숙하도록 만드는 방식이 강화되었다. 제2차 세계대전에 돌입하면서 이 경향은 한층 더 강화되었으나, 전쟁이 종결될 즈음에는 공공녹지가 거의 전면적으로 경작을 위해 갈아엎어졌고, 수많은 수목도 연료로 잘려 나갔다. 제2차 세계대전이 끝나자 집을 잃은 사람들과 전화戰火를 피하고자 하는 사람들이 클라인가르텐 시설에 자발적으로 거주하는 경우가 증가했다.

제2차 세계대전 후에 클라인가르텐 시설을 둘러싼 상황은 다시 한 번 크게 변했다. 경제성장 시대에 공공지 수용의 명목으로 서독에서는 클라인가르텐 시설의 철거가 늘어났고 실업자 구제수단으로서 공공녹지를 복원하는 작업이 다시 붐을 맞기도 했다. 예컨대, 전쟁으로 말미암아 길거리에 쌓인 쓰레기 더미를 일정 장소에 집적하고, 그 일대에 나무를 심는 사업이 이 시기의 공공녹지로서 전형을 이루었다.[10] 그 밖에도 전쟁 직후에는 도심의 토지 구입이 비교적 용이해져

10 필자가 7년 동안 살던 프랑크푸르트에서 가까운 노이젠부르크로 가는 길에 있는 몽 샤블

공공녹지를 늘린 대규모 재건계획이 가능해지기도 했는데, 그 결과 공공녹지 정책이 부흥사업 가운데 우선순위를 차지한 것이 아니었음에도 비교적 많은 공공녹지가 복원·설치될 수 있었다.

그 뒤, 늘어나는 차량 교통과 주차공간의 확보를 위해 기존 공공녹지의 일부가 희생되기도 했지만, 1960년대부터 도시주민의 여가 장소로서 공공녹지의 수요가 다시금 늘어났다. 그리하여 바이마르 시대까지는 기본적으로 옥외 시설 중심이었던 민중공원과 대조적으로 광대한 녹지 한가운데 날씨에 좌우되지 않는 옥내 스포츠를 충실히 하는 새로운 형태의 대형공원이 각지에서 계획되었다. 이는 일반적으로 여가공원, 곧 프라이차이츠파크Freizeitspark라고 불린다.

그러면서 공공녹지와 클라인가르텐 시설이 1970년대부터 새로운 관점에서 주목을 받게 되었다. 1960년쯤부터 환경문제가 심각하게 되는 동시에, 기후와 생태 등에 관한 최신 과학이 발달하면서 녹색환경이 도시에 미치는 긍정적 효과에 기대가 모아지게 된 까닭이다. 따라서 이 시기 이후 서독에서는 도시의 강풍 피해, 분진공해, 또는 공기정화에 대한 효과 등이 강조되면서, 클라인가르텐 시설의 설치가 다시금 활발하게 이루어졌다.

전후 동독의 클라인가르텐 시설은 서독과는 다른 독자적인 길을 걸어왔다. 전쟁 종결 직후에는 클라인가르텐이 서독과 마찬가지로 식량생산을 위해 장려되었으나, 그 후 1960년대까지는 동독의 정치체제에서 크게 주목 받지 못하였다. 그러나 1970년대부터는 공적인 클라인가르텐 시설이 장려되는 쪽으로 상황이 변하였다. 특히 1975년에 제정된 동독신민법은 '보양을 위한 토지이용'이라는 개념을 채

로라는 이국적인 이름을 가진 어린이 공원은 인디언 마을 같은 분위기를 지니고 있다. 이 공원은 실상 전후 프랑크푸르트의 전쟁 잔재들을 쌓아 만든 동산이다. 침출수를 방지하기 위한 설비 등이 철저하여 시민들이 즐겨 이용했던 것이 생각난다.

용하여 클라인가르텐의 활동을 정당화했다. 이는 아직 식량부족을 보충하지 않으면 안 된다는 심각한 현실을 반영하면서 농작물이나 가금류의 생산이 중시된 결과였다. 명문화되지는 않았지만, 국가의 장려와 함께 생산물의 공급도 절반은 의무적이었는데, 작은 동물의 사육이 원칙적으로 금지된 서독과 대조를 이루었다.

이와 같은 상황을 반영하면서 1980년대 동독에서는 클라인가르텐 시설의 인기가 비상하게 높아졌다. 1981~1985년 사이에 회원 수는 약 16퍼센트, 시설 수는 18퍼센트가 증가했다는 통계가 있다.

재통일된 1990년의 시점에서 조직화된 클라인가르텐 시설 결사에 속한 사람들은 약 120만 명에 이르렀고, 인구 1만 명 이상의 도시에서 산림을 제외하고 공공녹지 가운데 클라인가르텐 시설이 점유한 비율이 45~65퍼센트로서, 평균 50퍼센트를 차지하기에 이른다. 1990년에 54만 명의 인구가 살고 있던 라이프치히의 경우, 클라인가르텐 시설의 총 수는 34,305개, 총 면적은 3,968헥타르였다 하니, 클라인가르텐 시설이 차지한 비율은 전 녹지 면적 가운데 20퍼센트정도였다(Kreusch, 1990, 439~440).

이상에서 살핀 대로 1918년 이래 독일 도시의 녹색공간들은 전쟁을 계기로 큰 변용을 보였지만, 전체적으로 볼 때, 클라인가르텐 시설은 도시에서 필수불가결한 구성요소로 인정받으면서 항구적인 시설로 안정된 지위를 확립해왔다. 그러나 이는 시 당국 또는 국가의 관리가 강화된 것을 의미하면서 도시에서 녹색공간을 만들어내는 작업은 행정과 도시계획 그리고 조원건축가라고 불리는 전문가 집단의 몫이 되었으며, 도시의 일반 주민은 그러한 녹색공간을 만들어내는 쪽이 아니라 향수하는 쪽으로 일관되어온 것 또한 숨김없는 사실이다. 이에 대한 반성으로 최근 독일에서는 교육 관계자와 사회개혁추진 세력, 도시의 유력자, 일반 주민 등 사회배경이 다른 사람들이 도시와 녹색의 교류 그리고 녹지의 창설 및 추진이라는 활동에 함께 관여할 수 있게 하는 방안이 활발하게 논의되고 있다.

맺음말

이제껏 우리는 일상적인 도시생활에서 녹색과의 접촉이 지니는 의미를 주로 독일의 사례를 통해 고찰해 보았다. 그 가운데 무엇보다도 도시 미화 기능에서 시민 엘리트층의 구실이 두드러졌다고 할 수 있다. 도시 미화가 반드시 녹화에 한정된 것은 아니지만, 18세기 이래 도시 미화의 일환으로 녹지를 배치하려는 움직임이 시작되면서 도시 녹지가 방문자에게도 시민적 행동양식을 체현하는 규범을 보여준다는 사상은 이후 독일 도시의 녹지에 대한 생각에 강한 영향을 미쳤다. 다른 한편, 녹색을 재배하는 원예작업에 대해서는 19세기 초부터 자연 애호라는 시민적 생활규범에 어울리는 교양 있는 행위로서, 몸을 건강하게 하고, 마음을 부드럽게 한다는 높은 평가가 이루어졌다. 이와 같은 사실은 우리가 도시와 녹색공간의 상관관계를 염두에 둘 때 반드시 기억해둘 필요가 있다.

그와 동시에, 이러한 원예작업은 산업화로 말미암아 증가하는 도시의 사회적 하층에게 자력구제의 길을 열어주는 것으로도 높은 기대를 샀다. 즉 도시빈민층을 위해 채소밭을 정비하는 것이 도시의 구빈복지사업의 한 부분으로 이루어졌으며, 19세기 후반부터는 도시환경이 악화되면서 녹화가 위생적인 관점에서도 중요성을 갖게 되었다. 또한, 녹색과의 연관은 교육학적인 관점에서도 높이 평가되었다. 녹색을 몸 가까이에 한다는 것은 자연계에 대한 이해를 깊게 하면서 정서교육에도 좋은 효과가 있을 뿐 아니라, 아이의 신체건강을 촉진하기도 한다는 이해가 넓어졌기 때문이다. 19세기 말부터는 도시와 녹색의 만남이 노동자의 이상적인 여가활동으로 기능한다는 사회개혁추진 세력들의 사고방식이 강화된 것도 결코 간과해서는 안 될 것이다.

이상과 같은 기능은 시대와 계층에 따라 강조점에 차이가 있게 마련이지만, 도시의 근대화·공업화로 말미암아 생겨나는 새로운 문제의 해결을 위해 근대적인 도시에 어울리는 도시환경의 정비에서 녹색을 적극적으로 이용할 만하다는 사고방식의 변화는 결코 부정할 수 없다. 이처럼 미적 기능, 위생 기능, 여가 기능을 중시하는 근대적인 공공녹지에 대한 사고는 독일뿐만이 아니라 유럽이나 북미에서도 발견되는데, 이는 가정에서의 원예 장려운동에서 가장 잘 드러난다.

그렇다면 우리의 현실은 어떠한가? 신라의 화랑들이 경개 좋은 산천을 찾아다녔다는 고사를 떠올린다면, 공공녹지의 가치에 대한 평가는 독일이나 우리나 큰 차이가 없었다고 보아도 무방할 것이다. 차이는 도시 속에 이러한 녹지를 조성하는 데 오랫동안 심혈을 기울여 온 독일에 견주어 우리는 아직 그러한 수준의 공공녹지를 소유하고 있지 못하다는 것이다. 그러나 이러한 상실을 아쉬워하면서 척박한 도시생활을 한탄하는 데 그쳐서는 안 된다. 녹색을 일상생활 가까이로 끌어당기는 공공시책과 시민교양운동이 활발해지도록 지혜를 모을 때, 우리나라도 제대로 된 근대국가의 반열에 반듯하게 설 수 있게 될 것임은 아무리 강조해도 지나치지 않을 것이다.

제5장 도시재생과 환경미학 그리고 박물관

이끔말

도시재생을 위한 문화전략과 박물관 건축이라는 주제를 환경미학과 연관하여 생각해보고자 할 때, 몇 가지 전제를 이야기하지 않을 수 없다. 즉, 첫째로 도시재생이 무엇을 뜻하는지가 밝혀져야 할 것이고, 둘째로, 그것이 지향하는 목표를 달성하고자 할 때 필요한 미학적 관점, 특히 도시미학urban aesthetics의 관점이란 무엇이며, 셋째로 그것이 박물관 건축과 어떤 연관을 가질 수 있는지를 물어보아야 한다. 그 가운데서도 도시재생이라는 문제가 전체를 위한 목표설정이라는 맥락에서 무엇보다도 우선적으로 고려되어야 한다. 도시화는 이제 인류가 경험하는 하나의 피할 수 없는 추세이며, 이에는 새로운 도시의 개척과 함께 기존 도시를 '삶의 질' 향상이라는 관점에서 개선해나간다는 두 개의 커다란 대응방안이 있을 수 있다. 여기에서는 주로 후자를 염두에 두고 '도시재생urban regeneration'이라는 표현을 고찰해보도록 한다. 이때 논의가 추상적으로 흘러가지 않도록 일단 이 문제를 중점 정책들 가운데 하나로 삼고 있는 일본의 경우를 살펴보는 것에서 시작해 보고자 한다.

1. 도시재생이란 무엇인가?

2001년에 오부치 수상을 본부장으로 하는 내각 직할의 '도시재생 본부'가 설치되었다. 이 '21세기형 도시재생 프로젝트'는 경제각료회의가 발표한 긴급경제대책의 하나로서, 도시의 매력과 국제경쟁력을 높이기 위해 관민이 총력적으로 추진코자 하는 여러 가지 구체적인 사업을 포함하고 있다. 프로젝트의 기둥은 ① 광역순환도시, ② 안전도시형성, ③ 교통기반형성, ④ 도시거점형성이라는 네 가지로 요약될 수 있다.[11] 구조개혁의 중점 주제의 하나로 많은 기대를 받은 이와 같은 프로젝트는 내용도 내용이거니와 그 목표가 우선 검토되어야 할 것으로 생각되어, 우선 이에 주목해본다.

일본에서는 사회의 구조개혁을 위한 여러 가지 사업이 진행되는 가운데 '도시재생'이 급속히 많은 사람들의 이목을 끌고 있다. 이는 도쿄를 필두로 해서 대도시들을 재생시켜 일본의 활력을 되살리자는 것이다. 여러 가지 사업이 채택되었지만, 무엇보다도 도시재생 정책의 틀과 목적이 명확히 이해되지 않으면 안 된다. 이 도시재생에 오래 지속되고 있는 불황과 구조개혁 때문에 정체 기미를 보이고 있던

11 ① 광역순환도시사업: 대도시권 임해부 등의 폐기물 처리 시설과 리사이클 시설의 광역적 종합적인 정비에 따른 21세기형 순환도시의 구축. ② 안전도시형성사업: 방재防災 공원을 핵으로 한 대규모 방재 거점의 정비와 피난로 등의 정비에 따른, 재해에 강한 도시구조의 실현. ③ 교통기반형성사업: 도시부의 교통 혼잡을 근본적으로 해결하는 순환도로, 도시철도, 수도권의 국제거점공항, 국제항만의 정비 등에 따른 국제도시에 걸맞은 교통기반 정비. ④ 도시거점형성사업: 이용도가 낮은 대규모 용지를 활용한 도시 거점 개발과 노후화된 공적 주택을 다시 짓고 쾌적 거주 거점의 형성 등에 따른, IT혁명에도 대응한 도시 거점의 형성(이루마 히토시 외, 2001 참조).

토목건설계 기업 등이 반색을 표하기도 했다. 하지만 대다수 전문가들은 이러한 기획이 결코 도시에서 토목건설 투자가 확대된다는 단순한 구조로 귀결되어서는 안 된다는 입장이었는데, 오히려 구조개혁 가운데 진행되고 있는 정책이라는 점에서 좀더 근본적인 성찰을 요구하기 때문이다.

여기에는 공공투자가 자기목적화하고 있는 경향에 대한 비판이 있다. 예컨대 엄청난 돈을 들여 해안에 대교를 만들어 놓고 통행료를 엄청나게 비싸게 설정해서 사람들이 그 다리를 기피하게 된다면, 교류를 활발하게 한다는 애초의 목적은 퇴색하고 만다. 이렇게 되면 많은 사람들이 이용하게 된다는 목적보다 다리를 만든다는 수단의 실현이 더 우선이 되고 마는 결과가 빚어진다. 이처럼 본말이 전도된 상황을 가리켜 '자기목적화'라고 할 수 있다. 또한 여기에는 '특색 있는 각 지역의 발전'이 아니라 이른바 '균형 있는 국토 발전'을 내세우면서, 기회의 평등보다는 결과의 평등을 강조해온 정책에 대한 비판도 작용하고 있다. 지방들이 스스로의 특성을 살리려는 노력을 잊은 채 국가로부터 자금을 끌어내는 데 급급하면서, 나라 살림을 전체적인 시각에서 다루어야 할 국회의원들이 자신의 지역구 사업에만 혈안이 되어 있다는 비판은 물론 일본에서만 통용되는 것이 아닐 듯하다.

결과적으로 이러한 문제들이 지역 진흥을 위한 전략 수립과 인재 양성에서 크나큰 지체 현상으로 이어지게 된다. 전국에 산재해 있으면서 늘 빈집으로 있는 문화예술회관은 그 가운데 극히 사소한 예에 지나지 않을 것이다. 물론 지방이 특성을 살리고 산업과 문화를 일구어 활력을 불어넣어야 한다는 것은 두말할 여지가 없다. 그러나 무엇을 개선해야 하고 어떤 모습을 갖춰야 하는지에 대한 비전과 이를 실현하기 위한 전략과 전술을 심도 있게 검토하지 않은 채 남이 하니까 우리도 한다는 식의 '결과의 평등'에 급급해서는 안 된다는 비판은 도시재생의 문제에도 그대로 적용될 만하다.

앞에서 말한 일본의 '21세기형 도시재생 프로젝트'를 관통하는 도시형성의 요체는 다음과 같이 정리될 수 있다. 우선, 도시는 선(교통망)도 아니고 점(거점)도 아니라 3차원 공간이라는 관점에서, 선과 점의 정비라는 개별적인 기획만을 추진해서는 도시재생이 실현될 수 없다는 전제 아래, 도시 전체를 개선한다는 것이 핵심적이다. 더욱이 그것이 예컨대 도쿄를 중심으로 한 대도시만의 문제가 아니라는 점도 긴요하다. 왜냐하면 나라 전체의 도시가 사회변화와 함께 활력 있는 도시 활동의 확보, 재해에 강한 도시구조의 형성, 지속 발전 가능한 사회의 구축, 누구라도 능력을 발휘할 수 있는 안전하고 쾌적한 도시 생활의 실현, 다양하고 활발한 교류와 경제활동의 실현 등의 기준에 따라 도시환경을 정비해 갈 필요가 생기기 때문이다. 우리의 관점에서는 물과 녹색을 살리는 등 자연과의 공생이라든지, 복지·문화 등 생활지원 서비스의 충실이라든지, 대학 등 고등교육기관을 비롯한 각종 교육·문화시설과 도시기능의 일체화라든지, 국제교류와 도시 관광의 촉진 등이 다른 분야만큼 중점적으로 다뤄져야 한다고 강조할 수 있을 것이다. 물론 도시 자체를 아름답게 만드는 것도 빼놓을 수 없는 항목이어야 한다.

논의를 구체화한다는 관점에서, 일본에서 시행되고 있는 도시재생 기획을 참조해보았다. 여기에서는 또한 공공 서비스 분야에 민간 자금과 노하우를 받아들여 효율적이고 질 높은 서비스를 실현하려는 이른바 '민간자금구상Private Finance Initiation, PFI'이라는 방법도 거론되고 있다. 영국에서 성공을 거둔 이 같은 방식은 구조개혁이라는 목표와 뗄 수 없는 작업임에 틀림없으나, 그것이 결국 수요자인 주민지향이라는 목표를 위한 수단이지 민영화라는 명목 아래 공공분야가 담당해야 할 책임마저 떠맡기는 방식이 되어서는 안 된다는 것을 강조할 필요가 있다. 재원 조성이 말처럼 쉽지 않다는 것을 인정한다 하더라도, 결국 도시재생이 철저하게 주민 지향적이자 소프트 지향적이어야 한다는 견해는 부인할 수 없는 것이다.

이제 우리는 이 견해를 미학적 관점과 연결하여 타당성을 보강하는 작업으로 시선을 돌리고자 한다. 여기서 미학이라는 학문이, 경제 중심의 도시재생 기획에서 자칫 결여되기 쉬운 인간 존중, 즉 도시주민에 의한, 도시주민을 위한, 도시주민과 함께 하는 도시재생이라는 기본이념에 기여할 수 있다는 신념이 강하게 작용하고 있다는 것은 두말할 여지가 없다.

2. 환경미학의 한 분과로서 도시미학

도시재생의 문제를 미학적 관점에서부터 살핀다고 할 때, 가장 참고할 만한 분야는 바로 환경미학이다. 환경미학은 철학, 인류학, 심리학, 문학이론, 비평, 문화지형학, 건축을 비롯한 예술 전반과 연계되는 한편, 정부정책, 사회적 관행과 일정한 연관을 가지고 있다. 예컨대 건축은 보통 환경의 한 형태로 생각되지만, 고립된 물리적 구조라기보다는 설계에 따라 건설된 환경의 일부로 받아들여질 수 있다. 같은 맥락에서 도시미학은 도시의 사회적·역사적·감각적 차원을 관심 대상으로 삼는데, 여기에는 부정적인 미적 가치에 대한 고려도 포함된다.

도시에 대한 부정적인 이미지는 《구약성서》의 소돔과 고모라 이야기에서 보듯이, 그 역사가 오래면서, 단순히 가상에 근거한 것이 아니라 도시들 속에서 실제로 일어나고 있는 사실들을 바탕으로 하고 있기 때문에, 아주 강력하다. 예컨대 현대도시는 교통, 산업 그리고 부주의한 사람들이 유발한 더러움과 잡동사니, 공해, 소음, 폭력 및 폭력적 위협과 그로 말미암은 공포, 실내외 공간의 부족, 서두름, 고독과 사람들 사이의 소외, 마약과 알콜 남용 등으로 그 모습이 마치 황야처럼 그려지곤 한다. 이리하여 죄악과 도시 사이에는 쉽게 비유관계가 성립된다.

문제는 그런 것들이 필요악처럼 존재한다는 것이다. 물론 공해나 폭력을 줄일 방안을 강구해야 하겠지만, 그것이 도시라는 개념 자체에 속해 있다는 점을 짐짓 무시한다면, 자칫 허상 속으로 빠져들기 쉽게 된다. 즉 이와 같은 문제 상황에 처했을 때, 우리는 그것을 외면하기보다 부정적이기 때문에 주의를 요한다는 사실을 직시하면서, 위의 문제들이 부정적인 방식으로 의의를 지닌다는 점을 인정하는 것이 더 바람직하다.

사람에 따라서는 도시의 부정적인 측면에 대한 경험구조가 어떤 의미에서는 전통미학에서 말하는 숭고의 경험들과 매우 비슷하다고 말할지도 모른다. 예컨대 쏟아지는 폭포는, 그것이 구체적으로 나를 덮쳐 생명을 위협하지만 않는다면 그 위협적인 모습이 오히려 내게 쾌감을 낳게 해준다는 설명이 가능한 것처럼, 도시의 부정적 측면들도 그러하지 않겠느냐는 것이다. 즉 긴장이 안정성으로 말미암아 해소될 때, 더 큰 만족을 가져다준다는 설명 방식이다. 이는 '추의 미학'에서 추가 지닌 미학적 의의를 인정하는 것과 비슷하다. 예컨대 불협화음은 그것이 '해결'될 때, 즉 화음으로 되돌아갈 때 더 큰 쾌를 제공할 수 있다는 이유로 그 존재 의의가 인정된다. 다른 말로 하면, 단조로움에 대항하여 싸울 수 있는 유효한 방법이라는 점에서 적극적인 의의를 부여받는다. 이는 악의 존재가 신의 선함을 더욱 분명하게 알려주는 반면교사의 구실을 한다는 이론과도 상통한다.

이는 이론적으로는 문제가 없어 보이지만, 자칫 악의 존재를 불가항력적인 것으로 긍정하는 실증주의적 세계관으로 타락하기 쉽다는 문제점을 지니고 있다. 더군다나 미학적 주제를 쾌, 불쾌에 한정시키는 한계도 드러낸다. 숭고의 미학을 확립한 칸트가 그것이 간접적으로나마 도덕적 관점과 연결되어 있음을 밝힌 것을 상기할 필요가 있다. 그렇기 때문에 숭고를 즐긴다고 할 때 다음과 같은 사태가 벌어진다면, 그것은 윤리적으로 그릇된 것이고, 윤리적으로 그릇된 것은 미학적으로도 그릇된 것이라는 주장은 그 나름대로 설득적이다. 즉 "만일 ① 우리가 그것이 고통을 유발할 것임을 잘 알면서도 '숭고적' 광경의 산출을 교사하거나 부추긴다면, ② 만일 그 광경의 즐김이 타인들로 하여금, 우리 또는 그들이 바로 그와 같은 행위를 할 만한 위치에 있었을 때에도, 고통을 당하는 사람들을 돕지 못하도록 방해한다면, ③ 만일 우리의 즐김이 고통받는 이의 고통을 더하거나 공격당한 당사자들의 친구들이나 친척들이 그것을 공격적으로 보았다면", 그것은 용납될 수 없다는 것이다(Crowther, 1993, 129).

물론 예술작품 가운데는 일부러 우리를 어지럽히고, 무섭게 하고, 공격적이고, 혐오스럽고, 추하고, 충격적인 것들이 허다하다. 그러나 이와 같은 '어지러운 예술disturbational art' 또는 '경계를 넘는 예술transgressive art'은 나름대로 사명이 있다. 그 목표는 단어의 가장 넓은 의미에서 정치적인바, 세계 또는 그 소비자들의 정신상태를 바꾸려 하거나, 확립된 미적(또는 그 밖의) 가치에 질문을 던지고자 한다(Danto, 1987, 182). 그러나 유의해야 할 것은 그와 같은 예술작품들은 어디까지나 '실험실'적 기능에 멈추고 있는 것과 달리, 도시의 부정적 측면은 현실적이라는 점이다. 도시의 추악이나 죄악이 일종의 '반면교사'로 기능할 수 있다 할지라도, 그것 나름의 '매혹적인fascinating' 속성을 구실로 이를 방치하거나 조장해서도 안 될 것이고, 그렇다고 해서 이를 허위적인 아름다움으로 포장하는 것으로 만족해서도 안

될 것이다. 그것은 어디까지나 개선되어야 한다. 그 개선 방법 가운데 하나가 '어지러운 예술' 또는 '경계를 넘는 예술'임에는 틀림없지만, 그 때문에 현실적인 개선을 유보해서는 안 된다.

이처럼 현실적인 개선의 문제를 다루고자 할 때, 이른바 '상업주의적 낭만주의' 또는 '자유와 모험'이 자칫 범하기 쉬운 '방종'의 문제를 외면할 수 없다. 자세한 논증 없이도 서양의 경우 19세기 말에 이르러 가정생활domesticity이 지배적이 되었고, 공적 공간이란 사실상 가정적 책임들을 보완하기 위한 장소가 아니라, 이로부터 도피하기 위한 도덕적 망각지대였다는 것을 우리는 잘 알고 있다. 시간이 흘러가면서 개인 위주의 경향이 더욱 강화되고 건축 또한 전문화되면서 기술과 미학 두 영역에 기초한 건축 교육과 실천은 추상적이자 대항적이 되고, 이 과정에서 시각성과 기술공학의 절대주의도 소비문화와 절대적으로 일치하게 되었다.

이와 같은 공공적 행위에서 '중심centering'과 반성의 상실, 지속적이고 폭력적인 산업과 경제 변화, 전문가적 구실에서의 암시적 또는 명시적 불연속성 등은 도시 디자인을 급속하게 재구조화했다. 아울러 도시를 잇는 동시에 분리하고자 도로가 건설되는가 하면, 구획은 서로 간의 정화된 분리purified separation 안에서 이루어지는 활동들을 포괄하는 동시에 결과적으로 각 부분을 무제한으로 오염시켰다. 비유컨대, 전문적인 자기 주변화가 이제 자신을 완전히 주변화한 것이다.

사회적 존재를 넘어서는 개성personality이 과도하게 촉구되면서, 20세기 도시계획에서 건축이 너무나도 '개인적personal'이 되어, 도시들은 고작 건축적인 자기판촉self-promotion을 위한 놀이터가 되고 말았다. 이는 도시 기능이 삶을 위한 기초를 제공하기보다는 변화하는 미적 기준을 만족시키는 것에 급급했음을 뜻한다. 따라서 앞으로 건축과 디자인은 다시금 그 주민들의 필요needs, 도시의 욕구demands 그리고 우리가 직면한 생태학적 모순들을 고려하지 않으면 안 된다. 여기에서 필요는 필수적이지만 잠재적인 것과 달리, 욕구는 현재적이지만 때로 허위적일 수도 있음을 감안한다. 이런 의미에서 도시계획은 더욱 객관적이 되어야 하고, 개인들의 욕망과 기호likings를 위한 실험장을 확보하려는 경향으로부터 거리를 취해야 한다.

이와 같은 상황에서 환경 디자인이야말로 환경생태학의 정치적 윤리적 핵심을 분명하게 말하는 주요 기관이 아닐 수 없고, 이 분야만이 우리의 담론을 개인적인 것과 그 미학적 비유들로부터 떼어놓는 동시에 시민들의 인생에 동참하여 그들을 참여 쪽으로 옮겨 놓을 수 있다는 기대가 날로 커지고 있다.

요컨대 도시환경에 대한 연구가 다양하게 이루어지는 가운데, 정치적, 경제적, 사회적, 건축적, 역사적 연구들이 다수를 차지했다. 이러한 연구들이 철학적 고려를 포함하거나 철학을 분명하게 강조하고 있는 경우도 없지 않다. 그럼에도 철학자들이 도시환경의 문제를 소홀히 해왔다는 것 또한 숨김없는 사실이다. 다시 말해서, 주목 받을 만한 이유가 충분함에도, 이 주제가 학문적으로 별로 주목을 받지 못했던 것이다. 그러나 오늘날 인구의 대다수가 살아가는 도시환경과 연관하여, 특히 주변과 도시의 상호 관계에 대해 많은 질문이 나오고 있는데, 그 가운데 대다수가 철학적인 성격을 지닌다고 할 수 있다. 그 가운데는 인간 존재 및 존재 전체의 본성과 관계되는 존재론적 생산들로 이어지는 문제도 포함된다.

물론 도시환경의 문제가 전적으로 철학적·미학적이거나, 전적으로 실천적일 수는 없다. 다시 말해서, 도시환경이 제기하는 철학적 딜레마를 다루는 작업들이 더욱 실천적인 태도를 요구하는 접근들과 완전히 분리될 수 없다는 것이다. 같은 맥락에서, 도시는 건물들과 가로들이 즐비한 구체적인 구조이면서, 그 이해를 위해서는 예컨대 비유metaphor를 활용하는 넓은 의미의 철학적·미학적 접근이 요청되기도 한다. 도시를 정원이라고 말하는 것은, '도시는 기계이다'라는 비유와 비교할 때, 매우 다른 평가적 힘을 수반한다. 앞에서 우리는 도시를 '황야'에 비유하는 사례가 지니는 의의를 참조한 바 있는데, 이는 실상 도시미학 연구의 일환으로 개최된 '문화적 비유로서의 도시'라는 국제회의에서 원용된 것이다.[12]

이처럼 도시를 미학적 관점에서 조명한다는 것은 참으로 다차원적이라고 말할 수 있다. 즉 도시의 매력은 좁은 의미의 미적 기준보다는 더욱 포괄적인 인간적 가치라는 기준을 따라야 한다는 주장이 타당성을 인정받을 수 있을 것 같다. 앞에서 도시의 부정적인 차원이 지닌 미학적 성격에 대해 말한 바 있지만, 아직도 더 많은 사람들이 긍정적인 차원에 관심을 갖는다. 즉 도시미화라든지, 아름다움과 직결된다는 맥락에서 미술관이나 박물관을 비롯한 문화공간의 문제가 도시미학에서 더 큰 비중을 차지해야 한다고 생각하는 것 같다. 전술한 학술회의의 주제도 은연중에 그러한 사고를 반영한다고 보아도 무방할 것이다. 그러나 과연 그와 같은 이해가 아무런 문제가 없는지 문화연구적 박물관 이론에 관심을 가져보도록 하자.

3. 박물관에 대한 문화연구적 이해

우선, '박물관이 무엇인가' 하는 기본적인 문제가 대두된다. 일단

---

12 이 회의는 1996년 8월 18일부터 24일까지 코펜하겐에서 핀란드의 국제응용미학연구소 주관으로 개최되었다(Arto Haapala, 1996 참조). 이 회의는 비유들이 세계관적 차원에서 갈등하는 요소들의 대국juxtaposition으로부터 산출된다는 사실을 밝혀내는 등 매우 흥미로운 성과를 보여준 바 있다.

국제박물관협의회ICOM의 정관에 따라 이에 대한 논의를 시작해보도록 한다.

> 박물관은 사회와 그 발전에 기여하는 비영리적이고 항구적인 기관이며, 연구, 교육, 향유를 목적으로 인간과 환경의 물질적 증거를 수집, 보존, 연구, 소통하고 전시를 통해 공중에게 공개한다(ICOM Statutes, 1995).

이러한 정의에 따라 포괄될 수 있는 박물관의 범위는 '박물관' 자체만이 아니라, 다음과 같이 박물관 관련 기관이나 지원기관까지 포함한다.

① 인간과 환경의 물질적 증거를 취득, 보존, 소통하는 박물관적 성격을 갖는 자연적, 고고학적, 민속학적 기념물과 사적 그리고 역사적 기념물과 사적들
② 식물과 동물의 살아 있는 표본을 소장하거나 전시하는 기관(예: 식물원, 동물원, 수족관, 동식물 사육장 등)
③ 과학센터와 천문관
④ 보존기관과 도서관 및 고문서보관센터에서 영구적으로 운영·유지하는 전시관들
⑤ 자연보호구역
⑥ 여기에서 제시한 정의에 해당하는 박물관을 책임지는 국제적, 국가적, 지역적, 지방적 단체, 부처, 부서, 공공기관들
⑦ 연구, 교육, 훈련, 문서화, 기타 박물관 및 박물관학과 관련된 활동을 수행하는 비영리 기관이나 단체
⑧ 박물관의 일부나 전체 특성을 갖고 있거나 박물관학적 연구, 교육,

훈련을 통해 박물관과 박물관 전문 인력을 지원하는 다른 기관들 (ICOM Statutes, 1995).

이와 같은 정의와 범위 규정은 전 세계적으로 통용되지만, 문제가 없는 것은 아니다. 이른바 탈식민주의적 관점에서 볼 때 더욱 그러하다. 이제 그 핵심을 간추려 보기로 한다(양현미, 2001; 클리포드, 1996 참조).

누구나 인정하듯이 루브르 박물관, 대영 박물관 등 유럽의 대규모 박물관들은 그야말로 세계적이라는 수식어가 부끄럽지 않을 만큼 전 세계의 문화유산을 한자리에 모아서 보여주고 있다. 이러한 박물관들은 평소 자기 나라에서는 박물관에 가지 않는 사람일지라도 반드시 들르는 관광명소일 뿐만 아니라, 위치해 있는 도시에 문화도시라는 영예로운 이미지를 부여해주는 문화대사이기도 하다.

그러나 박물관의 이러한 명성과 고상한 문화적 이미지가 수세기에 걸친 전쟁과 폭정에 기반을 두고 있다는 것은 매우 역설적이다. 즉, 서양에서 수집과 박물관의 역사적 형성과정은 장기간에 걸친 지배와 피지배, 식민과 피식민의 역사를 전제하지 않고는 이해하기 어렵다.

이처럼 오늘날 뛰어난 수장품을 물려준 수많은 유럽의 왕과 귀족들을 교양 있는 문화의 수호자로서 인정하는 대표적인 박물관들이 상당 부분 전쟁이나 식민지배 등 합법적이지 않은 경로로 수집된 유물들에 기초한다는 점에서, 다시 말해서, 상처가 채 아물지 않은 근대의 제국주의적 침략과 지배를 통해 이루어졌다는 점에서 문제가 그리 간단하지 않다. 박물관들이 이렇게 수집한 유물들을 현존하는 탈식민국가 또는 민족들의 문화적 정체성을 상당히 왜곡한 방식으로 재현하고 있다면, 더더욱 그러하다.

박물관 분야에서 탈식민주의 논의가 가장 활발한 곳은 다른 인종이나 종족의 문화와 예술을 많이 보여주는 인류학 박물관과 미술관이다. 탈식민주의는 이러한 박물관들에서 다른 인종이나 종족의 물건을 전유하는 방식에 내재한 제국주의적 속성을 비판하는 방법론적 도구를 제공해 왔다. 우리나라에서는 미술관을 대개 현대 미술관으로 이해하는 경향이 있지만, 미술관은 고대부터 현대까지 그리고 지역적으로도 매우 광범위하게 수집된 미술품을 바탕으로 형성되어 왔다. 탈식민주의적 관점은 이러한 미술관에 수집된 비서구적인 물건들이 어떠한 방식으로 전유되고 있는지에 관심을 갖는다.

서구에서는 오래 전부터 비서구적 원천으로부터 물건을 수집해 왔는데, 이러한 물건들은 크게 두 개의 범주로 분류되어 왔다. 즉, 하나는 문화적 가공물이요, 다른 하나는 예술작품이다. 오늘날 박물관의 전문화와 다양화로 이제는 대량생산된 상품이나 관광품 등을 수집하는 박물관들도 있으나, 이것들은 대개 문화적 가공물이나 예술작품으로 여겨지는 물건들에 견주어 상대적으로 낮은 가치를 부여받아 왔다.

서구의 박물관에서는 문화적 가공물은 일반적으로 인류학 박물관에, 예술작품은 미술관에서 수장하여 왔는데, 우리는 미술관에서 아프리카 원주민의 제례용 가면을 대하더라도 아무런 의심 없이 그것을 예술작품으로 보는 데 익숙해져 있다. 그러나 이러한 물건들은 원래 사용되었던 맥락에서 보면 예술작품이 아니었을 뿐 아니라, 대개 특정한 사회적 기능을 부여받은 물건이었던 경우가 많다. 서구사회가 이러한 비서구적 물건을 예술작품으로 전유하는 과정은 탈맥락화와 재맥락화에 따라 이루어진다. 첫째로 물건을 그것이 속하였던 사회에서 분리시킴으로써 탈맥락화하는 것이며, 둘째로 그러한 물건을 예술작품으로 간주하는 서구의 예술·문화 체계 안에 집어넣음으로써 재맥락화하는 것이다.

이와 같은 상황에서, '접촉 지대로서의 박물관Museum as Contact Zone'이라는 개념이 지니는 의의가 크다. 이는 박물관이 문화와 문화가 만나는 접촉 지대가 될 때, 유물을 소장품으로 조직하는 박물관의 경직된 구조가 해체되고, 두 문화 사이의 역사적·정치적·도덕적 관계의 밀고 당김 속에서 새로운 의미의 층위가 열릴 수 있다는 것을 뜻한다. 이처럼 박물관이 접촉 지대가 되려면 전혀 다른 두 문화 사이의 충분한 상호작용을 필요로 한다.

그러나 박물관이 접촉 지대로서 기능하기 위한 조건으로서 상호성이 박물관이라는 제도적 틀 안에서 얼마만큼 보장될 수 있는지는 회의적이다. 대개 박물관은 사회의 정체성을 구성하는 과정에서 타자를 하나의 반대급부로 구성해 왔다. 여기에는 한 사회가 자신의 정체성으로 인정하고자 하지 않는 속성들이 포함된다. 이와 같은 이분법적 재현 체계 자체를 깨지 못하는 한, 상호성은 아무런 의미가 없다고 할 수 있다.

앞에서 말한 '접촉 지대로서의 박물관'이라는 개념은 비단 타문화에 대해서뿐 아니라, 자문화에 대해서도 타당성을 지닌다. 박물관은 근본적으로 한 사회의 기억을 만들어내는 장치인데, 이러한 기억은 근대 민족국가의 상상공동체를 뒷받침해주는 구실을 하면서 우리가 통상 정체성이라고 부르는 것을 이루기 때문이다. 흔히 정체성이 과거 속에 들어 있어서 정체성의 확립은 그것을 끄집어내는 것이라고 전제하고 있지만, 정체성은 오늘의 관점에서 과거를 재구성하는 것에 다름 아니다. 이런 관점에서 보았을 때, 박물관에서 소통 기능을 강조하는 것은 너무나도 당연하다. 이때 박물관이 많은 사람들에게 가깝게 다가가는 것도 중요하지만, 그것이 의미 생산장치로서 전달하려는 의미, 즉 정체성을 어떻게 구성하고 있는지를 살펴보는 것이 중요하다.

이와 같은 문화연구로서의 박물관 이론은 박물관의 사회적 기능을 마치 선험적으로 주어진 것처럼 받아들이는 경향에 대해 비판적이다. 즉 우리 사회에도 서구사회에서 박물관이 수행했던 사회적 기능이 참으로 필요한지를 제대로 따져보지도 않고 서구의 운영방식을 마치 이상적인 것으로 여기는 경향이 있다는 것이다. 우리나라에 박물관이라는 서구 제도가 도입된 지 이미 100년이 넘어가는데도, 서구 박물관을 비판적으로 전유하는 과정은 빠져 있다.

이런 맥락에서 박물관 연구가 근대화론으로서 갖는 효용은 우리 사회, 우리 문화의 현실에서 다시 해체되고 재구성될 때에만 가치를 갖는다는 견해는 참으로 타당하다. 이러한 해체와 재구성이 문화연구, 예술사회학적 연구 등과 상호학문적인 관계를 맺으면서 이루어질 수 있다는 점으로 보아, 최근 한국의 미술사학회가 박물관, 미술관, 관람회, 후원 제도 같은 제도 연구를 활성화하고 있는 것은 상호학문적 성격의 박물관 연구, 넓은 뜻의 박물관 연구가 이루어질 수 있는 긍정적 전망을 제시한다.

맺음말

이제까지 우리는 도시재생, 환경미학적 관점 그리고 문화연구로서의 박물관 이론을 순차적으로 살펴보았다. 그 가운데서도 상호학문적 박물관 연구의 중요성을 강조하는 이유는 특히 국가 주도의 박물관 근대화 기획이 갖고 있던 한계, 즉 외국 모델을 일방적으로 이식하고 모방해온 우리나라 박물관 제도에 대한 비판적 연구의 확장이 기대되기 때문이다. 박물관의 근대성에 대한 논의는 우리 사회의 근대화 패러다임을 극복하려는 최근의 논의와 결합하면서 더욱 확장될 필요가 있다. 더욱이 문화연구로서의 박물관 이론이 국내 박물관 연구와 정책에 대해 갖는 함의가 크다는 점에서도 주목할 만하다. 다소 산만해 보이지만 이와 같은 논의를 통해 인간적 가치의 옹호라는 관점을 강조하고자 했다. 다시 말해서, 도시재생의 문제도 그렇거니와 환경미학이라는 틀 안에서 이루어지는 도시미학적 관점 또한 인간의 복합적인 성격을 존중하려는 의도와 연결된다. 그리고 박물관도 단지 구경거리를 위한 공간이 아니라, 살되 더 사람답게 살고자 하는 노력을 북돋는 '접촉 지대'의 특성을 살려내는 방식으로 설계되고 운영되어야 한다는 의도가 소통되었다면, 이 소론은 소기의 목적을 성취했다고 자위해도 좋을 것이다.

제6장 아시아 연대를 위한 시민문화

이끔말

(재)인천문화재단이 "아시아 연대와 시민문화의 재발견"이라는 주제로 '2010 아시아 문화진흥기관 심포지엄'을 개최하면서 각 도시의 사례발표에 앞서 "창조도시를 추구하는 아시아 각 도시의 문화예술 지원기관들이 어떤 관점에서 시민문화예술을 바라봐야 하는지, 그리고 창조도시의 비전 아래 시민문화예술은 어떤 위치를 차지하는지에 대한 철학적 담론"을 다루는 기조강연을 청해 왔다. 말하자면, 지금 왜 시민중심 문화가 중요한지를 짚어달라는 것이다. 창조도시가 전제로 되어 있는 만큼 창조도시에 대한 이해로부터 논의의 실마리를 풀어보고자 한다. 이어서 창조도시가 왜, 그리고 어떤 시민문화를 요청하는지를 행정의 문화화라는 관점과 연결하여 살펴본 뒤, 그 연장선에서 아시아 연대를 새로운 문화교류의 방식을 통해 모색하는 뜻에서 민제외교民際外交 또는 신공공외교의 문제를 거론하고자 한다.

1. 창조도시와 시민문화

오늘날 유네스코가 창조도시 네트워크 사업을 전개하고 있고, 이 모임이 개최되는 인천도 미디어 아트를 중심으로 이에 가입신청을 제출한 것으로 알고 있다. 이는 1980년대 이후 본격적인 탈산업화의 물결과 더불어 북미와 서구의 선진국가들 사이에서 '예술과 문화'가 과거처럼 비주류 또는 장식품 정도의 구실에서 벗어나 새로운 정책 대안으로 주목 받으면서, 도시와 국가의 발전 정책 수립에서 핵심적 동력이자 촉매제로서 각광 받은 것과 깊은 연관이 있다.

창조도시는 실상 이러한 주제와 관련하여 가장 적극적으로 정책 개입을 시행해온 영국으로부터 출발한 새로운 개념이다.[13] 영국의 창조산업 개념과 이에 따른 여러 정책들이 EU의 문화정책에 반영되면서 유럽 전역으로 급속하게 확산되었고, 영연방에 속한 국가들의 네트워크와 유네스코, 세계지적재산권기구World Intellectual Property Organization, WIPO와 같은 국제기구들을 통해 전 세계로 수출되고 있다. 유네스코 창조도시 네트워크 사업도 그 가운데 하나로서, 더 넓은 맥락에서 이는 창조산업 육성 정책에 뿌리를 박고 있다.[14]

전통적으로 고급예술과 종종 동일시되어 온 '문화'가 쉽게 반동적인 방식으로 오해될 가능성을 배태하고 있는 반면, '창조성'이라는 개념은 그보다 더 구체적일 뿐만 아니라, 새롭게 부상하는 정보화 시

13 김문환, 《영국의 문화정책》, 한국문화정책개발원, 1999 참조. 이 책은 필자가 1998년 말 영국 정부 초청으로 새 정부의 문화정책에 관계된 기관들을 방문하고 수집한 자료들을 정리한 것이다.

14 McCarthy, J., "Encouraging Culture-led Regeneration", Paper presented at the EURA Conference, *Urban and Spatial European Policies: Levels of Territorial Government*, Turin, 18~20 April 2002/ 정종은, 〈영국 창조산업 정책의 형성〉, 김문환 교수 퇴임기념논집 《미학과 그 외연》(서울, 월인, 2010), 535~578쪽. 부록 재수록 참조. 이 글의 창조산업 관련사항은 이 자료에 크게 의존하고 있다.

대의 조건과 조화를 이루면서 산업 부문의 경제 효과를 더욱 극대화한다. 즉, 창조라는 개념은 한 국가의 산업조직들은 물론 모든 개인들의 '동원'에 더욱 적절하게 여겨졌다. 기업가적 국가 기획을 입안하고 이에 따라 사회 '전체'의 참여를 독려하려고 할 때, 창조성과 창조산업 개념은 문화와 문화산업 개념보다 더 근본적이고 더 유용한 호소력을 발휘할 수 있다는 판단이 이루어졌던 것이다. 아울러 제2차 대전 이후 문화는 주로 인문학과 사회과학의 비판적 진영들이 연구해온 주제였던 데 견주어, 창조성은 경영학과 경제학 등의 영역에서 물적 자본이나 금융 자본이 아니라, 바로 인적 자본이 탈산업화 세계에서 경쟁력의 확보를 위해 더 근본적이라는 합의를 형성해온 핵심어로 부상했던 것도 새로운 개념의 창출과 깊이 연관된다.

압축적으로 살피자면, 창조산업 정책의 영국적 모델은 적어도 다음과 같은 여섯 가지 열쇠개념들, 곧 개인의 창조성, 지적 재산, 창조산업, 창조경제, 창조교육 그리고 창조도시로 구성되어 있다. 이는 "개인의 창조성, 솜씨skill, 재능에 기원을 두고 있으며, 지적 재산의 발생 및 이용을 통해 일자리와 부를 창출할 수 있는 가능성을 지닌 활동들"이라는 창조산업에 대한 정의[15]에 기초한 것이다. 창조도시는 사실상 앞선 다섯 가지 요소들의 조화로운 상호작용이 빚어낸 가장 구체적인 결과이기도 하다.

창조도시 개념은, 달리 말하면, 문화적 재생의 개념을 더욱 포괄적으로 구체화한 것이다.[16] 그러나 창조도시, 더 구체적으로 말해, 기함 문화건축 프로젝트[17]로 대표되는 '문화주도 도시재생 전략culture-led

15 *Creative Industries Mapping Document*(1998·2001) 참조.

16 Landry, C., *The Creative City: A Toolkit for Urban Innovators*, London: Earthscan., 2000 참조. 이 책은 그의 기존 연구 성과들을 집약한 것으로서, 출간 이후 현재까지 창조도시 이해에서 강력한 영향력을 발휘하고 있다.

urban regeneration strategy'이 성공하려면, 기함 프로젝트들이 지니고 있는 그림자를 외면한 채 가능성에만 주목해서는 안 된다. 창조도시를 둘러싼 여러 가지 비판에 대한 상론을 배제하고 단도직입적으로 말한다면, 그 프로젝트의 잠재력을 최대화하려면 이를 운용하는 정책 입안자들이 단순한 경제적 효용에 치중한 원형적 논리를 넘어서서, 사회적 잠재력을 강조하는 더욱 포괄적 논리에 주목해야 한다는 것이다.

창조도시를 둘러싼 비판이 주목하는 폐해를 최소화하는 방안은 절차적 대응과 근본적 이해에서의 관점 변화로 나누어 볼 수 있다. 그 가운데 절차적 대응이란 문화주도 도시재생은, 그것이 가시적인 랜드마크로서 거대 규모의 문화적 건축물을 짓는 방식이든, 페스티벌이나 커뮤니티 아트, 또는 관객 개발 프로그램 등 상대적으로 비가시적인 사업을 진행하는 방식이든, 그 성공 여부가 전적으로 도시 행정부의 지도력과 개입 양태에 의존할 수밖에 없다는 것과 연관된다. 다시 말해, 효율성의 담보뿐만 아니라, 시민 대다수를 납득시킬 수 있는 장기적인 안목의 '전략적 틀'이 정책 입안과 실행 과정에 필수적이라는 것이다. 지역 주민들은 실제로 도시 재생의 기획에서 정부나

17 여기에서 말하는 기함旗艦, Flagship이란 '깃발을 달고 있는, 함대의 가장 중요한 함'이라는 사전적 정의에 바탕을 두고 있다. 다시 말해서, 기함이 가지고 있는 세 가지 특질, 즉 ① 가장 눈에 띄는 뛰어난 배, ② 다른 배들을 이끄는 배, ③ 전체 함대를 대표하는 배라는 성질이 각각 ① '그 자체로서의 발전', ② '이후 투자를 위한 집합 지점marshalling point', 또는 ③ '마케팅 수단'이라는 구실과 연결되어 있다. 동 시대의 도시문화 정책에 '기함 프로젝트'라는 구체적인 개념이 도입된 것은 1970년대 미국의 볼티모어로 거슬러 올라간다. 이 사례에서 다음과 같은 기함 프로젝트의 원형적인 논리가 도출될 수 있다. ① 탈산업화가 초래한 심각한 침체 → ② 도시 이미지 침식에 대한 처방으로서 기함 프로젝트의 도입 → ③ 도시 외부인들의 관심을 불러일으키는 동시에 도시 주민들의 단결을 도모 → ④ 시민들의 자긍심 회복 → ⑤ 더 많은 기함 프로젝트와 소규모 프로젝트들의 추진 → ⑥ 국가적 또는 세계적 미디어의 주목과 함께 '르네상스 시티'로 공식 추인. → ⑦ 그 결과, 매력적인 도시 브랜드가 확립되고, 이를 바탕으로 외부의 투자 유치, 산업 발전, 거주민 및 방문객 수 증가 등 선순환 구조 구축.

기업에 못지않은 핵심 관련자임에 틀림없다. 왜냐하면 그들의 의견이야말로 그 기획이 실제로 성공적이냐, 아니냐를 판단할 수 있는 가장 중요한 잣대이기 때문이다. 그들의 후원과 참여가 없다면, 어떠한 프로젝트나 프로그램도 포괄적이고 지속 가능한 효과를 보장받지 못한다. 따라서 기함문화건축물들이 도시를 매혹적으로 재포장하는 가장 효과적인 수단의 하나라고 할지라도, 그것으로 오로지 새로운 일자리와 관광객, 투자 유치만을 추구하는 것은 현명하지 못하다. 대신에, 기함문화건축물은 언제나 그 도시에 살고 있는 사람들에게 봉사해야 하며, 그 커뮤니티의 사회적 자본에 직접 기여할 수 있어야만 한다. 이를 우리는 시민문화의 내용과 행정의 문화화라는 관점에서 살펴보고자 한다.

2. 시민문화의 내용과 행정의 문화화

'창조성'이라는 새로운 관점에서 시민문화의 목표와 내용을 짚어본다면, 이는 크게 보아 접근성, 탁월성, 교육 그리고 창조경제의 네 가지 원칙으로 요약된다.[18] 더 구체적으로 말하자면, 다음 네 가지로 요약 가능하다.

① 창조성은, 파괴보다 창조가, 현학적인 규칙에 얽매어 생기를 잃는 것보다 상상력을 가지고 도약하는 것이 더 낫듯이, 그 자체로 주요한 가치이다.

② 창조성은 스스로의 가능성을 완성해나간다는 차원에서 우리 각자가

18 Smith, C., *Creative Britain* (London: Faber and Faber, 1998) 참조.

개성적이고, 민감하고, 지적인 인간 존재가 되도록 혜택을 준다.

③ 그것은 본래적으로 사회적이고 상호적인 과정으로서, 우리를 함께 묶어줄 수 있기 때문에 사회에 여러 가지 긍정적인 효과를 가져 올 수 있다.

④ 마지막으로 창조성은, 잘 육성하기만 한다면, 경제적으로 실질적 기회를 제공할 수 있는 급성장 산업에 크게 기여할 수 있기 때문에 중요하게 다루어져야 한다.

이와 연관하여 최근에는 전통적인 미학적, 낭만주의적, 심리학적 판본과는 상당히 다른 방식으로 창조성을 규정한다는 점에 유념해야 한다. 첫째로, 여기에서 화두가 되는 개인적 창조성은 과거의 '천재론'과는 전혀 다른 방식으로 인성 능력personal capacity에 대해 더욱 민주적인 관점을 전제한다. 창조성은 더 이상 신적인 비밀을 전수받은 소수 천재들의 타고난 재능이 아니라, 모든 사람들이 습득하고 개발할 수 있는 능력으로 여겨진다. 둘째로, 새로운 관점의 개인적 창조성은 창조성의 필수적인 요소로서 정신의 비합리적 상태를 함축하지 않는다는 점에서 더욱 합리화된 판본이라고 할 수 있다. 셋째로, 그것은 인성 능력 자체만이 아니라, 그것을 활용함으로써 도출될 수 있는 최종 결과물에도 관심을 기울인다는 점에서 더욱 실용주의적 판본이기도 하다. 이로써 창조성은 순전하게 능력이나 관념에 관한 것일 뿐 과정에 관한 것이 아니라는 입장이 강하게 부정된다. 마지막으로, 창조성에 대한 최근의 관점은 개인의 성향과 능력은 물론이거니와, 창조성을 실제 세계에 구현할 때 필수적인 집단적 조건과 과정에 대해서도 상당한 중요성을 부여한다. 따라서 창조적인 개인들의 창조적인 아이디어를 효과적으로 경영하는 일련의 집단적 실현 결과로 지속적 혁신이 가능해지고, 이를 통해 다양한 혜택이 초래된다는 메커니즘이 핵심 사항이 된다.

특히 마지막 요점에서 시민문화의 필요성이 요약적으로 제기되는데, 언제나 그렇듯이 인간은 결국 '사회화된 개인'일 수밖에 없고, 그러기에 인간을 둘러싼 환경, 그중에서도 지역사회의 중요성은 아무리 강조해도 지나치지 않는다. 이는 문화적이고 창조적인 활동이 한 사회의 본질과 방향에 영향을 줄 수 있는 세 가지 방식과 밀접하게 연관된다.[19] 첫째는 사람들이 자신의 주변과 환경에 대해 깨어 있도록 돕는 것이고, 둘째는 개인 스스로의 완성을 촉구하는 것을 통해서이며, 마지막으로 그들이 살고 있는 전 지역의 재생에 영향을 미치는 것에 따라서이다. 그 가운데서 문화적 재생으로부터 시작하는 것이야말로 마을과 도시의 사회적 재생을 이끌어내는 최선의 길이라고 강조된다. 이는 그것이 사회적 응집, 환경적 갱신, 건강의 증진과 창조적 조직 계획 등에 효과적으로 기여할 수 있기 때문이다. 이렇게 보면, 시민문화란 결국 지역사회 문화일 수밖에 없다. 지역사회는 문화정책 내지 행정의 주요 목표들, 곧 대다수의 시민들이 양질의 창조적·문화적 대상에 쉽게 접근할 수 있도록 하고, 탁월성과 혁신의 번창을 보증하며, 창조성을 제도권 학교와 대학 체제만이 아니라, 평생교육의 심장부에 자리 잡게 하고, 다가올 시대에 상당한 정도로 부와 고용과 성장을 제공할 창조산업을 육성해야 하는 핵심 거점이기 때문이다.

이와 같은 시민문화를 돌보는 행정을 지역 문화행정이라고 한다면, 그것은 두 개의 기둥을 가진다고 할 수 있다. 곧 시민문화 성숙과 지역문화 창조를 위한 행정지원과 행정의 문화화이다.[20] 다시 말

19 정종은, 부록 참조.

20 上田 篤 編著, 《行政の 文化化: まづり21世紀に向けて》(東京, 學陽書房, 1991) 참조.

해, 시민의 문화 활동을 위한 기회와 편의를 제공하고 조건을 정비해주고, 외부 지역과 교류하여 탁월한 문화와 접촉·향유할 수 있는 기회를 제공하고 준비해주는 것이 문화영역에 대한 행정 지원이라고 한다면, 문화의 관점에서 행정혁신을 이룩하는 것이 곧 행정의 문화화라 할 것이다.

지역의 문화이미지 조성, 문화시설의 정비, 문화사업의 기획, 주민에너지 활성화의 계기 조성 등등 비교적 종래의 사고방식으로도 쉽게 이해되는 유형에 속하는 문화행정의 메뉴뿐 아니라, 시대변화에 따라 예컨대 사회의 고령화에 대비한다든지, 여성의 사회진출을 돕는다든지, 청소년들에게 개성을 살릴 수 있는 기회를 제공한다든지 하는 더욱 다채로운 접근방식이 필요할 것이다. 뿐만 아니라, 정보화와 연관하여 주민의 참여 속에 정보사회가 요청하는 평생학습 사회를 제대로 마련하는 일이 절실히 요청된다.

이 모든 것에 못지않게, 아니 거의 하나의 전제가 되다시피 중요한 것이 행정의 문화화이다. 이를 추진해 나갈 때 적어도 다음과 같은 네 가지 사항이 주제를 이루어야 한다.

첫째, 행정에서 지역성을 살려나간다. 이를 위해 예컨대 전통예능·축제·전통기술·공예·토착산업은 물론 역사와 전설 등을 활용하여 지역의 종합적인 정체성을 나타낼 상징적 사업을 추진할 만하다.

둘째, 지역형성에서 환경미를 창출해낸다. 이를 위해서는 경관을 보존하고 도시 디자인, 특히 공공건물의 시설 디자인, 색감 디자인 등을 활용할 만하다.

셋째, 시민감각으로 행정을 펼쳐 나간다. 이를 위해 사회적 약자의 관점에 선 지역형성을 도모하고, 공무원들을 서비스행정에 익숙하도록 훈련하고, 행정을 투명하게 만들기 위해 홍보와 창구사무를 개선하는 일 등이 필요하다.

넷째, 행정에 과학성을 끌어들인다. 이를 위해 객관적 자료에 입각한 행정운영과 정보의 고도이용, 사업·계획·조사의 상호조정, 이른바 시민최소기준·최적접근기준의 설정, 연구개발 프로그램의 개발 등이 추진될 만하다.

다섯째, 지역형성에 적정한 기술을 안출해낸다. 이를 위해 구역정비, 지역농정, 공급처리 체계, 교통운수 체계 등이 지역실정에 좀더 밀착되도록 할 만하다.

인간성, 지역성, 창조성, 미관성을 중심으로 한 행정문화의 자기변혁은 결국 시민 참여를 기반으로 하는데, 이밖에도 행정에 경영감각을 끌어들인다는 주제도 설정할 수 있을 것이다. 이는 단순한 비용효과 예측뿐만 아니라, 주체적인 경영감각을 도입하여 행정운영에 긴장감을 살리고, 밀도와 기준을 높여 '질적 행정개혁'을 실현해보자는 것이다. 그러나 이 모든 사항과 함께 행정의 문화화에는 세계화 시대에 대비하여 민제외교를 적극화하는 일이 그 어느 것 못지않게 긴요하다.

3. 민제외교

민제외교民際外交, People to People/Interpeople Diplomacy의 개념은 국제문화교류의 기본 방향과 전략에 대한 심도 있는 반성을 촉구하는 의미에서 제기되었는데, 이는 국가를 단위로 한 문화교류가 아니라, 민간과 지방정부를 주체로 한 문화교류를 하나의 대안으로 제시하고자 한다.[21] 이는 신공공외교라는 개념과도 상통한다.[22] 전통적 외교가

21 臼井久和, 高瀬幹雄 編,《民際外交の研究》(東京, 三嶺書房, 1997) 참조.

전문 외교관이 군사력, 경제력 등을 활용하여 상대국 정부기관의 대표들을 직접적으로 설득하기 위한 일련의 협상절차로 설명될 수 있다면, 공공외교는 전문 외교관 외에도 비정부기구Non-Governmental Organization, NGO 및 시민 개개인이 타국의 시민들을 대상으로 문화, 즉 매력으로 통칭되는 소프트 파워를 활용하여 상대를 동화시켜 간접적으로 의견을 관철하려는 행위를 뜻하기 때문이다. 다시 말해, 이는 동료 외교관들이나 정부 간의 접촉이 아니라 외국 시민사회와의 접촉이라는 새로운 외교 방식으로서, 직접적으로 힘을 행사하는 방식이 아니라 더 미묘하고 간접적인 방식으로 자국의 입장과 문화 그리고 정책에 대한 이해를 높이고, 여론에 영향을 미치려고 한다는 것이다. 좀더 새롭게 표현한다면, 신공공외교는 외교의 '사회화' 현상이라고도 말할 수 있을 것이다. 이처럼 지금의 외교는 안으로는 국내사회의 영역, 밖으로는 다른 국가의 시민사회와 직접적으로 관계를 맺고 있다고 할 수 있겠는데, 멜리센은 이와 같은 외교가 더 이상 시민사회와 분리되어 존재하지 않으며. 따라서 각국의 외교관을 비롯한 외교 부처들은 이제 외교가 비단 외교부만의 업무가 아니라 시민들의 업무이기도 하다는 점을 주지할 필요가 있다고 강조한다.

이제까지는 정치와 외교의 주역은 국가였고, 문화교류도 국가 중심으로 돌아갔다. 나라 사이를 뜻하는 '국제' 문화교류라는 개념 자체가 이를 잘 나타내고 있다. 그러나 국제적 상호 의존의 확대와 심화가 국경의 벽을 서서히 낮추어온 시점에서 아직도 국가가 정치와 그 밖의 사항들을 움직이는 핵이라고 말할 수 있겠는지에 대해 회의를 표명하는 사람들이 차츰 늘어나고 있다. 많은 나라에서 행정개혁이 마

22 *Jan Melisen, The New Public Diplomacy : Soft power in International Relation*(Palgrave MacMillan, 2005) 안 멜리센 엮음, 박종일·박선영 옮김, 《신공공외교: 국제관계와 소프트 파워》(서울, 인간사랑, 2008).

치 지상 과제처럼 거론되고 있는데, 따지고 보면 이 역시 국가와 정치에 대한 문제 제기인 셈이다. 왜냐하면, 행정개혁이란 사실상 국가의 기능과 역할을 중앙정부 이외의 곳으로 분권·양도하는 것에 다름 아니기 때문이다. 그것이 국제기구일 수도 있고, 지방정부일 수도 있고, NGO와 시민일 수도 있겠는데, 예컨대 개개의 시민과 NGO가 국경을 넘어 연대하면서 국가와 정부를 움직이게 할 수 있는가 하면, 국가가 할 수 없거나 하지 않는 것을 지방정부가 적극적으로 선취할 수도 있다. 이와 같은 문제의식을 배경으로 할 때, '민제외교'의 담당자로서 NGO와 시민 그리고 지방정부의 국제적 기능과 역할에 대한 강조는, 특히 냉전 이후에 이루어진 국제정치의 기본적인 행위 주체 actor로서의 국가와 고전적인 외교에 대한 반성적 고찰과 짝을 이룰 수밖에 없다.

무엇보다도 민제외교는 무엇보다도 사회정의를 하나의 지구적 과제로 실현하는 방안을 위해 필수적이며, 문화교류를 통한 다양성과 특수성의 조화를 위해서도 그 못지않게 중요하다. 특히 NGO를 새로운 사회운동으로서의 공익활동에 새로운 가치와 문화를 창출하는 시민·민중운동으로 파악하지 않으면 안 된다. 달리 말하자면, 빈곤, 환경오염, 폭력으로 가득 찬 사회의 개선 등 범지구적인 문제를 해결하고자 할 수 있는 주권국가의 문제 해결 능력이 차츰 쇠퇴하고 있다는 점에서 '국가의 후퇴', 곧 국가 권위의 실추, 국제정치에서의 국가 중심형 패러다임의 붕괴를 뜻하기도 하는 이와 같은 개념은 대국 중심의 고전적인 외교의 파탄을 의미하기도 한다.

어쨌든 현재 상황은 주권국가 및 그 상호작용·관계로서의 국제관계라는 틀만으로는 파악하기 힘들게 되었으며, 그런 의미에서 포스트 주권국가 시대가 도래했다는 말도 심심찮게 들려온다. 특히 컴퓨터와 전자통신으로 대표되는 정보·통신 혁명이 국가의 상대적인 쇠퇴와 비국가적 행동 주체의 등장을 촉진한다고 하는 관찰도 가능하다. 좀더 자세히 말한다면, ① 국내 사회의 구조적 변화, ② 경제적 상호 의존과 매체의 발달, ③ 이데올로기의 동요와 소프트 파워의 등장, ④ 환경 파괴와 국경을 넘어선 생활공동체 의식, ⑤ 국제연합의 활성화 등이 NGO 파워의 대두 요인으로 손꼽힐 수 있다. 아직 실감이 나지 않는다고 말할 사람도 없지 않겠지만, 시민들이 주권국가의 틀을 넘어서서 지구인(세계 시민)으로서 행동하는 모습은 최근 특히 인권과 환경 문제와 연관된 국제 모임 등에서 결코 적지 않게 눈에 뜨인다. 그런 의미에서 '지구적으로 생각하고 지역적으로 행동한다'는 환경운동의 표어는 결코 과장이 아니라, 하나의 현실로 다가온다. 일방적으로 NGO 쪽으로 기울어진 권력 이동power shift이 일어난다고나 할까?

이런 관점에서, 외교의 존재 방식에서 시민을 외교의 중핵으로 삼고 NGO 및 비영리기관Non-Profit Organization, NPO 활동과 지방정부를 국제정치에 참획케 하는 새로운 시스템을 만들어 낼 필요성이 절실하다.

요컨대, 민제외교란 전통적인 국제정치관과 대치하면서, 국제관계를 세계—국가—지역이라는 3중 구조로 보고 국가에 얽매인 외교가 아니라, 시민을 핵으로 하는 외교를 문제 해결을 위한 중대한 구성 요소로 생각하는 사고방식과 연계된다. 아울러 이는 세계인권선언에 표현되어 있는 것처럼 지구적 규모의 상호 의존 관계를 세계화, 민주화, 지방화의 삼각관계 속에서 심화시켜 새로운 세계질서 형성의 기초로 제시한다. 이는 중앙정부 활동의 잔여 취급이 아니라, 정부 활동 자체를 보완하고, 경우에 따라서는 대체하는 것을 목표로 삼는다. 아니, 차라리 국가와 국제기구의 정책에 풀뿌리 차원의 관심과 가치관을 반영시키는 새로운 방법을 발견하지 않으면 안 된다는 표현이 좀더 나올지 모르겠다.

NGO 못지않게 지방정부의 역할도 날로 커지고 있다. 심지어 지방정부는 NGO라는 주장마저 있다. '시민에게 가장 가깝고 시민에 대해 가장 책임 있는 정부이기에 시민의 필요에 더 잘 반응하고, 공공의 이익을 대표하고, 나아가 시민의 참가를 활성화하는 것이 가능하다'는 규정(세계지방정부연합, IULA)은 그대로 의무장전이기도 하다. 즉, 지방정부는 주민의 이익을 실현하고, 지역의 활성화를 위해 독자의 국내 및 국제정책을 세워야 한다는 것이다. 바로 이를 위해 지방자치·분권이 완전한 모양으로 확립되지 않으면 안 된다. 그럼에도 현실적으로는 지방자치단체가 지방정부라기보다는 중앙정부의 말단조직 내지 보완조직에 지나지 않는 경우가 적지 않다. 이제 시민을 핵으로 한 민제외교의 의의와 중요성을 밝히는 한편, 민제외교의 주체와 전개, NGO의 기능과 발전, 국제 네트워크의 형성, 나아가 지방정부의 국제적 역할, NGO와 지방정부의 협력 등이 연구과제로 부각되어야 할 필요가 절실하다.

맺음말

지금까지 우리는 창조도시와 연관된 문제들을 창조산업을 배경으로, 기함문화건축의 가능성과 한계성을 고려하면서, 주민들의 자기확신과 지역사회 안팎에서 발생하는 지역에 대한 인식 변화가 도시재생에 필수요건임을 확인하였다. 그러면서 그것의 성공 여부가 선험적으로, 즉 그 도시의 외적 요인과 내적 역량과 무관하게 정해지는 것이 아니라는 것과 도시의 경제적·사회적 조건들을 향상시키려는 목적이 정치·경제적 엘리트들의 이해관계를 위해 시민들을 조작하는 과정으로 귀결되어서는 안 된다는 것을 암시했다.

다시 말해, 한 도시를 둘러싸고 있는 외적 기회와 위협은 물론이고, 도시가 보유하고 있는 구체적인 자원과 역량을 포괄적으로 그리고 겸손하게 분석하려는 자세가 무엇보다도 긴요한데, 여기에는 예상 이익이 무엇이며, 직·간접적인 수혜자는 누가 될 것인지, 또한 그 도시에서 생겨날 편익들을 최대한 공정하게 배분할 수 있는 방법은 무엇인지를 엄격하게 조사하는 과정이 중시되어야 한다. 이를 거쳐 나온 정직한 답변이 여러 비판들을 극복해내지 못한다면, 그 프로젝트는 마땅히 실행되어서는 안 된다. 이를 무시하고 무리하게 감행할 경우, 실패가 불러올 후폭풍은 전 방위적일 뿐만 아니라, 짧은 기간에 치유될 수 없는 깊은 상처를 남기고 말 것이다.

이와는 정반대로 이러한 프로젝트의 기획과 입안 과정에서 정부가 평범한 지역 주민들의 목소리를 적극적으로 받아들이고, 주민들이 주인의식을 갖고 행정에 참여하는 계기를 강화하고 승화시키고자 한다면, 시민문화에 제대로 기초해야 한다. 그렇다면, 비록 그 프로젝트가 중간에 포기되더라도 절반의 성공으로 평가받을 수 있을지 모른다. 그런 각도에서 우리는 시민문화의 내용과 이를 돌보는 행정의 문화화를 거론한 것이다. 마지막으로 세계화의 시대를 살아가는 우리로서는 시민문화의 연장선에서 민제외교의 의의를 부각시키고자 했다. 오늘 이 자리에서 발표되는 아시아의 여러 문화진흥기관의 사례들이 이와 같은 필요를 더욱 구체적으로 확인할 것을 기대한다.

제3부

문화수도를 꿈꾸는 문화정책

제1장 문화수도의 기본 여건

제2장 문화국가를 위한 독일 문화정책

제3장 지역문예 진흥을 위한 호주 문화행정

제4장 전통과 현대가 조화된 매혹도시, 도쿄

제1장 문화수도의 기본 여건

이끔말

일반적으로 수도라는 개념은 도시들 가운데 으뜸 되는 도시로서, 주로 중앙정부의 소재지를 뜻하는 것으로 받아들여지고 있다. 즉, 수도란 은연중에 정치기능의 중심이라는 의미를 함축하는 동시에 경제기능과 문화기능 등이 동반 집적되면서 종합적인 대도시로 성장하는 경우가 상례이다.

이러한 이해를 전제로 할 경우, 문화수도라는 표현은 다소간 혼란스럽다. 종합적인 수도에서 정치기능을 배제하면 문화도시가 되는 것일까? 물론 그러한 사례가 전혀 없지 않다. 예컨대 경주는 신라의 수도였으나, 지금은 정치기능이 지극히 미약하기 짝이 없는 것과 달리, 문화기능은 여전히 중요하게 여겨지고 있다. 일본의 교토나 터키의 이스탄불 등도 천도라는 정치적인 이유 때문에 현재는 문화기능이 더 주목 받고 있다.

그러나 한 도시가 과거의 찬란한 역사만을 반추하면서 '역사도시'로 머물고 만다면, 다시 말해 과거 어느 시대의 문화에 동결된 도시로만 존재한다면, 그리하여 고작 좁은 의미의 관광도시로 머문다면 그것이 과연 이 시대가 요청하는 '문화수도'의 개념에 부합하는 것일까?

물론 많은 나라에서 역사적 유물과 유적을 포함한 각종 문화재 보존을 최대의 문화사업으로 삼고 있는데, 이는 자국만이 아니라 인류 전체를 위해 실로 의미 있는 작업이 아닐 수 없다. 그러나 문화가 거의 정의 불가능할 정도로 다양하게 이해되고 있는 것을 인정한다 하더라도, 과거의 문화 유적이 오늘날에도 높은 평가 대상이 될 수 있는 이유는 그것이 뛰어난 인간적 창조능력의 집약으로서 오늘날에도 많은 사람들의 창조성을 계속해서 자극하기 때문임을 부정할 수는 없을 것이다.

즉, 문화적 소산들은 생존을 바탕으로 하면서도 '살되 더 사람답게 살고자 하는' 인간 특유의 가치의식과 창조정신을 집약시킴으로써 그것을 만들어낸 개인들이 속한 특정집단의 공동체의식을 고양하는 한편, 인류의 보편적인 자산으로 기능해왔다. 이를 인정한다면, 그와 같은 문화기능은 자동화와 세계화로 인해 인간사회가 자칫 획일화되기 쉬운 오늘날의 세계에서 더욱 소중하게 여겨질 수밖에 없다. 오늘날의 인류가 당면하고 있는 공통적인 위협을 고려할 때, 이는 너무나도 당연한 귀결이다. 특히 대부분의 인구가 도시에 몰려 있고, 그와 같은 추세가 날로 강화될 수밖에 없음을 감안할 때, 더욱 그러하다.

1. 도시화와 문화

오늘날의 도시는 거주성, 기능성, 경관 등 여러 측면에서 급격하게 변모하고 있다. 무엇보다도 도시를 둘러싼 가치관이 크게 변하고 있는데, 도시는 종종 범죄와 퇴폐, 외설 등이 번성하는 악의 소굴로 재현되어 왔다. 또한, 그러한 결함들이 결코 숙명적이 아니라는 관점도 꾸준하게 성장하고 있다. 여기에는 도시경제를 지탱하는 산업이 크게 변화하면서 도시환경에 새로운 가치가 부여되고 있다는 사실이 직·간접적으로 크게 작용한다.

도시형태를 3세대로 나누는 이론에 따른다면, 제1세대는 경제적·종교적 요인도 작용하면서 권력구조가 직접 반영되는 고전도시로서, 그리스에서 볼 수 있듯이 일반적으로 중앙광장과 그것을 마주하고 세워진 건축군이 중심을 형성한다. 또한 이 도시들은 농산물 집산지로 기능했다.

제2세대는 산업혁명 이후의 산업도시로서, 공업에 의한 경제력을 바탕으로 구축하여, 생산·유통·소비를 중심으로 성립된다.

이처럼 근대도시의 대부분이 공업생산의 중심지로서 공업출하액이 도시 활동의 대표적인 지표였던 것과 달리, 제3세대는 정보도시라고 불린다. 여기에서는 서비스나 이미지를 발신하는 기능이 중심이 되어 산업 자체가 차츰 정보화된다. 이처럼 도시가 농산물이나 공산물 같은 물적 존재가 아니라 사람이 중심이 됨에 따라 일반 생활자가 공유하는 생활양식으로 나타나는 문화가 사회의 중핵이 된다. 그러한 생활자의 희망이나 욕구에 응답하기 위해 갱신성이 높은 새로운 도시환경 체계가 요청되며, 제3세대 도시의 경우, 그 구조의 다핵·다심적이면서도 유기적인 구축이 기대된다.

구체적으로 물건을 생산해내는 실업實業과 달리 문화는 허업虛業이라는 이해를 받아들인다면, 21세기에는 전체 도시가 허업도시가 될지도 모를 일이다. 그러나 '무' 또는 '허'가 '유'보다 근본적인 힘을 발휘할 수 있다는 노자 사상은 오늘날에도 여전히 유효하다. 아울러 운수·교통의 발달, 즉 공항과 고속도로를 중심으로 도시가 재편성되면서, 인구의 대량 이동이 가능케 되었다. 동시에, 인간사회가 세계적으로 다민족 사회로 바뀌어가고 있다는 점도 고려될 만하다.

이와 같은 변화에 따라 도시는 한마디로 정보의 집적·창조·교환의 기능을 한층 높여가야 하며, 이는 수신만이 아니라 발신을 전제한다. 그런 의미에서 주체적인 능력이 어느 때보다 요구될 수밖에 없다. 이에 따라 도시 설계와 운용 또한 과거의 계획도시들이 그랬듯이 설계자의 강고한 의지를 최우선으로 하기보다는, 도시에 거주하면서 이를 이용하는 개인들의 가치의식을 더 중시하는 방향으로 변화해가지 않으면 안 된다.

요컨대 정보산업사회화의 와중에서 사람들의 문화욕구가 높아지고 있는바, 산업시대에는 대량생산·대량소비가 상징하듯이 도시의 문화기능이 상당하게 위축되었던 것과 달리, 이의 회복이 오늘날의 도시를 둘러싼 새로운 움직임이라 할 만하다.

2. 국가의 문화적 책무

사람들 사이에서 문화적 관심이 높아지고 문화활동에 대한 참여욕구가 증대해갈 때, 이러한 관심과 욕구에 대응하는 시책이 국가가 감당해야 할 중요한 과제 가운데 하나로 인식되는 것은 너무나도 당연하다. 그러나 앞에서도 말했듯이, 문화는 인간의 창조활동과 깊이 연관되어 있으므로, 끊임없이 변화하게 마련이다. 따라서 국가가 하나의 문화적 정통성을 내세우면서 이를 강요하여 고착시키고자 할 경우, 어떤 비극이 초래되는지를 인류는 특히 제2차 세계대전을 전후한 역사를 통해 너무나도 뼈저리게 실감한 바 있다. 그러나 이와 같은 위험은 오늘날에도 특히 개발도상국가들에 온존해 있다. 이는 이윤추구라는 또 하나의 위협과 상승작용하면서 전 세계적인 차원에서 진행되고 있는 획일화와 맞물려 위력적으로 강화되고 있다.

이렇게 보면 오늘날의 모든 국가는 한편으로는 정통성을 보존하는 동시에, 다른 한편으로는 문화를 상업주의의 유혹에서 지켜내는 여러 가지 제도적 장치와 조치를 주요한 정책목표로 삼아야 한다. 이에 중앙정부는 주로 제도와 재원의 차원에서 이를 지원하는 정도로 그 구실을 제한하고, 사람들의 구체적인 생활에 더 근접해 있는 지방정부가 중앙정부의 행정기능을 기본적으로 수용하면서 지역주민들의 구체적인 욕구와 잠재적인 필요 충족을 위한 여러 가지 시책을 강구해가지 않으면 안 된다.

물론 변화의 내용은 그것을 향수하고 창조하는 국민 대중에게 맡겨두는 것이 원칙이라고 할 수 있다. 이때 과거와 같이 고급문화만을 문화로 인정하는 자세를 고집할 수는 없다 해도, 문화와 관계된 공공시책들이 '살되 더 사람답게 살고자 하는' 문화의 기본취지에서 벗어날 도리는 없다. 굳이 생산과 소비라는 경제용어를 빌린다면, 생산이 목적이었던 산업사회에서 소비가 생활목표가 되는 소비사회로 변화된다고 할지라도, 소비가 건전하게 이루어지려면 사람들로 하여금 자유로운 상태에서 정신적인 기초를 축적할 수 있도록 유도하는 관심마저 저버릴 수 없다는 것이다.

이와 같은 관점에서 보면, 생산과 소비는 뗄 수 없는 관계에 있다 할 것이나, 생산조차 소비 측면을 고려하지 않으면 안 된다는 방식으로 강조점이 변화하고 있다. 이는 교육을 '충전'이라 하고 문화를 '발전'이라 해도 마찬가지이다. 다만 교육을 학교교육에 국한하고 그것을 다시 장래의 생산 활동을 위한 준비라고만 이해한다면, 교육과 문화는 어느 정도 대립적이라고 말할 수도 있을 것이다.

국가와 지방정부의 구실 못지않게 기업의 구실도 강조될 법하다.

왜냐하면, 비록 기업의 기본적 존립이유가 이윤이라는 점을 부정할 수 없다 해도, 더욱 장기적인 안목에서 이윤을 확보하려면 오히려 인간의 창조정신을 북돋는 작업에 참여하고 기여할 필요가 있다는 것은 너무나도 분명하기 때문이다. 그것은 또한 날로 중시되고 있는 기업의 윤리적 책무와도 부합된다. 이러한 요청을 충족시키려면 기업들이 단순한 상품광고나 기업선전을 넘어서는 차원이 존재한다는 사실을 인정하는 자세를 갖추어야 한다는 것은 두말할 여지가 없다.

3. 문화수도의 기초

이와 같은 취지에서 문화수도나 문화중심도시를 이해한다면, 거기에서는 인간의 기본적인 생존요건을 최대로 충족시켜주는 쾌적성은 물론, 원활한 경제활동에 수반하는 문화욕구의 충족을 위한 각종 시설이라든지, 문화정보의 발신성, 선진성, 부가가치성 그리고 단순히 그 도시에 정주하는 인구들만이 아니라 문화적 향기를 함께 누리고자 하는 유동인구의 흡인성 등이 고도화되어야 한다. 전통적으로 도시가 인간, 물건, 정보의 집적과 밀접하게 연결되어 있었던 것을 떠올린다면, 문화수도는 특히 정보기능에 중점을 둔 도시라는 의미함축이 강해진다.

극단적인 경우에 문화수도는 축제도시를 뜻할 수도 있다. 이때 축제도시란 주민 부재의 무대도시로서, 그 무대에 서는 사람들이나 이를 지켜보는 사람들이 다같이 그 도시의 주민이 아니라는 의미를 지닌다. 설혹 주민이 있다 해도 그들은 주로 기본적으로 시설을 유지·운용하는 기능을 하면서, 도시경제를 지탱하는 생산 장치를 집객장치(예컨대 거대 컨벤션 홀, 레스토랑가, 쇼핑가, 대형 스포츠 시설, 극장 등)

로 바꾸어가는 이른바 집객산업visitors industry이라는 새로운 분야에 주목한다는 것이다.

이에 호텔도시론이라는 새로운 도시이해까지 출현하기도 한다. 이에 따르자면, 예컨대 시장은 호텔지배인이고, 주민이 있다 해도 그들은 호텔의 서비스 요원에 지나지 않게 되는 동시에, 주민등록은 숙박계 정도의 의미밖에 지니지 않게 된다는 것이다. 따라서 도시정책도 상주자주의常住者主義에 매달리지 않아야 한다는 주장이 대두된다. 좋은 손님을 많이 끌어 모으려면 시설과 서비스가 좋아야 하는데, 여기에는 음식과 숙박은 물론 각종 흥미롭고 의미 있는 이벤트가 포함되게 마련이다. 말하자면, 생활은 있지만 정주定住는 없다는 식이다.

미국의 라스베이거스를 떠올리게 하는 이 이론은 일리가 없지 않으나, 문화가 지니고 있는 역사적 성격을 완전히 무시하지 않는 한, 이와 같은 의미의 축제도시가 문화수도나 문화도시의 전형이라고 하기에는 여러 가지로 무리가 있다. 설혹 축제 형식이 중심이 된다 해도, 그 축제 자체가 개성 있는 것이어야 그나마 집객산업도 성공을 거둘 수 있을 것이기 때문이다.

이러한 축제도시란 자칫 현재의 공장지대나 도심처럼 주민이 없는 공동지대를 연상하기 쉽다 해도 지나친 말은 아닐 것이다. 기업화도시라고 해서 기업이 광대한 토지를 차지하고 그것을 대규모로 복합적으로 개발하여 도심 주위를 생산 공간으로 둘러 도시를 마치 섬처럼 만드는 모습이 실제로 없는 것은 아니지만, 이것이 과연 이상적인 문화수도의 모델일지는 의문이다.

이와 같은 맥락에서 우리는 '인간생활의 기본적인 필요를 만족시키면서도 창조력이 현저하고, 발신능력이 뛰어나며, 주변부에 계속적으로 영향을 미침으로써 세계문화에 기여할 수 있는 거점 도시'를 문화수도라고 한정해서 이해할 수 있으리라고 본다. 그것은 문화 특화

도시이긴 하지만, 그 문화가 역사적인 문화재의 보존에 국한되지 않고, 역사를 바탕으로 개성을 발전시킴으로써 인류문화를 위한 보편성을 지녀야 한다. 그렇기 때문에 인간의 정신적·육체적 활력을 살려내는 장치를 집적하여 누구나 이용할 수 있게 하는 도시여야 한다. 이때 전 세계적인 차원에서 본다면, 그것은 결코 '일극 중심'일 수 없고, 어디까지나 '다극 중심'을 용허해야 한다. 그리하여 여기에서는 세계 여러 민족의 다양한 특징을 차별 없이 만날 수 있고, 이를 통해 자신에게 필요한 요소들을 자유롭게 편집·번역·연구할 수 있게 하는 연결 기능이 확보될 수 있어야 할 것이며, 이를 뒷받침하는 문화적 기술공학cultural engineering의 발달이 결여되어서는 안 될 것이다.

물론 현대도시가 다민족화, 다문화화하면서 루이스 멈포드가 말하는 '문명의 기억장치로서의 도시'가 퇴색하고 오히려 '망각장치'가 되어간다는 주장도 있으나, 그렇기 때문에 오히려 문화 기술공학의 필요성이 더욱더 커지는 것은 아닐까? 이때 발신장치만 있고 발신 정보나 내용이 결여되어 있다면, 그것을 문화수도라고 할 수는 없을 것이다. 또한 그러한 장치를 창조적으로 운용할 수 있는 인재의 확보도 그 못지않게 중요하다. 이와 같은 문화정보의 축적과 인재확보가 하루아침에 이루어질 수 없다는 것은 너무나도 당연하다. 이에 모든 생활자들이 자신의 구체적인 생활경험을 의미 있게 가다듬는 자세가 무엇보다도 중요하며, 이에 적극적으로 영향력을 발휘해왔거나 지금도 발휘하고 있는 주변문화에 대해 개성 있게 기여할 수 있는 역량을 축적해나가야 한다. 한국의 경우, 우선 지역적으로 국내문화는 물론 동북아시아 또는 동아시아라는 지역문화를 일차적인 대상영역으로 삼을 수도 있겠으나, 이는 어디까지나 선택사항이지 필수사항일 수는 없다. 그러나 발신이 수신을 기초로 해야 한다는 맥락에서 본다면, 나라안팎을 막론하고 다른 지역과 관계 맺는 것은 아주 중대한 의미를 지닐 수밖에 없다.

그런 의미에서 문화수도의 건설은 한 나라의 국토개발적 관점을 넘어서서 인류에 공헌하는 것이 되어야 한다는 일본 총합연구개발기구의 《문화수도의 연구》(1992)라는 보고서는 주목할 만하다. 그러나 "문화 기술공학을 구사하면 예컨대 역사가 없는 황야와 같은 곳에서도 인간의 정신적 에네르기를 발산하는 거점을 만드는 것이 가능하고 그 결과로서 새로운 시대의 문화수도를 창출하는 것이 가능한 것이 아닐까?"라는 구절에서 보이듯, 그 보고서는 문화수도를 새롭게 건설한다는 발상을 뒷받침하는 듯한 어감을 풍기고 있다. 이는 재생도시의 모델을 더 많이 생각하고 있는 필자의 발상과는 다소간 차이가 있어 보인다.

물론 여기에서도 도시로서의 장치가 충분치 않다면, 즉 각종 하부구조를 비롯한 도시기능이 뒷받침되지 못한다면, 그것은 문화수도는 커녕 문화도시라고도 할 수 없다는 인식이 없지 않으나, 다분히 당시 일본에서 유행하던 테마파크를 연상케 하는 발언들이 종종 눈에 띄는 것 또한 사실이다. 동시에 문화의 역사적 축적과 현대적 도시기능을 문화수도의 기본요건으로 삼으면서 현대 유럽에서 시행되고 있는 문화수도Cultural Capital 프로젝트를 염두에 두고 있는 듯이 여겨지기도 하여 다소간 혼란스럽다.

이런 의미에서 현재 시행되고 있는 유럽 문화수도 프로젝트의 기본사항을 알아볼 필요가 있다. 그러나 이미 20여 년의 역사를 지녔기에 유럽 문화수도 프로젝트에 대해 길게 언급할 필요를 느끼지 못하므로, 우리가 논의하는 문화수도 또는 문화중심도시를 더욱 구체적으로 개념화하는 데 도움을 얻고자 하는 정도로만 그 개요를 살피기로 한다.

4. 유럽 문화수도 프로젝트

1983년 11월 말, 당시 유럽공동체European Community, EC의 문화장관들이 그리스의 문화장관 멜리나 메르쿠리Melina Mercouri의 초대를 받고 아테네에서 모임을 갖게 되었다. 이 모임에서 메르쿠리 장관은 EC 회원국들 사이에서 유럽문화에 대한 더 나은 지식을 창출해낼 수 있는 개념을 제시했다. 여기에는 당시까지 EC의 주요 초점이었던 무역과 경제와 함께 문화 보급이 합당한 주목을 받지 않으면 안 된다는 요구가 함축되어 있다. 즉 이 제도의 저변에는 정치적 경제적인 조약과 협정체결만으로는 하나의 유럽이 실현되기 어렵기 때문에, 통합 실현을 위해 문화가 중요한 구실을 담당해야 한다는 문화장관들의 사고가 작용했던 것이다. "유럽의 문화들 사이에 활발한 대화를 창출하고 문화적 차이들을 존중하자는 것이 그 목적이다"라는 구절은 매년 유럽 문화수도를 선택하기 위한 기초를 마련했던 최초의 선언문에 나타나 있다.

자연스럽게 아테네가 1985년에 개최된 첫 번째 문화수도로 선정되었다. 1년 동안 이어지는 '문화수도의 해'는 단순한 축제만이 아니라, 각종 대화, 포럼, 세미나, 공공적 참여를 통해 유럽문화들과 문화생활에 대한 지식과 토론을 필수적인 요소로서 포함하게 된다.

1990년부터는 문화장관들이 매해 '유럽문화의 달European Cultural Month'을 선정하기 시작했다. 처음에는 이를 위한 개최 장소가 유럽공동체 밖에 있는 도시들에서 선정되었는데, 1992년에 개최된 최초의 '유럽문화의 달'은 폴란드의 크라카우에서 실행되었다. 1993년에 유럽연합European Union, EU이 완성되자, 이 해부터 유럽 문화수도는 역내 문화교류에 머물지 않고 세계 각국으로 폭을 넓혀 참가를 구했다.

예컨대 일본은 1993년 6월, 앤트워프에서 개최된 유럽 문화수도 프로젝트부터 참가하기 시작했고, 이를 위해 1992년부터 'EU·Japan Fest 일본위원회'를 가동시켜 활동을 개시했다. 일본위원회는 아시아 주변 국가들로부터 대표를 초청하기도 했는데, 필자는 '세계경제에서의 문화의 역할'이라는 심포지엄(1996)의 발제자 가운데 한 명으로 코펜하겐에 초청받은 적이 있다.

그동안 아테네(1985), 플로렌스(1986), 암스테르담(1987), 베를린(1988), 파리(1989), 글래스고(스코틀랜드, 1990), 더블린(1991), 마드리드(1992), 안트워프(벨기에, 1993), 리스본(1994), 룩셈부르크(1995), 코펜하겐(1996), 테살로니키(그리스, 1997), 스톡홀름(1998), 바이마르(1999), 산티아고 데 콤포스텔라(스페인, 2000), 브뤼셀(2000)·아비뇽(2000) 공동, 포르토(포르투갈, 2001)·로테르담(2001) 공동, 브뤼헤(벨기에, 2002)·살라만카(스페인, 2002) 공동, 그라프(오스트리아, 2003), 제노바(2004)·릴(프랑스, 2004) 공동 등이 유럽 문화수도로 선정되어 프로젝트를 수행했다.

위에서 보듯이 2000년부터는 그 숫자가 복수화되었는데, 예컨대 2000년을 겨냥하여 신청한 도시들만 해도 아비뇽, 베르겐(노르웨이), 볼로냐, 브뤼셀, 헬싱키, 크라카우, 프라하, 레이카빅(아이슬랜드) 그리고 산티아고 데 콤포스텔라 등 9개나 되었다. 1995년 초, EU 장관들은 이 9개 도시 전부에게 2000년을 위한 문화수도 타이틀을 부여하기로 결정했다. 그러나 이 결정은 이전의 문화수도들로부터 애초의 개념이 포기된 것이라는 이유로 강한 저항을 불러일으켰으며, 그 결과 위와 같이 개최도시가 조정되었던 것이다. 2005년에는 코크(아일랜드), 2006년에는 파트라스(그리스), 2007년은 다시 룩셈부르크, 2008년은 리버풀(잉글랜드)이 문화수도의 구실을 수행하였다.

이와 같은 유럽 문화수도 프로젝트의 내용은 매해 개최국가나 도시의 성격에 따라 달라지게 마련이므로, 일률적인 규정이 불가능하다. 당시 비회원국가였으면서도 1993년 11월에 문화수도 유치에 성공했던 스톡홀름의 경우를 들어 이 프로젝트가 지닌 의의를 잠시 살펴보도록 한다(스웨덴은 1995년에 회원국가가 되었다).

'1993년 문화수도의 해'는 스웨덴이 치른 20세기 최대의 프로젝트 가운데 하나였다. 주최 측은 이 문화 프로젝트의 역할이 스웨덴의 문화 현상을 요약하고 이에 질문을 던지는 것이라고 파악했다. 여기에는 문화정책, 다양한 문화형식들과 이에 대한 수용자들의 태도, 예술가들의 의도와 필요 그리고 문화의 해석자이자 공급자로서의 매체의 구실 등 배후를 형성하는 야망과 논리적 근거들이 포함된다. 관객들도 중요한 구실을 담당했는데, 문화 토론에서 관객과 연관된 사항들에 대한 새로운 강조를 크게 진작시켰다.

이런 규모의 문화 프로젝트는 수용에서 불가피하게 일종의 혼합상태를 초래한다. 그것이 야기한 쟁점들 모두를 당연시하기에는 너무나도 복합적이고 다양하다. 그러나 이 모든 것이 문화의 구실과 위상을 바라보는 새로운 시각을 가능케 할 많은 개념 작용을 촉발했다는 것은 두말할 여지가 없다. 예컨대 누군가가 '문화수도의 해'를 문화정책 모델들과 연결시키고자 한다면, 거기에서도 많은 쟁론이 벌어지게 될 것이다. 더욱이 문화를 문화 외적 이유로 말미암아 지원한다는 의미의 도구적 접근은 문제를 일으킬 수 있다. 즉 관광수입의 증대라는 '젯밥'에만 눈독을 들이는 바람에 '염불'은 오히려 뒷전으로 몰릴 수도 있다는 것이다.

또한 이 프로젝트가 고급문화의 확산을 목표로 하는 이른바 '문화의 민주화'에는 도움이 되겠지만, 대안문화의 강화에 초점을 두는 '문화민주주의'에는 자칫 소홀할 수도 있다는 비판도 제기될 수 있다. 그렇기 때문에 모두가 단순한 구경꾼이 아니라, 주인으로서 참여할 수 있게 하는 실질적인 방안을 함께 강구하지 않으면 안 된다. 그래서 문화를 긍정적인 사회적 획득으로 간주하는 입장과 그것이 지닌 교육적 가치와 문화민주주의를 성취해야 하는 필요성의 증진 사이에 시너지 효과가 창출되도록 하는 방안이 모색되어야 한다. 아울러 유럽 문화수도 프로젝트가 처음부터 회원국가나 역내 여러 단위들의 상호이해를 증진하기 위해 제창·추진되어왔을 뿐만 아니라, 역외에 속하는 문화권과의 대화를 배제하지 않아 왔다는 점도 시사하는 바가 크다.

맺음말

이상으로 문화수도 또는 문화중심도시의 기본 여건이 어떠해야 할지를 이론적인 차원에서, 그리고 유럽 문화수도 프로젝트를 검토하는 사례연구적 차원에서 고찰해보았다. 그 요점을 다시 추릴 필요는 없겠으나, 결론적으로 말한다면, 예컨대 광주를 아시아 문화수도 또는 문화중심도시로 만든다는 것은 안으로는 시민 생활의 질적 향상을 도모하는 한편, 밖으로는 국내외 다른 문화들과 교류함으로써 문화 다양성의 보존은 물론 인류적인 차원에서 평화증진에 기여할 수 있는 창조적인 노력을 경주하고자 하는 결의여야 한다는 것이다. 이는 국내는 물론 아시아 전역, 또는 세계 차원에서 문화거점들을 확대해나가는 하나의 시범사업일 수는 있을지언정, 어떤 의미에서든 독점을 통한 이윤증대가 목표여서는 안 될 것이며, 그 기본취지상 그럴 수도 없을 것이라고 보아 틀림없다.

제2장 문화국가를 위한 독일 문화정책

이끔말

독일공화국이 21세기의 세계 질서 개편에서 문화적으로 어떤 구실을 하게 될 것인지를 예측해 보려는 이 글의 취지로 보아 일단 독일공화국 문화정책의 개요를 파악하는 작업에서 시작하는 것이 옳은 순서일 듯하다.

이 경우 무엇보다도 문화정책의 행동주체로서 '국가'의 구실이 정치적인 기본 체제의 차이에 따라 실로 다양하다는 것을 염두에 두지 않으면 안 된다. 정치체제를 크게 네 가지 유형으로 나눈다면, 프랑스식의 중앙집권체제와 미국식의 경쟁·시장체제를 양극단으로 하고 영국식의 '절충Kompromiß'체제와 독일식의 '종합Synthese'체제가 있을 것이다(Münch, 1996).

독일에서도 경쟁·시장체제로의 전환이 논의되고 있는 가운데 독일의 조직모델을 협조적 문화연방주의kooperativer Kulturförderalismus라고 제시하는 견해도 있다(Wiesand, 1993). 그러나 경제적 자유주의를 내세우는 사회라 해도 국가의 존재를 부정하지 않는다. 비록 문화활동의 직접적인 진흥과 운영을 전적으로 담당하지는 않아도, 국가가 다양한 구실을 기대 받고 있다는 것을 부정할 수 없다.

독일의 경우 '국가'는 한계 조건들을 윤곽 짓고, 독자적인 문화시설을 운영하며, 비국가적인 담당 주체들에 따른 문화활동을 직·간접적으로 진흥시키는 구실을 자임한다.[1] 물론 이때 사회적 자유민주주의라는 정치적인 기본이해와 가부장주의적 국가ein Pater–nalistischer Staat는 서로 어울리지 않는다는 점이 지적되어야 한다. 따라서 자율화되는 경향이 점점 강해지면서 통일적인 국가형성과 그 역할에 대한 재고가 요청되는 것은 부인할 수 없는 사실이다. 하지만 시장체제의 경쟁적인 모델이 힘을 받고 있는 상황 속에서도 결코 낮게 평가될 수 없는 주요한 국가 기능들이 '한계 조건'이라든지 '행정적·법적 도구'라든지 하는 식으로 여전히 보존되고 있다.

이러한 과정에서 무엇보다도 '기본법'은 규범적인 차원에서 틀을 제공한다. 말하자면 인간의 존엄, 예술의 자유, 기초자치단체의 구실 등에 관한 법적 조항들이 바로 그것이다. 자유민주주의적 근본질서와 국가, 주 그리고 기초자치단체의 구실과 행정 및 입법에 관한 기본사항들이 이에 따라 질서를 갖게 된다. 이러한 시각에서, 독일연방공화국 기본법(이하 본 기본법)에서 본 '예술의 자유'를 하나의 사례 삼아 자세히 살펴보도록 한다.

1 예컨대, 1990년대 중반 독일의 국민총생산액은 약 3조 5천억 DM였는데, 그 가운데 공공부문이 차지하는 비율이 약 50퍼센트정도였고, 여기서 '사회국가Sozialstaat'로서 소요된 비용이 1조가량이었다. 또한 그중 공공적인 문화지출은 170억 DM에 해당하는데, 그 60퍼센트가 기초자치단체 차원이고, 3분의 1이 주정부 차원, 나머지가 연방 차원이다. 그러나 문화경제의 총규모는 연간 공공적인 문화지출에 견주어 약 10배에 달했다.

1. '본Bonn 기본법'에서 본 예술의 자유

문화정책·문화행정을 추진할 때 근거 이념으로 문화권을 설정하는 것은 세계적인 추세이다. 즉 문화권은 국민의 예술표현의 자유를 보장하는 자유권적 측면과 예술에 대한 접근을 보장하기 위해 국가에 대해 기반 정비를 요구하는 사회권적 요소를 포함한다. 독일연방공화국은 이러한 문화권을 인권으로서 헌법에 규정하고, 문화정책의 근거조문으로 삼고 있는 대표적인 사례로 손꼽힌다. 연방과 각 주의 권한은 본Bonn 기본법에 규정되어 있으며, 문화에 관한 입법권한은 나름대로 주 헌법에 있다고 해도 지나친 말이 아니다. 이를 주의 '문화고권文化高權'이라고 번역하는 일본학자도 있지만(小林眞理, 1998), 연방에 의한 문화정책의 영역이 확대되는 한편, 여전히 주와 주 이하의 기초자치단체들이 기본 문화행정을 담당하고 있다. 여기에서 말하는 문화는 교육·학문도 포함한 넓은 영역을 뜻하는데, 일단 예술이라는 단어에 주목하면서 '본' 기본법을 살펴보도록 한다.

'본' 기본법 제5조 제3항에는 "예술 및 학문, 연구 및 교수는 자유이다"라는 문장이 있다. 이 규정은 기본권의 하나로 자리 잡고 있는데, '본' 기본법 이전의 바이마르 헌법에는 예술표현의 자유를 보장하는 동시에 예술진흥의 조문을 두고 있었다. 그러나 전후에 문화진흥을 근거 짓는 조문이 삭제되었다. 이는 나치스의 일원적 통제적 문화정책이 표현의 자유를 억압했다고 하는 역사적 사실에서 도출된, 당연하다고 할 만한 귀결이다. 독일은 법치국가 원리의 우위성을 강조해 기본권을 방어권으로 이해하는 경향이 엿보이는 데다가, 사회국가 원리와 민주정치 원리를 강조하여 기본권 가운데 국가에 의한 적극적 보호와 개인의 국가에 대한 적극적 참가를 중시하는 경향을 띠고 있다.

다시 기본법 제5조 제3항의 규정으로 돌아가자면, 여기에는 두 개의 가치판단이 포함되어 있다. 첫째로 이 규정은 예술생활이 그 근본구조에서 자유를 바탕으로 하는바, 자립성을 향수하지 않으면 안 된다고 하는 원칙을 채용하고 있고, 둘째로 학술이 진흥되도록 국가가 자유로운 예술생활을 진작시킬 것을 포함하고 있다. 국민이 예술의 자유를 향수할 수 있게 하려면, 국가가 개입한 기반정비가 불가결하다. 즉, 국가는 국민의 정신적 영역의 자유를 보장하는 것을 첫째가는 목표로 삼아야 하지만, 전혀 간섭하지 않는다고 하는 소극적인 '국가로부터의 자유'라는 해석에 그치지 않고, 예술의 자유를 저해하는 것을 적극적으로 배제하거나, 자유를 적극적으로 보장하는 '국가에 의한 자유'도 포함한다고 해석하는 것이 통례이다.[2]

요컨대 현실적 자유를 저해하는 입법을 금지하는 동시에, 현실적 자유가 필요로 하는 법률의 제정을 입법자의 의무로 규정한다고 할 수 있겠는데, 여기에서 도출할 수 있는 문화국가의 구조적 특징은 크게 다음과 같이 다섯 가지로 분류될 수 있다.

① 교육의 보장 및 보호, 나아가 예술, 학문, 연구 및 교수의 자유, 자립성 및 다양성의 존중. 교육은 기본법 안의 다른 규정에 따르기 때문에 제5조 제3항의 기둥은 예술과 학문이다.

② 문화정책에서 중립성, 관용성을 국가의 의무로서 원칙으로 하고, 예술 및 학문의 적극적인 진흥 의무를 부과한다.

2 물론 이러한 해석에는 나름대로 일정한 한계나 유보도 전제되어 있다. 다시 말해, 이 기본권을 근거로 국민이 예술진흥에 관한 국가적인 급부를 요청하는 개인적 청구권까지 나아갈 수 있다고 보기는 어렵다. 또한 예술에 관계하는 모든 개인이 이 적극적인 진흥조치를 똑같은 정도로 수혜받을 수 있다는 것도 아니다. 이와 같은 조치를 하는 재량권은 모두 국가의 손에 달려 있다.

③ 국가와 사회의 문화기본법적 관계는 국가가 예술표현을 방임함으로써 자유를 소극적으로 보장하는 것뿐 아니라, 국가의 적극적인 진흥과 국가와 사회가 문화적 책임을 공동으로 지는 관계까지 포괄한다.[3]

④ 국가에게는 문화정책상의 강압적 구속, 획일화의 시책, 예술과 학문의 내용을 규정하고자 하는 관리통제주의가 일체 금지되어 있다. 대조적으로, 국가의 진흥육성정책에는 문화와 비문화 사이의 질적 가치판단의 길이 열려 있다.

⑤ 국가에 따른 문화 진흥육성에는 합리적인 선택과 구분이 승인된다.

1980년대 이후로 이 조항을 둘러싼 논란이 없지 않았으나, 현실적으로는 이와 같은 해석에 따라 연방의 문화정책 영역에 대한 권한 확대가 이루어져 왔다. 예컨대, 1984년 10월 31일의 제10회 연방의회에서는 문화정책과 문화육성이 연방정부의 중요 과제로 취급되었다. 여기에서 연방 내무부는 앞의 해석을 인용하면서 이 조항을 독일을 문화국가로 규정하는 근거조항으로 간주하고, 이에 따라 연방정부가 문화를 육성하는 책무가 있다는 견해를 피력한 바 있다.[4]

한편, 기본법 제5조 제3항을 넘어서서, 더 구체적인 도구의 차원에

3 다시 말해, 국가나 사회의 문화 진흥은 서로 보완되며, 교육·예술·학문 창조의 전제가 되는 자유성·다양성·공개성을 공동으로 보장해야 한다는 것이다. 그리고 사회와 국가가 함께 달성하는 문화적 발전은 대학·아카데미·연구기관·극장·미술관·오케스트라·도서관 등의 설치 및 운영을 진흥·육성한다는 것으로서, 이러한 주도적 구실은 당연히 국가의 권리와 의무에 속한다는 것이다.

4 같은 맥락에서, 1989년에 독일이 재통일되면서 연방정부는 구동독 소속의 주정부들에 대한 문화지원을 시행하게 된다. 원래 이는 시한적인 지원으로서, 3년 동안의 한정적 조치였다. 이렇게 해서 동독에 속했던 주들에 1995년 말까지 6000억 마르크(DM)가 투입되었으며, 그 가운데 문화적 하부구조의 정비를 위해 연방 내무부에서 지출된 금액은 260억 마르크에 이른다. 구동독 소속 지역의 문화정책을 적극적으로 추진한 구서독 측 주 가운데는 연방의 개입에 대해 주의 '문화고권'을 침해하는 것으로 비판하는 경우도 없지 않았다.

서도 국가 권한에 속하는 사항을 찾아볼 수 있다.

첫째로는 '직접적으로 작용하는 법률적 규정들'이 존재한다. 계속교육법, 어린이 및 청소년 원조법 등과 아울러 방송법, 도서 거래를 위한 가격동결, 문화 산물 및 활동의 부가가치세법, 저작권법 등이 사례로 손꼽힌다. 그 밖에도 문화상황에 직접적으로 해당되는 각종 진흥계획과 기본방향이 이에 해당되는데, 경제가 문화진흥에 좀더 적극적으로 참여하기 위해 이와 같은 조처들이 큰 몫을 한다. 이 밖에 상속세, 재단 및 단체법들도 이에 속한다.

둘째 범주로는 '시설의 창설과 존속'에 관한 정책들을 꼽을 수 있다. 특히 이 문제는 1993년 연방 재정부가 문화시설에 대한 연방지원을 상당한 정도로 삭감하고자 했을 때, 정치적인 쟁점이 되었다. 나아가 주정부와 기초자치단체가 운영하는 시설에서도 비슷한 문제가 발생했던바, 국가 차원의 보조 없이는 문화적 하부구조의 조치가 불가능해지는 사태를 어떻게 해결할 것인지가 앞으로도 크나큰 과제였다.

마지막으로 '행위주체로서의 연방'이라는 차원이 있다. 앞에서 말한 사항들이 대부분 연방 차원에 놓여 있고 연방의회를 통해 입법화된다는 점에서 입법과 연관된 각종 조사가 문화정책을 둘러싼 의사결정에서 상당한 중요성을 갖게 된다. 실제로 그동안 연방정부 문화정책의 근본원칙과 목표, 문화진흥정책의 방향 및 유럽과 유럽공동체의 문화정책, 문화교육 등에 관한 크고 작은 조사가 이어져 왔다. 이러한 조사들은 정부로 하여금 개념적인 자기이해를 정식화하도록 종용하고, 이에 대한 대답에서 많은 경험적인 사실들을 제시하도록 한다.[5]

---

5 예컨대 1984년에 이루어진 문화정책에 대한 조사에서 "연방정부는 앞으로 법치 및 사회국

이상과 같은 배경에서 발전해온 독일 연방정부 문화정책의 기조를 더 구체적으로 살펴본다. 우선 국내적인 문화정책은 '문화, 특히 예술의 자유를 보호'하는 것으로부터 출발한다. 자유롭고 민주적인 법치국가는 관용, 토론에 따라 유지되는데, 예술의 자유는 물론 아무런 제한 없이 지켜져야 한다.

그 한계들은 연방헌법재판소의 판정에 따라 오로지 헌법 자체, 즉 헌법의 최상급 근본 가치들을 통해서만 이루어질 수 있다. 여기에는 기본법 제1조에서 보장한 인간의 존엄과 독일연방공화국과 자유민주주의적 기본질서의 영속이 속해있다.

다음으로, 문화국가는 기본법의 자기이해에 따라, 그리고 특히 세법과 사회법, 저작권법, 경제법 및 건축법에 있는 '문화친화적 규정들을 존중'해야 한다는 것과 국가 문화정책은 가능한 한 모든 시민들이 '예술과 문화, 또한 그 시설에 접근할 수 있도록 보장'해야 한다는 것을 꼽을 수 있다. 마찬가지로 '전승받은 문화유산의 보호에 따른 새롭고 실험적인 예술형식들의 발전기회를 보장'하는 것도 문화정책의 기조로서 이해될 수 있다.

마지막으로는 민주적인 문화국가에서 문화는 경쟁적인 정치적·상업적 이해와 긴장 관계에 들어서게 마련이라는 점을 충분하게 인식하고 있다는 것도 주목할 만하다. 바로 이러한 인식이 다양성을 보장하는 기회와 자기주장능력의 발전이라는 최근의 관심과 적극적으로 연결되지만, 다른 한편으로 문화가 정치적인 영역에서는 다른 영역과 비슷하게 강력한 관심을 대변하지 못해 왔고, 경제적인 영역에서

가의 건설과 더불어 문화국가의 건설에 역점을 두도록 할 것"이라는 점을 분명히 하고 있다. 여기에서 예술의 자유, 사람들로부터 나오고 사람들을 위하는 문화, 문화유산의 보존과 새로운 형식의 격려, 고유한 역사를 위한 적용, 외교 문화정책 등이 중요 항목으로 손꼽힌다(Fuchs, 1998 참조).

는 이익추구를 최우선으로 삼아 스스로를 지탱하는 것이 쉽지도 않지만 전적으로 바람직하지 않다는 사실도 간과해서는 안 된다.

이 밖에도 이미 말한 대로 제한조건들(저작권법, 노동법, 세법 및 사회법)의 성립을 위한 책임, 예술가들의 생활 및 노동조건을 위한 특별한 구실, 새로운 매체를 통해 개선된 상호소통의 기회, 연방체제의 존중 등도 중요한 관점들로 손꼽힌다. 아울러 사회문화Soziokultur를 위한 보수정당들의 정책연합선언이 중요한 의미를 갖는데, 이에 대해서는 절을 달리하여 좀더 자세히 살펴보고자 한다.

2. '본' 기본법 및 주 헌법에서 본 문화법의 기본정신

사회문화를 위한 보수정당들의 정책연합선언을 이해하려면 필수적으로 선이해가 있어야 한다. 각 주의 헌법에 포함된 예술 관련 조항에 대한 참조가 바로 그것이다. 독일연방공화국을 구성하는 16개 주의 헌법에서 예술 관련 조항을 도표화한다면, 대체로 표1과 같다.

전체적으로, 위에 기술된 예술에 관한 조항의 종류는 6가지로 구분된다. 우선, 가장 기초가 되는 것은 '본' 기본법에도 존재하는 ① '예술의 자유'와 ② '예술의 진흥'에 관한 규정이다.[6] 이러한 규정들이 주 헌법에 명시되어 있지 않은 곳은 그것들이 모두 상위의 '본' 기본법에 규정되어 있는 까닭에 특별히 밝히지 않은 것이라고 생각된다. 왜냐하면 베를린이나 함부르크의 경우, 주 헌법에 예술·문화에

6 이를 '기본권' 또는 '자유권'의 장에서 규정하는 주가 있는가 하면(바이에른, 브레멘, 메클렌부르크포어포메른, 라인란트팔츠, 자를란트, 작센안할트, 슐레스비히홀슈타인), '교육·학술·예술·스포츠' 또는 '교육·문화'의 장을 설정해 규정하고 있는 주도 있다(브란덴부르크, 튜링엔).

	헌법 제정년	예술의 자유	예술의 진흥	예술가의 보호	문화국가 조항	문화적 풍습의 보호	문화적 소수자의 보호
연방	1945	제5조 3항					
바덴뷔르템베르크	1953		제86조				
바이에른	1946	제108조	제140조 제83조	제140조 2항	제3조	제3조 제131조 제141조	
베를린	1950						
브란덴부르크	1992	제34조	제34조	제34조			
브레멘	1947	제11조	제11조				
함부르크	1952						
헤센	1946		제62조	제46조			
메클렌부르크 포어포메른	1993	제7조	제16조				
니더작센	1993		제6조				
노르트라인 베스트팔렌	1950		제11조				
라인란트팔츠	1947	제9조 제10조	제40조	제40조			
자를란트	1947	제5조 제10조	제34조				
작센	1992	제21조	제11조				
작센안할트	1992	제10조	제36조				제37조
슐레스비히 홀슈타인	1949	제9조	제9조				
튜링엔	1993	제27조	제30조				

표 1. 주 헌법의 문화 조항

(자료: Verfassungen der deutschen Bundesender, Deutscher Taschenbuch Verlag, 1995)

관한 규정은 없지만, 문화진흥에서는 그 어느 주 못지않고 오히려 뛰어나기 때문이다.

다음으로, ③ '예술가의 보호'를 규정하고 있는 주가 있다(브란덴부르크, 바이에른, 헤센, 라인란트팔츠). 이는 예술가의 사회적 지위를 보호하는 것이라기보다는 예술진흥정책이 예술가의 보호와 뗄 수 없다는 귀결로서 규정되고 있는 것 같다. 전문적인 예술가는 예술 활동으로 생활의 양식을 얻고 있는 사람을 말하기 때문에, 사회적 보호(사회보험, 연금, 건강보험, 노동재해 등의 사회보장)는 이들을 노동자로서 보호하고 있다.

브란덴부르크, 작센 등은 ④ '문화적 생활에 대한 참가'를 보장하는 규정을 가지고 있는데, 이는 문화정책 및 문화진흥이 누구를 위한 정책인지를 명확히 하고 있는 조문으로서 중대한 의의를 지닌다. 문화정책이 시민을 위한 정책이고 예술과 예술가는 시민의 복지에 이바지하기 위해 진흥된다는 사고방식에 입각한 것이라고 생각된다.

다소간 보수적인 성향이 강한 바이에른의 경우에는 ⑤ '문화적 풍습의 보호'가 규정되어 있는데, 이는 지역색이 풍부한 민속 문화를 보호·계승하기 위한 규정이다. 마지막으로, 문화적 다양성의 견지에서 극히 바람직한 규정으로서 ⑥ '문화적 소수자의 보호' 또한 주목할 만한 범주라 하겠다(메클렌부르크포어포메른, 작센안할트).

이상을 바탕으로, '본' 기본법 및 주 헌법에 나타난 문화기본법의 정신을 요약하자면, 크게 다음과 같은 네 가지 원칙으로 수렴된다고 할 수 있다.

무엇보다도 가장 기본이 되는 것이 바로 '지역주의·분권의 원칙'이다. 각 주에서 자치적으로 헌법을 제정하고 그 가운데 문화기본권을 규정하는 것은 지방자치, 문화의 지방분권이 원칙으로서 통용되고 있음을 뜻한다. 이는 문화영역이 일원적으로 국가에 따라 좌지우

지되는 것을 방지하기 위한 원칙이라 해도 좋을 것이다. 이는 연방에 따른 문화정책의 실시를 소극적으로 풀어가는 것이라기보다는 문화정책을 실시하는 공권력이 연방만이 아니라 주 또는 기초자치단체 등으로 다양화될 수 있음을 뜻하기도 한다. 여기에 민간기업 등의 지원이 가세하고 있는데, 독일에도 민간기업의 문화지원을 촉진하기 위한 법률이 제정되어 있다.

둘째로, '예술의 자유 원칙'이다. 주라고 해도, 기초자치단체라 해도 공권력인 것에는 다름이 없는바, 이로 말미암아 예술의 자유가 간섭받아서는 안 된다는 것이다. 여기에는 간접적인 영향도 포함된다.

셋째는, '문화적 다양성·민주주의의 원칙'이다. 지역주의·분권 원칙과도 겹치지만, 문화적 소수자의 보호는 다양한 문화의 보호와 함께 민주주의 기본 원칙을 구성한다. 다수결의 논리를 강변하면서 소수자(소수 의견)를 무시한다면, 민주주의는 실제로 존재하기 어렵다.

마지막으로, '시민 참여의 원칙'이다. 국민의 세금으로 운영되고 있는 현대 국가에서 예술문화는 한정된 사람들의 소유가 아니라, 광범한 시민을 위한 것이어야 한다. 이에 따라 작품에 대한 자유로운 접근을 비롯하여 시민이 문화활동에 자유롭게 참여할 수 있는 조건 정비가 이루어지지 않으면 안 된다.

위와 같은 원칙들은 현대 복지국가 문화정책의 대大원칙이라고 할 수도 있으며, 이는 독일 이외의 나라에서도 문화정책의 기본원칙으로 통용되고 있다. 그러나 독일은 특히 '사회문화'라는 개념으로써 여러 면에서 전 세계의 모범이 되고 있기에, 전술하였듯이 정책연합 선언을 중심으로 이 주제를 더 면밀히 고찰하기로 한다.

3. '사회문화' 운동

'사회문화'란 '학교 밖의 직업 관련 이외의 교육·문화·여가활동 전체'를 나타내는 개념으로 널리 사용되고 있는 프랑스의 '사회문화 활성화'animation socioculturelle[7]에서 유래한 외래어로서, 1970년대 초, EC 차원의 문화정책·도시정책의 개혁 논의를 통해 독일에서도 사용된 것으로 알려져 있다. 최초로 사회문화 개념을 제기한 것은 당시 여당이었던 사회민주당으로서, 대안적인 생활·문화를 지향하는 청년들의 대항문화운동으로 구체화되어 왔다.

시민의 자주적·주체적인 교육, 문화활동, 더욱이 집단활동의 활성화를 중시하는 이 개념은 이를 위해 '청년과 문화의 집'과 '사회센터' 등의 사회·문화시설 정비와 활성화, 전문 지도요원 또는 문화촉매요원의 양성·전문직화를 계속해왔다. 말하자면 19세기 이래 민중교육education populaire이라는 통칭 아래 진행되었던 사회교육 또는 성인교육 영역이 국가적 제도화로 진전되었다고도 할 수 있다.

그러나 민중교육에서 인류의 문화유산을 일반 민중에게까지 보급하고자 하는 문화의 민주화가 우선했다고 한다면, 사회문화운동에서는 민주의 자립적인 문화 창조의 가능성을 강조하여 엘리트 문화의 보급을 중심으로 한 종래의 전통을 거부하고 하부문화에 주목하였다. 또한 문화로서의 집단·인간관계와 상호소통을 중시하는 참가형의 집단 활동, 비지시형 교육방법의 채택을 특징으로 한다. 그런 의미에서 문화민주주의라는 용어가 사용되기도 한다. 이와 같은 전환의 배경에는 고도산업사회에서 인간의 주체성·창조성이 위기에 처했다는 인식이 작용하고 있는데, 1968년 5월 혁명의 충격이 이를 상징

---

7 김문환, 《문화교육론》, 〈제5부 문화촉매운동론〉, 서울대 출판부, 1999 참조.

한다.

1970년대 초 독일에서는 사회민주당 주도의 연립정권이 시작되면서 사회개혁·민주화의 기운이 고양되었다. 말하자면, 근대적·민주주의적인 새로운 문화정책의 열쇠개념으로서 사회문화를 슬로건으로 내건 일단一團의 사회민주당계의 문화운동 종사자들이 인간의 소외(고립화, 무력화, 수동화, 상품화, 소비자화), 도시문제, 환경파괴 등 산업사회의 사회병리현상을 극복하는 중요한 수단으로서 문화를 자리매김했다. 그리고 그러한 관점에서 화려한 오페라 극장, 연극 극장, 미술관 등으로 상징되는 전통적 시민문화의 보호육성에 막대한 세금을 쏟아 넣어온 전후 문화정책의 보수성, 비민주성(엘리트성)을 비판했던 것이다.

사회·생활의 현실에서 따로 떨어진 전통적 시민문화(고급문화, 제도화된 문화, 기성문화)를 현상긍정적 문화affirmative Kultur로서 예리하게 비판한 마르쿠제를 비롯한 비판이론의 강한 영향 속에, 공업화·도시화·대중화 시대에 대응한 문화개념으로 '사회문화'가 구상되었다고 보는 견해도 있다(김문환, 1989; 1995 참조).

요컨대 정신적인 것의 '순수한' 상층세계와 현실, 즉 정치적 및 사회적 관계들의 하층세계 사이와의 분리를 타파하고, 독일시민적 기질을 공민적으로 전환시키며, 문화를 사회공간에 통합하는 것을 긍정하는 사회문화를 추구하면서, '순수한' 정신세계를 일상과 정치의 현실성으로부터 끊어놓은 재래의 존재방식 대신, 사회비판적이고 정치적으로 참여적인 문화를 진작하자는 것이다.

여기에서도 물론 예술은 이해와 상호소통의 매체로 파악된다. 다만 수용을 요구해온 현상긍정적인 문화이해에서 떠나 예술과 공중의 상호소통과정을 중요한 사회종합정책적 사항으로 간주한다는 차이가 강조된다. 이처럼 경험·일상성·상황세계와 결합된 문화, 사회비판적·정치적 문화, 비수용적·참가적 문화, 상호소통으로서 문화, 모두를 위한 문화, 민주주의를 위한 문화민주주의 등을 내세우는 이 새로운 문화개념은 크게 다음과 같이 요약될 수 있을 것이다.

첫째로, 문화에 따른 민주주의 사회의 주체 형성이라는 관점이다. 따라서 ① 시민의 사회적 연대를 회복하는 상호소통, ② 자유롭고 창조적인 입장에서 능동적인 사회참여의 원천이 되는 놀이공간Spielraum, 경제적·정치적 체제로부터 자유로운 시간·공간, ③ 성숙한 판단력을 가능케 하는 반성Reflexion이라는 문화의 세 기능이 중시된다.

둘째로, 문화민주주의의 관점이다. 이는 ① 문화 내용의 현대화, ② 문화 접근의 계급적·학력적 격차를 없애기 위한 문화 정책과 교육 정책의 통합, ③ 다양한 문화시설의 충실과 '문화적 풍경'으로서의 도시 정비 등을 주목한다.

셋째로, 문화정책을 교육정책은 물론 사회, 경제, 도시계획 등 정책 부문 전체를 포괄하는 사회정책Gesellschaftspolitik 가운데 자리 잡게 한다는 관점이다. 구체적인 시책으로는 이전의 시장광장Marktplatz의 기능을 재생시킨 커뮤니케이션 센터의 설치, 구역의 생활문화적 핵이 되는 지역 센터의 설치, 다목적 홀의 건설, 학교, 문화시설, 사회시설의 복합화 등이 제기되었다.

이렇게 본다면 위의 개념은 사회문화 활성화와 특히 대안문화에 대한 강조라는 점에서 프랑스와 다소간 차이를 보인다고 할 수 있을지도 모른다. 출발 당시는 가옥불법점거와 연동되기도 했지만, 체계적 이론보다도 경험과 일상생활을 중시하는 경향, 사회혁명보다는 특정한 문제영역과 지역문제의 구체적·현실적 해결을 중시하는 경향, 관료적·조직화를 기피하는 직접민주주의적 참가와 연결망적인 결합을 중시하는 경향, 경제성장과 물질적 번영보다 여가, 문화, 자기결정 등의 탈물질적 가치를 지향하는 경향 등은 차츰 광범위하게 공인되어 오늘날에는 그 거점이라고 할 사회문화센터가 거의 전국적으로 퍼져 있다.

더욱이 단순히 정치권으로부터의 자립이라는 외적 자주관리만이 아니라, 개방성과 투명성, 통합, 저변, '아래로부터'의 민주주의적인 결정구조 등의 강조가 보여주듯이, 이용자 전원이 입장과 전문영역의 차이를 뛰어넘어 대등·평등한 입장에서 센터 운영에 참가한다고 하는 직접민주주의적인 내적 자주관리가 그와 같은 확산에 크게 기여했음은 두말할 여지가 없다.[8]

하지만 '사회문화' 운동이 이와 유사한 활동의 전부는 아니다. 1970년대 초 이래, 사회사업의 영역에서 고객의 자조능력·창조성에 착안하여 교육적·문화적 활동을 중시하는 사회사업의 문화화 경향이 진전되어 왔던바, '사회문화적 활동sozialkulturelle Arbeit', '사회적 문화활동soziale Kulturarbeit', '문화사회활동Kultursozialarbeit' 등 문자로는 구별하기 어려운 사회적·문화적 운동이 기성 사회사업단체와 성인교육단체의 청년층에 따라 다양하게 전개되어 왔기 때문이다. '사회문화' 운동은 그 한 조류로 자리매김될 수 있을 것이다.

이와 같이 사회문화활동이 1980년에 더욱 발전한 배경에는 ① 행정 당국이 비용이 적게 드는 문화정책, 부차적 사회정책을 지향하는

8 물론 오일쇼크 이후에 개혁열이 급속히 냉각되고, 극좌테러 등으로 말미암아 보수화 경향이 일면서, 생성기의 사회문화운동이 도시 당국으로부터 위험시되기도 했지만, 사회문화센터의 업적이 공적으로 평가받으면서 기초자치단체와 주, 나아가 연방정부로부터 받는 보조금도 증가하였다. 1988년에는 드디어 연방정부의 자금원조로 '사회문화기금'이라는 법인이 설치되고, 이를 통해 정부의 보조금이 사회문화 프로젝트에 지급되기에 이르렀다. 1990년에는 연방정부가 의회 답변에서 '사회문화는 근년 독일연방공화국의 문화생활에서 확고한 영역을 차지하기에 이르렀다'고 말하면서 정부의 자발적인 지원을 강화할 것을 약속하고, 기초자치단체의 협력과 자금보조를 환영했다. 이때 자주관리는 사회문화활동의 생득적 또는 본질적 조직원리로서 존중되지 않으면 안 된다고 인정받기까지 했다. 당시의 집권당이 보수정당으로 분류되는 기독교연합정당이었던 것을 감안한다면, 이와 같은 인정은 가히 놀랄 만한 것이라 아니할 수 없다.

대안 운동의 이용가치를 인식했고, ② 대안 활동이 문화에서 유행하는 현상의 하나가 되었으며, ③ 실업률, 특히 고학력 청년의 실업률이 높아졌다는 것 등이 작용했다고 보인다.

사회문화센터는 다수의 자원봉사 직원에 의해 지탱되었고, 그 가운데 다수는 교사, 복지직원 등을 지망한 실업 청년들이었다. 그들은 스스로의 관심과 자격에 맞는 자리로 사회문화센터에서 활동하였고, 센터 자체가 공적 지원으로 좀더 인정된 직장으로 변해갔던 것이다. 말하자면, 센터는 지적 실업 청년의 일자리 만들기의 근거지가 된 셈이다. 다른 한편, 행정 당국은 고용촉진정책의 일환으로 효과적인 실업자 대책으로서 실업수당보다 낮은 비용으로 사회문화운동에 자금을 원조했다고 볼 수 있다.

그럼에도 이는 곧 사회문화운동의 변질과 연결되었다. 즉 현실순응화, 시장지향화, 사회정책·고용정책으로 종속 등은 사회사업의 문화화 경향과 사회문화 네트워크의 확대와 더불어 사회문화이념의 다양화, 확산을 가져오는 한편, 개개의 센터 내부에서도 제도화·전문화·계층화 등 조직의 관료화 경향을 만들어내기도 했던 것이다. 이는 직접민주주의적 자주관리를 최대 원칙으로 하는 사회문화운동의 자기정체성을 위협하기도 하면서, 1980년대 말부터 사회문화개념의 반성을 일으키는 계기가 되기도 했다.[9]

---

9 이에 따라 사회문화는 다음과 같이 전개되었다(Siebers & Wagner, 1992 참조). ① 기존의 과제, 전문직 구분에 구속되지 않은 채 특정한 목표 집단에 집중하지 않는다. ② 국가 규제를 배제하고 독립과 자립, 말하자면, 자주관리와 자주조직을 중시한다. ③ 전통주의적이지도 민중적이지도 않은 이질적 문화, 참신한 생활 양식의 사회적 승인·촉진을 추구한다. 사회 내부의 문화교류, 다른 문화, 예술, 생활 형태를 받아들이면서 소통적 네트워크화에 따른 연대의 성립, 예술과 일상의 분리의 극복을 목표로 한다. ④ 모두를 위한 문화, 모두에 의한 문화를 지향한다. 즉 기성의 예술시설도, 자주적 예술조직도, 여가 문화도 포함하고 전위예술적 요구도 거절하지 않으나, 엘리트적 배타성은 인정하지 않는다. 창조 활동과 문화교육적 중개를 위한 프로그램을 관심 있는 모든 사람에게 개방한다. ⑤ 참가자의 생활

요컨대, '사회문화' 운동은 전반적으로 볼 때 대항문화운동에서 공공사업으로 발전하는 경향을 보여 왔다. 그러는 가운데, 이 운동은 오늘날 소통에 따른 시민사회의 점진적 실현을 목표로 한 계몽의 프로젝트로 구체화되면서, 독일 내부뿐 아니라 세계적으로도 많은 영향력을 미치고 있다.

4. 독일연방국의 아홉 가지 문화정책 목표

이제껏 전통적인 문화와 '사회문화'가 반드시 대립할 필요 없이 오히려 서로를 보충하면서 풍족하게 한다는 점에서 문화정책적인 의미를 획득한다고 보고, 특히 '사회문화'에 관한 사항들을 비교적 자세히 고찰해보았다. 그러나 이외에도 오늘날의 독일연방국의 문화정책적 목표는 다음과 같은 아홉 가지의 크고 다양한 항목들을 함축하고 있는데, 각각을 살펴보고자 한다.

① 새로운 주들의 문화건설사업: 새로운 주들의 문화건설은 새 정부가 출범한 뒤 문화정책 분야에서 가장 뚜렷하게 역점을 두고 있는 목표이다. 예산에서 볼 때, 1999년과 2000년에 1조 2천억 마르크(DM)를 투입했고, 2003년까지 1조 2천억 마르크를 투입했다. 이와 같은 연방정부 예산은 물론 해당 주나 기초자치단체가 그 이상의 예

세계에 연관되는 유발적誘發的인 문화활동을 추구한다. 즉 학교와 같은 형식과 특별한 환경이 아니라 일상생활에 밀착된 학습상황과 프로젝트 방식에 따른 복합적인 학습형태를 지향한다. ⑥ 사회적인 목표들을 과제로 하지만, 사회사업이 목표는 아니다. 따라서 피보호자를 돌본다는 발상을 취하지 않는다. 인간의 사회적 문제와 결핍보다도 창조적 가능성과 잠재능력을 전제로 한다. '각자가 예술가이다'를 신조로 삼는다. 이는 ⑦ 현대적인 지방자치단체 문화정책의 목표 개념이기도 하다. 사회문화적 활동분야에 대한 협력·진흥을 위한 준비를 갖추고 자주적인 문화운동에 대한 비개입적인 원조에 유념한다.

산을 함께 투자한다는 조건을 달고 있으므로 실제 예산은 그 배가 된다.

② 수도 베를린과 연방도시 본의 문화진흥: 베를린은 이제 수도이자 정부가 자리 잡은 도시로서 독일의 문화적인 쇼윈도이다. 박물관, 극장, 화랑, 오페라, 오케스트라, 자유무대들 그리고 창조력이 넘치는 오프Off스타일의 장면 등이 연방공화국의 문화적인 자기이해를 대변한다. 이에 따라 새 정부는 예컨대 수도문화진흥을 위한 비용을 2000년에 6천만 마르크에서 1억 2천만 마르크로 두 배 인상했다.

의회와 정부 업무의 개시와 때를 맞춰 베를린을 다른 유럽 수도들의 문화 수준에 맞추도록 하는 작업이 착수되었다. 그 가운데서도 '테러지형학' 재단의 기록센터인 유태박물관, 독일영화자료관, 베를리너 앙상블 그리고 세계문화관 등이 관심을 모았다. 나아가 연방정부는 연방도시 본에도 이 지역의 위대한 문화전통에 대해 경의를 표하고 독일의 전후 역사에서 이 도시가 이룩한 비교 불가능한 기능에 감사하는 표시로 문화시설들을 계속 장려해나가기로 결정했다.

③ 기념유적지들Gedenkstätte: 독일 안 기념유적지 보호는 전국 차원의 과제이다. 연방정부는 주정부들과 기초자치단체의 기본적인 권한을 인정하면서도 이와 같은 책임을 스스로에게 부과하고 있다. 즉 독일 의회에 제출된 보고서를 바탕으로 기한과 장소에 제한 없이 이와 같은 보호작업에 전폭적으로 예산을 지원하기로 한 것이다.

④ 유럽 피살 유태인을 위한 기념비: 10여 년에 걸친 논쟁 끝에 독일 의회는 1999년 6월 28일, 베를린에 유럽 피살 유태인을 위한 기념비를 세우기로 결정했다. 설계는 미국 건축가 피터 아이젠만Peter Eisenman에게 맡겨졌으며, 방문객을 위한 안내소도 추가되었다. 동시에 독일 의회는 다른 희생장소에도 기념비를 건립하기 위한 재단 설립에 관한 입법조치를 시행했다.

⑤ 프로이센 문화유산재단: 프로이센 문화유산재단SPK은 독일연방공화국에서 가장 중요한 문화시설의 하나로 손꼽힌다. 전쟁 중에 파괴된 베를린 박물관 섬의 복구 작업 가운데 여기에 역점이 놓이게 된다. 20년에 걸치도록 되어 있던 건축 기간을 10년으로 단축하고자 연방은 초기의 집중적인 자본 투입을 계획하였으며, 이와 더불어 민간자금과 유럽의 지원자금을 적극적으로 끌어들이려는 노력을 기울여 왔다.

⑥ 영화를 위한 연합: 독일과 유럽 내의 지속적인 영화산업 강화를 위한 공통된 전망을 형성하고자 소집된 '영화를 위한 연합'은 문화와 산업을 연계하려는 지향을 지니고 있다. 여기에는 독립적인 영화 프로듀서의 강화는 물론 텔레비전과 영화 생산의 상호관계를 개선하는 작업도 포함되어 있다. 이 모임은 2000년 10월 말, 호프Hof에서 성공적으로 열린 이래 지속적인 성과를 가져오고 있다.

⑦ 재단조세권Stiftungssteuerrecht의 개혁을 비롯한 법적 행정적 조처: 문화재단의 조세에 대한 개선을 위한 법률적 조처가 이루어짐으로써 재단들은 더 나은 기회와 전망을 갖게 되었다. 다시 말해서 재단들은 더욱 자유롭게 시민들의 문화생활 참여에 새롭게 공헌할 수 있게 된 것이다. 문화진흥을 위한 법적 행정적 조처에는 이 밖에도 도서의 총판 및 거래와 관계된 것도 존재한다. 더욱이 이러한 조처가 브뤼셀에 있는 유럽 의회Europäische Kommission에 따라 결정되었다는 점에서 독일 안에서뿐만 아니라 국경을 넘어서도 적용된다는 데 의의가 있어 보인다.

⑧ 예술가 지원: 연방정부는 '망명작가들Writers in Exile'과 함께 독일에 망명해 살고 있는 예술가들의 보호를 위해 기금을 조성하기로 했다. 이 프로젝트는 독일 P.E.N.과 함께 실현될 것인데, 매년 5명의 작가들이 독일연방공화국 안에 자유롭게 살면서 창작활동할 수 있게

되었다. 이는 20세기 동안 박해받은 독일 예술가들을 보호해준 나라들에 대해 감사의 뜻을 겸하고 있다.

⑨ 유럽: EU 문화장관과 EU 독일 대표들의 회합에서 문화와 매체 영역에 대한 중요한 결정이 이루어졌다. 2000년부터 2004년까지 EU의 문화진흥 프로그램을 위해 1억 6천7백만 유로를 지출키로 했던 것이다. 이로써 EU구조기금Strukturfonds의 진흥이라는 틀 안에서 문화 프로젝트가 고려될 수 있게 되었다.

맺음말

이상에서 독일연방공화국의 문화정책의 대강과 가까운 미래를 위한 전망을 살펴보았다. 이와 같은 내용 가운데 이미 '독일연방공화국이 21세기에 어떤 방식으로 세계 문화 발전에 기여할 수 있겠는가' 하는 질문에 대한 답변이 어느 정도 주어져 있다. 다시 말해서, 자국 발전을 위한 지속적인 진로 모색과 시행착오를 통한 성장을 거쳐 독일연방공화국은 세계를 위한 하나의 좋은 실험실의 몫을 하고 있는 셈이다.

뿐만 아니라 유럽 전체를 위한 협력을 통해 더 직접적으로 세계 문화 발전에 기여하고 있다는 점도 지적될 필요가 있다.[10] 특별히 분

10 지금까지 살펴본 바에 더하여, 다음과 같은 사항도 유럽 전체를 위한 문화적 협력의 차원에서 독일연방공화국이 추진하고 있는 기본 방향으로 이해될 수 있다. ① 유럽 여러 민족들의 역사와 문화에 대한 상호이해와 문화적인 대화의 촉진, ② 문화 창조와 초국가적 문화 확산 및 예술가, 문화창조자 그리고 그 밖의 전문적 문화 행동가와 그들의 작품교환의 확산, ③ 문화적 다양성의 고양과 문화적 표현의 새로운 형식의 발전, ④ 유럽적인 의미에서 공통 문화유산의 교환과 고양 그리고 이와 같은 유산의 보존 및 보호와 관계되는 노하우의 보급, ⑤ 경제적·사회적 발전의 틀 안에서 문화의 구실에 대한 고려, ⑥ 유럽과 비유럽 문화 사이의 상호 교환과 지적 대화의 촉진, ⑦ 경제·사회적 및 국가시민적

단 상황을 극복한 통일독일이 세계화의 피할 수 없는 물결 속에서 유럽 내부의 문화협력뿐 아니라 비유럽 문화들과 협력하여 세계 문화 발전에 기여해온 방식을 살피는 것은 우리에게도 시사하는 바가 매우 크다고 할 수 있다(김문환, 2000; 2004 참조).

무엇보다도, 독일의 문화외교를 살펴볼 때, 우선 보수파와 진보파의 각각 다른 문화국가론에 대한 이해가 전제가 된다. 전자는 독일의 전통적 문화를 핵으로 국민통합을 강력하게 추진함과 동시에 국제사회에서 자국의 문화적 현존presence을 적극적으로 강화해 나가겠다는 입장이다. 이와 달리 후자는 문화의 다양한 존재 방식을 허용하면서 국내의 자유로운 문화 발전을 적극적으로 추진하자는 것이며, 이에 따라 대외적으로도 이의 적극적인 개방을 지지한다. 사실상 문화국가라는 표현 자체에 대해서도 소극적인 후자는 국민 사이의 연대 강화와 타문화를 관용하는 사회 건설, 문화협력을 통한 현대사회의 제반 문제 해결을 눈에 보이는 무역수지의 변화와 국제협력의 체결 못지않게 중시한다. 진보파가 이상으로 삼는 문화국가의 이미지는 결국 전후에 이어져온 전체주의에 대한 반성에 기초하여 모색한 분권적이고 민주적인 국가상과 합쳐보면서 유럽 전역 및 세계를 향해 열린 독일 건설에 대한 희망과 자신을 바탕으로 하고 있다.

이처럼 독일의 문화정책의 개요에서, 우리는 전반적으로 보아 독일연방공화국에서 '국가 중시 – 구심적 문화 – 집단지향'의 한 축과 '다양한 사회집단 중시 – 개방적 문화 – 개인지향'의 또 다른 한 축이 갈등을 빚고 있다는 사실, 그러나 그 가운데서 조화를 모색해 나감으로써 특히 후자가 더 높은 우선순위를 지닌 대안으로 부각되고 있다

통합요소로서 문화에 대한 뚜렷한 인정, ⑧ EU 안에서 문화영역에 대한 시민 참여와 접근의 개선, ⑨ 문화산업의 가능성들에 대한 정보의 확산 촉진.

는 사실을 확인하게 된다. 세계적인 추세를 감안할 때, 독일의 이러한 상황은 문화정책의 비중을 늘려나가고 있는 다른 많은 나라들, 더욱이 아직도 분단의 고통에서 헤어나지 못하고 있는 우리에게 참고할 점이 많다.

제3장 지역문예 진흥을 위한 호주 문화행정

이끔말

오랫동안 백호주의를 내세워 아시아에 배타적이었던 호주가 오늘날 아시아의 일부임을 자임하면서 문화정책에도 이를 반영하고 있다. 특히 시드니를 수도로 하는 뉴사우스웨일즈 주는 그중에서도 대표 격이다. 이 장에서는 호주 정부의 초청으로 얻게 된 자료들을 통해 뉴사우스웨일즈 주(이하 NSW)에 대한 일종의 사례연구를 시도한다.

1. NSW 예술부의 사명과 포부

NSW의 예술부Ministry for the Arts는 1988년 창설된 이래 중앙정부의 문화부서는 물론이고 주정부의 다른 부서와 공조해 호주에서 가장 성공적인 문화경영 사례들을 개척해 왔다. 예술부의 주요 업무 관장 문화기구로서 호주 박물관, NSW 역사관협회, 응용미술 및 과학박물관, NSW 주립 도서관, 시드니 오페라 하우스, 미술화랑, 문서보

관소 그리고 NSW 영화 및 텔레비전업무국 등이 존재하는데, 영화 및 텔레비전업무국을 제외한 모든 기구는 주정부가 임명한 이사들이 운영한다.

예술부의 사명을 한마디로 표현하자면, 주의 문화유산과 예술적인 생활을 보존·강화하는 것이다. 이는 특별 프로그램의 운영과 주도 그리고 예술 업무와 관계되는 자원 및 정책에서 최고로 전문적인 대정부 권고안의 마련 등을 통해 가능해진다. 예술부의 장기적인 꿈은 NSW에 사는 사람들이 어디에서나 생동하는 문화생활을 공유하도록 하는 것으로서, 거기에서는 예술이 자유롭게 유통되고, 원하는 사람은 누구나 정보를 활용할 수 있으며, 문화유산은 마을과 장래 세대의 유익을 위해 보존되고 해석된다는 것이다. 이때 문화유산은 순수예술과 공예, 건물, 기록 그리고 자연사와 창조적 노력의 모든 증거들의 수집을 포함한다. 이와 같은 사명과 장기적인 포부는 예술부가 그리고 있는 예술의 미래상을 통해 더 구체화된다.

예술부에 따르면, 앞으로 정부의 우선순위에서 예술의 지위가 높아질 것이 확실시된다. 예술은 일상 경험에서 멀어지지 않은 채 생활의 주요 일부로서 공공적 지위를 인정받게 될 것이며, 모든 정책 영역의 수립과 홍보와 협력하게 될 것이다. 더불어 지역사회들은 예술참여로써 지역의 관심과 열망을 표현할 기회를 더 광범하게 갖게 될 것이며, 가능한 온갖 공동체적 참여를 통해 기존하는 집단과 구조는 물론이고 소외되었던 소수 집단의 에너지도 끌어들이게 될 것이다. 이러한 과정에서 예술가들의 법적 도덕적 권리가 존중될 것이고, 규약으로써 보호될 것이다. 지방정부를 비롯한 모든 행정 단위들은 예술과 문화활동을 위해 지적 재산권을 보장하고, 예술가들의 작품이 변경, 도난, 남용, 또는 오해되는 것을 방지하여 예술가들을 경제적이나 그 밖의 착취로부터 보호하고 언제나 공정하게 보상할 것이다.

이러한 정책을 통해, 사람들은 어디에 살든지 예술에 접근가능하게 될 것이다. 국가 여행기구가 호주 안의 어떤 지역에서 이루어진 것이든지 공연예술들 가운데 최고의 것을 벽지를 포함하여 다른 도시, 마을, 또는 지역들에 있는 청(관)중들에게 실어다 줄 것이다. 최고의 미술작품들과, 공연들이 NSW 안의 지역예술센터의 연결망을 순회하게 될 것이고, 정부보증체제가 충당하는 보험료 부담과 함께 지역 화랑과 미술관들을 순회하게 될 것이다. 또한 모든 주요한 공연예술 단체들이 정기적으로 주, 국가 그리고 해외를 두루 순회하게 될 것이니, 시드니 교향악단, 호주실내교향악단, 시드니 앙상블, 시드니 무용단, 시드니 극단과 같은 주요 공연예술 단체들은 국내 및 국외 순회를 통해 국제적인 인정을 받게 될 것이다.

이와 더불어, 국가의 문화유산은 더 철저하게 기록되고, 문서화되고, 보존될 것이다. 미술관과 문화기관들은 학술적 과학적 수월성의 중심이 될 것인즉, 여기에는 자연환경을 포함하여 모든 문화유산의 보존·전시·해석에 종사하는 능력 있는 스태프들이 충분히 고용될 것이다. 호주 원주민의 독특한 문화 또한 더욱 각별한 관심 아래 지지되고 보존될 것이고, 주 전체를 통해 주요 지역미술관 연결망이 지방자치단체들과 지역들의 관심을 반영할 것이다. 어떤 형식으로 보관되어 있든지 세계의 축적된 지식들이 이를 필요로 하는 모든 사람에게 활용 가능하게 될 것이며, 정보는 경제 및 사회적 진보에서 필수적인 열쇠로 간주될 것이다. 주립 도서관이 사업, 산업, 교육 및 연구기관, 지역사회 조직 그리고 개인들이 필요로 하는 정보를 제공하고, 세계 차원의 연결망과 결합된 주 전체의 도서관 연결망이 완전히 충족시킬 것이다.

마지막으로, 문화적인 하부구조와 시설들 또한 호주를 넘어 세계적인 인정을 받을 만한 수준에 도달하게 될 것이다. 특히 시드니가 이를 주도할 것으로 보이는데, 이 도시는 기존의 유명한 하부구조들 외에도 대형 오페라, 발레, 무용, 음악극, 뮤지컬과 그 밖의 공연에 필요한 극장을 더 많이 갖게 될 것이며, 국가적인 차원에서 모든 종류의 음악과 영화산업의 수도로 부상하게 될 것이다. 물론 이를 위해서는 단지 건물 조성만이 아니라, 그 건물 안에서 창조적인 작업을 이룩해 나갈 인재들의 육성이 관건이 되는바, 시드니 조형 및 공연예술 대학이 학생들에게 더 새롭고 풍성한 기회를 제공하게 될 것이다.

이러한 전망이 지나치게 낙관적이라고 의심할 사람들도 있겠지만, 호주의 저명한 예술경제학자 굴드베르크가 《예술폭발!》에서 그려낸 과거 20년 간 호주 예술상황의 변화를 본다면, 충분히 가능한 시나리오이다. 지난 20년 동안, 호주 문화는 상승하는 참여 비율과 괄목할 만한 예술적 다양성의 확장에 따라 크게 변화되어 왔다. 예컨대, 호주 통계청의 문화관습 조사에 따르면, 적어도 성인 3명 가운데 1명이 1990~1991년에 무용, 연극 또는 고전음악 공연에 참가했다. 1975년에는 9퍼센트의 사람들만이 이 같은 행사에 참여했다는 통계와 비교하면, 참으로 놀라운 변화이다.

이와 같은 성장을 위해서는 예술조직의 성장도 병행해야 했는데, 실제로 지난 20년 간 이러한 조직들은 약 400퍼센트의 신장을 기록했다. 이 같은 연구들이 공통적으로 지적하는 사실은 호주에서 예술 및 문화산업이 급격하게 성장하고 있다는 것 그리고 기초자치단체의 역할 증대가 무엇보다도 중요한 요인으로 부각되고 있다는 것이다. 이어서 우리가 NSW의 예술진흥원Arts Council에 주목하고자 하는 것도 이런 이유 때문이다.

2. NSW 예술진흥원의 구실

NSW 예술진흥원은 1943년 저명한 메조소프라노 도로시 헬름리치Dorothy Helmrich가 창설하였는데, 영국의 음악예술을 통한 교육위원회Council for Education through Music and Arts, CEMA의 지부로서 기능했다. 예술진흥원으로 확립된 것은 1946년이다. 최초의 목표는 모든 형식의 예술을 사람들에게 실어다 주고, 예술감상을 촉진할 뿐 아니라, 자신을 예술과 공예를 통해 표현하도록 사람들을 격려하는 것이었다. 예술에 대한 참여는 오늘날에도 예술진흥원의 기본 목적으로 남아 있다. 1950년대부터 1990년대까지, 예술진흥원은 주로 전시와 전문적인 연극, 무용, 음악 공연을 농촌 지역, 공장, 육군 및 해군 시설 그리고 복지기관에 실어다 주는 순회조직으로 작동했다. 1950년대에는 17개의 지부가 있었는데, 1990년대에는 74개의 독립된 예술원과 가맹 지역예술협회들이 존재했다.

예술진흥원은 기초자치단체와 긴밀하게 협력하는 한편, 광역자치단체와 중앙정부에게는 농촌예술발전에 관해 자문한다. 그런가 하면 6개의 지역예술발전지원사무소Regional Arts Development Officers, RADO's가 문화활동의 모세혈관 구실을 한다. 이것은 예술참여 진흥과 특정 지역사회 공동체의 정체성을 반영하는 예술 프로젝트를 우선적인 목적으로 삼는 지역사회단체, 지방정부, 예술가들을 지원하며, 예술단체들의 지역 공동운영 프로그램 개발과 페스티벌, 상주 프로그램, 지역관광 세미나, 교육에 영향을 미친다. 또한 예술활동과 우선사업에 필요한 비용을 제공하며, 뉴스레터나 주소록을 발행하고, 지역예술진흥을 위한 정기적 라디오·텔레비전 프로그램을 내보낸다. 지방정부의 지원이 이와 같은 활동에 큰 활력을 제공한다.

이러한 견지에서, NSW 예술진흥원은 스스로의 구실을 특히 교외 지역에서 자발적으로 구성되는 예술원 운동을 유지, 발전 그리고 대표하는 것으로 규정한다. 그 운동은 예술이 개인과 공동체 양자의 생활에서 필수적이자 인정 또는 평가 받는 표현수단이 됨으로써 사회발전에 협력하는 것을 목표로 한다. 이와 같은 기능을 충족시키기 위한 구체적인 목표는 다음과 같이 설정되어 있다.

① 교외 공동체들이 가능 자원의 완벽한 활용을 위해 협력과 공유의 정신으로 다른 예술조직의 작업을 보완하고 지원한다.

② 주민들을 예술적 실천, 표현 그리고 감상으로 적극적으로 끌어들이면서, 지역의 창조성을 인정하고 격려하는 여러 예술 프로젝트들을 고안하고 보완하기 위해 교외 공동체들을 자극하고 가능성을 제공한다.

③ 지방정부가 소유한 장소를 주민들에게 가장 밀접한 정부 영역으로 인정하고, 지방정부와 예술단체들이 프로젝트를 발전시키고, 예술을 계획전략 속에 통합시키도록 격려한다.

④ 호주 사회를 풍부하게 하고 진보케 하는 문화적 배경의 다양성을 격려하는 예술 프로젝트의 발전을 가능케 한다.

⑤ 교외 공동체들의 필요에 부응하는 예술가의 고용을 촉진하고, 특히 공동체적 생활양식에 합당하고 장기적인 발전 함의를 지닌 프로젝트에서 지역 및 방문 예술가와 공동체가 더욱 지속적이고 활발하게 연관 맺도록 격려한다.

⑥ 예술가와 예능가들의 도덕적 권리와 적합한 보수 및 근로조건을 위한 권리를 인정하고 존중한다.

⑦ 발전 계획에 예술적 솜씨를 제공함으로써 교외 공동체에서 예술 집단이 보유한 능력과 잠재능력의 진전을 원조한다.

이와 같이 주로 교외 지역의 예술진흥에 역점을 둔 NSW 예술진흥원 활동은 호주예술진흥원의 지역사회문화발전국과 공연예술국을 통해 중앙정부로부터, 그리고 NSW 예술부를 비롯한 주정부와 기초자치단체인 지방정부로부터 여러 가지 형태의 지원을 받는다. 물론 다른 사회단체들과의 협력도 갈수록 증가하는 추세이다. 하지만 이와 같은 업무를 수행해나가는 인원은 극히 한정되어 있다. 사무국장을 포함해서 8명의 스태프와 6명의 지역사무소장이 근간을 이루면서 많은 자원봉사자들(대학생 포함)을 활용한다. 물론 7명의 이사와 3명의 고문들도 적극적으로 활동하는 편이다. 지역사무소 단위로 지역예술발전 업무와 교외예술지원 프로그램Country Arts Support Program, CASP을 수행하는데, 후자의 경우 소요 경비는 호주예술진흥원과 NSW 예술부로부터 지급된다. 원칙적으로, 이 자금은 공연단체들에게 지불하는 사례를 포함해서 예술가와 강사들에 대한 사례를 지원하고자 지역단체들에 지급된다.

3. NSW 예술진흥원의 '창조 마을' 사업

NSW 예술진흥원의 사업내용을 더욱 자세히 알아보려면, 개별적인 지역사무소의 활동을 살펴보아야 한다. 그러나 이는 전반적인 개요를 알고자 하는 우리의 취지로 보아 너무 자세하다. 따라서 NSW 예술진흥원이 전개하는 특징적인 작업의 하나로 '창조 마을' 사업을 관찰하는 것으로 만족하기로 한다.

'창조 마을' 사업이 특별히 주목을 끄는 이유는 그 제목도 제목이거니와, 다음과 같은 가상 시나리오가 제법 설득력이 있기 때문이다. 예컨대, 한 시골 마을이 건축과 연결하여 환경을 개선해볼 생각을 가졌다고 하자. 그런데 제한된 자원도 문제지만 전문적인 디자인 전공자도 없다. 이 문제를 과연 어떻게 해결할 수 있을까? 다음과 같은 시나리오들이 가능할 것이다.

시나리오 1: A마을은 공공의 기념물을 세움으로써 다가오는 100주년을 기념하기로 결정했다. 지방의원들이 최선의 의도로 유럽 도시에서 유행하는 고전적 디자인의 분수를 선택·주문했다. 그래서 마을의 로터리 중앙에 분수가 설치되었다. 그런데 그 분수는 마을의 정체성을 거의 반영하지 못할뿐더러(아이러니컬하게도 이 마을은 가뭄빈발지역 안에 있다), 그 위치는 주민들이 기념물을 멀리서 또는 시속 40킬로미터로 달려가서야 볼 수 있다.

시나리오 2: B마을에는 활동적인 지역사회 봉사단체가 있는데, 이 단체는 최선의 의도로, 지역 공원에 조경공사를 하고 문화 설비들을 설치했다. 그러나 그 조경은 주로 세밀한 유지능력을 필요로 하는 동시에 기온이 40°C에 이르는 마을에 그늘을 별로 만들어주지 못하는 형식적인 디자인을 끌어들인 유형이다.

시나리오 3: C마을은 마을의 중심이 소홀하게 보이므로 어떤 개선이 필요하다고 결정한다. 상담역들이 높은 비용으로 고용되어 연구에 착수해서 지방의회에 제출할 보고서를 만든다. 공적인 논평의 기회가 주어졌지만, 아무런 반응도 없다. 어쨌든 보고서의 권고들은 실현하기 어려운 데다가 더 많은 돈이 들어 방치되기 시작하다가 결국 잊힌다.

이 모든 사례에서 공통적인 요소는 모두가 최선의 의도를 가지고 출발했다는 것이다. 그러나 이 실험들은 유감스럽게도 새로운 시도에 대한 저항을 불러일으켰을 뿐이다. 만일 D마을이 선한 의도로, 전문적인 디자인 전공팀과 함께 실질적인 필요를 식별해냈다고 하면, 어떤 일이 일어났을까? 바로 이것이 '창조 마을' 사업이 노리는 요점이다. 즉 변화를 위한 제안들은 마을의 역사, 유물, 기후, 경제, 환경, 생활양식 그리고 자원들을 고려할 것이며, 바로 NSW 예술진흥원은 바로 이를 지향한다. 이러한 접근방식은 지역사회가 '소유'하고, 그들이 누구인지, 어디에 살고 있는지를 알아내어 축하하는 혁신적이고 멋있는 사업들을 낳게 될 것이다.

예술진흥원은 1986년부터 이를 위한 세미나를 개최해오다가 드디어 1991년 12월에 신청을 받아, 이듬해 2월에 여섯 마을을 선정하고 작업팀을 구성했다. 이 프로젝트에서 가장 중요한 구성요소는 디자인을 배우는 대학생들의 참여였다. 학생들의 참여는 여러 마을에서 벌인 여러 효과적인 작업에서 별도의 자원이 될 뿐만 아니라 학생들 자신에게도 고무적인 교육경험이 될 것으로 기대되었는데, 이는 적중했다.

학생들은 그들로만 이루어진 작업실과 6개 지역에 마련된 전문가로 구성된 작업실, 두 곳에 참여했다. 그러면서 전문적인 디자이너들과 똑같이 훈련 워크숍에 참여했다. 이후에 결성된 전문팀은 열흘 동안 마을에 머물면서 마을 사람들과 의견을 나누었다. 이런 과정을 거치면서 만들어진 디자인은 주민들이 심의하였다. 마을위원회는 전체 디자인팀을 마을로 초청했는데, 디자인 설명회를 위한 공식만찬에는 150명의 주민들이 참여했다. 지역사회는 통찰력 있고 건설적인 비평가의 구실을 잘 감당해내는 동시에 자금을 마련해낼 수 있으리라는 확신을 갖게 되었다.

첫 시도에서는 마을과의 접촉을 위한 시간이 제대로 주어지지 않았다고 한다. 심지어는 상급 행정기관의 결정이 마을과 충분한 논의

없이 이루어진 경우도 없지 않아, 프로젝트의 의의가 반감되기도 했다고 한다. 그럼에도 이 사업은 전반적으로 성공적인 프로젝트였는데, 그것은 일단 교육 차원에서도 계속될 만한 것으로 평가받고 있기 때문이다. 또한 농촌 지역에 혁신적인 디자인을 위한 영역을 개척했다는 점에서도 특별한 의의를 찾을 수 있다. 이는 그 사업이 단순한 도시미화를 넘어서서 환경디자인과 사회·경제적 안정성을 위한 디자인이라는 쟁점을 제기한 사례라고 할 수 있기 때문이다.

끝으로 이 기획을 주도한 위원회는 시드니 대학과 NSW 대학의 미술 및 도시디자인 학과 대표, 호주를 아름답게 지키는 협의회, 왕립호주건축연구소 그리고 NSW 예술진흥원의 대표들로 구성되었음을 상기할 필요가 있다. 즉 다양한 구성원들이 모두 동의할 수 있도록 그 사업의 초점은 공공예술과 디자인 발전에 놓일 수밖에 없었던 것이다. 예술을 단지 개인들에 의해 만들어지고 개인들에 의해 향유되는 차원으로 도외시하지 않고, 고립된 지역에서까지 공동 제작과 공동 체험을 가능하도록 만들려는 의지가 없었다면, 이와 같은 프로젝트는 불가능했을 것이다. 재정적인 압박 때문에 충분한 기간을 갖지 못했던 것을 아쉬워하는 견해도 분명 존재하지만, 그들의 시도는 지역사회 발전을 위한 또 하나의 모델로서 그 존재의의를 충분히 인정받을 수 있다.

맺음말

호주는 중앙정부는 물론 각 지방정부들이 나름대로 특색 있는 문화정책 프로그램들을 가지고 있다. 예컨대 멜번의 경우, 세계적으로 손꼽히는 아트센터를 중심으로 특색 있는 공연과 전시를 펼쳐 보인다. 영국적인 분위기가 강하면서도 현대예술의 수용에서도 과감한가 하면, 규모가 큰 차이나타운을 배경으로 아시아와의 호흡을 주도하기도 한다. 그럼에도 시드니 쪽을 주목한 것은, 앞에서 보았듯이, 전체적인 행정체계의 구조가 괄목할 만하기 때문이다. 그중에서도 '창조 마을'이 더욱 흥미롭다.

공공예술public art, 마을과 환경디자인에 대한 점증하는 관심에 부응하여 예술진흥원에서 개발한 이 '창조 마을'에 대해 흥미를 느낀 것은 이른바 환경미학에 대한 관심 때문이기도 하다. 하지만 예컨대 서울 북촌마을의 재개발에서 이와 같은 협력관계가 형성되어야 했던 것이 아니었을까 하는 생각 때문이기도 하다. 호기심의 정도를 넘어서려는 뜻에서 NSW 대학 조경학과의 암스트롱 교수의 견해를 주목해보자.

그에 따르면, 우선 보편주의로 말미암아 문화가 희생되었음을 뜻하는 균질화된 해결책들이 조건을 묻지 않고 대부분에 적용되고 있는 현실이 비판받아야 한다. 이는 혁신적인 디자인의 파산에서 그 모습을 분명하게 드러낸다. 포스트모더니즘의 또 다른 국면은 성장하는 다원주의 세력이다. 포스트모더니티의 조건은 우리로 하여금 급속한 정보교환기술공학에 따라 여러 방식으로 야기된 공간·시간의 붕괴 속에 살고 있는 자신의 존재방식을 인식할 것을 요구한다.

그와 동시에 우리는 기존의 모든 가정에 도전하고 횡행하는 보편을 거부하도록 맞서야 하는 지적 풍토 속에 존재한다. 그러나 그러한 도전들이 미래에 관한 어떤 지침도 제공하지 않는 채 우리에게 던져지고 있다는 데 문제가 있다. 이와 같은 불확실성으로 말미암아 출현한 하나의 대응이 바로 '지적 협동의 가치를 인식하는 것'이었던바, 더욱이 창조적인 분야에 있으면서 변두리에서 중심부와는 다르게 생각하는 사람들과 협동하는 것이 중요해졌다. 확실성의 도전에 대한 또 하나의 반응은 '로컬리즘이 지닌 가치의 인식'으로 정리되는데, 이는 보편주의적 골리앗을 노리고 던진 돌팔매인 셈이다. 더욱이 풍경의 이해에서 이는 필수적인 교훈으로 대두된다. 신화로서의 풍경, 환경으로서의 풍경, 장소로서의 풍경, 문화적 정체성으로서의 풍경이 그것이다.

위와 같은 철학적 이해를 바탕으로, '창조적 마을'은 조경, 건축, 도시 디자인과 지역사회 예술 그리고 농촌 지역사회 전문가들과 학생들 사이의 협동으로서, 지방도시들과 그 농촌환경 속에서 디자인 프로젝트들을 발전시키고자 한다. 예술진흥원이 지닌 애초의 목적이자 아직도 유효한 열정 가운데 하나는 디자인 전문가를 보통 그러한 전문 집단들이 접근한 적이 없는 농촌 지역사회에 보내는 것이다. 예술진흥원은 예술가와 설계자들이 독자적이면서 농촌 지역에 독특한 디자인들을 발전시키도록 했는데, 이는 물론 지역 장소에 대한 공동체적인 지식과 정신이 강화할 것으로 기대된다.

'창조 마을' 프로젝트는 단순히 농촌 지역사회에 도시디자인 자원을 마련해주는 것보다 더 큰 기회를 제공한다고 볼 수 있다. 즉 협동적인 디자인팀의 초치招致는 장소를 위한 디자인, 환경문제를 위한 디자인, 공동체 활성화를 위한 디자인, 가능한 미래와 연결된 디자인에 관한 이해라는 새로운 영역을 열어놓을 수 있기 때문이다. 언뜻 보아 디자이너라는 직업은 그 누구 못지않게 포스트모더니티의 희생자가 되어 있는데, 이 프로젝트는 유행과 스타일을 좇는 물신숭배를 청산하면서 디자인 작업으로 하여금 다시 통합성과 진품성의 감각을 되찾게 하기도 한다.

제4장 전통과 현대가 조화된 매혹도시, 도쿄

이끔말

> 도시는 누군가의 부를 빼앗아 성립되는 것이 아니다. 대부분의 도시는 부의 창조에 의해 도시가 된다. 그러므로 도쿄와 대도시의 부를 지방으로 이전하는 것으로 도쿄와 대도시에 대항한다고 하는 발상은 그릇된 것이 아닐까?

하라다 유타카의 《도시의 매력학》이라는 저서는 위와 같이 시작되는데, 이는 참으로 도발적인 질문이 아닐 수 없다. 그러나 이러한 도발성의 이면에는 일본 여러 도시의 생성과 발전의 역사를 나름대로 뒤돌아보면서 그 메커니즘을 밝히고자 하는, 즉 역사 탐방으로부터 얻은 교훈을 바탕으로 도시정책과 지역발전정책을 위한 시사점을 찾아보려는 진지한 노력이 자리하고 있다.

물론 에도江戸시대부터 그 싹이 없었던 것은 아니지만 일본에서 산업화, 도시화의 역사가 본격화된 것은 메이지유신 이후이다. 농업으로 말미암은 부가 토지에 제약되었던 것과 달리, 공업과 정보의 생산에서 생겨난 부는 토지에 제약되지 않은 채 특정 도시에 집중됨으로써 다른 지역의 두려움과 질투심을 북돋아왔다는 것은 숨김없는 사실이다. 또한 도시가 부를 창조하고, 그 부에 의존하는 것에 따라 과거 백 년 이상 급속한 생활수준의 향상을 누려 왔음에도, 일본인들이 그러한 도시를 적대시해온 것은 모순이라는 항변도 나름대로 일리가 있다. 즉, 부의 근원을 적대시하고서는 일본이 풍요롭고 행복하고 매력 있게 될 도리가 없다는 것이다. 그러나 우리는 섣부르게 어떤 판단을 서두르기보다 일단 그와 같은 주장의 근거인 '도시가 부를 만들고 매력적이 되어 온 역사 이야기'를 도쿄를 중심으로 살펴보고자 한다.

1. 도쿄의 전사前史

지금 도쿄는 세계의 대도시 가운데 하나가 되었지만, 약 450년 전에는 에도라는 항구를 낀 작은 마을에 지나지 않았다. 그러니까 에도가 도시로 발전한 것은 도쿠가와 이에야스德川家康가 1590년 8월 1일에 이곳에 들어선 이후로서, 에도는 도쿠가와 일가의 위력으로 만들어진 무도武都인 셈이다. 더욱이 1621년부터 33년 동안 진행된 물길을 바꾸는 대공사는, 산업혁명기 유럽의 운하 시대를 훨씬 앞선 사업으로서, 43킬로미터에 이르는 다마가와玉川 상류의 토목공사와 함께 오늘의 도쿄를 만든 기반이라 할 만하다. 그리하여 이에야스 막부가 들어선 지 30년 정도 뒤에는 2층, 3층집이 즐비하고, 약 30만 명을 수용하는 도시로 발전하게 된다. 물론 1657년 메이레키明曆 대화재를 비롯한 여러 차례의 불 때문에 그 모습이 바뀌었지만, 에도는 문자 그대로 불사조처럼 되살아났다. 8대 쇼군將軍 요시무네吉宗가 지배한

1716년부터 20년에 걸쳐 에도는 인구 백만의 도시로 성장했는데, 조닌(町人, 상인 계층)에 속한 약 50만 명 가운데 남성 100명 대 여성 57명 정도로 남녀 비율이 엄청나게 차이가 났다.

급진 도시 에도는 경제적으로도 문화적으로도 아직 수도인 교토의 영향을 받고 있었지만, 1751년부터 20년 동안 차츰 간토關東를 둘러싼 경제권이 독립적으로 성립되었다. 여기에는 다이묘大名들이 연 수입의 7~8할을 에도에서 소비한다는 사실이 크게 작용했다. 다시 말해서, 정치적인 이유로 각지의 다이묘가 영지와 에도 사이를 1년 간격으로 왕복하면서 처와 아들을 일종의 인질로 에도에 살게 하는 것을 의무화한 산킨코타이參勤交代로 말미암아 전국으로부터 사람, 물자, 돈이 에도에 몰리게 되었던 것이다. 각 다이묘가 자국의 특산품을 에도에 가지고 와서 평가받음으로써 이른바 지장地場 산업의 발전에 기여하기도 했거니와, 다이묘 자신들도 영국領國에 머무는 것을 좋아하지 않고 오히려 에도 재부在府 기한이 끝나면 병을 빙자해서 좀더 머물게 해달라고 막부에 허가원을 제출하고 에도에 머무는 경우가 많았다.

그러나 1868년에 드디어 도쿠가와 막부는 붕괴하고 만다. 따라서 에도의 7할을 차지한 무가지武家地는 눈에 띄게 황폐하여 적막강산이 되었으며, 높은 지대의 주택지는 낮에도 여자 혼자 걷기가 위험하다고 할 정도였다. 130만 명의 인구가 1872년(메이지 5)에는 57만 명으로 격감하였으며, 남은 인구의 태반은 상인 계층이었다. 이처럼 한 나라의 수도 도쿄는 도시로서 극단적으로 일그러진 상태에서 출발하게 되었다.

2. 수도로서의 도쿄

도쿄가 수도로 된 경위도 복잡했다. 유신 정부의 수뇌부는 당초 토지의 협착과 공가公家의 인습을 피하고자 오사카 환도를 생각하다가, 오쿠보 도시미치大久保利通의 결단에 따라 도쿄를 수도로 낙착했다. 그 배경에는 도쿠가와 265년에 걸친 패부覇部 에도의 유형·무형의 유산을 이어받는 것이 재정난에 처한 유신 정부로서는 유리하다는 것과 함께, 도쿄가 거의 일본의 중앙에 해당한다는 것이 크게 작용했다. 마침내 서경西京 교토와 함께 동경東京 에도의 동서 이도二都론을 이용하여 도쿄가 수도가 된 것이다.

이렇게 해서 유신 정부는 도쿄의 도시정책에 돈을 대면서 무가武家가 있던 토지 300만 정보를 개간하는 계획을 세우면서 야마노테山手 일대를 개간자에게 무상으로 대부해주었다. 또한 지금의 아카사카에서 시부야에 이르는 아오야마 거리는 광활한 뽕나무와 차나무 밭으로 변하게 된다. 이즈음 긴자는 1872년의 대화재를 계기로 기와집 거리로 바뀌어 이른바 '미니 런던'이 실현될 판이었으나, 건축가의 실수와 관료의 졸속주의가 화근이 되어 실패로 돌아가기도 했다.

그 뒤 1886년(메이지 19)에 당시의 외무대신 이노우에 가오루井上馨가 독일에서 베크만과 엔디, 두 사람의 건축가를 초청하여 히비야 관청 집중계획을 설계시켰으나, 이 근세 유럽풍의 도시계획은 막대한 재정 지출을 자극했던 까닭에 법무성에 그 이름만 간신히 남긴 채 그림자로 끝나고 말았다.

이 무렵 내무성과 도쿄부가 추진하고 있었던 시구 개정 계획도 언급할 만한 가치가 있다. 이 계획은 1888년(메이지 21) 8월에 조례로 공표되었으며, 그 다음 해부터 시행될 단계에 이르렀다. 같은 해 이 조례에 부속되어 있던 토지 건물 처분규칙이 공포되었는데, 이 두 개의 법령이 일본 최초의 도시계획법이라고 할 수 있다. 그 모델이 된 것은 19세기 중반의 파리 재개발 계획이었다. 추진자 오스만에 따른 파리의 도시개조는 도로 확장, 공원 및 하수도의 정비를 중심으로 한 것이었으나, 군사 목적으로 나온 일본의 시구 개정은 도로, 교량, 하천의 확장·개수를 우선으로 함으로써 도시경관의 개량과 시민 생활의 개선과는 제대로 연결되지 않았다.

시구 개정이 시행되고 도쿄 시가 탄생할 당시 도쿄의 인구는 에도 최성기의 인구 130만 명으로 되돌아가 현재의 야마노테센(도쿄 순환 전차) 안쪽의 시가화가 거의 달성되었다. 원래 인구밀도가 낮은 야마노테에 관리, 군인, 승려가 늘어났고, 시타마치의 과밀은 에도시대 때부터 변함이 없었다. 이즈음부터 양 지역의 주민 자녀들 사이에 '노텟코', '시타맛코'라는 식의 대항관계가 생겨났다. 이런 과정을 거쳐 자치제 도쿄 시의 발족이 이루어진 것이 1898년(메이지 31) 10월 1일이다.

한편 도쿄 시가 인구 200만의 도시로 성장한 것은 러일전쟁이 끝난 다음 해, 즉 1909년(메이지 29)의 일이다. 이 팽창을 가능케 한 것은 교통기관의 발달이라고 할 수 있다. 그러나 '물의 도시' 에도를 대표하는 과거의 하천 교통에서 육지 교통으로의 변화는 하천이나 인공수로의 매립으로 이어져 도시경관을 현저히 해친 측면도 있었다.

1923년에 있은 간토 대진재大震災는 도쿄와 요코하마에 파멸적인 타격을 주었으나, 다른 한편 포화상태에 달했던 도쿄 개조에 다시없이 좋은 기회가 되기도 했다. 잿더미에서 탄생한 야마모토 내각에 내무대신으로 재차 발탁된 고토 신페이後藤新平는 그가 도쿄 시장 때 의기투합했던 뉴욕의 비어드 박사의 지시를 받아들여 제도帝都 부흥에 30억 엔을 걸고, 최신의 구미 도시계획을 참고로 계획을 세웠다. 그러나 긴자 등지에 1500평의 땅을 가지고 있던 당시의 '제도부흥심의회' 회장이 이 안을 과대망상이자 헌법에 보장된 사유권의 침해라고 반대하면서, 부흥 산업 예산을 4억 6천만 엔으로 끌어내렸다. 그 결과 근대 일본의 유일한 마스터플랜은 눈앞의 이해에 매달리는 사람들로 말미암아 소멸되고 말았다.

그러나 1932년(쇼와 7)에 이르러 대진재의 상처가 어느 정도 극복되자, 근교 농촌들을 편입시켜 인구 약 530만 명을 감싼 대도쿄 35구가 성립되었다. 쇼와昭和 초기의 금융 공황, 농촌 불황의 영향으로 도쿄에 국한되지 않는 대도시로 인구가 집중하는 경향이 더욱 강화되었는데, '무사시노武藏野'라는 거대 배수지를 가지고 있는 도쿄에의 집중화는 단연 발군의 것이라 할 만했다. 이 무계획한 인구 증대의 결과로 생겨난 추인追認 도시 대도쿄는 많은 후유증을 낳고 있다.

한편 전시 도쿄는 태평양전쟁의 격화와 함께 시작된 미군 공습으로 말미암아 극도로 피폐했다. 도쿄 공습은 120회, 폭격기는 연 1만 대를 헤아리고 이로써 도쿄의 거리는 초토화되고 말았다. 1945년(쇼와 20) 8월 15일, 드디어 전쟁은 끝났지만, 도쿄 시민의 기근 전쟁은 오히려 더욱 격해졌다. 이러한 가운데, 패전 당시 도쿄 인구는 348만여 명으로 격감할 수밖에 없었지만, 5년 뒤에는 627만여 명으로 급증했다. 같은 해 6월에 시작된 한국전쟁은 도쿄에도 '특수 경기'를 가져와, 그해부터 시작된 건설 붐은 이윽고 대기업의 중추 관리 기능을 맡게 된 '건설 쇄도'를 생겨나게 했다. 1947년을 지수 100으로 한다면, 7년 뒤인 1954년에는 178에 이르도록 35만 9천 개의 건축 사무소가 탄생했던 것이다.

이러한 과정에서, 하천과 외호外豪가 메워지면서 1951년에 도쿄 역 야에스구치八重洲口와 시부야澁谷의 지하가가 완성되는 등 도쿄의 외관은 서구 도시 모양으로 변했다. 그러나 '도쿄도 에도 도쿄 박물관'의 건설준비 부실장이었던 고바야시 신조小林新造에 따르면, 현대 도쿄는 여러 가지 면에서 과거 에도의 모습을 남기고 있다. 즉, 한 번도 마스터플랜이 실현된 바 없는 도시로서, 도쿄는 구미로부터 배운 근대도시인 동시에 아시아적 도시공간의 외잡함과 에도의 전통을 남기고 있는 불가사의한 도시라는 것이다. 그는 몇 차례의 전반적인 마스터플랜이 좌절된 것을 몇몇 개인의 이기주의 때문인 것으로 말하지만, 과연 그보다 더 근본적인 요인은 없는 것일까?

3. 경쟁에 의한 분권 강화

앞에서 살핀 대로 에도는 통치자 도쿠가와 이에야스의 성이 됨으로써 발전의 기회를 얻었다. 그러나 실상 일종의 소비도시로서, 에도는 기껏해야 그곳에 몰려든 다이묘들의 유원지에 지나지 않았다. 이러한 맥락에서 메이지유신이 일어나 도쿠가와 막부의 힘이 쇠약해지면서, 에도도 급속히 쇠퇴할 수밖에 없었다.

그러나 신정부의 권위가 확립됨과 함께 도쿄는 권력에 의존하는 동시에 권력에 의존하지 않는 힘도 갖추기 시작했다. 그것은 요코하마의 개항(1859)부터인데, 도쿄 또한 요코하마와 마찬가지 방식으로 잡화를 생산하기 시작했던 것이다. 잡화를 중심으로 한 공장지대가 부근에 다양한 중소기계공장의 설립을 자극하면서 러일전쟁 전후에는 드디어 일대 공업지대가 생겨날 수 있었고, 따라서 소비물자의 대체 생산도시로부터 소비 이상으로 생산해 낼 수 있는 생산도시가 될 수 있었던 것이다.

이렇게 부를 창조하면서, 도쿄는 다시 매혹도시가 될 수 있었다. 과거를 묻지 않고 현재의 노력과 능력만을 물으면서 기회를 제공하는 까닭에, 도시는 야심과 재능을 가진 젊은이를 끌어들이는 장치가 된다는 일반적인 원리가 작용했다. 물론 과거를 지운다는 것이 사기詐欺가 되지 않으려면 고도의 도덕이 절실히 필요하지만, 많은 경우 그와 같이 높은 도덕적 수준을 유지할 수 없게 되면서 매혹도시는 환멸도시로 전락하기도 한다.[11]

최근 들어 도쿄의 공업 생산력이 상대적으로 저하되었는데, 여기에는 공업 이외에 서비스업이 발전했다는 이유만큼이나 1971년에서 1973년에 걸쳐 '농촌지역공업도입촉진법', '공업재배치촉진법', '공업 등의 제한법의 강화', '공장입지법'의 제정 또는 강화에 따라 도쿄에서의 공장입지가 어려워졌다는 제도적 요인도 크게 작용했다. 그러나 도쿄가 이른바 산업모도시産業母都市의 힘을 그대로 유지하고 있다는 점을 간과해서는 안 된다. 즉, 공업 발전을 주도하는 기능을 갖춘 대도시의 특징을 그대로 유지하면서, 규모는 작지만 숙련과 첨단 기술에 따라 높은 수준을 유지하는 다종다양한 공업 집단이 형성되어 있고, 이 집단은 기초연구기관과 연구개발 부문의 주문에 응하면서 경쟁력이 더 큰 새로운 부품 및 제품의 개발과 시작試作을 계속하고 있다. 이러한 원형原型 창출 기능이 곧 산업모도시의 기능인바, 시작試作·시용試用을 통해 신제품의 성능과 품질이 확인되고 상품으로서의 수요가 눈에 보이는 단계에 이르면, 지방의 양산量産 공장으로 옮겨지는 시스템이 구축되어 있는 것이다.

스스로 창출한 부를 스스로 쓰는 소비도시이자, 생산한 것을 시용하는 실험도시이기에 도쿄는 사람들을 끌어들이는 힘을 지닌 것이

11 도쿄에 대항하는 힘을 갖고자 한다면, 대항도시 또한 이익의 집적을 실현하는 생산도시, 익명성과 함께 도덕성을 지키면서 사람들에게 희망을 주는 기회도시가 되어야 하고, 화사한 즐거움에 넘치는 매혹도시가 되지 않으면 안 된다는 하라다 유타카의 주장은 그것대로 들어둘 만하다. 나아가 대항력은 크기에서만 생겨나는 것이 아니라, 자신만이 해낼 수 있는 특징을 살려내야 한다는 주장 또한 나름대로 타당성을 지닌다.

지, 단순히 권력으로 부를 끌어들인 이전도시라고 볼 수 없다는 이러한 주장은 자유와 모험을 이유로 상업주의를 찬양하고, 이를 배경으로 한 자유사상과 낭만주의가 유럽 근대문화의 원동력이라고 격찬하는 데까지 이르게 된다.

같은 맥락에서 도쿄의 땅값이 비싼 것은 거기에 자유혼의 값이 포함되어 있기 때문이라는 주장도 따라 나오게 마련이다. 앞으로 우리는 이와 같은 낙관론에 대해 도시의 어두운 측면들을 직시하면서 나름대로 의미화하려는 시도를 대비시켜 보고자 한다. 하지만 그에 앞서 도쿄를 분산시키려면 지방도시가 도시가 지닌 매력, 즉 익명성과 기회성을 획득하고, 혼의 자유영역을 확대하는 것이 필요하다는 견해로 일단락을 짓고자 한다.[12]

12 이는 도시를 아름답게 하기 위해 반드시 필요한 것이 도시 간의 경쟁이라는 결론과 상통한다. 또한 이 같은 주장은 자본주의 체제에서 오히려 도시경관이 보존되는 이유를 사람들이 아름다운 거리를 가치 있는 것으로 인정하면서 그것을 위한 비용을 스스로 분담하여 지키고자 하는 메커니즘이 작동하기 때문이라고 본다. 즉, 사회주의 체제에서는 사람들의 의지를 실현하는 수단 전부를 관료적 의지결정기구에 맡겨놓고 말기 때문에, 도시가 무책임적 상태에서 피폐하고 만다는 것이다. 그렇기 때문에 미래를 변경하기 쉽게 만들고, 합의를 얻어내기 쉽게 하고, 비용부담을 고려하는 계획을 실시하는 것이 좀더 실효적이라는 것이다. 이와 비슷한 맥락에서, 일본의 소비재는 세계에서 가장 아름답지만 일본의 도시는 아름답지 못하다는 평가에 대해서도 생각해볼 수 있다. 아름다운 소비재가 만들어지려면 기업이 소비자가 바라는 아름다움이 무엇인지를 탐색하는 과정이 필요하다. 다시 말해서, 기업이 소비자의 심리를 헤아려 시장에 상품을 공급하고 소비자가 이를 선택하는 과정에서 아름다운 상품이 탄생한다는 것이다. 그런데 도시는 이와 같은 과정이 제한되어 있기 때문에, 선택을 위한 진지한 경쟁이 존재하지 않게 되고, 따라서 자칫 획일화될 가능성이 농후해진다. 따라서 중앙이 획일적으로 발전정책을 만들고 지방이 이에 따르는 방식이 아니라, 재능과 야심이 있는 젊은 사람들을 지방에 끌어들일 수 있는 방책이 오히려 도시의 아름다움을 분권적으로 만들어낼 수 있는 지름길이 될 수 있다는 것이다.

4. '도코床'의 문화와 도쿄

미학을 전공하는 사람의 입장에서 보면 주위에서 '미학'이라는 단어가 너무나 남용되고 있다는 생각이 든다. '문화'라는 단어와 비슷한 처지라고 할까? 그러나 《도쿄의 미학》이라는 표제를 내세운 책자는 도쿄를 이해할 수 있게 하는 적어도 하나의 비결을 일러준다. 이는 도쿄 대학 명예교수이기도 한 건축가 아시하라 요시노부芦原義信가 "혼돈과 질서"라는 부제를 달아 출판한 책의 제목이다.

이 책은 일본의 수도 도쿄가 언뜻 보면 아주 혼돈스럽고, 다른 나라의 수도와 비교할 때, 도시계획과 도시경관이라는 점에서 무척 뒤처져있다고 생각되는데, 그러한 곳에서 어떻게 세계적으로 괄목할 만한 경제 발전이 이루어질 수 있었는가에 주목하고 있다. 저자는 일견 혼돈스러운 도시환경에서 이러한 성과를 거둔 바탕에는 일종의 비밀이 감추어져 있다고 말한다. 그 중심에는 신을 벗고 집안에 들어선다는, '床(일본 발음은 도코)의 문화'가 자리하고 있다는 것이다. 이를 일본 특유의 문화로 파악하고 그것이 전체 발상과 다른 부분 발상의 도시 형성을 가능케 한다면서, 도쿄의 질서를 특징짓는 저자의 시각은 아무래도 부연 설명이 필요할 듯하다.

영국의 평론가 마이클 크로스Michael Cross는 일본인이 집안에서 신을 벗는 습관이 일본 하이테크 산업의 비상한 발전과 상당한 정도로 연관이 있다는 식의 발언을 한 바 있다(New Scientist, 6, Jan. 1990). 마이크로 칩을 생산하는 과정에서 서구인은 신을 벗는 행위에 대해 존재감 상실이라는 저항감과 굴욕감을 강하게 느끼는 것과 달리, 일본인은 이를 자연스럽게 받아들이면서 생산력이 증강되었다는 것이다. 그 밖에도 스모 경기 등을 예로 들고 있지만, 일본 생활이 마루[床]에 강하게 의존하여 지금에 이르렀다는 주장은 일단 그리 어렵지 않게 받아들여진다. 여름이 고온다습한 기후 풍토에 적합하도록 만든 목조 주택에서 자연으로부터 한 단 높게 고정된 마루는, 가동식 벽칸막이(일본인들은 이를 '아카리 쇼지'와 '후스마'라고 한다)와는 달리, 대단히 중요한 의의가 있다는 것이다.

아시하라 교수는 이것이 온도는 높지만 습도가 낮아 커다란 석굴 같은 곳에 들어서면 아주 시원해지는 서구, 특히 남유럽에서는 돌을 쌓아 올린 중후한 벽이 있는 집이 기본인 것과 대조를 이룬다고 본다. 이 '벽의 건축'에서는 집의 내부와 외부가 동일시되는 공간질서로서 공공을 우선하는 서구적 도시계획의 원점이 되고, 도시의 전체 발상을 가능케 했다는 것이다. 이해가 쉽지 않으나 그가 예로 든 대로 독일에서는 발코니에 아름다운 꽃을 장식하는 습관이 있는 것과 달리, 신을 벗고 집에 들어서는 습관이 있는 일본에서는 베란다에 세탁물이나 이불을 아무렇지 않게 내다 거는 것은 사실이다. 그로서는 이것이 벽이라는 직선적인 질서보다 마루라는 평면적인 질서에 집착하고, 자신의 토지 소유를 공익에 우선시해 온 일본 특유의 도시 형성 방식을 발전시켰다고 본다.

직선적 요소를 중시하는 벽의 건축과 평면적 요소를 중시하는 마루의 건축을 대조시키면서, 이로써 도시형성의 존재방식을 설명하는 기본 틀로 삼는 것은 이른바 원형을 중시하는 사고로서, 변화를 더 중요하게 생각하는 필자로서는 전적으로 동의하기 어렵지만, 동서비교를 통해 나타나는 차이를 요약적으로 설명하는 데에는 어느 정도 도움이 되는 것도 사실이다.

요컨대 그는 습도가 온도보다 문화 형성과 더 깊은 연관을 맺고 있다는 전제 아래, 여름의 고온다습이 서구처럼 신을 신은 채 생활하는 것을 허락하지 않고, 따라서 집의 내적 질서를 도시와 같은 외적 질서에 우선시키는 일본 특유의 사고방식을 낳았으며, 그 결과 토지의 사적 소유에 집착하여 서구와 같은 전체발상적 도시계획의 실현을 곤란하게 하고 있다는 것이다.

이와 같은 설명과 연관되든 말든, 도쿄가 직선을 싫어하고, 그 직선과 직교하는 건물의 좌우대칭성과 정면성을 싫어한다는 것은 부인하기 어렵다. 그 위에 제멋대로의 토지 이용으로 말미암아 부지의 형상이 부정형不整形이라, 재래식 부지 분할 지역에 새로운 계획 도로를 만들 경우, 도로와 부지 경계선의 교차각이 직각이 되지 못한다. 이것이 곧 교통 체계의 미정비로 연결된다.

상속으로 말미암은 토지 세분화가 이와 같은 상황을 더욱 악화시킨다고 보면서, 아시하라 교수는 종합적 도시 재개발의 과제를 논하고 있는데, 다소 복잡한 논의인지라 언급하기 쉽지 않다. 그러나 일본의 도시 재개발이 대체로 역이나 도시 중심 지면의 재개발로서, 상업적 채산 베이스에 입각해서 계획되고 있다는 비판은 귀 기울일 만하다. 따라서 여러 외국에서 이루어지고 있듯이 주택의 질적 개량과 건설은 경시되고, 직장과 주택의 근접이라는 희망은 실현 불가능해졌다는 것이다.

공공성이 높은 중앙역사에 상업시설을 넣는 것이 도시계획적으로 정당한지를 이제 다시 생각해봄 직하지 않은가 하는 문제제기도 이와 같은 사고와 연결되어 있다. 이처럼 토지 자체가 본래 공공적인 것으로서 사적 소유권자의 개인적 이익만을 생각할 수 없다는 기본적인 사고는, 일본이 토지에 집착하는 정착형 농업주의 국가로서 집에 들어가 신을 벗는 것으로 대표되는 마루집착형 문화 국가이기도 하다는 사실에 대한 비판적 고찰과 직결된다. 그렇다고 해서 이를 전적으로 부정할 수 없다는 데 문제의 핵심이 놓여 있다.

한 채, 두 채, 집이 점차 늘어나 거리를 형성하는 경우, 처음부터 이와 같은 거리를 만든다는 발상과는 차이가 있게 마련인데, 이를 부분발상과 전체발상으로 정형화하는 아시하라 교수는 이를 다시 덧셈과 뺄셈으로 설명하기도 한다. 그러나 양자 간 차이는 절대적으로 존재한다기보다 눈으로 볼 수 없는 질서로 물든 공통인자의 선택에 따른 부분발상이라는 방식으로 존재한다.

이처럼 1,200만 명이 살고 있는 도쿄의 '숨겨진 질서'를 찾는, 마치 생물의 유기체와 상통하는 신진대사의 비결을 찾자는 것이 이른바 "도쿄의 미학"이라는 표현의 핵심으로서, 이는 필요 없는 것은 잘라버리고 필요한 것은 점차 강화시켜 가는 아메바 도시의 존재 방식을 찾는 것과 맥을 같이 한다. 말하자면, 서구의 도시가 '형식'을 중시해온 것과 달리, 일본에서는 '내용'을 중시하는 기본적 차이가 있다는 것인데, 그럼에도 일본 도시의 배후에는 눈으로 볼 수 없는 '감춰진 질서'가 있는 것이 아닐까 생각해 본다는 것이다.

앞에서도 말했지만, 서구의 성벽도시들에서 볼 수 있는 것 같은 고정적, 수렴적인 공간과는 달리, 일본의 도시, 더욱이 도쿄는 자연발생적, 발산적 공간으로서, 그 도시경관은 무질서하게 보일 수 있다. 그러나 이는 다세포 생물이 성장하는 과정과 흡사한데, 생명체의 개체발생 설계도는 난수계를 즐겨 받아들여 다소의 환경 변화에 적응할 수 있도록 전체 구조의 각 수준에서 여분을 포함하고 있다는 설명이 부가된다.

베노와 만델브로가 주창한 프랙탈 기하학은 자연 가운데 무질서 속에서 난수계를 포함하는 부드러운 질서 구조를 보아내고 있다고 해도 좋겠는데, 이를 컴퓨터 그래픽과 결합할 경우, 그 형과 표현이 처음부터 머릿속에 있지 않고 주어진 변수의 차이에 따라 살아간다. 언뜻 보면 혼돈스러운 도시구성 가운데 새로운 '혼돈의 미학'을 탐구하는 이와 같은 노력은 때마침 등장한 카오스, 퍼지 등 비선형 세계에 대한 우호적인 사고 경향과 맥을 같이 한다. 흑백이 분명히 분간

되는 이원론적 발상이 아니라, 다소 여유 있는 질서 구조를 용인하는 사고방식을 지향한다고나 할까? 즉 융통성이 있는 신진대사의 미학이 존재하는 만큼 이를 좀더 강하게 지각하는 것이 도시를 위한 처방전이라는 취지이다. 그러면서 그는 융통성 있는 신진대사의 미학조차 사유지에 집착해오면서 토지의 고도이용을 시도하는 경제성과 일대 격투를 각오하지 않으면 안 된다고 덧붙인다.

맺음말

지금까지 도쿄가 일본의 수도로서 겪어온 역사와 더불어, 경쟁과 분권에 따라 현재에도 어떻게 매혹도시의 위상을 지켜오고 있는지를 살펴보았다. 또한 '도쿄의 미학'이라는 주제를 통해서 오늘날의 도시가 갖추고 있는 '혼돈 속의 질서'에 대한 철학적 논의에 주목해보기도 했다. 요컨대, 매력적인 문화도시를 만들어나가려면 영원성과 영속성이라는 시간관념보다는 날로 새롭게 변화하는 가운데 생명을 지켜나가는 특징을 눈여겨보는 관점이 요청된다는 것이다.

그러나 아무래도 좋다는 식이어서는 안 되며 그 속에 감추어진 질서를 살려내야 하는바, 그것은 결국 도시계획적인 편리를 무시한 상업주의 중심으로부터 벗어나는 것과 상통한다. 이러한 결론은 비단 도쿄의 경우에만 해당하는 것 같지 않다. 건설주의, 상업주의 그리고 외국인을 포함한 건축가의 방자한 자기주장이 합체한 결과 생겨난 혼돈은 과거와는 달리 치유가 쉽지 않다. 왜냐하면 이른바 포스트모던을 표방한 건물들은 천문학적인 투자로 지어진 것으로, 쉽사리 철거될 수 있는 유형이 아니기 때문이다. 이는 혼돈으로서의 아름다움을 살려나가는 것과 전혀 무관하다. 결국 전통을 살려나가며 현대적인 도시계획의 목표인 공공성을 확대해나가는 것이 도쿄의 미래를 모색하는 《도쿄의 미학》의 근본취지인 셈인데, 공원을 비롯해 도쿄만큼의 공공성도 없는 서울을 떠올려볼 때 안타까운 심정이 드는 것은 부인할 수가 없다.

부록

영국 사례 연구

정종은

1. 영국 창조산업 정책의 형성
2. 문화주도 도시재생 전략의 빛과 그림자
   -기함旗艦문화건축 프로젝트를 중심으로-

부록1 영국 창조산업 정책의 형성*

이끔말

최근 전 세계적으로 많은 관심을 받고 있는 문화도시 및 문화산업이란 주제와 관련하여 가장 적극적인 정책적 개입을 보여온 국가로 영국을 꼽는 것은 크게 무리가 아닐 것이다. 해당 분야에 관한 영국 정부의 정책을 이해하고자 할 때, 반드시 기억해야 할 것 가운데 하나는 '문화도시 조성' 정책이 보다 넓은 맥락에서 '문화산업 육성' 정책에 뿌리를 박고 있다는 사실이다. 문화정책 담론에서 이러한 흐름의 부상은 21세기 대한민국에서도 큰 차이가 없는바, 이와 관련한 쟁점들을 정리하고 분석하는 것은 안팎 문화정책의 향방을 예측하고 이에 대비함에서 상당히 의미 있는 작업이라 할 수 있다.

1997년 신노동당 정부가 정권을 잡은 이후, 영국 정부는 '국가유산부Department of National Heritage'를 '문화매체스포츠부Department for Culture, Media and Sport'로 확대 개편하면서, 영국 문화정책사에서 쉽

---

* 이 글은 권대중 외, 《미학과 외연》(서울: 월인, 2010)에 실린 바 있다.

게 찾아보기 어려운 적극적인 개입과 진흥 정책을 펼쳐왔다. 이러한 과정에서 영국 정부의 문화정책을 주도한 개념은 바로 '창조성'과 '창조산업'이었다. 슐레징어(2007, 378)가 지적하고 있듯이, "영국에서 창조성에 관한 담론은 지난 십 년간 정부에 의해 개발되어 왔으며, 현재는 '창조경제'라는 개념화로 연결되고 있다. 공식적인official 사유는 그것이 점증적으로 일관성을 향해 추동되고 있는 자기지속적인 조망이라는 의미에서 담론적discursive이다. 그것은 주창자들에 따라 끊임없는 옹호의 대상이 됨으로써 하나의 독트린이 되었다. 이제 그것은 정책입안자와 대화에 돌입하고자 하는 사람들에게는 하나의 의무적인 출발점이라고 하겠다."

한편 이러한 영국적 '독트린'이나 '신조'가, 프랑스의 그것과 대비되면서, 국제 무대에서 점차 영향력을 확대하고 있다는 사실도 어렵지 않게 확인된다.[1] 즉 창조성, 창조산업, 창조도시, 창조경제 등에 관한 논변들은 "타이완, 중국, 싱가포르 그리고 홍콩과 같은 나라들에서 부상하고 있는 문화정책에서 지배적인 위치를 차지한다.[2] 물론 이는 WTO 멤버십이라는 상품과 전 지구적 경쟁력이라는 약속에 따라서 추동되고 있다. 국가의 창조산업이 전 지구적 창조경제 속으로 흡수되면서, 신자유주의적 가정이 과거의 이데올로기들을 몰아내기 시작했다. 이러한 맥락에서 보면, 프랑스의 '문화적 예외exception

1 영국의 '창조산업' 개념과 제반 정책은 EU의 문화정책에 반영되면서 유럽 전역으로 급속하게 확산되었으며, 영연방에 속한 국가들의 네트워크와 유네스코나 WIPO와 같은 국제기구들을 통해서 전 세계로 수출되고 있다(Cunningham, 2009b 참조).

2 최근의 여느 산업 분야와 마찬가지로 중국은 창조산업 분야에서도 국제적으로 상당한 이목을 끌고 있다. 중국은 홍콩과 상하이 등의 도시에서 먼저 창조산업 정책을 받아들였는데, 중앙정부는 과거의 '문화산업'이란 개념을 고집하다가 2000년대 중반 이후 '창조산업' 개념을 수용하면서 문화창조산업cultural and creative industries이란 용어를 통해 타협적인 접근을 시도하고 있다. 중국에서 해당 정책이 전개된 과정을 객관적으로 살피기 위해서는 Wang(2004)과 O'Connor & Xin(2006)이 도움을 준다.

culturelle'는 집결되고 있는 합의에 위협을 받는, 시대착오적인 반항으로 간주되는 듯하다."(Bilton, 2007, 169)[3]

이러한 견지에서 이 장은 최근 엄청난 기세로 성장 및 확산되고 있는 창조산업 정책의 '영국식 모델'에 대한 개략적인 이해를 시도하고자 한다. 크게 두 가지 주제에 관심을 집중할 것인데, 먼저 '창조산업' 개념의 형성과정을 살펴보고, 다음으로는 창조산업 정책의 핵심 개념들을 조명하려고 한다. 마지막으로는 다소 비판적인 결론부가 뒤따를 것이다.

1. 창조산업 개념의 형성: 창조예술에서 문화산업을 거쳐 창조산업까지

창조산업creative industries이라는 용어는 19세기 영국에서 처음으로 두드러진 대중문화의 발흥, 또는 '문화와 산업의 (재)결합'이라는 현상이 낳은 특정한 '개념 가족'의 한 구성원으로 이해될 수 있다. 여기서 문화와 산업의 '재'결합이나 '재'혼re-marriage이라는 표현은 다분

3 한편 한국은 "미래의 창조산업 정책을 위한 흥미진진한 바로미터"(Bilton, 2007, 169)로 평가받고 있는데, 이는 (스크린쿼터 폐지 문제와 관련해서 잘 드러나듯이) 토착적인 문화산업을 공격적으로 보호하던 것으로부터, 최근에 이르러 무역협정을 통한 전면적인 개방으로 이행함으로써 두 전통을 극적으로 대비해볼 수 있는 사례를 제공하기 때문이다. 이러한 이행은 1994년 11월 김영삼 전 대통령의 시드니 연설에서 처음 드러났고, 금융위기의 한 복판이라고 할 수 있는 1998년 2월 김대중 전 대통령의 취임연설에서 실체화되었다고 할 수 있을 것이다. 21세기 들어 아시아 전역에서 발생하고 있는 '한류Korean Wave' 현상의 배후에도 이러한 이행이 중요한 동력으로 자리 잡고 있음은 분명한 사실이다. 그렇다고 해서, 한국 정부가 문화산업 정책에서 보여온 최근의 이행을 단순히 '프랑스 모델로부터 영국 모델로 전환'이라는 일차원적 도식으로 파악하는 것은 물론 여러 한계를 드러낸다. 그러나 적어도 그것이 지금의 영국 노동당 정부가 '창조성'을 중심으로 한 새로운 문화정책을 세계 여러 나라의 정책입안자들에게 매력적인 대안의 하나로 인식시켜왔다는 사실에 대한 증거로 취하는 것은 그리 무리한 일은 아니라 하겠다.

히 미학사의 첫 페이지를 장식하는 테크네techne 개념을 염두에 두고 채택된 것이다.

예술fine arts이 여타의 기술art로부터 독립해온 또는 결별해온 역사가 고대 그리스 이후 19세기까지 서양 미학사의 가장 핵심적인 기조의 하나에 해당한다고 한다면, 산업혁명 이후 대중사회의 등장은 예술을 그 본래의 자리, 즉 여타의 기술들과 다시금 접합될 수밖에 없는 환경을 낳고 있는 것으로 보인다. 물론 이러한 돌아감이 근대적인 예술관의 핵심에 자리하고 있었던, 예술가의 고유성 및 독창성을 강조하는 의미의 '창조성creativity' 개념을 포기하는 것은 아니다. 우리가 앞으로 확인하게 될 것처럼, 오히려 그 근대적 개념은 (일련의 주요한 변형을 거쳐) 이제 산업 전 영역에 적용될 수 있는, 더 정확히는 적용되어야만 하는, 핵심적인 가치로 격상되고 있다.

한마디로, 창조산업에서 '창조creative'라는 개념은 다분히 근대적인 예술관에 뿌리를 두고 있는 것이다. 그러나 그것을 이른바 낭만주의나 유미주의와 종종 연관되는 일군의 신비적인 개념들과 반드시 연관 지을 필요는 없다. 오히려 주목할 것은 18세기 프랑스에서 탄생한 근대적인 '예술fine arts' 개념과 깊은 관계를 맺고 있으면서, 같은 시기 영국에서 열정적으로 추구되었던 '시민적 휴머니즘civic humanism'의 예술 이해라고 할 수 있다. 이 입장은 취미론의 대표적인 주창자인 샤프츠베리나 그 자신 당대의 대표적인 미학자일 뿐만 아니라 화가였던 조슈아 레이놀즈에 의해 개진되었는바, 이들은 'fine'의 개념을 보다 확장하여 공적으로 후원 및 보조할 가치가 있는 공공예술public arts의 개념을 발전시키는 데 관심을 가졌다(Hartley, 2005, 6~9).

물론 이는 단순히 도구적이고 기계적인 숙련artisanship과 성숙한 인간들을 위한 교양학·인문학liberal arts이라는 고전적인 구분을 당대의 영국 상황에서 새롭게 자리매김하려는 시도로도 평가될 수 있다. 이는 훗날 아놀드, 리비스, 엘리어트 등과 같은 문화적 보수주의자들의 '문명civilization에 반대되는 문화culture'라는 테제의 기초가 되기도 했지만, 시민적 휴머니즘이라는 새로운 프레임을 통해 새롭게 부상하고 있는 근대사회의 맥락 속에서 예술의 의미와 가치를 파악하고자 한 선구적인 시도이기도 했다. 그 프레임 속에서 교양 있는liberal 기술은 시민사회의 발전을 위한 공공적인public 기술로 이해되었는바, 양자를 잇는 고리 구실을 하는 개념이 바로 창조적인 기술·예술creative arts이었던 셈이다(Barrell, 1986; Hartley, 2005 참조).

1.1. 아도르노와 호르크하이머의 '문화산업Culture Industry'

그러나 이처럼 시민적 휴머니즘에 바탕을 두고 있는 고전적인 '창조예술' 개념은 산업화가 진행됨에 따라서 상당한 위협을 받게 된다. 이러한 위협에 대한 대다수 비평가들의 반응은 무척이나 보수적이었다. 예컨대 19세기의 대량문화mass culture 또는 대중문화popular culture가 강렬한 기세로 수면 위로 떠올랐을 때, 영국의 많은 비평가들은 그것을 교양, 창조성, 공공선 등의 개념과 대비시키면서 '쓰레기'나 '마약'과 같은 것으로 폄하하곤 했다. 20세기가 한참 진행된 이후, 이러한 보수적인 관점을 넘어서서 보다 철저한 이론적 틀을 가지고 위의 현상에 접근한 학자들이 등장하기 시작했고 그 대표적인 사람이 바로 프랑크푸르트 학파의 두 거두인 아도르노와 호르크하이머였다.

그들은 이러한 대량문화가 세를 획득해가는 것을 '문화'와 '산업'의 바람직하지 못한 결합이라고 파악하고, 이를 비난하기 위한 역설적인 표제어로 '문화산업culture industry'이라는 용어를 고안해냈다. 속된 말로 하자면, '문화'의 대변자가 되어야 할 '창조적 예술'이 바람을 피워서 낳은 사생아라고나 할까? 그들에 따르면, 이 사생아는 서구적인 계몽의 한 단계로서 후기자본주의 사회의 대중 기만 매체이며, 더 구체적으로는 부드러운 파시즘, 사이비개성화, 유아언어, 사회적 시멘트 등등의 수단으로서 기능해왔다(Adorno & Horkheimer, 1947; Adorno, 1991).

단적으로 말해서, 독일의 나치 파시즘에 따른 국민들의 조작 및 동원은 보다 부드러운 형태이기는 하지만, 미국의 자본주의적 대중문화에 의해서 그대로 되풀이된다. 따라서 그들은 "신화는 이미 계몽이었고 계몽은 신화로 되돌아간다"는 테제 아래서, 문화의 정수로서 예술은 (톱니바퀴와 같이 돌아가는 자본주의 사회에서) 무용한 것이 되어야만 오직 유용한 것이 된다는 매력적인 통찰을 제시하기에 이른다. 유용한 것들에 의한, 유용한 것들을 위한, 유용한 것들의 도구적인 시스템의 일부가 되는 것을 거부해야만, 문화와 예술이 순응적인 도구적 이성과 구별되는 비판적이고 반성적인 이성의 함양에 기여할 수 있다는 것이다. 물론 '문화산업' 내부에서 그리고 그것을 통해서 실제로 발생하고 있는 것은 정확히 그 반대로 상정된다.

오코너(2007, 18)가 올바르게 지적하고 있듯이, 문화산업에 대한 아도르노의 설명은 대중화된, 산업적인, 또는 미국화된 문화에 대한 양차대전 이후의 불안과 공명하는 것이며, 특별히 그 자신의 진정한authentic 문화적 전통을 보호해야 한다는 유럽적인 문화정책의 목표와 깊이 연결된다. 형식논리와 모순율의 층위에 초점을 맞추면서, 독특한 모더니스트적인 사회미학을 구성하고 있는 아도르노의 입장은 이후 이 주제와 관련한 다양한 지적 전통들의 발전에 큰 영향을 미쳤다. 하지만 그러한 선지자적 논조가 담보하고 있는 분명한 미덕에도 불구하고, 그의 입장에 대해 여러 종류의 비판이 제기되어온 것 또한 부인할 수 없는 사실이다. 더욱이 영국에서는 '문화산업'이라는 용어에 직접적인 관심을 두고 있는 두 가지 이론적 전통으로부터 그러한 비판이 제기되어 왔는데, 영국 문화연구British Cultural Studies와 문화의 정치경제학파Political Economic school of Culture가 바로 그것이다.

첫째로, 1960년대 이후 버밍엄 현대문화연구소를 모태로 형성된 영국 문화연구 전통은 윌리엄스, 호가트, 톰슨 등으로 대표되는 영국 문화주의culturalism와 레비스트로스, 알튀세, 바르트 등이 이끌었던 프랑스 구조주의structuralism의 변증법이라는 좌표를 통해서 그 주된 이론적 근거를 마련해왔다(Hall, 1980b). 이러한 모색의 결과로, 문화연구는 아도르노가 제시했던 전체화하는 조작적 메커니즘으로서 문화산업, 즉 실제 대중들의 삶 속에서 문화산업이 발휘하는 '상징적' 기능에 대해 새로운 관점을 제시하고자 했다. 아도르노의 테제들에 대한 영국 문화연구의 초기 비판을 다음과 같은 세 가지 차원에서 요약해볼 수 있을 것이다.

첫째, 스튜어트 홀(1980a)에 따르면, 우선 '피할 수 없는 조작적인 메커니즘'이란 것이 과연 존재하는가에 대해서 의문을 품을 필요가 있다. 왜냐하면 약호화된 메시지들이 언제나 그 수용자에 의해서 애초에 고안된, 선호적인 방식으로 해독되는 것은 아니기 때문이다. 어떤 이들은 지배계급의 이해관계를 강화하는 방식의 해독을 통해 그러한 조작의 대상이 될 수도 있겠지만, 다른 사람들은 그들 자신의 도전적인 해석을 실행함으로써 단순하게 조작당하는 대신 타협적이거나 심지어는 대항적인 위치에 스스로를 세우기도 한다.

아도르노와 호르크하이머의 대표적인 계승자라고 할 수 있는 하버마스(1987, 391)는 이러한 홀의 비판을 매우 진지하게 받아들인다. 다시 말해서, 일세대 비판이론가들은 자신들이 제기했던 문제를 해결하지 못했다는 그의 반성적인 논평은 약호code라는 개념을 중심으로 위에 제기된 비판과 긴밀하게 연결된다. 하버마스(1984)는 자신의 선배들이 물신화하는 메커니즘을 인식하는 데는 성공했지만 전체화하는 통제시스템을 극복하는 방법을 보여줄 수 없었던 이유는 사회적이고 상징적인 상호작용으로부터가 아니라 '선험적인 자아'라는 개념에서 시작했기 때문이라고 지적한다.

둘째로, 그람시를 따르면서, 영국 문화연구는 아도르노의 개념화에 상정되어 있는 지배계급의 개념에도 문제를 제기한다. 아도르노는 마치 문화산업의 상층부에서 사람들을 통제 및 조작하기 위해 그 전체적인 생산·유통·재생산 방식을 관리하는 분명한 지배 집단이 존재하는 것처럼 서술하고 있다. 그러나 그람시가 보여주었듯이, '동의를 통한 지배'라는 헤게모니를 추구하는 그룹은 그 자체로 이미 파편화되어 있으며, 결코 동종의 단일 집단이 아니다. 그들은 특정한 '국면'에서 특정한 '이해관계'를 따라서 변하는 '역사적 블록'으로서만 존재하며, 따라서 그 블록은 구별적인, 때로는 반목적인 입장의 헐거운 연계loose tie로 이해되어도 좋을 것이다.

따라서 문화산업의 소비라는 구체적인 국면에서 대항 헤게모니를 생산하는 것은 결코 불가능한 것이 아니며, 문화산업이라는 실체 전체를 단순한 지배의 도구로 싸잡아 비판하는 것은 유일한 해결책이 될 수 없는 것이다. 문화연구가 제기한 이러한 비판은, 기술복제시대의 예술작품 가운데 일부는 대중의 새로운 지각방식을 촉발함으로써 부인할 수 없는 해방emancipation의 가능성을 마련하고 있다는 벤야민의 통찰과도 상당히 공명하는 부분이 있다.

셋째, 아마도 관념론과 마르크시즘이라는 독일의 위대한 두 철학 전통에서 말미암는 것으로 보이는, 진정한 문화에 대한 아도르노의 집착 또한 다분히 문제적problematic이라고 할 수 있다. 예컨대, 니체의 형이상학 비판을 따르면서 포스트모더니스트들은 "진실이란 존재하지 않으며 단지 진실에 대한 여러 해석들이 존재할 뿐"이라고 단언한다. 만일 그렇다고 한다면, 왜 베토벤, 쇤베르크, 베케트는 진실하며 진정하고, 스트라빈스키와 재즈는 그렇지 않은가를 설명하는 것은 쉽지 않은 일이다. 이에 더하여, 왜 아도르노가 제시하는 대부분의 좋은 사례들은 아프리카나 아시아나 아메리카가 아니라 유럽에서 나온 것들뿐인가? 비록 영국 문화연구자들이 프랑스 이론가들 중심의 후기구조주의나 포스트모더니즘의 논의를 전적으로 수용하는 것은 아니라고 할지라도, 그들은 적어도 모든 것을 일원적인 체계나 경계선 위에 자리매김하고자 하는 본질주의적, 토대주의적 거대서사grand narrative에 대한 비판이라는 차원에서는 서로 많은 것을 공유하고 있다.

물론 아도르노의 설명은 단순한 변증법에 의존하는 것도 아니고, 상투적인 유토피아 이론으로 쉽게 빠져들지 않는다는 점에서 결코 순진한 입장이라고 할 수는 없다. 그럼에도, 그것은 하나의 모더니스트 미학에 기초하면서 극도로 섬세한 대안을 제시하는 것으로써, 종국적으로는 스스로를 하나의 (난해한) 거대서사로 빚어내고 있다. 이 대목에서 '취미 판단에 대한 사회적 비판'(1984)이라는 부르디외의 유명한 기획을 떠올려도 좋을 것이다. 다시 말해서, 아도르노의 '문화산업론'을 구성하고 있는 문제의식과 해결방식의 구성은 철저하게 독일 출신 유태계, 마르크시스트, 사회미학자로서 아도르노 자신의 '하비투스'를 반영하고 있는 것이라고 볼 수 있지 않을까?

둘째로, 영국 문화연구 전통과 함께 문화산업에 관심을 기울여온 또 다른 전통은 '문화에 관한 정치경제학파'라고 부를 수 있는 것으로, 니컬러스 간햄Nicholas Garnham, 그레이엄 머독Graham Murdock, 제임스 커런James Curran 등의 학자들로 구성되어 있다.[4] 이들은 문화적

4 '문화연구'에 대한 가장 강력한 비판자였던 간햄은 최근에 영국 정부의 '창조산업 정책'의 가장 강력한 비판자로 활동하고 있다. 간햄의 2005년 논문 "From cultural to creative industries"는 정보사회 담론이 창조산업 담론으로 연결되는 지점들에 대한 꼼꼼한 비판을

인 산물을 상품이 아니라 '텍스트'로 여기면서 그것이 발휘하는 이데올로기적인 효과를 지나치게 강조하는 것에 강력히 반대해왔다. 이에 기초하여, 그들은 문화연구자들이 텍스트 분석을 편애한 나머지 실질적인 경제적 분석을 포기했으며, 결국 모호한 문화정치를 낳는 것으로 귀결되고 말았다고 비판한다(Garnham, 1990). 이는 결국 아도르노의 문화산업 테제를 전혀 다른 방향에서 재고하는 것으로 이어진다.

자본주의 아래에서 문화는 점차 상품으로서 생산되고 있으며 따라서 생산 시스템에 종속될 수밖에 없다고 주장하면서, 정치경제학파의 학자들은 크게 다음과 같은 네 가지 논점으로 아도르노의 테제를 비판했다(O'Connor, 2007, 19~22).

① 문화산업은 부분적으로 의미와 유흥enjoyment이라는 인간의 몇 가지 근본적인 욕구에 부응하는 것이다.
② 관객 반응을 예측하거나 미리 프로그래밍하는 것은 전혀 불가능하다.
③ '문화산업' 개념은 교환가치가 수집되는collected 메커니즘으로부터 유도되는, 서로 다른 종류의 문화상품들 사이의 구별점을 포착하지 못한다.
④ 문화적 재앙의 핵심적인 지표로서 예술가들이 문화산업 속으로 완전히 흡수되는 현상은 발생하지 않고 있다.

요컨대, 현실경제real economy 분석을 통해서도, 문화산업 안에서 발생하는 모든 문화생산과 문화소비가 문화상품을 둘러싸고 있는, 이미 결정된 총체화하는 시스템의 재생산에 봉사하는 것은 아니라는

제공하면서, 비판적인 연구들의 물꼬를 트는 구실을 했다.

결론에 도달하게 되는 것이다.

비록 주된 방법론에서 차이를 보이기는 하지만, 위의 두 영국적 전통이 아도르노와 호르크하이머의 '문화산업론'에 관해서 서로 대체재가 아니라 보완재의 관계를 맺고 있다고 볼 수 있을 것이다. 무엇보다 가장 두드러지는 공통점은 두 입장 모두 선험적으로 부가된 총체화하는 시스템을 과대평가하는 것을 거부하면서, 수세적인 '문화의 민주화'를 넘어서서 보다 공세적인 '문화민주주의'를 위한 공간을 확보하려고 노력한다는 점이다.

이러한 비판들은 결국 1968년 5월 이후의 신사회 운동, 문화산업 자체의 비약적인 성장, 자본주의의 성공이 점점 공고해지는 현실 등과 맞물리면서 아도르노의 '문화산업' 테제에 대한 전반적인 재고의 필요성을 불러일으켰다. 철저하게 비관적인 사색적 전망이 과연 '신시대New Times'(Hall & Jacques, 1989)의 구체적인 현실에서도 온전하게 적합성을 담보할 수 있을 것인가에 대한 근본적인 반성이 제기된 것이다. 그 직접적인 결과는 첫 번째 자녀와 꼭 닮아있으면서도 자세히 보면 상당히 다른 두 번째 자녀의 탄생이었다. 한국어로는 동일하게 문화산업으로 번역될 수도 있겠지만, 영어로는 분명하게 구별되는 'culture industry'에서 'cultural industries'로 이행이 시작된 것이다.

1.2. 런던시의회의 '문화(적) 산업Cultural Industries'

영국에서는 런던시의회Greater London Council, GLC가 이러한 새로운 문화산업 개념의 용법을 세우고 활성화하는 주요 행위자였다. 그러나 GLC의 정치적 입장과 의의를 이해하려면 양차대전 이후 영국의 정치사에 대한 선이해가 필수적이다.

거칠게 말해서, 양차대전 이후 영국 정치사는 정부 정책의 기본적인 방향 전환에 따라 크게 세 시기로 구분할 수 있다(Budge et al., 2004). 첫째로, 1945년에서 1979년까지는 여러 정당들이 번갈아 정권을 잡았을지라도, 기본적으로는 전후 노동당 정부가 설정했던 복지 국가 이념을 지향했다. 모든 정당들은 일종의 사민주의적 합의에 충실하면서, '건강 서비스를 비롯한 각종 복지혜택', '기간 산업들의 정부 소유', '적극적인 정부 지출을 통한 실업 방지' 등을 공통적으로 추진했다. 그러나 이러한 합의는 1973년 오일쇼크 이후 급격한 경기 후퇴와 함께 위기를 맞는데, 이른바 대처리즘의 시대(1979~1997)가 열린 것이다.

영국에서 이 시기는 '복지 국가'라는 기존의 합의를 '경쟁력 있는 국가'로 대체하면서, 19세기 자유시장의 논리를 사회 각 부문의 구조조정을 위한 핵심원리로 삼았다. 따라서 대처 정부는 '작지만 강한 정부'라는 기치를 내걸고, '복지 혜택'에서 '자기 책임'으로, '국가 소유'에서 '민영화'와 '탈규제'로, '정부의 기획'에서 철저한 '시장 메커니즘'으로 정부 정책의 기본 방향을 급선회시켰다. 문화정책 또한 이러한 논리에서 자유로울 수 없었는데, 지방 정부의 문화정책 문건에서 '전략적 파트너십', '투자 대비 수익', '돈에 대한 가치' 등의 개념이 속속 도입되기 시작한 것이 이를 증거한다.[5]

---

5 1970년대 중후반에 가시화된 각종의 위기에 대응하여, 영국 정부는 일종의 응급조치로서 공공 지출을 삭감하고 규제를 철폐하는 등의 정책을 시행하였는데, 종국에는 이러한 응급조치가 '지속적인 정책permanent policy'으로 굳어진다(Hesmondhalgh, 2007, 86). 그리고 이러한 정책은 19세기 영국의 자유주의 경제학자들의 주문mantra과도 같았던 '자유시장'의 논리를 그 전면에 내세운다는 점에서 '신자유주의'라고 불리게 된다. 비슷한 시기에 대서양을 사이에 두고, 대처-레이건 정부의 협력으로 가장 효과적으로 구축되고 선전되었던 이 정치적 트렌드는 1980년대 후반 이후 소비에트 연방의 붕괴와 함께 과거 공산권에 속했던 많은 나라들이 자신들의 경제적 시스템을 보다 자유롭고 경쟁 친화적으로 개조하는 흐름과 맞물리면서, 급속하게 전 세계로 확산되었다. 물론 이러한 확산의 중심에 GATT, WTO, IMF, World Bank 등의 국제적 제도의 구실이 핵심적이었음은 두말할 나위도 없다. 이러한 신자유주의 정책의 핵심어는 탈규제, 자유화, 민영화 등으로서, 이는 보다 구체적인 층위에서

물론 이러한 신자유주의적 정부 정책은 지속적인 '경쟁'을 자극하여 성장의 핵심동력인 '혁신'을 추동한다는 장점이 있다. 모두의 소유는 누구의 소유도 아니라는 말이 시사하듯이, 개인의 소유권을 강조하면서 일종의 '기업가주의'를 사회의 토대로 삼는 것은 실제로 '경쟁력 있는 사회'를 위한 지름길이 될 수도 있다. 그러나 문제는 수많은 통계들이 보여주듯이, 이 시기에 영국 사회의 빈부 격차는 물론이고, 런던을 중심으로 한 잉글랜드 남동부와 그 밖 지역들 사이의 격차가 눈에 띄게 벌어졌다는 사실이다. 극심한 '양극화'는 자연스레 여러 갈래의 사회적 갈등을 심화시켰다. 따라서 1997년 토니 블레어의 신노동당New Labour이 들어섰을 때, 영국인들의 관심은 거세게 몰아친 신자유주의 열풍을 과연 새 정부가 어떤 식으로 조정할 수 있을지에 쏠리게 된다.

기든스의 《제3의 길》(1998)은 바로 이러한 맥락에서 나온 것인데, 결과적으로 이는 구노동당과 대처리즘을 혼합하는 방식으로 전개되었다. 특히 문화부DCMS의 신설과 함께 '창조산업'이라는 개념을 중심으로 추진된 강력한 문화정책은 사회적 효과와 경제적 효과의 통합을 목표로 하면서, 그 형식은 '국가의 개입'이라는 좌파적 의제를, 그 내용은 '경쟁의 자극'이라는 우파적 의제를 취한 것으로 평가될 수 있다.[6]

경쟁우위, 기업가정신, 전략적 파트너십, 투자대비 수익 등과 같은 일군의 (정책영역에서) 새로운 유행어들을 등장시켰다. 여기서 재미있는 사실은, Bilton(2007)이 지적하듯이, 공공지출의 삭감은 반대로 예술 및 문화산업 영역에서 그들 자신의 작업이 갖는 다양한 가치를 대對사회적으로 적극 주창할 필요성을 생기게 하였으며, 이는 결국 예술과 문화의 가치에 대한 보다 정교한 그리고 확장된 논리가 태어날 수 있는 모태가 되었다는 점이다. 지금 우리가 살펴보고 있는 '창조산업의 부상'을 둘러싼 최근의 각종 담론들은 보다 민주화된 '창조성' 개념의 필요 그리고 그것이 지니고 있는 (문화를 넘어서는) 사회적·경제적 가치라는 관념 등을 토대로 삼고 있는데, 사실 이러한 관념들이 적극적으로 개발되고 형성된 것은 신자유주의가 한참 세를 얻어가고 있던 1980년대 중반부터라 할 수 있다.

신노동당의 문화정책에서 특별히 두드러지는 것은 크고 작은 문화적 기획들을 국가·도시·국민들의 '문화 정체성을 높이는' 수단으로 적극 개발·활용해왔다는 점이다. 21세기의 국가 브랜드로 'Cool Britannia'를 설정한 것으로부터, 각 도시들이 '창조도시creative city'로 거듭나는 방식에 대한 문화부의 천착, 이와 더불어 사회를 구성하는 모든 집단과 개인을 '창조적인 조직 및 인재'로 거듭나게 한다는 방향성 등은 나름의 성과를 이룩했다. 이 과정에서 '문화'가 더 이상 국가정책의 변방이 아니라 중심을 차지하게 되었음은 주지의 사실이다.

이 세 시기에서 GLC는 두 번째 시기, 즉 대처리즘 시대의 중앙정부 정책에 맞서 지방정부 차원에서 대안적인 문화정책을 모색하고자 한 흐름으로 평가할 수 있다. 그러나 비록 GLC의 작업이 영국에서 지방적인 층위에서 제기된 최초의 체계적인 '문화산업 전략'이었다고 할지라도, 이는 단순히 지방적인 기획에 국한된 것이라기보다는 동시대적인 민주주의적 문화정책을 향한 보다 커다란 야심을 품고 있는 것이었다. 이와 관련하여 적어도 세 가지 요점이 강조될 필요가 있다.

① GLC의 정책입안자들은 기존의 '문화산업culture industry'보다 훨씬 덜 이데올로기적인, 따라서 훨씬 더 실용적인 의도를 가지고 '문화(적) 산업cultural industries'이라는 개념을 문화정책 영역에 도입했다. 이 과정에서 '전체화하는 메커니즘의 존재와 기능'에 대한 앞의 두 전통의 비판들이 상당 부분 수용되었다. 그 결과 GLC는 공공정책은 생산자나 정책입안자들의 야심보다는 수용자들의 필요와 수요

---

6 신노동당 정부의 노선이 갖는 이러한 복잡성 또는 혼종성이 영국의 창조산업 정책과 어떠한 관계를 맺고 있는지에 관해서는 Hesmondalph(2005)와 McGuigan(2005)을 참조하라.

에 봉사하기 위해서, 문화적 상품과 서비스를 분배하는 방식으로 시장을 사용할 수 있으며 또 그래야만 한다는 관점을 수립할 수 있었다(Garnham, 1990). 더 구체적으로 말하자면,

> 그것(GLC)은 '예술'에 중심을 두고 있는 문화정책으로부터 -그리고 그 정책의 토대로서 예술가 및 생산 제도에 대한 보조에 중심을 두고 있는 문화정책으로부터- 결별하려는 시도를 표상했다. 그들은 경제학적이고 통계적인 수단들을 사용하고(예를 들어, 고용 지도employment mapping, 가치 사슬), 주요한 부수 활동과 비창조적 활동을 포함하여 그 섹터 전반이 작동하는 방식에 초점을 맞추면서, 상업적인 문화생산의 조건들을 다루기 시작했다. 그러한 방식으로 문화적 (그리고 경제적) 목표들을 성취하고자 경제적 수단을 사용하면서, 문화정책에 대한 산업적인 접근을 표상했던 것이다(O'Connor, 2007, 24).

② 비록 GLC가 문화와 산업의 수렴이라는 새로운 추세를 쫓은 것은 사실일지라도, 이것을 GLC의 좌파left-wing 정책가들이 대처 정부의 강력한 힘에 굴복한 것으로 보는 것은 잘못이다. 다시 말해서, 그들이 공공 자금의 낭비를 막고 수용자의 필요에 봉사하고자 채택한 보다 실용적인 문화산업 정책은 오히려, 새로운 사회·경제적 조건들을 더 적확하게 이해하고 새로운 정책결정 도식을 도입하여, 대처 정부의 신자유주의 정책에 도전하고자 한 것이었다. 이러한 의미에서 그들의 입장은 실용주의적 또는 반이상주의적 평등주의egalitarianism로 요약할 수 있다(Hesmondhalgh, 2007, 139~140 참조).

③ 이러한 까닭에 GLC는 얼마 지나지 않아 대처 정부에 의해 폐지되고 말았지만, 그것은 단지 지방 정책에서만이 아니라 일반적인 문화정책에서도 하나의 이정표가 되기에 충분한 업적을 남겼다

(O'Connor, 2007, 24). 우선 GLC가 수립한 입장 및 정책들은 향후 런던을 넘어 대도시들을 중심으로 한 여러 지방정부들에 계승되었으며, 따라서 그들의 새로운 '문화산업' 개념은 이들 정부의 경제적·문화적 전략 수립에 커다란 영향을 미쳤다. 더 나아가, GLC의 정책입안자들이 '문화산업'을 새로운 종류의 민주적 문화정책 속에 삽입함으로써, 문화·경제·정치의 상호관계에 대한 근원적인 질문을 제기했다는 점은 특별히 기억될 필요가 있다. 그들은 1980년대의 사회·경제적 조건들과 대면하면서 여전히 뜨거운 관심을 받고 있는 이 쟁점을 적절하게 교정된 형식으로 점화하고 배태했던 것이다.

1.3. 문화매체체육부의 창조산업Creative Industries

그렇다면 18년 동안의 보수당 지배를 거쳐, 1997년 신노동당이 정권 재창출에 성공한 이후 어떠한 일이 벌어졌을까? 이제 드디어 GLC로 대표되는 구노동당의 문화정책이 빛을 발하는 시점이 온 것일까? 앞에서 살펴보았듯이, 신노동당은 구노동당과 대처 정부의 입장을 '제3의 길'이라는 새로운 시각으로 계승 및 지양하고자 했다. 이는 비록 선거 기간 동안 노동당이 GLC의 '문화산업cultural industries' 개념을 적극적으로 활용했지만(Schlesinger, 2007), 당선 이후 문화정책의 기저를 이루는 핵심어로 '창조산업creative industries'이라는 새로운 개념을 만들어낸 것에서 잘 드러난다. 사실 창조산업 개념은 호주에서 수입된 것인데, 호주 정부는 이 용어를 이미 1994년에 발간한 Creative Nation(1994)이라는 주요한 정책선언에서 사용한 바 있다(Throsby, 2008a). 그러나 이 개념이 전 세계에 널리 유포되고 '유행'하게 된 것은 영국 정부가 이 용어를 채택하고 보다 체계적인 의미화를 실행한 이후였다는 점에서, 많은 연구자들은 이 개념의 지적재산권을 호주 정부보다는 영국 정부에게 귀속시키고 있다. 물론 새롭게 제기된 '창조산업' 개념을 채택하지 않고 더 오래된 '문화산업'을 채택하고 있는 정부들도 여전히 상당수 존재하고 있다.[7]

여기서 문제는 '왜 1997년 신노동당 정부가 용어상의 변화를 채택했던 것일까?'로 집약될 수 있다. 이에 답하려면 우선 새 정부의 출현과 함께 기존의 관련 기관들을 흡수하여 새롭게 문화매체체육부 Department for Culture, Media and Sport가 발족한 사실에 주목할 필요가 있다. 이 새로운 부서가 야심차게 실행한 최초의 기획들 가운데 하나는 향후 문화적 섹터가 발휘할 수 있는 가능성을 총망라하고, 스스로의 정책적 지향을 가늠하는 지표로 삼기 위한 '진정성 있는 authentic' 문서를 생산하는 것이었다. 이를 위해서 DCMS의 초대 장관인 크리스 스미스가 직접 의장을 맡고, 정책입안자와 학자들은 물론이고 영화, 음악, 패션, 게임 등의 거물급 인사들로 구성된 태스크 포스가 출범하게 된다. 그 직접적인 결과물이 훗날 영국 안에서만이 아니라 국제적으로도 상당한 유명세를 얻게 되는 문건으로, Creative Industries Mapping Document(1998, 이하 CIMD)였던 것이다.[8]

---

7 우리 정부 또한 그 내용에서는 영국의 '창조산업' 정책과 크게 구별되지 않으면서도, 여전히 '문화산업'이라는 용어를 선호하고 있는 국가들 가운데 하나이다. 이와 관련하여 두 가지가 지적되어야 한다. 최근 문화정책계나 산업정책계에서 보다 효율적인 정책운용을 위해서는 우리도 '창조산업'이란 용어를 채택할 필요가 있다는 주장이 나오고 있다. 예컨대, 한국산업기술재단의 지원을 받은 2008년의 한 보고서는 상당히 단정적으로 이러한 입장을 제시하고 있다. 또한, 우리 정부는 여전히 법률로는 '문화산업'이라는 표현을 유지하고 있지만, 문화부의 조직이나 산하기관의 명칭 등에서는 '문화콘텐츠산업'이란 표현을 더욱 선호하는 것으로 보인다. 이러한 이행은 사소한 것처럼 보일 수도 있지만, 개념의 변화가 실무적인 차원에서 끼치는 영향력은 눈에 보이는 것보다 훨씬 크다. 앞으로의 문화정책 연구를 위해서도 이러한 전환의 배경이나 의의에 관한 더 세밀한 논의가 요청된다.

8 이 보고서와 그 개정판(DCMS, 2001)이 누려온 인기와 영향력의 비결을 해명하는 것은 아마도 우리의 보다 깊은 관심인 '창조산업 정책'의 영국식 모델이 누려온 영향력을 해명하는 것과 어느 정도 연관이 있을 것이다. 후자는 뒤에서 따로 다루게 될 것이니, 여기에서는 전자에 관한 몇몇 단상들을 정리하는 것으로 만족하고자 한다. ① CIMD 보고서는

그렇다면 앞서 한 질문을 다음과 같이 보다 좁은 견지에서 되물을 수도 있을 것이다. '왜 태스크포스는 문화산업이 아니라 창조산업을 핵심어로 삼게 되었을까, 아니 애시당초 그 팀의 이름은 왜 '문화산업'이 아니라 '창조산업' 태스크포스가 되었던 것일까?' 각계각층의 여러 유명 인사들로 구성된 그 팀의 목적은 다름이 아니라 "국내와 해외에서 영국 창조산업의 경제적 효과impact를 극대화하기 위한 단계들을 장려하는 것"(DCMS, 2001)이었다. 이를 염두에 두면서, 질문에 대한 네 가지 답변을 추출해보고자 한다.

첫째, 이미 언급했듯이, 중도좌파를 표방한 신노동당의 입장은 대처 정부의 신자유주의와 GLC의 구노동당식 평등주의egalitarianism 사이 어딘가를 지향하는 것이었다. '창조산업'이라는 용어는 1980~1990년대를 풍미한 기존의 두 입장을 넘어서는 제3의 길, 곧 'Cool Britannia'라는 새로운 이상에 걸맞은 새로운 문화정책의 표제어로서 적합한 것이었다. 우선 이 개념을 통해서 신노동당은 지식경제 및 정보사회의 촉진을 위해 보수당 정권이 개발해온 유산들을 계승하면서 구노동당의 '문화산업' 정책과 거리를 둘 수 있었다(Pratt, 2005, 32~35 참조). 마찬가지로 신노동당은 창조산업 개념을 전면에 내세우면서 문

'창조산업'이라는 유행어를 상당히 명석한 정의와 함께 문화정책계의 화두로 제시했다. ② 또한 그것은 개념의 정의definition를 넘어서, 창조산업의 명석한 범위scope를 제공하기도 했다. ③ 이러한 명석함 (또는 대담함은) 해당 정책의 영국식 모델이라고 불릴 만한 더 넓은 차원의 투명한 내러티브 구성으로 연결되었다. ④ 이 내러티브는 향후(의) 정책적 작업과 담론적 실천을 위한 일관적인 개념적 토대로 작용해왔다(예컨대, 이후 양산되기 시작하는 연구보고서들의 상호지시성). ⑤ 더 실용적인 견지에서는, 이 보고서가 여러 가지 의미로 보아 문화정책 영역에서 정부의 의제와 관련한 연구들이 그 효과를 극대화하기 위한 방식에서 일종의 고전classic과 같은 위치를 차지하게 되었다는 점을 꼽을 수 있다[예컨대, 태스크포스의 구성 방식과 '증거에 입각한 정책evidence-based policy' 등의 트랜드]. ⑥ 마지막으로 그 태스크포스에 참여한 여러 인물들이 해당 담론의 끈끈한 공유를 통해 그 용어와 정책을 각계각층으로 확산 및 이식하는 데 결정적인 구실을 감당하게 된다는 점도 기억할 필요가 있다.

화적 섹터에 대한 적극적인 지원과 개입이라는 노동당의 전통을 계승함으로써 민영화와 탈규제로만 이루어진 대처 정부의 문화정책과도 스스로를 구별할 수 있었던 것이다.

둘째로, 1980년대 이후의 '문화산업' 개념은 주로 지방정부들이 사용해왔다는 현실 또한 신노동당 정부에 부담이 되었을 것으로 보인다. 즉 1979년에서 1997년까지의 문화산업 정책은 한 지방정부GLC가 중심이 되어 제시된 것이었을 뿐 아니라, 쉐필드시를 비롯한 여타 지방정부들이 채택하여 확산시켜온 것이었다. 따라서 기존의 문화산업 정책과 관련하여 고안된 문화적·경제적 전략은 그 용법과 시야 등에서 전국적인 것이라기보다는 지방적인 것이었다. 이러한 점에서, 새 천년을 맞이하는 새로운 국가(전체)를 위한 문화정책의 새로운 지표가 요청되었음은 분명한 사실이다. 지방 문화정책과 쉽게 연상되는 개념 대신에, 새 정부는 보다 커다란 범위에서 보다 야심찬 프로젝트들을 위한 새로운 개념이 필요했던 것이다.[9]

셋째, 새 용어는 그 자체로도 개념적인 기능이라는 면에서 이전 용어보다 더 낫다고 평가되었던 것으로 보인다. 곧 '문화' 및 '문화적'이라는 개념들은 산업 섹터의 '경제적 효과'를 극대화하려는 목적을 위해서는 너무나 애매하고 모호하다. 1979년 이후 주어진 경향성을 감안한다면, 전통적인 고급예술과 종종 동일시되어 온 '문화'는 쉽게 반동적인 방식으로 오해될 가능성을 배태하고 있었다. 반대로, '창조성' 및 '창조적'이라는 개념들은 보다 구체적으로 들릴 뿐 아니

9 물론 최근에 들어서 이와 같은 전술 국가적 지표의 설정과 활용이 과연 바람직한 것인지에 대한 많은 비판이 쏟아지고 있다. 더욱이 'Cool Britannia'라는 표어에 압축적으로 재현되어 있는 많은 아이디어들은 브리튼 섬을 '판타지 아일랜드'로 브랜드화하려는 시대착오적인 기획이 아니었는가라는 식의 자성 어린 비판이 중점적으로 제기되고 있다(Elliott and Atkinson, 2007 참조).

라, 유연화라든지 컨버전스와 같이 새롭게 부상하는 정보화 시대의 조건에 더욱 걸맞아 보인다.

문화적인 것과 경제적인 것들의 조합을 위한 촉매제가 필요한 시점에서, '문화'란 개념보다는 '창조'란 개념이 상대적으로 유용한 것이었던 셈이다. 게다가 후자는 한 국가 안에 있는 산업 조직들은 물론이고 모든 개인들을 '동원'함에서 전자보다 더 적절한 개념이라고 할 수 있다. 왜냐하면 문화가 언제나 '집단적인' 차원을 강하게 암시하는 것에 견주어, 창조성은 집단적인 차원과 개인적인 차원을 동시에 함축할 수 있기 때문이다. 말을 바꾸자면, 하나의 기업가적인 entrepreneurial 국가 기획을 입안하고 이에 따라서 사회 '전체'의 참여를 독려한다고 할 때, 창조성과 창조산업의 개념은 문화와 문화산업의 개념보다 근본적이고 따라서 더 유용하게 호소할 수 있다는 판단이 영국 문화부에서 이루어졌다고 하겠다.

최종적으로, 그 '유명인사' 태스크포스 안에 서로 다른 전문 직종들이 경합하면서 자리 잡고 있었다는 배경 또한 고려될 필요가 있다. 이차대전 이후 '문화'는 주로 인문학과 사회과학의 비판적인 진영의 학파들이 연구하는 주제였던 데 견주어, '창조성'은 보다 중립적인 입장에서 주로 경영학과 경제학 등의 영역에서 핵심어로 부상했다. 후자의 영역에서는 이 시기 물적 자본이나 금융 자본이 아니라, 인적 자본이 탈산업화하는 세계에서 경쟁력을 확보하기 위한 더 근본적인 자본이라는 합의가 형성되어 왔다.

이러한 합의와 관련하여 해당 영역에서는 이미 상당한 양의 '경험적 증거'들이 축적되어 왔는데, 이는 사실 '문화'에 관한 비판적인 연구들은 생산해내기 힘든 단단한hard 증거들이었다. 따라서 여러 직업군을 가로질러 국가적 전략의 수립에 관심 있던 다양한 분야의 전문가들이 '문화산업' 대신에 '창조산업'이라는 용어를 선호한 것은 충분히 납득할 만하다. 이러한 상황은 단순히 그 태스크포스 안에만 적용되는 것이 아니라, 이후 산업계와 사회 전반에 걸쳐 그 새로운 유행어buzz word가 급속도로 확산되는 데 중요한 이유가 된다고 하겠다.

이상에서 창조산업 개념이 어떠한 이유로, 어떠한 과정을 거쳐 영국의 정책지형에 부상하게 되었는지에 초점을 맞추어 보았다. 그것이 주로 개념의 변천사를 통해 정치적 맥락에 관한 이해를 도모하는 것이었다고 한다면, 이제 그러한 과정을 거쳐서 형성된 창조산업 정책의 구체적인 내용은 어떻게 구성되어 있는지를 살펴보고자 한다.

2. 창조산업 정책의 구조

신노동당 정부가 사민주의적 복지국가에서 신자유주의적 경쟁국가로 이행하고자 한 대처 정부의 주된 노선에 깊이 영향을 받았다는 데는 의심의 여지가 없다. 앞선 보수당 정부들이 수행한 경제적·사회적 구조조정은 포스트포디즘과 노동유연화, 탈산업화와 지식경제화, 포스트모더니즘과 성찰적 근대화, 전 지구화와 탈민족주의의 부상 등의 흐름과 다차원적으로 접합되면서, 쉽게 부인하거나 무시할 수 없는 출발점으로 여겨질 수밖에 없었기 때문이다.

즉, 새 정부의 정책기조에서도 여전히 '기업가주의'가 '관리주의'를 압도하는 현상에는 정보사회가 추동하는 새로운 자본주의를 향한 운동성이 근본적인 층위에서 작용해 왔다(Harvey, 1989 참조). 실제로, 정책입안자들의 신념과 취향을 재구성하는 이러한 종류의 이행은 치열한 경쟁으로 점철되어 있는 우리 시대의 거의 대부분의 제도와 조직들에서 발견되는 현상이다(예컨대 산업조직, NGO, 공공기관, 심지어는 연구소나 대학에서조차).[10]

마찬가지로 중요한 것은 이러한 제도적 수준에 이어 다음으로 구조조정되어야 할 단위로 상정되는 행위자agent는 바로 탈조직화된 사회에서 시민citizen이자 소비자consumer로서 살아가고 있는 모든 개인들이라는 점이다. 경쟁력 있는 조직이나 제도를 지속적으로 유지하기 위해서는 가장 기본 단위인 개인을 창조적인 존재로 진화하게 돕는 것, 곧 개인들 스스로가 끊임없는 혁신을 즐기고 실행할 수 있는 존재로 거듭나게 만드는 것이 가장 효율적이고도 확실한 방법이라고 할 수 있다. 바로 이것이 오늘날 사회 각 부문에서 '창조성'이 부상하고 있는 가장 주요한 궤적이라고 봐도 큰 무리는 없을 것이다. 창조산업 정책에 대한 영국식 모델은 다른 어떤 모델들보다 이 현상을 더 잘 포착하고 있는 것으로 보인다.[11]

압축적으로 살펴보자면, 창조산업 정책의 영국식 모델은 적어도 다음과 같은 여섯 가지 열쇠개념들, 즉 개인의 창조성, 지적 재산, 창조산업, 창조경제, 창조교육 그리고 창조도시로 구성되어 있다. 앞에서도 말했듯이, 이 분야에서 가장 토대가 될 뿐 아니라 이제는 '정통성'을 획득한 것으로도 평가받는 CIMD(1998·2001)에서 출발하도록 하자.

이 보고서에 따르면, 창조산업이란 "개인의 창조성, 솜씨skill, 재능talent에 기원을 두고 있으며, 지적 재산의 발생generation 및 이용

10 이러한 이행의 논리를 상당히 급진적인 입장에서 추구해 나가면서, 문화정책 연구도 이에 발맞추어 새로운 차원으로 도약해야 한다는 주장을 확산시킨 집단으로 호주 퀸즐랜드 대학의 CCI를 꼽을 수 있다. 존 하틀리와 스튜어트 커닝햄을 중심으로 한 이곳의 연구자들은 창조산업 정책의 국제적 확산에 전위 구실을 감당하는 동시에, 창조산업을 하나의 섹터로서보다는 지식경제 시대의 핵심적인 생성인으로 볼 필요가 있다는 논변을 제기해왔다(Hartley, 2004b; 2005; Hartley & Kean, 2006; Hartley & Montgomery, 2009; Cunningham, 2004; 2009a; 2009b 참조).

11 오코너가 러시아의 문화산업 정책 형성과정을 분석하면서 제기한 바 있는 영국의 'independents' 모델도 이러한 분석과 크게 다르지 않다(O'Connor, 2005 참조).

exploitation을 통해 일자리와 부를 창출할 수 있는 가능성을 지닌 활동들activities"을 의미한다. 이 정의는 매우 중요하다고 할 수 있는데, 왜냐하면 이를 통해서 우리가 관심 갖고 있는 영국식 모델의 기본적인 구조와 질감을 파악할 수 있기 때문이다. 위에서 추출한 여섯 개의 열쇠개념은 이 정의에서 각각 나름의 구실을 하고 있다. 다음에서 우리는 1997년, 노동당 정부의 초대 문화부장관으로 취임한 이후 창조산업 정책의 주된 기초를 놓은 크리스 스미스의 연설문 모음집, Creative Britain(1998)을 주된 텍스트로 삼으면서 여섯 가지 개념들을 순서대로 살펴볼 것이다.

2.1. 개인의 창조성

스미스(Smith, 1998, 142)에 따르면, 새 정부에서 정책입안자들이 "창조성과 문화"에 대해서 이룩하려는 작업에는 "매우 명확한 일군의 목표들"이 존재하는데, 이는 크게 "접근access, 탁월성excellence, 교육education 그리고 창조경제creative economy"[12]의 네 가지 원칙으로 요약된다.

그는 이러한 원칙들이 문화정책이 달성하고자 하는 주요한 목표들을 잘 드러낸다고 하면서, 그 핵심에 자리하고 있는 것이 바로 창조성이라고 단언한다. 이러한 관점에서 그는 창조성이 가지고 있는 네

12 더 구체적으로 말하자면, 이 네 가지 원칙은 "일부만이 아니라 대다수가 창조적·문화적 수준에서 양질의 사물에 접근할 수 있도록 촉진하는 것, 탁월성과 혁신이 번창할 수 있도록 보증하는 것, 창조성을 제도권 학교와 대학 시스템에서만이 아니라 평생 동안에 걸친 교육의 심장부에 자리 잡게 하는 것, 다가올 시대에 부와 고용과 성장의 상당 부분을 제공하게 될 창조산업을 육성하는 것"이다. 이와 같은 네 가지 주제는 노동당 정부의 문화정책을 이해하는 기본적인 좌표라 할 수 있으며, 앞으로의 논의에서도 우리는 종종 이 원칙들을 떠올리게 될 것이다.

가지 가치를 다음과 같이 요약하고 있다(Smith, 1998, 148). ① 창조성은 파괴보다 창조가, 그리고 현학적인 규칙pedantry에 얽매어 생기를 잃는 것보다 상상력imagination을 가지고 도약하는 것이 더 나은 것에서 알 수 있듯이 그 자체로 주요한 가치를 갖는다. ② 창조성은 스스로의 가능성을 완성해나간다는 차원에서 개성적이고, 민감하고, 지적인 인간 존재인 우리들 각각에게 혜택을 준다. ③ 그것은 본래 사회적이고 상호적인 과정으로, 인간으로서 우리를 함께 묶어줄 수 있기 때문에 사회에 여러 긍정적인 효과를 초래할 수 있다. ④ 마지막으로 창조성은 경제에 대하여, 곧 그것을 잘 육성하기만 한다면 실질적인 기회를 제공할 수 있는 급성장하는 산업에 대해 큰 기여를 할 수 있기 때문에 중요하게 다루어져야 한다.

창조산업의 정의에서 분명하게 보이듯이, 창조성의 중요성에 대한 이러한 관점은 개인의 창조성을 그 산업의 가장 근원적인 토대로 상정하는 것으로써 창조산업 정책의 영국식 모델 속에 확고하게 삽입된다. 즉 개인의 창조성과 완성이 사회적·경제적 효과의 전제조건이 되는 방식으로 이 모델의 핵을 구성하고 있는 것이다.

> 진정한 부는 가장 넓은 의미에서 개인의 완성으로부터 나오는 것이며, 그러한 완성을 원하는 누구나가 그것을 성취할 수 있도록 필요한 조건들을 확실히 조성하는 것은 정부 임무의 일부에 속한다. 창조성을 개발할 수 있는 기회는—그리고 그 개발이 이끄는 문화적 경험은—그러한 과정의 근본적인 부분이다. …… 정부는 결코 창조하는 작업을 수행할 수가 없다. 그러나 창조하는 사람들을 후원할 수 있으며 그렇게 해야만 한다(Smith, 1998, 141~142).

여기에서 조금 더 나아가서 '창조성'이 의미하는 바가 무엇인지를 자세하게 기술할 필요가 있다. 창조성에 대한 많은 양의 문헌들은 대체로 "창조성을 어떤 것이 존재하도록 만드는 것, 발생시키는 것, 발명하는 것, 외관상으로 처리하기 어려운 문제들을 상상력이 풍부한 방식으로 다루는 것 등에 관계된 것으로 보면서, 그 단어의 어원학적인 뿌리에" 의존한다(Landry & Bianchini, 1995, 18). 그러나 이 분야에 관한 대표적인 싱크탱크의 하나인 COMEDIA에 따라, 그리고 이를 통해 스미스 장관이 채택한 최근의 입장은 전통적인 미학적, 낭만주의적, 심리학적 판본과는 상당히 다른 방식으로 창조성을 규정한다.

첫째, 여기서 화두가 되는 개인적 창조성은 과거의 '천재론'과는 전혀 다른 방식으로, 인성 능력personal capacity에 대한 보다 민주화된democratized 관점을 전제한다. 창조성은 더 이상 신적인 비밀을 전수받은 소수 천재들의 타고난 재능이 아니라, 모든 사람들이 습득하고 개발할 수 있는 능력으로 여겨진다. 둘째로, 새로운 관점은 창조성의 필수적인 요소로서, 정신의 비합리적 상태irrational state of mind를 함축하지 않는다는 점에서 보다 합리화된rationalized 판본이라고 할 수 있다. 셋째로, 그것은 인성 능력 그 자체를 가리키는 데 머무는 것이 아니라, 그것을 활용함으로써 도출될 수 있는 최종적인 결과물에 더 많은 관심을 기울인다는 점에서 더 실용주의적인pragmatist 판본이기도 하다. 창조성은 순전하게 능력capacity이나 관념idea에 관한 것이지 그 과정process이나 결과물outcome에 관한 것이 아니라는 입장은 강하게 부정되고 있다. 마지막으로 창조성에 대한 최근의 관점은 개인적인individual 성향과 능력은 물론이거니와, 그와 더불어 창조성을 실제 세계에 구현함에서 필수적인 집단적collective 조건과 과정에 대해서도 상당한 중요성을 부여한다. 따라서 창조적인 개인들의 창조적인 아이디어를 효과적으로 경영한 결과, 일련의 집단적인 성과performance로서 지속적인 혁신innovation이 가능해지고, 이를 통해서 예상했거나 예상치 못했던 다양한 혜택benefits이 초래하게 되는 메커니즘은 이 관점을 이해하는 데 핵심적인 사항이라고 할 수 있다.

요컨대, 현재 우리가 다루고 있는 창조성이란 '예술적인 능력artistic competence'과 '경영적인 성과managerial performance', 또는 '새로움·고유성'과 '유용함·가치성'의 조합으로 간주할 수 있을 것이다(Bilton, 2007 참조). 물론 이 두 부류는 모든 인간존재에게 열려 있다. 이 판본이 문화와 경제의 밀착적인 수렴이라는 최근의 정서와 잘 어울린다고 평가할 수 있는 것은 바로 이런 점에서이다. 더 나아가 이러한 창조성은 '개인의 완성'을 격려하고 보증하기에 충분히 포괄적으로 보이며, 마찬가지로 개인은 물론이고 사회에 혜택을 끼칠 수 있을 만큼 충분히 경쟁력이 있는 것으로 보인다. 다시 말해, 영국식 모델의 기본 구조는 개인의 창조성과 그것의 다채로운 용법들의 변증법으로 구성되었다고 할 수 있다. 스미스가 첫 번째 인용구절에서 제시했던, 노동당 정부의 문화정책의 네 가지 원칙과 관련시키면, 창조산업의 토대로 '개인의' 창조성을 강조하는 것에서는 '접근access'에 관한 원칙이 두드러진다고 볼 수도 있을 것이다.

2.2. 지적 재산

CIMD 보고서의 정의에 따르면, 창조산업은 그 기원을 개인의 창조성, 기술, 재능에 두고 있을 뿐 아니라, "지적 재산의 발생과 이용을 통해 일자리와 부를 창출할 가능성"을 가진 활동이다. 사실 후자는 이미 살펴보았듯이, 창조성에 대한 새로운 개념화 속에서 필연적으로 따라 나올 수밖에 없는 조건이라고 할 수 있다.

여기에서 특별히 주목할 것은 창조산업의 여러 활동이 '지적 재산intellectual property'을 생산해내는 것을 자신들의 최우선적인 목표로서 공유하고 있다는 사실이다. 다시 말해서, 만일 개인의 창조성이 원인cause이나 투입input이라면, 지적 재산은 그 직접적인 결과effect나 산출output로 개념화되고 있다. 왜 지적 재산이 창조성을 사용하는 혁신의 가장 대표적인 결과물로서 따로 언급되고 있는 것일까?

1998년 12월, 영국 정부가 발표한 《경쟁력백서Competitiveness White Paper》는 영국의 미래 번영의 핵심적인 원천으로서, '지식 경제'에 초점을 맞추고 있다. 즉, 탈산업적이고 포스트포디즘적인 경제적·사회적 질서의 구조조정이 당시 영국 정부의 관점에서 '지식경제의 부상'으로 개념화되었으며, 이는 결국 문화정책 분야에서는 '지적 재산(권)의 부상'이라는 주제로 압축되었던 것이다(Schlesinger, 2007). 이러한 맥락에서 오코너(2007, 42~43)는 "창조산업을 경제적 경쟁력의 최전선에 위치 설정하려는" 다양한 정부 의제들 사이에 핵심적인 고리를 제공하고 있는 것이 바로 "지적재산권IPR의 이용"이라고 주장한다. 다시 말해서, 개인의 창조성에서 도출되는 '탁월성'이라는 문화정책의 원칙이 고급예술과 저급예술이라는 고전적인 이항대립을 넘어서서, 지적재산권이라는 형식으로 구현되고 있다고 볼 수 있다.

그렇다면 우리는 '지적 재산'을 어떻게 이해할 수 있을까? 호킨스는 베스트셀러가 된 자신의 저서, *The Creative Economy: How People Make Money from Ideas*(2001, 23~31)에서 이에 관한 일곱 가지 원칙을 제시한다.

① 누군가에게 귀속되는 것으로서의 '재산property'

② 종종 소유하거나 보호하기가 어려운 관념들ideas로서의 '무형성intangibility'

③ 그 발생인發生因으로서의 '정부'의 구실(법이 없으면, 재산도 없다는 원칙)

④ 창조적인 산물들이 유통되고, 복제되고, 사용될 수 있게 만드는 그 편의성과 신속함에 맞서는 '국제적인 관례들international conventions' (예를 들어 WIPO나 WTO)

⑤ 인센티브, 보상, 공표, 인권 등을 위한 수단으로서의 '합리화 justifications'

⑥ 창안자의 보상과 사회의 혜택 사이에 균형을 잡음으로써, 모든 지적 재산의 토대로 작용할 수 있는 '재산 계약property contract'

⑦ 어떤 창안자가 그 계약서에 서명하기를 원치 않을 경우 자유로운 '탈퇴'의 보장

이와 같은 원칙적 이해에 더하여, 지적 재산에는 크게 네 가지 유형이 있다는 사실도 기억할 필요가 있다(Howkins, 2001, 31~70). 특허, 카피라이트, 트레이드마크 그리고 산업디자인이 바로 그것이다. 우선 특허patent는 하나의 '재산'으로서 지적 재산을 이해하고자 할 때 가장 명백한 사례라고 할 수 있는데, 사실 그것은 단지 재산일 뿐만 아니라 독점을 내포하고 있다. 카피라이트copyright는 독창적이어야만 하고 창작자의 솜씨와 노동이 포함되어야만 한다는 '자격 요건'을 갖춘 작품들에만 국한된다. 물론 카피라이트에 관련한 독창성과 솜씨에 대한 검정test은 특허에 관한 검정보다는 덜 철저하다고 할 수 있다. 한편 창작자의 서명이나 브랜드를 포함하여, 지적 재산의 가장 오래된 형태라고 할 수 있는 트레이드마크trademark는 특허와 같은 독특한 발명이나 카피라이트를 갖는 작품과 같은 지적 또는 정신적 노력을 필연적으로 요청하지는 않지만, 그럼에도 오늘날 시장 경쟁에서 핵심적인 요소로 성장해왔다. 마지막으로 산업디자인industrial design은 모든 산업 영역에 걸쳐 필수적인 과정으로 자리 잡은 지적 재산의 형태로서, 특허와 같이 등록에 따라 보호받을 수도 있고 카피

라이트와 같이 '디자인 권리'에 따라 보호받을 수도 있다.

이러한 상황을 염두에 둔다면, "지적 재산의 발생과 이용"이라는 구절은 그리 만만한 것이 아니다. 지적 재산의 기원을 식별해내는 것, 다시 말해 개인의 창조성이 의미하는 바를 밝히는 것도 쉬운 작업은 아니지만, 그 기원으로부터 어떻게 가시적인 개인적·사회적·경제적 혜택이 도출되는가를 체계적으로 개념화하는 것은 더욱 복합적인 문제라고 할 수 있다. 하지만 수많은 기술의 발전과 이에 따른 변화들이 상황을 더 복잡하게 만들고 있을지라도, "종국적으로 문제가 되는 것은 바로 콘텐츠contents이다. …… 채널과 서비스의 숫자가 증가하는 것은 콘텐츠 생산자들에게 혜택으로 돌아가야만 한다. 새로운 발전은 단지 더 많은 수요만을 창출하는 것이 아니며, 권리(지적재산권)의 상거래에 관한 새로운 틀거리의 가능성 또한 제공하고 있다."(Smith, 1998, 106)

이러한 의미에서 창조산업 정책의 영국식 모델에서 혁신을 촉진하고, 이로써 지적재산권을 수립 및 보호하는 것이 정책 성공의 가장 중요한 조건이자 단계의 하나로 여겨진다는 점에 대해서는 어느 정도 합의를 이룰 수 있을 것이다.

2.3. 창조산업

이제 우리는 이른바 '창조산업'을 구성하는 기본적인 가치사슬, 즉 그 투입과 산출의 메커니즘에 대한 기본적인 시각을 갖추게 되었다. 결국 창조산업이라는 새로운 용어의 채택을, 획기적으로 증대된 예산을 재무부the Treasury로부터 승인받으려면 '문화'라는 단어가 지나치게 '예술'을 떠올리게 한다는 점에서 새 개념이 필요했다는 식으로, 단지 실용주의적인 제스처로만 이해하는 것은 지나치게 근시안적이라 하겠다(Cunningham, 2002).

빌튼(Bilton, 2007, xvii)이 지적하듯이, 이 개념의 정의는 관례적인 가치사슬의 입장에서 창조산업의 틀을 짜고 있으며, 또한 그 섹터의 혁신적인 '상품 개발' 측면을 특별히 조명하고 있다. 만일 '산업'을 시장에서 서로서로를 보완재나 대체재로 만들어 주는, 어떤 공통적인 특징을 지니고 있는 재화와 서비스를 생산하는 개인individuals 및 기업체enterprises의 모임으로 정의할 수 있다면(Throsby, 2008a, 218), 적어도 영국 정부의 개념화에서 '창조산업'이 가지고 있는 공통적인 특징이란 바로 그 생산 라인의 양 끝에 위치하고 있는 창조성과 지적재산권이라고 볼 수 있는 것이다.

우리가 출발점으로 삼은 정의에 따르면, 창조산업은 일자리와 부를 창출할 수 있는 가능성을 가지고 있어야 한다. 그러나 일자리와 부를 창출할 가능성을 가지지 않은 산업이란 것이 과연 존재하는가? 따라서, 그 정의에서 '일자리와 부의 창출'이란 표현을 보다 특수한 방식으로 해석할 필요가 있다. 아마도 이것이 그 정의와 더불어, 창조산업의 구체적인 범위scope에 관한 규정이 지난 십여 년 동안 CIMD(1998·2001)의 가장 핵심적인 내용으로 받아들여져 온 까닭이라고 할 수 있을 것이다. 즉, 해당 문건은 창조성을 발휘함으로써 지적 재산의 발생과 이용을 통해 일자리와 부를 창출해내는 활동들로, 광고, 건축, 예술 및 골동품 시장, 공예, 디자인, 디자이너 패션, 영화, 쌍방향 레저 소프트웨어, 음악, 공연예술, 출판, 소프트웨어 그리고 텔레비전 및 라디오의 열세 가지 핵심 영역을 구체적으로 거명하고 있다.

비록 이 분류가 그 기준의 모호함 때문에 필연성을 획득하기 어려워 보이는 것이 사실이지만, 적어도 창조산업의 범위에 대한 직접적인 서술이 정책입안자들로 하여금 창조성의 경제와 창조산업의 가능성을 구체적이고 측정 가능한 수치로 변환시킬 수 있는 계기를 마련해주었다는 점은 커다란 공헌이 아닐 수 없다. 예컨대, 영국 문화부DCMS 홈페이지에는 '자주 묻는 질문' 가운데 하나인 '왜 창조산업이 중요한가?'에 대한 답변이 다음과 같이 게시되어 있다.

① 창조산업은 2000년에 GDP의 7.9퍼센트를 차지했다.
② 창조산업은 1997년에서 2000년에 걸쳐 전체 경제의 연평균 성장률 2.8퍼센트를 훨씬 상회하는 9퍼센트의 성장을 기록했다.
③ 창조산업의 고용은 2001년 12월 현재 총 195만 개에 이르고 있다.
④ 창조산업의 고용은 1997년에서 2001년에 걸쳐 전체 경제에서의 연평균 증가율인 1.5퍼센트를 훨씬 상회하는 9퍼센트의 증가율을 기록했다.

결국 해당 범위를 명확하게 규명하는 것으로써, 창조산업 정책의 영국식 모델은 그 정책 대상에 대한 나름의 구체적인 정보들을 수집 및 산출할 수 있었으며, 이를 통해서 실제적인 분석과 전략의 수립에 박차를 가할 수 있었던 것이다.

즉 창조산업의 정의와 범위에 대한 명확하고 대담한 진술이 부상하고 있는 신경제new economy의 현실과 긴밀하게 연결될 수 있는 정책틀 및 정책수단의 구성으로 이어졌으며, 이로 말미암아 DCMS는 위의 열세 개 분야에 대한 포괄적인 조망과 함께 개별적인 분야들의 지원을 일관적으로 실행할 수 있었던 것이다. 바로 이것이 CIMD(1998·2001)의, 나아가서는 영국식 창조산업 정책의 국제적인 확산을 이끈 핵심적인 이유 가운데 하나임은 부인하기 힘든 사실이다.

2.4. 창조경제

창조산업이 이미 국가경제의 상당 부분을 차지하고 있으며 다른 산업들보다 빠르게 성장하고 있는 까닭에, 국가의 미래를 위해서는 부의 성장뿐만 아니라 고용의 성장을 보증할 수 있는 이 새로운 산업에 집중적인 지원을 해야한다는 주장이 속속 제기되어 왔다. 오코너(2007, 42)의 분석에 따르면, 이와 같은 신노동당의 정치적 발의에서 핵심이 되는 것은 '디지털' 테크놀로지가 추동하고 있으며, '정보' 경제나 '지식' 경제와 밀접하게 연관되는 '신경제'와 창조산업을 동일시하는 것이라고 할 수 있다.

이미 헤게모니를 획득한 것으로 보이는 이러한 지식과 정보에 관한 새로운 경제의 일부로, 창조경제creative economy는 창조산업과 연관된 "재화와 서비스의 생산, 교환, 소비"의 체계로 정의될 수 있다(Howkins, 2007, ix). 최근, 즉 2005년 이후로 Creative Economy Program(CEP)이 시작되면서, 문화산업이라는 용어가 다시 등장하고 있고 창조산업에 대한 기존의 진술들은 '창조경제'라는 더 큰 범주 아래서 재조직되는 현상이 나타나고 있다(Schlesinger, 2009, 11~17).[13]

그러나 이러한 현상에 주목하는 것이, 창조경제라는 개념이 이미 1990년대 후반 이래 줄곧 DCMS의 창조산업 정책에서 핵심적인 구실을 해왔다는 사실을 가려서는 안 된다. 다시 말하자면, 지적재산권을 경유하여 일자리와 부의 창출을 가능케 하는 창조산업의 메커니

13 "창조산업은 그 자체로 지적 재산을 화폐currency로 삼고 있는, 보다 넓은 창조경제의 한 국면일 뿐"(Bilton, 2007, xviii)이라는 관점에서 보면, 이러한 최근의 이행은 이미 잠복적이었던, 또는 상당히 자연스러운 과정이라고 할 수도 있을 것이다. 이러한 창조경제, 곧 '신경제'에 관한 노동당 정부의 정책 지향을 이해하는 데는 Chris Smith와 아울러 '창조성'의 전도사로서 토니 블레어를 비롯한 정부의 핵심 인사들에게 많은 영향을 미쳤던 Charles Leadbeater의 저서, Living on Thin Air: The New Economy(1999)가 도움이 된다.

즘은 애초부터 연기 없는smokeless 또는 무게 없는weightless 신경제의 전위부대로서 '창조경제'가 지니는 가능성과 의의에 기대고 있었다는 말이다.

> 가장 넓은 의미에서 창조성은 이 나라에서 우리가 잘할 수 있는 것 상당수의 심장부에 자리한다. 그것은 고숙련 하이테크 산업들의 새로운 발생generation의 토대이다. 관념은 혁신의 기초 요소가 되고, 혁신은 산업을 일으켜 세운다. 이것은 영국과 같은 성숙한 산업경제에서 '특별하게' 참이라고 할 수 있다. 만일 영국이 새로운 테크놀로지들을 전적으로 이용하고 새로운 시장을 개척하는 새로운 산업을 건설하고자 한다면, 우리는 우리 몫의 창조적이고 문화화된 개인을 필요로 하게 될 것이다. 전통적인 창조적 영역에서 작업하고 있는 개인들은 따라서 비즈니스 세계에 제공할 수 있는 것들을 아주 많이 가지고 있는 셈이다(Smith, 1998, 50~51).

다시 말해서, 영국식 모델에서 창조경제는 현재 창조산업의 모든 분야들이 적응해야만 하는 저항할 수 없는 조건, 즉 탈조직화된 자본주의의 도래로서만이 아니라, 앞으로 그 분야들 스스로가 조성해야만 하고 조성할 수 있는 수혜적인 체계로서 여겨진다. 물론 후자는 치열한 국가 간 경쟁이라는 현실 속에서 창조적인 개인과 조직들이 변화와 도전에 대응한 결과로서 얻어질 수 있는 것이다. 이러한 신경제 내부에서 그리고 그것을 통해서, "창조성, 문화, 국가 정체성 그리고 미래의 국부가 분리될 수 없는 상태로 모두 한데 묶이게 된다."(Smith, 1998, 147)

2.5. 창조교육

지금까지 우리가 '영국식 모델'로 상정한 창조산업 정책의 핵심적인 논리를 창조경제, 창조산업, 지적 재산(권), 창조성이라는 네 개념을 중심으로 살펴보았다. 물론 이 네 요소들 간의 관계는 '창조산업의 작동 메커니즘'이라는 입장에서 가장 잘 이해될 것이다. 지금부터 살펴보게 될 '창조교육'과 '창조도시'는 창조산업의 정의에서 직접 도출되는 것은 아니지만, 시간이 흐를수록 (특별히 정책입안자들에 의해서) 창조산업과 뗄 수 없는 관계를 맺는 것으로 받아들여지고 있다. 따라서 이 요소들 또한 영국 문화부의 각종 보고서에서 지속적으로 강조되어 왔으며, 종국적으로는 우리가 관심 갖고 있는 '창조산업 정책의 영국식 모델'에서 주요한 자리를 차지하고 있다고 할 수 있다.

스미스 장관이 말했던, 노동당 정부 문화정책의 네 가지 원칙에서 세 번째에 해당하는 '교육'에 먼저 관심을 기울여보자. 만일 '창조산업과 창조경제'(네 번째 원칙에 해당)가 국가의 미래가 달려 있는 분야라고 한다면, 정부는 어떻게 이 미래를 가능한 가장 바람직한 방식으로 실현되도록 이끌 수 있는가?

> 학교 시스템에서 창조성과 문화 교육의 구실은 단지 학생들의 개인적인 성취만을 위해서가 아니라, 마찬가지로 사회가 내일의 창조적인 부의 산출자들을 보유한다는 점에서도 매우 중요하다. 그것이 바로 학교의 커리큘럼과 우선순위에 관해 자문하는 창조성 의회Creativity Council를 구성하는 것이 의미심장한 이유라고 할 수 있다. …… 그러나 교육은, 그리고 창조성이 그 안에서 감당할 수 있는 부분은 학교의 벽 안에 한정되는 것이 아니다. 많은 사람들에게 지식과 문화적 흥분excitement을 발전시키는 데 공공도서관이나 지역 박물관의 구실은 평

> 생 교육의 중차대한 요소가 되고 있다. …… 우리가 하는 모든 것 속에 창조적이고 문화적인 세계에 대한 우호적인 가치를 삽입하는 것은 공공정책의 가장 중요한 부분의 하나이다(Smith, 1998, 145~146).

이러한 창조교육 또는 창의교육이라는 주제와 관련하여 〈불의 전차〉, 〈킬링 필드〉 등의 영화로 잘 알려진 데이빗 퍼트남David Puttnam은 특히 주목할 만하다. 영국 영화사에서 가장 성공한 프로듀서라고 할 수 있는 그는, 최근 스스로를 '창조적으로' 재발명함으로써 영국의 교육 개혁에서 핵심적인 구실을 감당해오고 있다(Howkins, 2001, 159~161). 특별히 1997년 신노동당 정부의 수립 이후 그는 상원의원으로 임명되었으며, 영국 국립과학기술예술재단National Endowment for Science, Technology and the Arts, NESTA의 설립을 주도하고 초대 의장으로서 창조교육과 관련한 각종 연구와 지원의 체계를 잡고 이를 성공적으로 수행하였다.

폴 로버츠가 2006년에 제출한 보고서, 〈Nurturing Creativity in Young People: A report to Government to inform future policy〉 또한 정부에서 이 주제가 어떤 식으로 발전해왔는지를 보여주는 주요한 사례로 꼽을 수 있다. 그 보고서는 당시 문화부 안에서 '창조산업' 부문을 책임지고 있었으며, 훗날 문화부 장관을 역임하게 되는 제임스 퍼넬James Purnell이 어느 컨퍼런스에서 '영국을 세계의 창조적인 허브로 만드는 것'에 관한 제안 및 요청을 한 것에 직접적으로 응답하는 형식을 띠고 있다. 이러한 정황 자체가 영국의 정책적 사고에서 창조교육과 창조산업이 맺고 있는 뗄 수 없는 관계를 상징적으로 드러내주지만, 그 보고서가 추구했던 두 가지 목표를 살펴보면 위의 관계는 더욱 뚜렷해진다. 즉, 이 보고서는 어린이와 젊은이들을 위해서 창조성의 지속적이고 획기적인 발전에 대한 명백한 틀을 제시하고자 했으며, 나아가서는 이 틀 안에서 이루어지는 진보의 과정을 분명하게 형상화하고자 했다. 이러한 창조성의 단계적 진보에서, 교육의 구실은 다음과 같이 제시되었다.

> 창조성의 계발은 아주 어린 시절부터 시작되어야 한다→창조성에 대한 강조는 주류 교육에 깊이 심겨 있어야 하지만, 그 벽을 넘어서도 동일하게 실행되어야 한다→이를 통해서 교육은 개인화된 접근 personalised approach을 발전시켜야 한다→또한 어린이와 젊은이들의 목소리에 반응하고 그것을 포함시키도록 노력해야 한다→이는 종국적으로 창조산업으로 가는 통로pathways와 이어져야 한다(Roberts, 2006, 5).

2.6. 창조도시

마지막으로 다루어야 하는 개념은 바로 '창조도시'이다. 그것은 아마도 지금까지 다루었던 요소들의 조화로운 상호작용이 빚어낼 가장 구체적인 결과의 하나라고 할 수 있다. '창조산업'이라는 개념의 주변에서 발생하고 있는 이 모든 야단법석은 도대체 어떠한 '보편적인' 혜택을 담보할 수 있는가? 말을 바꾸자면, 창조산업과 창조경제의 성공적인 작동을 통해 일자리와 부가 창출됨으로써 과연 어떠한 종류의 유토피아가 도래하게 되는 것인가? 납세자들의 문화적 성향이 보다 파편화됨에 따라서, 엄청난 세금이 투입되는 각종 '창조산업' 육성 정책들은 적어도 그 논리로나마 더 보편적이 될 필요가 생기고 있다. 이와 관련하여, 다시 한 번 이 정책들의 기본적인 "지도를 그린" 사람이라 할 수 있는, "미스터 스미스"에게 돌아가 보도록 하자(Frith, 2003).

그에 따르면(1998, 131~136), 문화적이고 창조적인 활동이 한 사회의 본질과 방향에 영향을 줄 수 있는 방식에는 세 가지가 존재한다. 첫째는 "사람들이 자신의 주변과 환경에 대하여 깨어 있을 수 있게 돕는 것"이고, 둘째는 "개인 스스로의 완성을 발전시키는 것"을 통해서이며, 마지막으로는 그들이 살고 있는 "전 지역의 재생에 영향을 미치는 것"에 따라서이다. COMEDIA의 연구를 인용하면서, 그는 문화적 재생으로부터 시작하는 것이야말로 마을과 도시의 사회적 재생을 이끌어내는 최선의 길이라고 강조한다. 이는 그것이 사회적인 응집, 환경적인 갱신, 건강의 증진과 창조적인 조직 계획 등에 효과적으로 기여할 수 있기 때문이다.

이러한 문화적 재생의 개념이 보다 포괄적으로 구체화된 것이 바로 창조도시 개념이라고 할 수 있으며, 창조산업 정책의 영국식 모델에서 '창조도시'가 갖는 주요한 위상을 보여주는 증거들은 무척 많이 존재한다. 〈Creative industries: The regional dimension〉(DCMS·DETR, 2000)이나 〈Culture and Creativity in 2007〉(DCMS, 2007)과 같은 정부 보고서들은 그 가운데 일부에 지나지 않는다.[14] 우선 전자는 창조산업태스크포스의 결정에 상응하여 1999년 초에 설립된 '지역쟁점팀RIWG'이 작성한 보고서로서, "지역적인 조망을 확장하고, 각 지역들이 지역적뿐만 아니라 국가적 층위에서 정책 발전에 기여할 수 있는 기회를 갖도록 하려는" 목적에 봉사하는 것이었다(DCMS·DETR, 2000, 5).

한편 후자는 1997년 이후 정부가 착수해 온 문화정책의 과정 및 성취를 요약하려는 시도였는데, 그 서문에서 당시 총리였던 토니 블레어는 다음과 같이 선언하고 있다.

14 창조도시 정책이 본격화되기 전인 1980년대와 1990년대 초반, 영국을 비롯한 서유럽에서 이 분야의 정책들이 어떻게 실험되었으며 평가를 받았는지에 대해서는 *Bianchini & Parkinson*(1993)을 참조할 것.

> 지난 10년 동안 …… 우리는 전반적인 경제 영역보다 훨씬 빠르게 성장하는 문화산업 섹터를 발전시켜 왔습니다. 우리의 도시들은 새로운 산업과 새로운 갤러리 주변에서 재생을 경험할 수 있었고, 세계의 창조적인 허브로 거듭나게 되었습니다(DCMS, 2007, 3).

다시 말해서, '창조도시'의 개념은 창조산업을 둘러싼 정책 논리에서 그 정책의 가치를 확신시키고 관련자들에게 동기를 부여하는, 빠질 수 없는 하나의 요소로 작동해왔다. 부분적으로 이러한 현상은 '쇠락하고 있는 도시를 어떻게 재생할 것인가'라는 문제가 1980년대 이후, GLC와 다른 대도시 당국들의 '문화산업' 정책에서 이미 핵심적인 의제 가운데 하나였다는 사실과도 밀접하게 연관된다. 노동당에 친화적인 싱크탱크의 하나인 COMEDIA는 이 과정에서 핵심적인 행위자였으며, 이러한 이유로 신노동당의 정책입안자들 또한 과거 보수당 정권 시절부터 이와 같은 정책 흐름에 상당 부분 노출되어온 것이 사실이다(Frith, 2003; O'Connor, 2007).[15] 비록 이 정책 노선이 때로는 정책입안자들로 하여금 국가 수준의 정책을 도시 수준의 정책과 올바르지 않게 혼합하도록 이끈다는 비판을 낳기도 하지만, 이 지점에서 우리는 '창조산업' 담론이 오래전부터 '창조도시' 담론과 깊이 연계되어 왔으며, 바로 그 사실이 우리가 현재 관심을 기울이고 있는 '영국식 모델'의 구별적인 요소의 하나임을 발견하게 된다.

이상의 논의를 통해서 우리는 창조산업 정책의 영국식 모델이 품고 있는 두 가지 핵심적인 내러티브를 추출해 낼 수 있다. 첫째는 신

15 이 지점에서 찰스 랜드리는 오랫동안 핵심적인 인물로 구실을 해왔는데, 따라서 그의 기존 연구성과들이 집약된 The Creative City(2000)는 출간 이후 현재까지 강력한 영향력을 발휘하고 있다.

노동당 정부의 정치적 위치 설정에 관한 내러티브이다. "우리(신노동당)는 (세계의 창조적인 허브가 되기에 충분한) 영국의 '창조성'을 가지고, '제3의 길'을 강력하게 추구함으로써, (인습과 쇠락으로부터 자유로운) 'Cool Britannia'를 이룩할 것이다!" 한편 두 번째 내러티브는 영국인들의 일상적인 삶의 방식에 관한 것이다. "창조적인 개인들은 '창조교육'을 통해 '창조산업과 창조경제'의 활황을 견인하고 종국적으로 '창조도시와 창조국가'의 건설에 공헌할 것이다!" 이러한 맥락에서, 창조성, 지적 재산, 창조산업, 창조경제, 창조교육, 창조도시 등의 열쇠개념들은 서로 깊숙하게 연결되어 있을 뿐만 아니라, 영국 정부의 문화정책은 물론이고 교육정책이나 복지정책과 같은 사회정책의 영역 그리고 산업정책을 필두로 한 경제정책의 영역에서도 중요한 구실을 하고 있다.

맺음말

지금까지 우리는 영국의 문화정책에서 '창조성'을 중심으로 한 새로운 담론이 부상하고 있다는 관찰에서 시작하여, '창조산업'과 밀접한 관계를 맺고 있는 개념들의 변천사에 관해, 그리고 변천과정을 거치면서 전략적인 반응의 일환으로 구성된 창조산업 정책의 구조와 논리에 관해 살펴보았다. 이와 같은 영국의 창조산업 정책이 다른 많은 국가들에서도 상당히 매력적인 것으로 받아들여진 이유는 무엇일까?

가장 중요한 이유는, 극심한 국가 사이 경쟁의 여파가 우리의 일상적인 삶 속에서조차 직접 피부에 와 닿는 현실에 비추어볼 때, 개인의 창조성을 등한시하면서 그러한 경쟁에서 살아남기를 바라는 것은 불가능해보이기 때문이 아닐까. 정보화 사회의 '원어민native'이라고 할 수 있는 새로운 세대는 차치하고라도, 정보화 시대의 '이산자diaspora'라고 할 수 있는 기성세대들 또한 과거의 농경사회와 산업사회의 질서 및 생활방식으로 돌아가는 것이 현재 우리 자신의, 그리고 우리 국가의 미래를 위해 가장 바람직한 선택지라고 주장하기는 힘들 것이다. 그렇다면 우리는 지난 십여 년 동안 영국 정부가 보여주었던 것처럼, 위의 논리와 내러티브를 공고히 하면서 지적재산권이라는 플랑크톤이 풍부하게 자라고 있는 창조경제의 바다로 과감하게 투신하여 전력으로 물살을 갈라야 하는가?

유감스럽게도 이러한 처방을 신봉하는 것도 상당히 위험한 일이기는 매한가지이다. 물론 최근에 들어서야 가시적으로 제기되고 있지만, 영국사회에서는 이미 지난 십여 년 동안 이러한 흐름에 대하여 상당한 양의 반성과 비판이 축적되어 왔다. 우선, 우리가 정리했던 첫 번째 내러티브를 주목해 보자. '우리(신노동당)는 (세계의 창조적인 허브가 되기에 충분한) 영국의 '창조성'을 가지고, '제3의 길'을 강력하게 추구함으로써, (인습과 쇠락으로부터 자유로운) 'Cool Britannia'를 이룩할 것이다!' 재미있는 것은 탈근대 시대에 걸맞은 새로운 전략으로 상정되고 있는 이 진술이 근대의 토대와도 같은 계몽주의적 진술과 꼭 닮아 있다는 사실이다. '우리들(유럽인들)은 (세계를 이끌어나가기에 충분한) 유럽의 '합리성'을 가지고, '반이데올로기적인 과학'을 강력하게 추구함으로써, (신화와 미몽으로부터 자유로운) '해방된 사회'를 이룩할 것이다!'

즉 노동당 정부가 제시한 새로운 정책기조는 사실은 그다지 새롭지도, 혁신적이지도, 따라서 창조적이지도 못한 것이라는 관점이 제기될 수 있다. 그렇지 않고서야, 어떻게 그것이 일종의 거대서사나 메타서사의 전형으로서, 이제는 전혀 혁신적이지 않을 뿐만 아니라

치명적인 위기를 맞고 있는 것으로 보이는 계몽주의의 서사 형식을 그대로 복제하고 있을 수 있단 말인가? 이러한 점에서 그 내러티브는 중요한 한계를 안고 있다. 이를 보다 구체화하자면, 이른바 '제3의 길'이라는 방향성은 일차원적인 혼합주의라는 혐의로 인해 현실적합성suitability을 의심받고 있으며, '창조성이 풍성한 세계의 창조적인 허브'로 영국인들과 영국사회를 개념화하려는 시도는 고전적인 민족주의classical nationalism의 재탕이라는 비판 앞에서 실행 가능성feasibility이 침식되고 있다. 또한 'Cool Britannia'라는 목표는 현실 속에 엄존하는 각종 모순들과 문제점들로부터 사람들의 눈을 돌리게 하는 이데올로기적인 기만deception의 도구로 남용되어 왔다는 지적을 통해서 수용 가능성acceptability이 문제시되고 있다(Oakley, 2004; 2009; McGuigan, 2003; Evans, 2007 참조).

그렇다면, 두 번째 내러티브는 어떠한가? 창조적인 개인들은 창조교육을 통해 창조산업과 창조경제의 활황을 주도하면서 결국 창조도시와 창조국가를 이룩할 수 있을 것인가? 이에 대해서도 여러 가지 부정적인 의견이 개진될 수 있다.

① 첫째로, 문화적 과정이란 생각처럼 그렇게 단순한 것이 아니라는 비판이 존재한다. 빌튼(Bilton, 2007)이 단언하듯이, "창조성은 어렵다." 물론 창조성을 실제적인 혁신과 가치의 창출로 연결하는 것은 훨씬 더 복잡하고 어려운 과정이다. 다시 말해, 일종의 동어반복을 통해서 구성되고 있는 내러티브는 실제 현실을 지나치게 단순화하고 있다. ② 둘째로, 비록 정책가들이 그 내러티브를 활용할 때 경제와 문화 사이의 균형을 지속적으로 강조해온 것은 사실이지만, 창조산업의 정의에서 요약적으로 드러나듯이 실제 정책에서 "구체적인 문화적 내용"을 찾아보기란 쉽지 않은 일이다(Galloway & Stewart, 2007; Miller, 2005; 2009). 이러한 점에서, 실제로는 경제적인economic 관심이

그 정책을 지배하고 있다고 보아도 지나친 것은 아니다. 과연 소외받고 있는 '문화적인 관심'은 언제까지 이러한 불평등한 동거를 견딜 수 있을까? ③ 또한, 프리스(Frith, 2003)가 지적하고 있듯이, "지역적으로 가장 효과가 있어 보이는 것이 세계적으로도 가장 효과가 있는 것"은 아니라는 통찰이 이 내러티브에는 충분히 반영되어 있지 않다. 다시 말해서, 지역적인 의미에서 창조도시를 만드는 것이 국가적인 의미에서 창조국가를 만드는 것으로 자연스럽게 이어질 것이라는 전제가 깊이 깔려있는데, 이는 결코 자연스러운 것이 아니다.

위의 비판들이 주로 그 내러티브가 외적인 현실에 비추어 그 적합성을 획득할 수 있는가라는 문제에 관심하는 것이라면, 다음의 비판들은 그것이 설혹 적합성을 획득할 수 있다고 해도 여전히 문제적problematic이라는 인식을 담고 있다. 우선 그 내러티브에 담겨 있는 논리는 과연 실행가능한 것인가? CIMD(1989·2001)에서 제시된 창조산업의 정의와 범위야말로 실행가능성의 초석이 된다고 할 수 있다. 그러나 그 진술들이 효율적이고 대담한 '선언'의 의의를 충분히 갖추고 있음을 인정한다고 해도, 이 사실이 그 진술에서 보이는 자의성이란 한계마저 상쇄시켜주는 것은 아니다. 다시 말해서, ④ 창조산업의 '정의'는 그 나름의 층위에서 무척 명석한clear 방식으로 의미화를 실행하고 있지만, 그것은 결코 다른 산업으로부터 창조산업을 변별해낼 수 있을 만큼 충분히 판명하지distinct 못하다. ⑤ 그 '범위'에 대한 진술 또한 규범성을 담보할 만큼 충분히 필연적이지 못하며, 따라서 각 분야를 아우르기 위한 전체적인 틀의 구실은 상당히 허술하게 이루어질 수밖에 없다.[16]

16 이상과 같은 정의와 범주상의 문제가 발생하게 된 이유와 과정을 '문화산업과 문화정책의 관계'라는 차원에서 살펴보는 Hesmondhalgh and Pratt(2005) 그리고 이러한 문제를 해결하고자 여러 가지 모델을 비교하고 구체적인 대안을 모색하려는 Throsby(2008a;

이와 같은 '실행가능성'에 더하여, 내러티브의 '수용가능성' 또한 비판적으로 따져볼 필요가 있다. ⑥ 즉, 그 내러티브의 주인공으로 상정된 (창조적인) 대다수의 영국인들이 과연 자신들의 세금 가운데 막대한 부분을 '창조산업쿼터' 조성을 필두로 한 기함문화 프로젝트에 쏟아붓는 것에 동의한다는 증거는 쉽게 찾아보기 어렵다. 따라서 일종의 '조합주의'(McGuigan, 2003)에 대한 비판이 가능해지는 것이다. ⑦ 뿐만 아니라 일련의 야심 찬 새로운 계획에서 비롯되는 혜택은 대부분의 평범한 사람들이 아니라, '창조계급'(Florida, 2002)이라는 새로운 이데올로기를 향해 발 빠르게 움직이는 (또는 움직일 수 있는) 일부 사람들에게 편중되는 것으로 보인다.

위와 같은 여러 비판들은 우리에게 '창조산업 정책'의 진정한 효과와 의의에 대한 보다 철저한 반성과 숙고를 요청한다. 이 장 전체를 통해서 살펴보았듯이, 이 정책은 단순히 문화정책의 한 지류로 이해되어야 할 성질의 것이 아니다. 그것은 '탈조직화된 자본주의 사회'(Lash & Urry, 1994)의 도래에 직면하여 정부는 과연 어떠한 방식으로 경제적·사회적 질서의 구조조정을 실행해나가야 하는가라는 보다 근본적인 물음에 직접적으로 연결되어 있다. 물론 이 물음에 대한 대답으로 '창조성'과 그에 연관되는 여러 활동에 주목하는 것은 어느 정도 설득력을 갖는다. 그럼에도 이 방향성에 상응하는 구체적인 논리와 내러티브의 구성에서는 좀더 신중할 필요가 있다.

과연 '창조성'은 파편화된 정체성의 시대에 '보편적인' 미덕이자 공리로 여겨질 수 있는 것인가? 과연 '창조산업'의 메커니즘만이 굴뚝 없는 공장의 시대에 최적화된 프로세스로 여겨질 수 있는 것인가? 진정 '창조계급'의 삶의 방식을 제외하고는 정부가 국민들에게

2008b)의 노력 등은 특별히 주목할 필요가 있다.

권장할 수 있는 또 다른 삶의 방식은 없는 것인가? 이러한 질문들이 우리의 걸음을 더디게 한다고 해도, 그것들은 분명 진지하게 곱씹어 볼 가치가 있는 물음이다. 21세기 산업계의 아방가르드로서 갖는 창조산업의 위치를 감안한다면, '창조산업 정책'이 재현하는 그 물음과 대답의 정황은 향후 우리 사회의 진로에 엄청난 영향을 미치게 될 전반적인 전환의 전조前兆가 되는 것일 수도 있기 때문이다.

부록2 문화주도 도시재생 전략의 빛과 그림자
-기함旗艦문화건축 프로젝트를 중심으로-*

이끔말

문화주도 도시재생 전략culture-led urban regeneration strategy은 1980년대 이후 본격적인 탈산업화의 물결과 더불어, 북미와 서유럽의 선진국가들 사이에서 새로운 정책적 대안으로 주목 받아온 흐름들 가운데 하나라고 할 수 있다. 이러한 과정에서 '예술과 문화'는 도시와 국가의 발전 정책을 수립함에서, 과거의 비주류 또는 장식품add-on 정도의 구실에서 벗어나, 발전의 핵심적인 동력이자 촉매제로서 각광 받고 있다. 《문화와 창조성Culture and Creativity in 2007》이라는 정부 문건에서 이루어진 당시의 영국 총리, 토니 블레어의 선언에 주목해보자.

> 지난 10년간 이 나라(영국)는 문화적 섹터의 운명에서 조용한 혁명

* 이 글의 일부는 성남문화재단에서 발행하는 《아트뷰》(2008년 7월호)에 게재되었다.

> 을 목도해왔습니다. …… 그 과정에서 우리는 전반적인 경제 영역보다 훨씬 빠르게 성장하는 문화산업 섹터를 발전시켜 왔습니다. 우리의 도시들은 새로운 산업과 새로운 갤러리들 주변에서 재생을 경험할 수 있었고, 영국은 세계의 창조적인 허브로 거듭나게 되었습니다. 우리는 가장 혁신적인 디자이너와 건축가들, 가장 인기 있는 박물관과 미술관들, 가장 큰 규모의 예술시장과 가장 위대한 극장들을 소유하고 있습니다. 매년 수백만의 외국인들이 영국을 방문하고 있습니다.

이와 같은 새로운 흐름을 포착하는 가장 적절한 출발점은 기본 개념에 주목하는 것인바, '재생', '문화주도', '전략'이 바로 그것이다.

우선 '재생'이란 한마디로 "물리적, 사회적 그리고/또는 경제적 쇠락의 징후를 보여온 주거, 상업, 공공 공간들의 변형"으로 정의될 수 있다(Evans and Shaw, 2004, 4). 즉 도시재생은 한 도시의 쇠락의 징후를 포착하고, 그 문제의 원인들을 규명한 뒤에, 창조적인 실험과 혁신을 거쳐 근원적인 해결책을 모색하고 실행하려는 시도라고 할 수 있다.

영국의 도시재생 이론가인 로버츠(Roberts, 2000)에 따르면 새로운 공간을 건설하는 것이 아니라 기존 도시 공간의 부활을 추구하는 이러한 시도는 1950년대의 재건, 1960년대의 재활, 1970년대의 갱신, 1980년대의 재개발 패러다임을 거쳐서, 1990년대 이후 보다 포괄적이고 통합적인 정책과 실천, 장기적인 안목을 동반한 전략적 시각의 도입, 공공 부문과 사적 부문 그리고 커뮤니티 부문의 균형적인 파트너십 등으로 요약되는 재생 패러다임으로 귀결된다.[18]

---

18 영국에서 근대적인 도시정책의 기원은 1930년대의 슬럼 정비 그리고 1947년의 'Town and Country Planning Act'까지 거슬러 갈 수 있을 것이다. 이러한 초기 정책들의 주요 관심사는 전후의 도시를 '재건reconstruction'하는 것이었다. 그러나 이는 급속한 교외화와 이

또한, '문화주도'라는 개념은 특별한 주의를 요청한다. 일반적으로 도시의 쇠락을 진단하는 범주는 물리적·환경적 조건, 사회적 조건 그리고 경제적 조건의 세 가지로 집약되어 왔다(Roberts and Sykes, 2000). 그러나 1980년대 이후, 탈산업화를 통한 지식경제·정보사회 담론의 부상, 정책적 규제에서 신자유주의적 트렌드의 확산, WTO 등의 수립에 따른 지적재산권 협약의 국제적 확산, 디지털화와 컨버전스로 대변되는 비약적인 테크놀로지의 발전, 세계화가 낳은 생활권·시장권·금융권의 철저한 통합과 그에 따른 국제적인 협력 및 경쟁의 일상화, 소비주의의 부상과 맞물린 문화의 극단적인 상품화 등으로 말미암아 문화산업의 위상이 엄청나게 상승하였다.

그 결과 문화산업의 핵심 동력으로 일컬어지는 개인의 창조성이

에 따른 도심 공동화 현상을 초래하면서 상당한 문제점을 드러냈다. 따라서 1960년대 중·후반에 이르러서는 도심 안의 '재활revitalization'이 도시정책의 새로운 목표로 대두되었고, 이러한 변동은 1970년대 전반에 걸쳐 더욱 다양하고 근본적인 도시정책들이 입안되도록 이끌었다. 이러한 도시정책의 확산과 팽창은 종국적으로 도시정책을 중앙정부의 정책에서 일종의 주류로 자리 잡게 만들었다. 같은 방식으로, 1970년대에는 도시정책이 더 이상 물리적인 '건설'만이 아니라, 사회적이고 문화적인 차원들을 고려하지 않을 수 없게 되었다. 이는 문화정책과 도시정책의 접합을 초래하면서 문화정책을 "시민적 정체성과 공공적 사회성의 촉매제"(Bianchini, 1993a, 10)로 보는 관점을 낳았다. 따라서 이 시기의 도시정책은 단순한 '재건'이나 '재활'을 넘어서 더 넓은 의미의 '갱신renewal'을 지향했다고 할 수 있을 것이다.

한편 1979년 대처 총리가 이끄는 신자유주의 정부가 들어서면서, 도시정책은 경제적인 효과를 중시하는 방향으로 선회하게 된다. 민간 투자의 중요성이나 투자 대비 수익과 같은 개념이 전면에 들어서게 되면서, 1970년대의 도시문화 정책을 특징지었던 사회적, 정치적 관심이 경제적 발전이라는 관심에 종속되는 경향이 나타나게 된 것이다. 이는 결국 문화정책과 도시정책이 경제적인 '재개발redevelopment'이라는 목표 아래 그 어느 때보다 밀접하게 수렴하는 결과를 낳게 된다(Garcia, 2004b).

그러나 로버츠가 강조하듯이, 1990년대 이후에는 과거의 다양한 패러다임을 아우르면서 기존의 개별적인 목표들을 넘어서고자 하는 새로운 흐름, 곧 '재생regeneration'이라는 관점이 대두되었다. 이 입장은 "보다 포괄적인 형식의 정책과 실천"을 채택하고자 하며, "보다 장기적이고 전략적인 목표를" 염두에 두면서 "복합적인 도시 문제들에 대한 통합적인 처방"을 강조한다(Roberts, 2000, 14, 18). 이러한 새로운 접근이 도시정책의 수립과 적용에서 문화적인 영역에 더 많은 기회를 부여했다는 것은 이론의 여지가 없다.

문화적 장에서 헤게모니를 차지하게 되었으며, '창조성 — 문화산업 — 문화정책'의 삼각고리가 다른 산업과 정책 부문의 새로운 성장 모델로 등극하는 '기이한' 현상이 벌어지게 되었다. 따라서 자연스럽게 문화적 조건이 여타의 조건들과 함께 도시의 문제를 진단하고 해결책을 모색하는 데 필수적인 범주로 자리를 잡게 되었는데, 다양한 문화적 프로그램과 프로젝트들이 고질적인 도시의 문제들을 해결할 수 있는 새로운 진단과 처방의 도구로서 널리 인정받게 된 것이다 (Paddison and Miles, 2007 참조).

마지막으로, 문화주도 도시재생은 그것이 가시적인 랜드마크로서 거대 규모의 문화적 건축물을 짓는 방식이든 페스티벌이나 커뮤니티 아트, 또는 관객 개발 프로그램 등 상대적으로 비가시적인 사업을 진행하는 방식이든 그 성공 여부가 전적으로 도시 행정부의 지도력과 개입 양태에 의존할 수밖에 없다. 다시 말해서, 효율성을 담보할 수 있을 뿐만 아니라 시민 대다수를 납득시킬 수 있는 장기적인 안목의 '전략적 틀'이 정책의 입안과 실행 과정에서 필수적이 된다(McCarthy, 2002). 주먹구구식으로 다른 도시의 문화사업 성공 사례를 그 맥락과는 무관하게 이식하는 것으로는 결코 경쟁력 있는, 포괄적인, 지속가능한 도시재생을 추진할 수 없다.

그렇다면 이러한 전략적 틀은 어떠한 과정을 거쳐서 형성되는가? 크게 다음과 같은 세 단계를 구분하는 것이 유효할 것이다. ① 전략적 위치설정positioning을 위한 핵심 관련자들의 기대 분석, 외적인 기회 및 위험 요인 분석 그리고 도시 자체의 강점과 약점에 대한 객관적인 분석 → ② 전략적 취사선택option making을 위한 도시의 상위 전략과 사업별 경쟁 전략 검토 그리고 구체적인 발전 방향과 수단에 대한 검토 → ③ 전략적 실행implementation을 위한 조직화, 권한 부여, 변화 관리(Johnson et al., 2006 참조).

위와 같은 개념 지평에서 추진되어온 '문화주도 도시재생 전략'은 비단 영국만이 아니라 서유럽 전체와 북미에 걸쳐서, 21세기 도시 성장에 관한 가장 설득력 있는 모델 가운데 하나로 자리잡아왔다.[19] 물론 2008년 하반기를 뒤흔든 세계적 금융위기로 말미암아, 앞으로 당분간은 짧은 시일 안에 가시적인 성과를 도출하기 어려운 문화 관련 프로그램과 프로젝트들의 추진이 난항을 겪게 될 것이다. 중앙 및 지방정부의 세수 감소, 실물경제의 급격한 위축, 민간 부문과의 파트너십 붕괴 등 악재가 겹치면서, 21세기의 새로운 흐름에 맞게 도시를 보다 창의적이고 문화적인 공간으로 변모시키려는 야심 찬 기획들 또한 타격을 입게 되었기 때문이다. 그러나 이 위기가 거대한 '탈산업화의 물결'을 거슬러 인류를 다시금 19세기의 산업화 시대로 역행시키지 못하는 한, '문화주도 도시재생'의 기획은 생략이나 회피가 불가능한, 언젠가 한 번은 맞닥뜨려야만 하는 숙명적인 과업으로 되돌아올 수밖에 없다.

이러한 견지에서 현재의 세계적 위기를 오히려 도시재생의 패러다임을 더욱 세밀하게 다듬을 수 있는 반성의 기회로 삼을 필요가 있다. 본고는 균형적인 시각을 가지고 문화주도 도시재생 전략의 빛과 그림자를 객관적으로 반추함으로써 이 작업에 기여하고자 한다. 그러나 앞서 살펴보았듯이 '문화주도 도시재생'이란 상당히 넓은 범위를 아우르고 있기 때문에, 해당 전략을 구성하고 있는 선택지들을 모

19 영국에만 국한한다고 해도, 글래스고의 1990년 유럽문화수도 유치와 효율적인 도시 마케팅, 에든버러의 집중적인 페스티벌 전략, 런던의 도크랜드와 템즈 강 주변Southwark의 재생, 뉴캐슬 게이츠헤드의 랜드마크 건축과 공공미술 프로젝트, 맨체스터 살포드의 밀레니엄 쿼터와 로리 공연예술 센터, 2008년 유럽문화수도로 선정된 리버풀의 앨버트 도크 재생 프로젝트, 자연경관과 유리 돔들의 인상적인 결합을 이끌어낸 콘월의 에덴 프로젝트, 국립해양박물관의 개관과 함께 본격화된 팔머스의 도시재생, 소수민족들의 축제에 대한 전폭적인 지원으로 상호문화주의 시대의 바람직한 도시 모델을 제공하고 있는 버밍엄 등이 이미 중요한 성공 사례들로서 명성을 얻어가고 있다.

두 다루는 것은 제한된 지면으로는 불가능하다.

따라서 우리는 1980년대 이후 도시재생을 위한 문화정책의 영역에서 가장 대표적인 선택지의 하나로 성장해온 기함flagship문화건축 프로젝트를 중심으로 논의를 전개하고자 한다. 우선 문화주도 도시재생 전략의 선택지들이 어떻게 구성되어 있는지, 또한 그 가운데서 기함문화건축 프로젝트는 어떠한 특질을 가지고 있는지 살펴볼 것이다. 이를 바탕으로 우리는 이 선택지가 어떠한 메커니즘을 통해 도시재생에 공헌할 수 있는지에 주목할 것이며, 다음으로는 그 가능성의 이면에서 어떠한 한계들을 드러내왔는지를 고찰할 것이다.

1. 문화주도 도시재생의 전략적 선택지

문화주도 도시재생 전략의 구체적인 선택지들은 대부분 1980년대에 문화정책의 경제적인 효과를 강조하는 과정에서 현대적인 형태를 갖추게 되었다고 할 수 있다. 경제적인 재개발을 촉진하는 수단으로 다양한 전략적 선택지가 제시되었는데, 그 가운데서도 가장 대표적인 것이 바로 기함건축flagship building 프로젝트였다. 이는 특별히 문화적인 용도를 갖춘 기함건축물들은 "문화주도 재생의 가장 가시적인 기호"에 속하는 것으로서(DCMS, 2004, 8), 상대적으로 빠른 시일 안에 변화에 대한 도시의 의지와 함께 정책의 결과물을 웅변적으로 보여줄 수 있다는 인식이 널리 퍼졌기 때문이다.

그러나 '기함문화건축' 프로젝트가 문화주도 도시재생 정책의 유일한 선택지인 것은 아니다. 몇몇 기준을 적용함으로써, 우리는 가능한 전략적 선택지들을 나름대로 범주화해 볼 수 있다. 예컨대 기업가적entrepreneurial 전략, 창조계급creative class 전략, 진보적progressive 전략은 서로 구별되는 선택지를 산출해낸다(Grodach & Loukaitou-Sideris, 2007). 우선, 기업가적 전략에는 기함문화 프로젝트, 스펙터클 이벤트 그리고 프로모션을 위한 행위들이 포함된다. 다음으로, 창조계급 전략에서는 예술 및 엔터테인먼트 쿼터 그리고 예술과 사적 영역 사이의 협업이 중요한 부분을 차지한다. 마지막으로, 진보적 전략은 커뮤니티 아트 센터들과 예술교육 프로그램 등이 주요 선택지가 된다. 물론 위의 구별은 각 전략이 겨냥하고 있는 시장을 명확하게 기준으로 삼고 있기 때문에 나름의 설득력을 갖는다.[20] 하지만 다음과 같은 질문들을 경유하여, 우리는 더 많은 기준과 함께 더욱 체계적인 방식으로 전략적 선택지들을 범주화해 볼 수 있다.

(a) 유형의 문화 자본이 동원되고 있는가, 아니면 무형의 문화 자본이 동원되고 있는가?

(b) 그러한 자본의 동원이 일차적으로 스톡stock을 창출하는 것인가, 아니면 플로우flow를 창출하고자 하는 것인가?

(c) 이러한 기획은 일회적인 프로젝트로 추진되는가, 아니면 반복적인 프로그램으로 추진되는가?

(d) 결과물의 대상 마켓은 주로 지방 및 지역인가, 아니면 국가 및 세계인가?

(e) 그 결과물은 주로 도심에 영향을 미치는가, 아니면 인접 지역들에 영향을 미치는가?

(f) 그 결과물은 일차적으로 문화 소비를 촉진하기 위한 것인가, 아니면 문화 생산을 위한 것인가?

---

20 기업가적 전략은 여행객과 투자자를, 창조계급 전략은 말 그대로 창조계급을, 진보적 전략은 지역 주민들을 일차적인 대상으로 삼고 있다.

(g) 그 직접적인 결과물은 일시적인 것인가, 아니면 오랫동안 지속되는 것인가?

(h) 그 효과가 활성화하는 가치는 무엇이며, 이는 어떠한 문제들을 해결할 수 있는가?[21]

위의 질문들을 한데 묶어서 문화전략의 한 선택지는 (a), (b), (c)를 가지고, (d), (e), (f)를 실행함으로써, (g)라는 기간 안에, (h)를 성취하려는 것이라고 요약할 수 있을 것이다.

논리적으로 보면, 다소 근본적이고 복합적인 (h)를 차치하고라도, '(a1) 유형자본을 동원하여, (b1) 스톡 창출을 목적으로 하는, (c1) 프로젝트를 통해', '(d1) 세계를 대상으로, (e1) 도심에 기반을 둔, (f1) 소비 지향적인 결과물을 창출하고', '이를 (g1) 장기적으로 관리하는 것'으로부터 모든 범주에서 이에 정반대되는 것까지 128가지의 선택지가 가능하다. 그러나 실제 세계에서는 그처럼 많은 선택지가 존재하지 않을뿐더러, 이러한 이분법의 경계 또한 종종 흐려질 수밖

	a	b	c	d	e	f	g	h
1	유형자본	스톡 창출	프로젝트	세계 대상	도심 기반	소비 지향	장기적 결과물	3Vs&3Ps
2	무형자본	플로우 창출	프로그램	지역 대상	이웃 기반	생산 지향	일시적 결과물	

표 1. 문화주도 도시재생 전략의 선택지 구분을 위한 기준

21 전술한 바 있듯이, 문화주도 도시재생 전략이 해결하고자 하는 문제들은 일반적으로 도시의 쇠락을 진단하는 세 가지 범주, 즉 물리적·환경적 조건, 사회적 조건 그리고 경제적 조건의 세 가지와 연결되어 왔다(3 Problems). 마찬가지로 문화주도 도시재생 전략이 추구하는 가치들은 '문화' 영역이 탐지하고 있는 본유적 가치, 도구적 가치, 제도적 가치라는 세 가지로 집약될 수 있다(3 Values – Holden, 2005 참조). (h)의 범주는 이러한 구별적인 가치들이 앞서의 구별적인 문제들의 해결 과정에 접합되는 층위, 곧 해당 선택지가 추구하는 근본적인 정책적 목표의 수준을 지시하고자 상정되었다.

에 없다.

예컨대, 뉴캐슬-게이츠헤드를 대표하는 랜드마크로 성장한 발틱BALTIC 미술관의 사례를 떠올려 보도록 하자. 이 미술관은 도심에서 가까운 타인 강의 워터프론트 재생을 목적으로 추진된 일련의 기획의 하나로서 탄생하였다. 문을 닫은 제분소를 개조하여 전위적인 현대미술 전시공간이 된 발틱 미술관은, 밀레니엄을 기념하여 최첨단 공법으로 제작된 '밀레니엄 브릿지'를 사이에 두고 유럽 최고 수준으로 꼽히는 세이지SAGE 음악센터와 함께 인상적인 삼위일체를 형성하고 있다. 그러나 이 미술관은 단지 국가적, 국제적 층위에서 이루어지는 도시 홍보와 관광객 유치만이 아니라, 청소년들과 지역주민들의 문화교육의 장이 됨으로써 지역적인 수준의 문화생산을 동시에 고양하고자 하는 목표를 유지해왔다. 따라서 발틱 프로젝트는 기함문화건축 프로젝트의 전형적인 사례의 하나라 할 수 있지만, 스톡 창출만이 아니라 플로우 창출을 목적으로 하고 있고, 일차적으로는 세계 대상이라 할 수 있지만 여전히 지역 대상의 성격을 잃지 않고 있으며, 마찬가지로 단순히 소비 지향적이라기보다는 생산 지향적인 공간 또한 추구하고 있다고 하겠다.

위의 논의로부터 기함건축물을 짓거나 메가 이벤트를 개최하는 것, 문화 지구나 문화 쿼터를 육성하는 것, 또는 지역사회 문화센터나 예술교육 프로그램을 운영하는 등의 다양한 전략적 선택지들이 사실은 이미 존재하는 여러 가지 기준들을 조합하면서 이루어지는 '일련의 선택'에 의존하는 것임을 깨닫게 된다. 게다가 동일한 선택지 안에서도 한 프로젝트 또는 프로그램의 구체적인 성공은 도시마다 외적 상황에 따라서 그리고 해당 도시가 축적해온 내적 역량 등에 따라서 전혀 달라질 수 있다.

그러므로 특정한 시점에 특정한 도시에 맞는 성공적인 문화전략을 기획하고 실행하려면 위에서 말한 다양한 범주들을 숙지하는 것은 물론이거니와, 그 도시가 직면하고 있는 외적 기회와 위기가 무엇인지, 그리고 내적 강점과 약점이 무엇인지를 포괄적이고 냉철하게 분석하는 과정이 필수적이다. 이와 같은 '섬세한' 고려 없이는 그 어떤 전략적 선택지도 기대만큼 효과를 달성하기가 어렵기 때문이다. 이상의 고찰을 염두에 두면서, 이제부터 우리는 문화주도 도시재생 전략의 가장 대표적인 선택지로서 기함문화건축 프로젝트에 초점을 맞추어볼 것이다.

2. 기함 프로젝트의 논리와 특질

2.1. 기함 프로젝트의 원형적인 논리

많은 연구자들(Harvey, 1991; Smyth, 1994; Hubbard, 1995; Jones and Evans, 2008)이 직·간접적으로 지적하고 있듯이, 동시대의 도시문화정책에 '기함 프로젝트'라는 구체적인 개념이 도입된 것은 1970년대 미국의 볼티모어로 거슬러 올라간다.[22] 1960년대 이래로 장기적인 침체와 조악한 이미지 때문에 쇠락을 거듭하던 볼티모어는 1970년에 큰 규모의 도시 박람회를 개최하였다. 이는 2년 안에 약 2백만이 넘

22 장기적인 시각에서 보자면, 기함문화건축 프로젝트는 빅토리아 시대의 영국을 중심으로 서유럽과 북미에서 정책입안자들은 물론이고 일반 대중들 사이에서 선풍적인 인기를 끌었던 '만국박람회'에 직접적인 기원을 두고 있다. 그러나 당시의 프로젝트들이 '산업화'가 정점에 달하던 시점에 해당 도시와 국가가 보유한 새로운 테크놀로지를 세계 만방에 자랑스럽게 선전하기 위한 것이었다고 한다면, 최근의 프로젝트들은 정반대로 전통적인 의미의 '산업화'가 종결되는 시점에 쇠락하는 지역의 재생을 위한 새로운 패러다임을 절박하게 추구하면서 나온 것이라는 점에서 커다란 차이가 있다.

는 방문객을 불러들였을 뿐만 아니라, 지역주민들과 이해집단들을 결집시키는 등 큰 성과를 거두게 된다.

이처럼 시민들의 자긍심이 회복되는 것에 고무된 시 당국은 1970년대 초반의 심각한 경기후퇴에도 그 박람회에 더 많은 투자를 하기로 결정하였고, 이는 결국 워터프론트를 중심으로 하는 크고 작은 규모의 과학관, 컨벤션 센터, 공연장, 호텔 그리고 다양한 레저와 쇼핑센터들의 건립으로 이어졌다(Smyth, 1994, 5). 그 결과, 볼티모어 도심의 항구 지역은 국제적인 관광지로 발돋움하게 되었으며, 따라서 《타임Time》을 비롯한 많은 매체는 볼티모어를 '르네상스 시티'로 간주하면서 집중적으로 취재하기에 이르렀다. 이 사례에서는 다음과 같은 기함 프로젝트의 원형적인 논리를 도출해볼 수 있다.

> ① 탈산업화가 초래한 심각한 침체 → ② 도시 이미지 침식에 대한 처방으로서 기함 프로젝트의 도입 → ③ 도시 외부인들의 관심을 불러일으키는 동시에 도시 주민들의 단결을 도모 → ④ 시민들의 자긍심 회복 → ⑤ 더 많은 기함 프로젝트와 소규모 프로젝트들의 추진 → ⑥ 국가적 또는 세계적 미디어의 주목과 함께 '르네상스 시티'로 공식적으로 추인받음 → ⑦ 그 결과, 매력적인 도시 브랜드가 확립되고, 이를 바탕으로 외부의 투자 유치, 산업 발전, 거주민 및 방문객 수 증가 등 선순환 구조 구축

바로 위의 논리가 왜 1970~1980년대 탈산업화를 경험하던 많은 도시들이 기함 프로젝트를 앞 다투어 도입하게 되었는지를 설명해준다. 글래스고(Booth and Boyle, 1993; Garcia, 2004b), 바르셀로나(Balibrea, 2001; Monclús, 2003), 빌바오(Gomez and González, 2001; González, 2006) 등 유럽의 도시재생에 일종의 모델 또는 준거점을 제공한 것으로 평

가받는 도시들 또한 기함 프로젝트를 자신들의 재생 계획의 핵심적인 부분으로 삼아왔다. 이러한 원형적논리가 기함 프로젝트의 모든 가능성을 담고 있는 것은 아니지만, 오늘날 어떠한 기함 프로젝트라도 핵심적으로 고려할 수밖에 없는 일반적인 맥락과 근본적인 목표를 잘 보여준다는 점에서 특별히 기억할 필요가 있다.

이러한 논리의 부상이 1980년대에 이루어진 '경제 정책과 문화 정책의 수렴convergence'이라는 새로운 추세와 밀접한 관련을 맺고 있다는 점도 따로 언급할 만하다. 즉 이 시기는 문화의 도구적 가치가 경제적인 견지에서 새롭게 주목 받게 된 시점으로서, 거대한 규모의 건축물이나 이벤트를 개최하는 기함 프로젝트가 문화의 가치를 증명하는 가장 가시적인 사례로서 중앙 및 지방정부의 관심을 집중시켰던 것이다. 따라서 기함 프로젝트의 정의가 일종의 기업가주의를 축으로 구성된 것은 자연스러운 귀결이었다.

이러한 맥락에서, 우리는 기함 프로젝트의 정의를 구성하는 세 가지 요소를 최종적으로 식별해낼 수 있다(Smyth, 1994, 5). ① 스스로를 지속할 수 있든지 없든지, '그 자체로서의 발전', ② 차후의 투자를 위한 집합 지점marshalling point, ③ 도시 지역을 위한 마케팅 수단. 물론 이 정의는 '깃발을 달고 있는, 함대의 가장 중요한 함'이라는 사전적 정의에 토대를 두고 있다. 다시 말해서, 기함이 가지고 있는 세 가지 특질, 즉 가장 눈에 띄는 뛰어난 배, 다른 배들을 이끄는 배, 전체 함대를 대표하는 배라는 성질이 각각 '그 자체로서 발전', '차후 투자를 위한 집합 지점', '마케팅 수단'이라는 구실로 연결되고 있는 것이다. 이러한 정의는 유형 또는 무형의 거대 자본이 동원되는 기함 프로젝트에 대한 일반적인 이해와 일치한다고 할 수 있다(Bianchini et al., 1992; Turok, 1992; Loftman and Nevin, 1995; Hubbard, 1995; Temelová 2007 참조).

2.2. 기함 프로젝트의 구체적인 특질

위의 고찰은 기함 프로젝트들이 공유하는 기본적인 성질과 그 가능성들을 시사해준다. 그러나 더 나아가서 기함'건축' 프로젝트, 더욱이 기함'문화건축' 프로젝트만이 가지고 있는 구체적인 특질을 파악하려면 이러한 원형적인 논리를 넘어설 필요가 있다. 이를 위해 크게 다음의 세 가지 질문에 대답하는 형식을 취하고자 한다.

첫째, 문화 전략과 관련해서 종종 혼용되고 있는 '기함'이라는 개념과 그와 비슷한 다른 개념들을 어떻게 구분할 것인가? 둘째, 기함문화건축 프로젝트는 어떻게 비슷한 프로젝트들과 구별되는가? 셋째, 기함문화건축 프로젝트의 하위 선택지들은 어떻게 분류될 수 있는가?

첫째로, 문화를 통한 도시재생을 연구하는 많은 학자들은 '기함flagship 프로젝트'와 동일한 실체를 기술하고자 위신prestige, 메가mega, 아이콘적iconic, 랜드마크landmark 등의 개념을 혼용해왔다. 물론 이는 언어의 의미를 고정시키는 것이 불가능하다는 점을 고려할 때 당연한 현상이라 할 수 있겠지만, '정책의 입안과 추진'이라는 차원에서는 개념의 혼동을 일으키며 심각한 결함을 초래할 수 있다는 점에서 어느 정도 개입이 필요한 부분이기도 하다. 간략하게 말하자면, 그러한 여러 개념들은 앞에서 말한 '기함' 정의의 세 가지 구성요소를 축으로 제안되어 왔다.

개개의 연구자들은 위 범주들 가운데서 한둘을 더 선호하는 경향을 보이지만, 종종 다른 범주에 속한 개념들도 사용하는 것으로 보인다. 이는 아마도 그 개념들이 서로 배제적이라기보다는 보완적이기 때문일 것이다. 그럼에도, 엄격히 말해서 각각의 범주들은 정의를 구성하는 서로 '구별적인' 요소들을 지시하는 것이며, 따라서 각각의

정의의 구성요소	구성 요소가 의존하는 자원	직접적으로 연관된 개념들	구체적인 개념들을 선호하는 연구 사례들
그 자체로 발전	함대에서 가장 뛰어난 질과 규모	위신prestige, 메가mega, 특권high-profile	Loftman and Nevin, 1995; McCarthy, 1998a; Hiller, 2000; Garcia, 2004a
집결 지점	함대를 이끄는 역할	'협소한 의미의' 기함Flagship	Turok, 1992; Bianchini et al. 1992; Bianchini, 1993a; Hubbard, 1995; 1996; Carrière and Demazière, 2002; De Franz, 2005; Temelová,, 2007
지역을 위한 마케팅 수단	함대 전체를 재현하는 위치	홀마크Hallmark/ 랜드마크Landmark/ 아이콘적Iconic	Hall, 1989; Bailey et al. 2004; Miles, 2005; Julier, 2007; DCMS, 2004; Landry, 2006

표 2. 좁은 의미의 '기함flagship' 개념과 비슷한 개념들의 범주

개념들 또한 기함 프로젝트가 가지고 있는 여러 특질 가운데 오직 일부만을 앞세우고 있다는 사실을 잊어서는 안 될 것이다.

예컨대 '아이콘적인' 프로젝트가 되려면 그 안에 다른 투자들을 촉발하고, 다른 프로젝트를 이끄는 (협소한 의미의) '기함적' 요소가 반드시 필요한 것은 아니다. 그러나 우리가 지금까지 사용해온 포괄적인 의미의 기함 프로젝트가 되려면, 해당 프로젝트는 어떠한 식으로든 위의 세 범주를 모두 포함하고 있어야 한다.

둘째로, 기함문화건축 프로젝트는 여타의 비슷한 프로젝트와 구별되는 고유한 특질을 가진다. 기함문화 '이벤트' 프로젝트, 문화 '쿼터' 프로젝트, '비기함' 문화건축 프로젝트 그리고 '비문화' 기함건축 프로젝트 등 네 종류의 프로젝트를 따로 언급할 필요가 있다. 앞서 말했듯이, 논리적인 시각에서 보면, 일반적으로 기함문화건축 프로젝트는 그 자신의 목표(h)를 달성하고자, 유형 자본(a1)을 동원하여, 스톡 창출과 이에 기반한 플로우(b1+b2) 창출을 목적으로 하는, 초기 건축 프로젝트와 후속 운영 프로그램들(c1+c2)로 구성되는데, 이로써

세계 대상(d1), 도심 기반(e1), 소비 지향(f1)적인 문화 건축물을 창조하고, 이를 통해 지역에 장기적인 재생효과를 불러일으키고자 한다.

그렇다면, 일단 기함문화 이벤트나 메가이벤트 프로젝트(Garcia, 2004a 참조)는 범주상 무형 자본(a2), 플로우 창출(b2), 프로젝트(c1), 일시적 결과물(g2)을 추구함으로써 차이를 보이게 된다. 또한 하나의 건물이 아니라 한 지역 전체를 대상으로 삼는 문화 쿼터 프로젝트(Montgomery, 2003 참조)는 세계 대상 + 커뮤니티 대상(d1+d2), 도심 기반(대체로 e1), 소비 지향 + 생산 지향(f1+f2)이라는 점에서 구별이 가능하다.

그렇지만 이상의 두 선택지는 하나의 기함건축물을 짓는 것보다 그 규모 면에서 훨씬 크기 때문에, 대부분의 경우 그 내부에 어떤 식으로든 기함문화건축 프로젝트를 포함하는 경우가 많다. 그리고 비기함 문화건축들(Craig, 2007 참조)은 대부분 지역 대상(d2), 이웃 기반(e2), 생산 지향(f2)이라는 차이점을 보인다.

마지막으로 대규모 쇼핑센터와 같은 비문화 기함건축물들(Temelová, 2007 참조)은 선택지의 범주에는 기함문화건축물과 큰 차

기함문화건축	(a1) 유형 자본	(b1+b2) 스톡 + 플로우	(c1+c2) 프로젝트 + 프로그램	(d1) 세계 대상	(e1) 도심 기반	(f1) 소비 지향	(g1) 장기적 결과물
1. 기함 문화이벤트	(a2)	(b2)	(c1)				(g2)
2. 문화쿼터				(d1+d2)	(mostly e1)	(f1+f2)	
3. 비기함 문화건축				(d2)	(e2)	(f2)	
4. 비문화 기함건축	비문화적 재화와 서비스의 플로우(전혀 다른 h)						

표 3. 기함문화건축 프로젝트와 여타 비슷한 프로젝트들 사이의 비교

이가 없지만, 그 목표(h: 3Vs and 3Ps)에서 큰 차이를 보인다. 즉 전자를 통해서 창출되는 스톡과 플로우는 일반적인 소비재에 관한 것으로서, 정보재, 경험재, 문화재cultural goods, 공공재, 공로재merit goods 등과 관련을 맺는 후자와는 근본적으로 차이를 보인다. 따라서 도시재생의 제반 문제들(3Ps)을 해결하고자 문화적 가치들(3Vs)을 동원하는 방식도 전혀 달라진다.

셋째로, 기함문화건축 프로젝트 안에도 몇몇 하위 선택지가 존재한다는 사실에 주목하도록 하자. 건물의 내력, 건물의 입지, 프로젝트의 범위 등은 이를 구분할 수 있게 하는 주요한 기준이다.

우선, 기함문화건축물의 상당수가 세계적인 명성을 갖춘 건축가가 디자인한 초현대식 건물(예: 빌바오의 Gugenheim, 파리의 Pompidou Centre, 뉴캐슬 게이츠헤드의 SAGE, 글래스고의 Armadillo)이거나, 완전히 개조된 유산 빌딩(예: 런던의 Tate Modern, 뉴캐슬 게이츠헤드의 BALTIC, 맨체스터의 Printworks 등)인 경우가 많다.

전자는 디자이너의 앞선 작업을 내력으로 지니고 있는 일종의 '서명signature' 빌딩으로서, 특별히 익명의 포스트모던 감수성에 호소하는 데 효과적이다. 한편 유산 빌딩을 재활용하는 방식은 종종 새 건물을 짓는 것보다 더 많은 비용이 소요되기도 하지만, 그 지역의 역사를 현재와 적극적으로 연결하는 방식으로 지역민들의 자부심과 고유성을 제시하고 고양하는 데 탁월하다. 어느 경우이든, 이 건물들은

범주	하위 선택지 1	하위 선택지 2
건물의 내력	새로운 (서명) 건물	의미 있는 (유산) 건물
건물의 입지	도심의 워터프론트	여타 명소들
프로젝트의 범위	하나의 독립적 프로젝트	더 큰 프로젝트의 일부

표 4. 기함문화건축 프로젝트 안의 하위 선택지

막대한 투자 자금을 요구하며, 그에 따라서 해당 지역과 도시의 브랜드를 (재)구축함으로써 특권적인 기함 아이콘으로 자리 잡을 것이 기대된다.

이러한 건물의 입지는 대개 "최고의 개발 잠재력을 지니고 있는 지역"(Temelová, 2007)으로서 도심의 주변인 경우가 대부분이다. 도심은 소비와 마케팅 등에서 그와 같은 효과를 달성하고자 요구되는 일종의 '임계질량'을 상대적으로 쉽게 달성할 수 있는 곳이기 때문이다. 그 가운데서도, 과거 산업화의 중심지로 작용했던 워터프론트들은 특별히 기함건축을 위한 매력적인 입지라고 할 수 있다(Hubbard, 1995; McCarthy, 1998b). 왜냐하면 이 지역들은 버려진 산업부지가 유행을 선도하는 탈산업적 허브로 변모하는 모습을 웅변적으로 보여줌으로써, 재생의 효과를 극대화할 수 있는 장소이기 때문이다. 게다가 일단 새롭게 개발되고 나면, 워터프론트는 "물, 지나다니는 보트들, 레저 활동 등등"(Jones and Evans, 2008)의 효과로써 강력한 연쇄 작용을 초래할 수도 있다. 기함문화건축물들이 도심의 워터프론트 외의 다른 지역에 세워지는 경우에라도, 위와 같은 원리들, 곧 심미적인 호소와 이를 통한 상징적인 과시라는 기본적인 메커니즘은 크게 달라지지 않는다.

한편, 기함문화건축 프로젝트는 독립적인 프로젝트로 추진될 수도 있지만, 기함문화 이벤트나 문화 쿼터 프로젝트와 같은 더 큰 규모의 프로젝트의 일부로 추진되는 경우도 많다. 후자의 경우, 그 입지는 반드시 도심일 필요가 없는데, 이는 이벤트가 진행되는 공간이나 문화 쿼터 조성지역 자체가 도시의 중요한 결절node로 성장할 가능성이 높기 때문이다. 이에 더하여, 하나의 기함문화건축물이 문화 쿼터 프로젝트의 일환으로 계획될 경우, 그 구실은 하나의 독립적인 프로젝트의 경우와는 상당 부분 차이를 보일 수밖에 없다는 것도 지적될 필요가 있다. 왜냐하면 전자의 경우, 투자의 집결지점이자 마케팅을 위한 상징이라는 기함건축의 기능이 그 자체로서만이 아니라, 쿼터 안에 존재하는 다른 공간들 및 건물들과 밀접한 관계를 맺으며 결정될 것이기 때문이다. 마찬가지로 그 경우에는, 기함건축물을 짓고 유지하는 과정 또한 단독적인 용도보다는 복합적인 용도를 염두에 두고 추진될 가능성이 높다(Montgomery, 2003; 2004 참조).

3. 기함문화건축 프로젝트의 가능성

이제 기함문화건축 프로젝트의 정의와 특질이 어느 정도 분명해졌다고 한다면, 그것이 가지고 있는 잠재력에 대해 본격적으로 다루어 보도록 하자.[23] 기함문화건축물이 갖는 본유적·도구적·제도적 가치가 과연 한 도시의 물리적·경제적·사회적 문제를 해결하는 데 얼마나 효과적으로 연결될 수 있을까? 문화주도 도시재생 전략들은 종종 "경제적으로는 경쟁력이 있는", 그러나 "사회적으로는 이중적인 도시"를 초래했다는 비판을 받아왔다(Griffiths, 1995, 253).

이에 대한 하나의 응답으로서 기함문화건축 프로젝트를 운용하는 정책 입안자들 또한 경제적인 효용에 치중한 원형적인 논리를 넘어서서, 사회적인 잠재력을 강조하는 더욱 포괄적인 논리에 주목하게 되었다. 간략히 말해서, 기함건축물이 '특권적인 기함 아이콘'으로서 도시의 고질적인 문제에 제동을 걸 수 있는 방식을 이해하려면 다음과 같은 도식으로 구현할 수 있는 확대된 논리가 필요하다(Roberts, 2000;

23 지금까지 본격적으로 다루지 않았던 'h'(3 Values and 3 Problems)가 바로 이 문제와 직결된다.

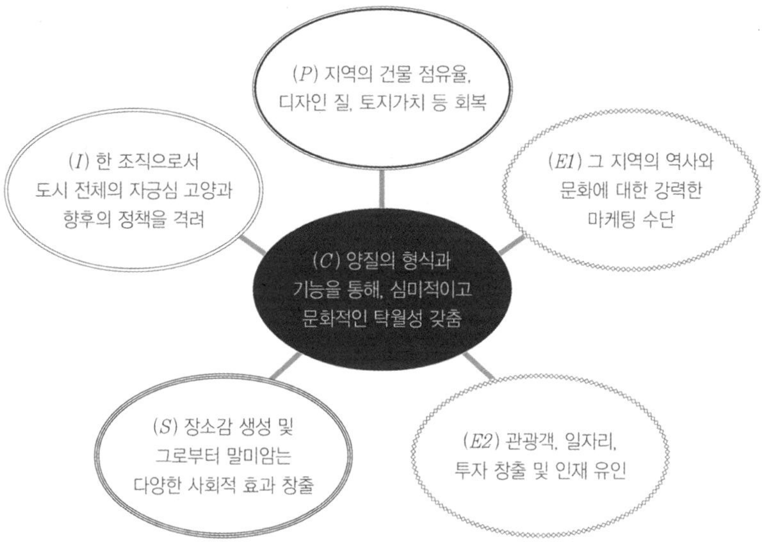

성공적인 기함문화건축 프로젝트의 확장된 메커니즘

Bianchini 1993a; 1993b; Holden, 2005; Skot-Hansen, 2005; Myerscough, 1988; Matarasso, 1997; Evans and Shaw, 2004 참조).

위의 그림에서 각각의 원은 기함문화건축 프로젝트가 지향하는 하나의 목표나 논리를 재현한다. 따라서 표 전체는 기함문화건축 프로젝트가 달성할 수 있는 가능성들을 포괄하는, 하나의 선순환 구조를 나타낸다. 우선 (C)는 문화Culture의 본유적 가치에 의존하는 것이며, 이후의 과정에서 프로젝트가 성공을 거둘 수 있는 바탕으로 작용한다. 다음으로 (P), (E1), (E2) 그리고 (S)는 문화의 도구적 가치에 의존하는 것으로, 각각 쇠락하는 도시의 물리적Physical, 경제적Economic 1·2, 사회적Social 문제들을 해결하는 데 핵심적인 구실을 한다. 마지막으로 (I)는 문화의 제도적Institutional 가치에서 말미암는바, 이는 전적으로 앞선 논리들이 그 목표를 얼마나 성공적으로 달성하느냐에 의존한다고 할 수 있다.

3.1. 문화적 가능성(C)

무엇보다도, 기세등등한 규모와 디자인, 의미 있는 문화적 콘텐츠 그리고 연관된 다양한 활동을 담보하는 기함문화건축물을 짓는 것은 그 자체로 하나의 '예술작품'을 창조하는 것으로 이해되어야 한다. 즉 해당 지역은 심미적·문화적 탁월성을 갖춘 거대한 예술작품을 소유하게 되는바, 이는 우선적으로 매일 그 건물을 바라보게 될 사람들에게 양질의 경험을 제공할 수 있어야 한다. 물론 그러한 미적 경험은 주관적일 수밖에 없으며 따라서 모든 이들에게 동일한 피드백을 기대할 수는 없다. 그러나 적어도 대다수의 감상자들이 기꺼이 다시 보고 싶어 하고, 지인들에게 소개하고 싶어 하는 작품은 되어야 한다는 것이다.

이처럼 상식적인 시각에서 '미적인 경험'을 다룬다면,[24] 기함건축물은 크게 다음의 두 가지를 통해 그러한 경험을 장려할 수 있다. 건축물의 내부 및 외부의 디자인(stock)과 그 건물 안에서 진행되는 콘텐츠와 연계된 다양한 문화활동(flows)이 그것이다. 랜드리의 표현을 빌리자면(2006, 145), 기함문화건축 프로젝트의 야심 찬 목표를 달성하려면 "컨테이너"는 물론이고 "콘텐츠" 또한 세계 수준의 질을 확보할 수 있어야만 한다. 물론 그 콘텐츠는 회화, 연극, 무용, 영화, 음악 등 다종·다양할 수밖에 없지만, 컨테이너의 디자인이 심미적으로나 기능적으로나 뛰어나야 한다는 사실은 모든 기함건축물이 공유하는

24 '높은 수준'의 디자인이라는 개념이 다소 애매하고 주관적이라고 할지라도(Bell and Jayne, 2003), 기함문화건축물의 디자인이 감상자들의 독특한 미적 경험을 초래하기에 부족함이 없어야 한다는 사실 자체를 부인하기는 쉽지 않을 것이다. 랜드리(2006, 147)는 이를 판단하기 위한 몇몇의 공통적인 기준을 "효용성과 사용가치, 이용되는 재료들, 그것이 만들어지거나 추진되는 방식, 발생되는 의미, 장인정신, 상징적 가치 또는 한 문화에 깃든 시각적 형식과 이루어지는 공명"으로 요약하였다.

목표라고 할 수 있다.

3.2. 물리적 가능성(P)

둘째로 기함문화건축물은 잉여 건물들을 창조적으로 재활용하거나, 지역 전체의 '디자인 퀄리티'를 향상시키거나, 건물 및 토지의 점유율을 높이는 등 황폐한 지역의 물리적·환경적 재생을 도울 수 있다. 이것은 단박에 눈에 띄는 양질의 아이콘을 도입함으로써 해당 지역의 기존 경관을 효과적으로 변화시킬 수 있기 때문에 이 프로젝트가 지닌 가장 기본적인 도구적 가치라고 할 수 있다.

현대의 도시재생이 '양질'의 디자인을 특별히 강조하고 있다는 사실을 보여주는 증거는 상당히 많이 축적되어 있다(Urban Task Force, 1999; CABE, 2001; Jones and Evans, 2008). 이는 디자인 퀄리티가 긍정적인 도시 정체성을 제시하거나 재현하는 데 본질적인 요소로 여겨지고 있으며, 나아가서는 살고, 배우고, 일하고, 즐기고, 소비하는 것은 물론이고 투자 유치를 위해서도 도시를 매력적이고 경쟁력 있는 지역으로 변화시키는 데 필수적인 요소로 인정받고 있다는 사실에 기인한다.

기함문화건축물이 그 자체로 이러한 '도시 디자인경관'에 영향을 미칠 수 있다고 하더라도(Julier, 2007), 더욱 중요한 것은 그것이 주변의 건물과 공간들이 혁신의 기운을 발산하는 아이콘적 스타일을 채택하도록 격려하는 구실을 한다는 점이다. "그 자체를 넘어서 충격을 주고 이로써 주변환경에 영향을 미치는"(Temelová, 2007, 171) 이러한 잠재력은 도시재생 영역에서 높은 평가를 받아왔다. 지역 전반을 위한 '디자인 코딩'이란 개념을 확산시킨 '새로운 도시주의new urbanism'는 이러한 맥락에서 이해할 수 있을 것이다. 이와 같은 문자적 의미의 '기함'적 구실이야말로 디자인 주도(Hubbard, 1995; 1996; Bell and Jayne, 2003), 프로퍼티 주도(Healey et al., 1992), 또는 지역 기반(Jones and Evans, 2008, 58~67) 재생 계획들에서 기함문화건축 프로젝트가 주요하게 취급된 이유를 함축적으로 보여준다.

3.3. 상징적 경제 가능성(E1)

셋째로, 그 인상적인 외양과 형식을 통해서, 기함건축물들은 즉각적으로 해당 지방과 지역을 위한 매력적인 마케팅 수단으로 사용될 수 있다. 즉, 도시의 경쟁력을 향상시키는 요소로서 점점 더 주목을 받고 있는 도시의 브랜드화와 홍보 과정에서 핵심 요소가 될 수 있다는 것이다(Paddison, 1993). 이러한 점에서, 대부분의 기함건축물은 관심과 주목을 끌려고 노력할 수밖에 없고, 따라서 "외부 응시적이고 국제 지향적"일 수밖에 없게 된다(Landry, 2006, 144). 볼티모어의 사례에서도 잘 드러나듯이, 이 기능은 기함 프로젝트의 가장 중요한 잠재력으로 평가받아왔기 때문에 더욱 상세한 부연설명이 필요하다.

우선, 영국의 경우에 국한하면, 도시 홍보는 빅토리아 시대의 인물들까지 거슬러갈 수 있다. 그러나 도시 마케팅에 대한 현재의 접근은 그 당시와는 질적으로 상당한 차이가 있다. 즉 오늘날에는 단순히 해당 도시의 미덕을 찬양하는 것이 아니라, 도시를 외부의 투자를 위한 매력적인 입지로 만들고자 고안된 '장소 신화들'을 짜깁기함으로써 도시를 재발명 또는 재이미지화하려고 시도한다(Hubbard, 1995, 244). 다시 말해서, 이러한 접근들은 도시 계획에서 전통적인 관리주의보다는 새로운 기업가주의에 토대를 두고 있다.

또한 이러한 시도의 성공은 앞서 말한 물리적이고 환경적인 재생의 결과에 직접적으로 의존한다는 점도 중요하다. 이는 오늘날 한 도시에 새로이 조성된 디자인경관들이 그 도시의 창조성의 위상을 드러내는 일종의 지표로서 작용하고 있기 때문이다. 그러한 디자인경관의 조성은 전형적으로 스펙터클한 아이콘들에 따라 주도되었으며, 따라서 기함문화건축 프로젝트는 "국가적이고 세계적인 서열구조 안에서 그 자신의 위치를 지켜내기 위해, 도시에 의해서 활용되는 장소마케팅 무기고의 융합적인 일부"(Loftman and Nevin, 1995)로 받아들여지고 있다.

마지막으로, 사람들의 역할 또한 간과되어서는 안 된다. 도시를 촉진함에서 "아이콘적 커뮤니케이션"과 "서사적 커뮤니케이션"은 구별될 필요가 있다(Landry, 2000). 즉, 한 기함문화건축물은 그 자체로 재발명된 디자인경관 주변에서 아이콘적 커뮤니케이션에 효과적일 수 있다. 하지만, 서사적 커뮤니케이션에서도 성공적이려면 그것은 새롭게 진행되고 있는 도시의 변화와 발전에 대한 주의 깊은 논변을 생성해낼 수 있어야 한다. 물론 후자는 상당한 시간이 걸릴 뿐만 아니라, 사람들의 반성을 요청하는 작업이기도 하다. 따라서 도시 마케팅에서 진정한 도전은 다양한 관련자들의 장기적이고 포괄적인 협력을 확보해냄으로써, "아이콘적 힘을 갖추고 있는 프로젝트 속으로 서사적인 성질과 더 깊이 있고 원칙적인 이해를 아로새기는 것"(Landry, 2000, 65)이라고 할 수 있다.

3.4. 직접적 경제 가능성(E2)

보다 직접적인 수준에서, 기함문화건축 프로젝트는 더 많은 관광객, 일자리, 인적 자본, 투자 등을 끌어들여서 도시에 가시적인 경제적 이익을 초래할 수 있다(Myerscough, 1988[25] ; Bell and Jayne, 2003 참조). 우선, 날로 주목을 받고 있는 문화관광에서 기함문화건축이 매우 중요한 자산이라는 점은 부인하기가 쉽지 않다. 왜냐하면 시간적 여유가 그다지 많지 않은 관광객들은 일반적인 것보다는 뭔가 예외적인 것을 쫓는 경향이 있기 때문이다(Robinson and Smith, 2006). 따라서 다양한 이력과 배경을 지닌 관광객들을 가로질러 일종의 보편적인 호소가 가능한 기함문화건축물이 없다면, 한 도시가 경쟁도시들과 치열한 경합을 벌이며 그들을 유혹하기란 쉽지 않은 일이다. 물론 관광객들은 먹고, 자고, 쇼핑하는 데 돈을 소비할 뿐만 아니라, 이를 통해서 그 지역에 관련 일자리들을 창출하는 데 기여한다. 뿐만 아니라, 기함문화건축물들은 그 자체로도 상당수의 일자리를 낳게 되는데, 거대한 시설물을 유지하고 그로부터 비롯되는 플로우를 관리하려면 많은 직원들이 필요하기 때문이다.[26]

더 나아가서 이와 같은 효과는 단순히 일자리와 소비 증진이라는 견지에서만이 아니라 기업가주의, 혁신 그리고 창조성의 경제와 생태학을 생산해내는 견지에서도 파악될 수 있다(Bell and Jayne, 2003, 132). 오늘날 창조적인 생태학이 투자자들과 그 밖의 창조적인 사람들에게 얼마나 중요하게 인식되는지를 파악하기란 어렵지 않다. 즉, 예술가들은 "교외suburbs와 준교외exurbs에 대비되는 지속적인 문화적

25 자신의 기념비적인 연구를 통해서, 마이어스코프Myerscough는 영국에서 예술 섹터가 가지고 있는 다양한 경제적 가능성들이 무엇인지를 아주 구체적인 방식으로 보여주었다. 우선, 그것은 그 섹터 안에 상당한 규모의 소비와 고용을 초래하는 등 직접적인 공헌을 하기도 하고, 다른 산업에 파생효과를 일으키거나 부수 산업들의 성장을 도모하는 등 간접적인 공헌을 하기도 한다. 또한 예술 섹터의 경제는 상당 기간 지속적으로 팽창하고 있으며, 고부가가치를 창출하고 있을 뿐 아니라, 주요한 수출 주도 섹터로 자리 잡고 있기도 하다. 그 섹터가 보여주는 비용 효율적인 직업 창출의 가능성과 고용을 유지하는 능력 또한 간과되어서는 안 된다.

26 예컨대, 런던 템즈 강 산책로에 있는 '테이트 모던'은 3천여 개가 넘는 새로운 일자리를 창출하였으며, 그 가운데 467개는 직접 그 갤러리와 관련된 것이라고 한다. 또한 콘월에서 추진된 에덴 프로젝트는 650개 이상의 일자리를 낳았는데, 그 가운데서 250개의 새로운 일자리가 직접적인 공급사슬에서 창출된 것으로 추정된다(DCMS, 2004 참조).

헤게모니"에 관한 도시의 권리주장을 확증하는 구실을 해왔다(Zukin, 1995, 23).

오늘날 이러한 진술은 자연스럽게 다음과 같이 확장되고 있는 것으로 보인다. '창조계급(Florida, 2002)은 단지 교외와 준교외만이 아니라 의미심장한 창조적 환경(Landry, 2000)을 조성하지 못한 다른 도시들과도 대비되는, 한 도시의 지속적인 문화적 헤게모니를 확증한다.' 다시 말해서, 혁신과 변화에 우호적인 도시 문화를 촉진함으로써, 기함 문화건축물들은 직·간접적으로 일종의 '인재 자석talent magnet'이 되고 있으며, 이를 통해서 지속적인 투자 유치에 크게 기여하고 있는 셈이다(Mommaas, 2004; Scott, 2004 참조). 이와 같은 과정에서 그것이 도시 경제구조의 다변화에 공헌하고 있다는 점도 무시할 수 없는 효과 가운데 하나이다(Bianchini et at., 1992; McCarthy, 1998a).

3.5. 사회적 가능성(S)

다섯 번째 잠재력은 하나의 기함문화건축 프로젝트가 지방적인 맥락과 역사를 존중하고 반영하고자 할 때 실현될 수 있다. 이 경우, 과거의 성취와 미래에 대한 야망을 조화시킴으로써 해당 지역 주민들 사이에 장소감과 소속감을 불러일으킬 수 있기 때문이다(Miles, 2005, 913). 그 직접적인 결과로서, 지역사회의 정체성과 자존감, 사회적 응집과 포용을 통한 참여 확대, 범죄율의 감소와 교육열의 향상 등 주요한 사회적 효익들을 초래할 수 있다(Evans and Shaw, 2004; DCMS, 2004). 1970년대에 특별히 주목을 받았지만 신자유주의 정책의 급부상과 함께 상당히 퇴색되던 이러한 사회적 가능성은, 오늘날 기함문화건축 프로젝트만이 아니라 문화주도 도시재생 정책 전반에 걸쳐 경제적 잠재력과 동일한 정도로 그 중요성을 다시금 회복하고 있

는 것으로 보인다(Matarasso, 1997; Ball, 2004; Evans, 2007 참조).[27]

지역 주민들은 실제로 여하한 도시 재생의 기획에서 정부나 기업에 못지않은 핵심 관련자임에 틀림없다(Turok, 1992; Smith and Beazley, 2000). 왜냐하면 그들의 의견이야말로 해당 기획이 실제로 성공적이냐 아니냐를 판단할 수 있는 가장 중요한 증거이기 때문이다. 그들의 후원과 참여가 없다면, 어떠한 프로젝트나 프로그램도 포괄적이고 지속 가능한 효과를 보장받지 못한다. 따라서 기함문화건축물들이 도시를 매혹적으로 '재포장'하는 데 가장 효과적인 수단의 하나라고 할지라도, 그것으로 오로지 새로운 일자리와 관광객 그리고 투자 유치만을 추구하는 것은 현명하지 못하다. 대신에, 그것은 언제나 "그 도시에 살고 있는 사람들"(Hubbard, 1995, 250)에게 봉사하는 것이어야 하며, "그 커뮤니티의 사회적 자본"(Ball, 2004, 123)에 직접 기여할 수 있어야만 한다.

그러므로 랜드마크 빌딩들에 주어진 최대의 도전은 지역적인 상담 없이 다른 지역의 성공적인 문화 전략을 수입하면서 "오직 관광객들과 부유층들에게 봉사하는 것이라기보다는, 그 지역 공동체에 뿌리를 박고 그들의 지지를 받음으로써 적절성을 획득하는 것"이라고 할 수 있다(Davis, 2004, 9). 만일 하나의 기함문화건축물이 형식과 기능 양자에 걸쳐, 그 지방의 특정한 맥락을 적절하게 반영하지 못한다면, 이는 의미심장한 사회적 목표를 달성하지 못한 채 유행적인 경향의 모방을 보여주는 사소한 증거물로 전락하게 될 수도 있는 것이다(Ellis, 2005; Bailey et al., 2004).

---

27 예컨대, Griffiths(2006, 427)는 2008년 유럽문화수도 선정을 위한 영국 도시들의 경쟁과정을 고찰하면서, 입찰을 위한 준비과정에서 각 도시들이 보여준 뚜렷한 공통점은 "모두 문화와 사회적 응집 사이의 관계에 강조를 두고 있다는 점"이라고 결론지었다.

3.6. 제도적 가능성(I)

마지막으로, 이 문화적 프로젝트가 한 도시의 내부와 외부의 다양한 관련자들을 만족시키면서 의도했던 방식으로 실행되고 관리된다면, 해당 도시는 이를 통해서 무엇과도 견주기 어려운 격려와 보상을 얻게 될 것이다.[28] 그 도시와 외부 세계 사이에서 이루어지는 '도시의 질 및 자긍심'에 관한 쌍방향적인 인정이 이러한 보상의 중심에 자리한다. 물론 주관적이자 객관적인 이 추인은 특별히 도시 마케팅(E1) 및 사회적 강화(S)라는 범주와 긴밀하게 뒤엉킨다. 그러나 이는 또 하나의, 더 높은 심급에 관계하는 것으로 이해할 필요가 있다.

즉, 그와 같은 쌍방향적인 인정은 도시 당국, 일반 시민들 그리고 야심 있는 사업가들에게 차후의 새로운 기획들을 추진할 수 있는 견고하고, 포괄적이고, 구체적인 토대를 제공하게 된다. 더욱 중요한 것은 그들이 성공적인 재생의 경험을 서로 공유하게 되었다는 사실이다. '함께 우리의 도시를 더 나은 곳으로 만들 수 있다'는 확신이야말로 그 무엇과도 바꿀 수 없는 도시의 귀중한 문화적 자본이 된다.

이와 같은 공유된 인정과 확신이 없이는 과거의 경험으로부터 도출된 조직 및 제도의 지속적인 계승과 혁신이 이루어질 수 없다. 따라서 기함문화 프로젝트의 여러 가지 가능성들이 성공적으로 실현되면서 축적되는 유무형의 제도적 성과는 새롭게 변화하는 환경 속에서도 그 도시가 지속적으로 성공적인 경험을 재생산하는 데 가장 중요한 나침반이자 원동력이 된다고 할 수 있다. 바로 이러한 메커니즘이 조직적이고 제도적인 차원에서 과거에 그 도시를 특징지었던 어

---

28 반대로, 쉐필드의 국립 대중음악 센터National Centre for Popular Music의 사례가 보여주듯이, 기함문화건축 프로젝트의 실패는 그 도시의 "사기를 매우 공적인 방식으로" 손상시키는 결과를 초래하게 된다(Moss, 2002).

둡고 흐릿한 쇠락의 시대가 슬며시 귀환하는 것을 막아내는 최고의 예방책이라는 점은 두말할 나위가 없다.

지금까지 기함문화건축 프로젝트의 구체적인 특질은 무엇이며, 그것이 도시 재생에서 어떠한 긍정적인 구실을 할 수 있는지를 주목해 보았다. 원형적인 논리에서 출발하였지만, 그것을 넘어서 보다 종합적인 관점을 확보하고자 노력했다. 다시 말해서, 우리가 그려본 확대된 틀은 단순히 물리적·경제적 차원에서 도시의 경쟁력만이 아니라, 심미적·사회적·제도적 차원을 아우르는 포괄적이고 지속 가능한 도시재생의 논리를 그려보는 것이었다. 그러나 기존 사례와 증거들에 비추어 볼 때, 모든 기함문화건축 프로젝트가 위의 긍정적인 가능성들을 실현해왔다고 볼 수는 없다. 21세기 영국의 '문화적 재앙'이라고 불리기도 했던 '밀레니엄 돔'이 그 대표적인 사례가 된다.

따라서 이러한 기함 프로젝트들이 지니고 있는 분명한 '그림자'를 외면하면서 그 가능성에만 주목한다면, 이는 지나치게 순진한 입장이라고 할 수 있다. 이제 우리는 '기함문화건축 프로젝트'에 대해 제기되어온 다양한 비판을 살펴보아야 한다. 이는 더 넓은 의미에서, 오늘날 유행처럼 확산되고 있는 '문화주도 도시재생 정책'이 종종 빠지게 되는 함정이 무엇인지, 그것을 어떻게 피할 수 있는지를 살피는 것으로 연결될 수 있다.

4. 기함문화건축 프로젝트의 한계

기함문화건축 프로젝트를 포함하여 기함건축물의 건설을 통해 도시재생을 추진하고자 하는 정책에 대하여 지금까지 상당히 많은 연구자들이 비판을 제기해왔다. 기존 문헌들의 분석에 입각하여, 우리는 이상의 비판을 크게 비효율성 비판, 불균형 비판, 카니발 마스크 비판 그리고 도구주의 비판의 네 범주로 묶어서 다루고자 한다(Harvey, 1989a; 1989b; Loftman and Nevin, 1995; McGuigan, 2004; Evans, 2007; Miles, 2007; Belfiore, 2002 참조).

먼저 비효율성과 불균형 비판은 기함문화건축 프로젝트와 문화주도 도시재생의 효과를 부분적으로 인정하지만, 옹호자들이 종종 그러하듯이 그 효과를 순진하게 신뢰하는 것에 대해서는 의문을 제기한다. 따라서 이 비평가들은 도시들이 그러한 시도를 삼갈 필요가 있으며, 계획할 경우에는 적어도 그 뒤에 자리하고 있는 "개념적인 혼란"을 인정하면서(Griffiths, 2006) 더욱 세심한 주의와 균형감각을 보일 필요가 있다고 주장한다. 다른 한편, 카니발 마스크 비판과 도구주의 비판은 위 프로젝트들의 실천적인 차원의 성공이나 실패와는 상관없이, 문화의 도구적 사용이 가지는 부정적인 효과에 대한 관심을 공유하고 있다. 따라서 앞의 두 비판이 실행적인 층위에 관여하는 것이라고 한다면, 뒤의 두 비판은 좀더 메타적인 층위에 관련된 것이라고 할 수 있을 것이다. 앞으로 우리는 각각의 비판들에 대하여 차례로 검토해나가고자 한다.

4.1. 실행 층위의 비판들

4.1.1. 비효율성 비판

우선 비효율성 비판에서 시작하도록 하자. 이는 실행 층위의 비판 가운데 하나로 주로 기함문화건축 프로젝트의 원형적인 목표들, 즉 해당 도시의 새로운 르네상스에 대한 가시적인 상징적 증거를 제공함으로써 그 도시의 경쟁력을 향상시킨다는 주장에 초점을 맞춘다

비판의 종류	프로젝트 및 정책의 약점	주요 논점
1. 실행 층위의 비판	가정된 목표와 효과들의 실행가능성feasibility에 관여	
1.1. 본래적인 논리에 초점을 맞추는 비효율성 비판	그 자체로서 발전 (Prestige/Mega-/High-profile) -막대한 비용에 비추어 적은 혜택 및 고위험	물리적이고 경제적인 입장에서 '경쟁력'을 확보함에, 기함 프로젝트는 생각만큼 효율적인 선택지가 아니다.
	집결지점(flagship) -그 효과에 대한 경험적 증거가 빈약함	
	해당 지역을 위한 마케팅 수단 (Hallmark/Landmark/iconic) -정체성이 없는 복제 도시의 양산	
1.2. 확장된 논리에 초점을 맞추는 불균형 비판	지역 수준 -혜택을 입는 지역과 그 밖의 지역 사이 불균형	'포괄성'과 '지속 가능성'의 입장에서도, 기함 프로젝트는 혜택의 불공평한 분배 때문에 여러 수준의 불균형을 악화시키는 경향이 있다.
	거주민 수준 -해당 지역 안의 빈자와 그 밖의 주민들 사이 불균형	
	프로젝트 수준 -기함 프로젝트와 그 밖의 프로젝트들 사이 불균형	
2. 메타 층위의 비판들	문화적 도구주의의 해악에 관여	
2.1. 카니발 마스크 비판	-기존하는 파편화와 양극화에서 주의를 돌리게 하는 상징적인 기능	문화의 담론 기능이 이데올로기적으로 악용된다.
2.2. 도구주의 비판	-문화를 목적이 아니라 도구로서 여기는 경향	문화의 도구적 사용 자체가 바람직하지 못하다.

표 5. 기함문화건축과 문화적 재생 프로젝트에 대한 주요 비판

(Loftman and Nevin, 1995). 여기서 앞 장에서 살펴보았던 '원형적 논리'의 세 측면, 곧 그 자체로서 발전, 집결 지점 그리고 한 지역을 위한 마케팅 도구라는 개념을 떠올릴 필요가 있다. 왜냐하면 이 모든 측면이 신랄하게 비판을 받게 되기 때문이다.

첫째로, '특권적인' 개발 프로젝트를 실행하려면 종종 엄청난 규모의 공적 자금이 투입되는데, 이는 필연적으로 고도의 위험을 동반하게 된다(Harvey, 1989b, 13). 중국의 사례에서 도출된 다음의 분석은 다른 국가의 경우에도 크게 다르지 않아 보인다(Xu and Yeh, 2005, 303).

> 엄청난 재정의 소요를 동반하고 자본 부담을 높이는 대규모 프로젝트들은 언제나 위험을 안고 있는 것으로 나타난다. 이는, 많은 지방정부들이 그 자체로서 빚에 허덕이고 있을 때 더욱 그러하다. 대규모 프로젝트와 연결되는 빚 부담을 충원해야 한다는 압력이 주어질 경우에 이 위험은 특별히 두드러진다. 이러한 프로젝트는 지방정부들이 맞닥뜨리는 재정위기를 악화시켜 왔다.

더 나아가서, 기함 프로젝트들은 국가경제와 국제경제의 불안정성과 예측 불가능성에 아주 민감하게 반응하기 때문에(Healey et al, 1992; Loftman and Nevin, 1995), 장기적으로 보면 심각한 쇠락 과정에 대한 효과적인 대응이 되지 못할 수도 있다는 비판 또한 제기된다. 그렇다면, 이와 같이 엄청난 양의 투자를 요청하면서도 장기적인 안정성을 보장하지는 못하는 고위험 사업이 과연 '돈에 대한 가치'나 '비용 편익'이라는 입장에서 매력적인 선택지로 여겨질 자격이 있는 것일까?

뿐만 아니라, 많은 비평가들은 매우 값비싼 기함문화건축물들이 과연 '집합 지점'으로서 제대로 기능하고 있는지에 대해서도 의문을 표시해 왔다(Bianchini et al., 1992; Turok, 1992; Booth and Boyle, 1993; Selwood, 1995; Smyth, 1994; Miles, 2007 참조). 다시 말해서, 기함문화건축물들이 가정된 파생효과를 실제로 그리고 효율적으로 일으키고 있다는 충분한 증거가 존재하는가? '도시 전체에 걸친 파생효과가 발생한다'는 전제는 종종 기함 건축물을 위한 막대한 공적 보조를 정당화하는 논리로 사용되었다. 그러나 정책 추진자들은 그러한 전제를 구체화하는 데 종종 실패해왔다(McCarthy, 1998a).

따라서 비평가들은 기함 프로젝트로부터 결과된 관광객 수의 증가는 지속되기 어려운 것처럼 보이며, 새롭게 창출된 직업들도 수적으로나 질적으로나 예상에 미치지 못할 뿐만 아니라 그나마 거주민들이 아니라 외지인들에게 돌아가는 경향이 있다고 지적한다. 비록 그러한 '빈약한 증거'가 부분적으로는, 그 밖의 '문화적' 프로젝트에서도 그러하듯이, 여타의 변수들로부터 자유로운 순수하게 문화적인 인과관계를 추적하기가 어렵다는 사실에서 말미암는다 할지라도, 이른바 대표적인 성공 사례들 가운데 몇몇은 목표가 제대로 달성되지 못했다는 점을 은폐하면서 성과를 과장해왔다는 비판을 모면하기 어렵다는 것이다(Evans, 2007 참조).

그렇다면, 마지막 측면은 과연 어떠한가? 반대자들은 도시 이미지나 도시 정체성을 경유한 마케팅 전략에서, 오늘날 기함문화건축물의 뉴스 가치나 '와우 요소'가 더 이상 1970년대의 볼티모어의 경우와 같을 수 없다고 주장한다. 이는 기함문화건축 프로젝트가 더 이상 도시에 활력을 불어넣는 '신선한' 선택지가 되기 어렵기 때문이다(Evans, 2003, 421).

구미의 거의 대부분 지역과 도시들은 이미 어떤 식으로든 이와 비슷한 전략적 선택지를 실행하고 있다. 따라서 이러한 전략은 도시들 사이의 동종화 현상을 낳고 있으며, 결국 역설적으로 그 도시들이 인상적이고 구별적인 정체성을 구성하는 것을 방해하고 있다는 것이다(McCarthy, 2006). 그 결과로, 아무리 유명한 건축가가 동원되고 아무리 매력적인 입지가 선택된다고 해도, 기함문화건축물들은 오늘날 창조성의 상징이기보다는 복제 경향성의 상징으로 전락하기가 쉽다는 비판이 제기되고 있다(Garcia, 2004b; Evans, 2003).

그렇다면, 많은 기함문화건축 프로젝트들이 바람직하고도 야심 찬 목표들을 세우기는 했지만, 실제로는 이에 기대된 성과나 예상된 효과들이 연쇄반응을 일으키지 못하고 있다는 지적은 그리 놀랄만한 일이 아닐지도 모른다. 이러한 시각에서, 기함문화건축 프로젝트를 포함한 문화적 기획은 다른 형태의 경제적 개발 프로젝트와 비교할 때 그 효과가 그다지 주목할 만하지 못하며, 그것이 취하고 있는 엄청난 양의 공적 보조를 무색하게 만들고 있다는 비판이 강력하게 제기되고 있다(Bennett, 1995).

4.1.2. 불균형 비판

지금까지 다루었던 비효율성을 겨냥한 비판들이 기함 프로젝트의 추진자로 하여금 편협한 경제적 도구주의로부터, 보다 섬세하고 따라서 더 환영 받을 만한 종합적 담론으로 이행하도록 이끌었다고 보는 것은 큰 무리가 없을 것이다(Griffiths, 2006). 그러나 문제는 그러한 확대된 논리의 실현이 더 어렵다는 점이다. 따라서 이 지점을 파고드는 또 다른 종류의 실행 층위에 대한 비판을 생각해 볼 수 있다.

비효율성 비판이 주로 경제적인 경쟁력의 시각에서 그 실행 가능성에 주목하는 것이라고 한다면, 불균형 비판은 경제적인 차원은 물론이고 사회적인 차원을 포함하여 가정된 파생효과의 포괄성과 지속가능성이란 시각에서 실행가능성에 초점을 맞춘다. 이 비판을 구성하는 주요한 논변은 기함문화건축 프로젝트가 쇠락한 지역들에 그다지 많은 혜택을 주지 못하고, 오히려 해당 도시의 불균형 또는 불공평을 악화시킨다는 것이다. 이러한 비판은 크게 세 가지 차원에서 진행되는 것으로 보인다. 즉, 혜택을 입는 지역과 그 밖의 지역들 사이의 불균형을 다루는 지역area 차원, 혜택을 입는 지역 안의 가난한 주민들과 그 밖의 주민들 사이의 불균형을 다루는 거주민resident 차원 그리고 기함 프로젝트와 그 밖의 프로젝트들 사이의 불균형에 주목하는 프로젝트project 차원이 그것이다.

첫째로, 기함 프로젝트들은 지정된 구역과 입지에 초점을 맞춤으로써, 도시 전반의 재생을 가져오기보다는 도시의 여러 구역 사이의 파편화를 자극해왔다는 비판이 존재한다(Bianchini et al, 1992). 이러한 이유로 낮은 수입의 집단들이 상대적으로 많이 모여 사는 지역은 이러한 발전 과정에서 다시 한 번 배제될 수밖에 없으며, 그 결과 도시 안의 사회적 양극화가 더욱 심화될 수밖에 없다는 것이다. 그렇다면, 랜드마크 프로젝트들이 종종 표방하는 사회적 응집과 포용의 실현이란 현실과는 거리가 먼 한갓 백일몽에 지나지 않게 될 것이다. 사스키아 사센이 분석하고 있는 바, 대표적인 '세계 도시들'의 내부에서 심각하게 대두되고 있는 게토화의 문제가 이와 밀접하게 연결된다.

둘째로, 혜택을 입는 지역 안에서 그 경제적 편익이 분배되는 것도 상당히 불공정한 것으로 보인다(Loftman and Nevin, 1995; Evans, 2003; Miles, 2007). 하나의 기함 프로젝트가 가시적인 성공을 거둔 경우에도, 차후 개발과정에서 예기치 못한 부작용들이 속속 보고되어 왔다. 예컨대, 급속한 젠트리화는 종종 "개선의 초기 이유를 제공해 왔던" 예술가들의 스튜디오 같은 낮은 가치의 토지 사용을 배제하는 결과를 낳았다(McCarthy, 1998a). 다시 말해, 지대의 지속적인 상승이 종국에는 젊고 가난한 예술가들과 소상인들을 재생 지역에서 몰아내는 역설적인 상황으로 이어지게 된 것이다(Cameron and Coaffee,

2005). 재주는 가난한 주민들이 부리고, 이익은 부유한 주민들과 외지인들만 취하는 형국이랄까?

마지막으로, 기함 프로젝트와 그 밖의 소규모 프로젝트 사이의 불균형이 심해지는 현상도 주목할 필요가 있다. 대규모 투자는 기함 프로젝트를 '실행하는' 과정에만 요구되는 것이 아니다. 그와 같은 설비들을 제대로 유지하지 못할 경우에는 해당 도시가 의욕적으로 구축하고자 하는 새로운 이미지들이 파괴될 수도 있기 때문에, 기함문화건축물을 '유지하는' 과정에도 상당한 자본의 투입이 지속적으로 요구되기 마련이다(Seo, 2002). 그 결과는 지역 주민들의 삶과 직결되는 지역 기반 프로그램과 프로젝트들의 예산 축소로 이어질 수 있다. 따라서 특권적인 기함 랜드마크들은 때때로 문화주도 '재생'이 아니라 문화주도 '퇴화'의 랜드마크로 전락하기도 한다는 것이다.

요컨대, 기함문화건축물들이 박탈된 지역의 물리적·환경적 재생에 어느 정도 기여할 수 있다 할지라도, 그것들이 지니고 있는 가능성이 도시의 뿌리 깊은 문제에 대한 포괄적이고 지속 가능한 해결책이 되기란 결코 쉬운 일이 아니라고 할 수 있다. 따라서 '불균형'의 심화라는 시각에서 보면, 그러한 프로젝트와 연관되어온 확장된 논리란 달성하기 어려울 뿐만 아니라, 부분적으로는 어느 정도 자기모순적인 차원을 지니고 있는 것으로 보인다. 이와 같은 경향은 문화적 재생에서 이른바 가장 성공적인 사례로 여겨지는 경우에서도 어렵지 않게 찾아볼 수 있다(Garcia, 2004b; Evans, 2003; McCarthy, 1998a). 이는 기함 프로젝트가 본래 공평한 도시나 지역을 창출하려는 목적이 아니라, 구조조정된 국가적·세계적 경제의 요구를 충족시키고자 도시 지역의 공간적 형식을 구조조정하려는 목적에 정향되어 있기 때문이다. 만일 그렇다고 한다면, 제안되어온 '사회적 원리'와 '제도적 원리'는 신자유주의적인 조작과 착취를 촉진하는 데 문화의 도구적 사용을 정당화하려는 기만적인 수사(McGuigan, 2004, 92~94)의 일부로 비판받을 수 있을 것이다. 바로 이것이 메타 층위의 비판이 시작되는 지점이다.

4.2. 메타 층위의 비판들

'문화의 도구적 사용'은 카니발 마스크 비판과 도구주의 비판을 아우르는 메타 층위의 비판들이 모두 공유하는 내용이다. 그렇지만, 양자 사이에는 큰 차이가 있다. 전자는 문화의 '이데올로기적인 오용'을 비판하지만, 후자는 '도구적 사용' 자체를 비판한다는 점에서 그러하다. 현 시점에서 우리는 앞에서 말한 문화적 가치의 세 층위 곧 본유적 가치, 도구적 가치 그리고 제도적 가치를 상기할 필요가 있다. 실행 층위의 비판들은 주로 도구적 가치의 수준에서 작동한다. 그러나 메타 층위의 비판들은 주로 그 밖의 두 수준에서 작동하는 것으로 보인다. 더 구체적으로 말하자면, 카니발 마스크 비판이 주로 문화의 제도적 가치에 주목하고 있는 것과 달리, 도구주의 비판은 문화의 본래적 가치에 초점을 맞추고 있다고 할 수 있다.

4.2.1. 카니발 마스크 비판

우선, 카니발 마스크 비판은 기함문화건축 프로젝트와 문화주도 도시재생 정책의 담론적 기능에 주의를 기울인다. 이 비판은 1940년대에 본격적으로 제기된 아도르노의 '문화산업' 비판에 뿌리를 두고 있는 것으로 보인다. 아도르노에 따르면, 문화산업은 소프트 파시즘, 사이비 개성화, 유아 언어, 사회적 시멘트 등의 수단이 됨으로써 대중 기만의 기능을 실행하게 된다(Adorno and Horkheimer, 1947; Adorno, 1991).

말콤 마일즈(2007, 61)는 그 당시의 대중 기만은 오늘날 도시공간 상품화와 문화 소비라는 환영에 부합한다는 점에서, 문화산업에 대한 아도르노의 심문이 문화주도 도시재생에 관련해서도 상당 부분 적용될 수 있다고 주장한다. 21세기의 기함문화건축들은 "시장에 따라 결정되는 하나의 순응성"과 이에 따른 "갈등 없는 사회"의 아이콘이 됨으로써, 1940년대 문화산업의 부산물과 비슷한 구실을 하고 있다는 것이다(M. Miles, 2007, 60). 실제로 사이비 개성화라는 테제는 모방적인 서명 건물들의 세계적 확산이라는 현상에서 거의 문자적으로 되풀이되고 있는 듯이 보인다.

이러한 의미에서, 기함 프로젝트들을 중심으로 전개되는 도시 마케팅이나 브랜딩은 기존하는 그리고 점증하는 물리적·경제적·사회적·문화적 파편화와 양극화로부터 사람들의 주의를 돌리려는 "카니발 마스크"(Harvey, 1989a)나 "뇌물"(Evans, 2007)로서 기능하고 있다는 비판에 직면하게 된다. 이러한 이데올로기적 사용으로부터 초래될 수 있는 "문화적 재앙"은 런던의 밀레니엄 돔의 사례를 통해서 잘 드러난다(McGuigan, 2003).

밀레니엄 돔은 애초에 재브랜드화된 영국, 즉 '쿨 브리타니아'의 징표로 기획되었지만, 다양하고 끊임없는 마케팅 전략들에도 주민들과 방문객들의 관심을 끄는 데 철저하게 실패하고 말았다(Miles, 2007). 그것은 충분히 다문화적인 영국성을 접합하는 데 실패하였을 뿐만 아니라 공적으로 보조된 문화를 조합적으로 위반함으로써, "민족주의적 오만"의 극단적인 사례가 되었으며, 나아가 "전시로서 문화정책"이 어떻게 실패하는지를 예증한다(McGuigan, 2003, 687). 그렇다면, "모든 것을 조화롭게 감싸는 메시지의 창조"(Garcia, 2004b, 317)는 단순히 실천적인 한계뿐만 아니라, 창조적인 개성과 반성성에 모순되는 이데올로기적 의도 때문에도 성취가 어려워진다고 할 수 있다.

따라서 "문화산업은 의도적으로 그것의 소비자들을 위로부터 통합한다"는 아도르노의 분석(1991, 85)은 여전히 타당성을 갖게 된다. 만일 하나의 기함문화건축물이 거짓된 조화를 제시하고자 한다면, 거기에는 언제나 장기적으로 볼 때 훨씬 더 바람직하고 더 생산적인 진정한 다양성을 말살하는 위험이 도사리고 있는 것이다(Wood and Landry, 2008 참조).

4.2.2. 도구주의 비판

또 하나의 메타 층위 비판이라고 할 수 있는 도구주의 비판은 문화의 도구적인 사용 그 자체를 문제 삼는다는 점에서 한층 더 나아간 것처럼 보인다. 이 비판에 따르면, 해당 프로젝트가 카니발 마스크로 작용하든 아니든, 문화적 활동을 경제적 또는 사회적 편익과 연결시키고자 하는 어떠한 시도들도 미심쩍은 것으로 여겨진다. 이러한 입장은 다음과 같은 논변에서 잘 드러난다(Belfiore, 2002, 104).

> 만일 문화에 관한 도구적 관점의 논리[29]를 …… 그 극단적인 (그렇지만 본래적으로 연속적인) 결론까지 밀고 나간다면, 결국 문화정책을 갖는다는 것은 전혀 의미가 없게 될 것이다. 왜냐하면 예술 공급은 기존하는 사회정책 안으로 손쉽게 흡수될 것이기 때문이다. 예술적 고려를 자원 할당의 중심부에 놓고 있는, 공공예술 자금을 조달하는 조직의 필요성도 마찬가지이다. 문화는 수단이 아니라 목적이다. 그것은 목적 자체이다. 문화가 사회적 융합, 포용 또는 재생을 촉진함에 특별히 성공적

29 이와 같은 도구적 관점은 Belfiore가 인용하고 있는 Moriarty의 "나는 예술의 사용에 대하여 그것이 예술을 위한 예술이 아닌 한에서 긍정적이라고 본다. 그것은 하나의 도구이다. 당신은 분명하게 결정된 목적과 목표를 가지고 있어야만 하며, 최종적인 산물을 만들어 내야만 한다"는 진술에서 잘 드러난다.

> 인 수단이라는 것을 증명하려는 많은 시도가 있었지만, 그것들이 만일 문화를 다양한 가능성 가운데서 사회적 재생의 한 수단으로 간주하게 될 경우에는 핵심을 놓치게 된다.

이러한 비판은 많은 '문화주도 도시재생' 기획들이 문화를 단순한 도구의 기능으로 전락시키고 있다고 본다. 따라서 1980년대 문화적 섹터의 '생존' 전략으로 시작된 그와 같은 '전략'이 이제는 결국 그 섹터의 '멸종'을 초래하고 있다는 주장이 대두되기도 한다.

물론 이러한 비판은 기함건축 프로젝트를 비롯한 다양한 도시재생 전략의 선택지를 구체적으로 고려하고 있는 정책 입안자들이 심각하게 받아들일 필요가 있다. 왜냐하면 도구적 가치들만이 그러한 프로젝트의 유일한 가능성이 아니며, '심미적 질과 문화적 차별성' (곧 본유적 가치들) 또한 성공을 위한 필요조건이기 때문이다. 후자가 결핍될 경우, 그 프로젝트를 재생의 촉매제로 사용하고자 하는 뒤따르는 모든 시도들이 문화적 활동으로부터의 '탈선'에 지나지 않는다는 비판을 피할 방도가 없다. 실제로 기함 프로젝트의 계획과 실행에서 "건축적인 진술과 형식을 기능과 지역성"보다 더욱 강조하고자 하는 경향은 기함 프로젝트가 가지고 있는 고유한 문화적 가치와 목적을 상실케 하는 위험을 증가시켜 왔다(Evans, 2003, 431).

그럼에도, 이러한 비판은 다소 선택적으로 취해야만 한다. 잘못하면 '예술을 위한 예술'이라는 다분히 19세기적인 담론을 순진하게 되풀이하는 것으로 귀결될 수도 있기 때문이다. 상업적인 정언 명령에 투항하는 것이나 예술과 문화의 가치를 오직 사회정책 도구로서 유용성에서 찾는 견해도 다분히 문제적이지만, 반대로 본유적 가치를 단언하면서 이에 대한 자동적이고 의심 없는 지지를 보이는 것 또한 바람직하다고 할 수는 없다(Pachter and Landry, 2001, 12). 문화가 그 본질상 수단이 아닌 목적으로 여겨질 수 있다고 해도, 이것은 문화적 섹터가 사람들의 일상생활에서 발휘하는 구체적인 '기능들'과 무관하게, 그 자체로서 존중되고 숭배되어야 함을 뜻하지는 않는다. 이러한 맥락에서, 문화적 가치의 차별적인 층위를 인정하는 약한 도구적 비판과 문화의 본유적 가치에만 고착하고자 하는 강한 도구적 비판을 구분할 필요가 있을지도 모른다. 물론 후자는 탈산업화에 대한 절박한 대응으로 모색되고 있는 '문화를 통한 도시의 재생'이라는 세계적인 현상에 대해서 거의 아무런 도움도 주지 못한다.

맺음말

지금까지 기함문화건축 프로젝트를 중심으로 문화주도 도시재생 전략의 윤곽을 그려보고, 그것이 보여준 가능성과 한계는 무엇인지를 종합적으로 살펴보았다. 물론 기함문화건축물은 그 상징적인 의미와 기능으로 말미암아 그 밖의 전략적 선택지들과 분명하게 구별된다. 하지만 그것이 적지 않은 시간에 걸쳐 보여온 가능성과 한계에 대한 고찰은 오늘날 '문화주도 도시재생 전략' 전체를 아우르는 핵심적인 교훈으로 연결될 수 있다. 즉, 오늘날 해당 지역, 도시 그리고 국가에 관한 다양한 의미가 담론적으로 첨예하게 충돌하는 장소로서(De Franz, 2005, 51), 기함문화건축물은 주민들의 자기확신과 지역사회 안팎에서 발생하는 그 지역에 대한 지각의 변화가 도시 재생의 필수적인 단계라는 사실을 분명하게 보여준다(Quinn, 2007, 98).

비록 기함문화건축 프로젝트의 옹호자와 비판자들의 주장이 서로 상충하는 듯이 보일지라도, 이것이 필연적으로 그러한 것은 아니다. 다시 말해서, 기함문화건축 프로젝트의, 나아가서는 문화주도 도시재생 전략의 성공 여부는 선험적으로, 즉 도시의 외적인 요인과 내적인 역량과는 무관하게 정해져 있는 것이 아니다. 단순한 이항대립을 거부하면서, 우리는 다음과 같은 리얼리즘으로 돌아갈 필요가 있다. "사실이 종종 그러하듯이, 삶은 지저분하고 이론보다 훨씬 복잡하다."(Montgomery, 2004, 30) 마찬가지로 도시의 경제적·사회적 조건들을 향상시키려는 목적으로 기함문화건축 프로젝트를 도구적으로 사용하는 것이 그 자체로 정치·경제적 엘리트들의 이해관계를 위해서 시민들을 조작하는 과정으로 귀결되어야만 하는 것은 아니다. 또한 문화의 도구적 사용 전체가 예술작품과 문화적 활동들은 "그 자체로 인간 정신의 표현"(Dziembowska-Kowalska and Funck, 1999)이라는 입장과 필연적으로 상충하는 것도 아니다.

우리에게 필요한 것은 한 도시를 둘러싸고 있는 외적인 기회와 위협은 물론이고, 그 도시가 보유하고 있는 구체적인 자원과 역량을 포괄적으로 그리고 겸허하게 분석하려는 자세라 할 수 있다. 그 다음으로는 예상되는 이익들은 무엇이며 그 직·간접적인 수혜자는 누가 될 것인지, 또한 그 도시에 앞으로 생겨날 편익들을 최대한 공정하게 배분할 수 있는 방법은 무엇인지를 엄격하게 조사하는 과정이 이어져야 한다. 이를 거쳐서 나온 '정직한' 답변이 앞에서 살펴보았던 여러 비판들을 극복하기가 어렵다고 한다면, 마땅히 그 프로젝트는 실행해서는 안 된다. 이를 무시하고 무리하게 감행할 경우, 실패가 불러올 후폭풍은 전 방위적일 뿐만 아니라 단기간에 치유될 수 없는 깊은 상처를 그 도시에 남기게 되고 말 것이다.

정반대로 이러한 프로젝트의 기획과 입안 과정에서 해당 정부가 평범한 지역 주민들의 목소리를 적극적으로 수렴하고, 주민들이 주인의식을 갖고 지방행정에 참여하게 되는 강화empowerment의 계기로 승화시키고자 노력한다면, 비록 이 프로젝트를 중간에 포기하는 일이 발생하더라도 이는 의미심장한 성공으로 평가받을 수 있을지 모른다. 왜냐하면 이 과정에서 해당 도시의 '제도적인 문화 가치'가 상당 부분 실현되고 고양되었다면, 앞으로 각종 문화주도 도시재생 정책을 추진함에서 그 무엇과도 견줄 수 없는 도시의 핵심적인 자산이 마련된 셈이기 때문이다.

마지막으로 언급할 필요가 있는 것은 '문화주도 도시재생 전략'이 도시의 발전을 위한 새로운 패러다임을 제시하고 있음은 부인하기 어렵지만, 도시재생의 모든 목표가 이러한 문화적 전략만으로는 해결되지 않는다는 사실이다. '건강한' 도시를 만들려면 이러한 문화적 선택지들이 그 밖의 전통적인 도시계획의 범주나 선택지들과 유기적으로 연결되어야만 한다는 것은 아무리 강조해도 지나침이 없을 것이다.

참고문헌

김문환, 2005, 〈거주와 건축에 대한 문화신학적 검토〉, 《공공성의 윤리와 평화》(손규태 교수 정년퇴임기념논문집), 한국신학연구소, 417~435쪽.

______, 2004, 《문화외교론》, 소학사.

______, 2003, 《예술과 윤리의식》, 소학사.

______, 2000, 〈문화외교의 사상적 기초: 두 개의 문화국가론과 연관하여〉, 《계간사상》 겨울호.

______, 1999, 《문화교육론》, 서울대 출판부.

______, 1995, 《사회미학》, 문예출판사.

데이비드 트로스비/성제환 역, 2004, 《문화 경제학》, 한울.

마르쿠제, 허버트/김문환 편역, 1989, 《마르쿠제의 미학사상》, 문예출판사.

막스 베버/박성수 역, 1996, 《프로테스탄티즘의 윤리와 자본주의 정신》, 문예출판사.

사사키 마사유키佐佐木正之, 1998, 《동아시아의 시장경제와 전통: '세계도시와 창조도시'의 관점에서》, 한림대 한림과학원 일본학 연구소.

신혜경, 2004, 〈그람시의 〈옥중수고〉에 나타난 대중의 문화정치적 함의에 대한 연구〉, 서울대 미학과 박사논문.

아시하라 요시노부芦原義信/민주식 역, 2000, 《도쿄의 미학: 혼돈과 질서》, 소화.

양현미, 2001, 〈박물관 연구와 박물관 정책: 문화연구의 관점에서 본 우리나라 박물관 연구와 정책〉, 홍익대 미학과 박사논문.

윤병운, 2008, 《창조산업의 혁신: 영국의 사례와 한국의 과제》, 한국산업기술재단 기술정책연구센터.

제임스 클리포드/목천균 역, 1996, 〈예술과 문화의 수집〉, 《21세기 문화 미리보기》, 시각과 언어.

존 나이스비트·패트리셔 애버딘/김홍기 역, 1990, 《메가트랜드 2000》, 한국경제신문사.

한국문화관광부, 2004a, 《창의한국-21세기 새로운 문화의 비전》, 한국문화관광부.

______________, 2004b, 《새로운 한국의 예술정책》, 한국문화관광부.

한국문화관광연구원, 2008, 《문화향수실태조사》, 문화체육관광부·한국문화관광연구원.

한국문화정책개발원, 1994, 《문화향수실태보고서》, 한국문화정책개발원.

桑子敏雄, 2005, 《風景のなかの環境哲學》, 東京: 東京大學出版部.

小林眞理, 1998, 〈文化法研究 の 觀座: 〈文化基本法〉の 原則〉, 《文化經濟學》 10月号, 文化經濟學會(日本).

穗鷹知美, 2004, 《都市と綠: 近代ドイノの綠化文化》, 東京: 山川出版社.

アジア太平洋観光交流センター, 2000, 《観光まちづくりガイドブック》, APTEC.

原田泰, 2001, 《都市の魅力學》, 東京: 文藝春秋.

井熊均·辻和伸·石田直美, 2001, 《都市再生プロジェクトを読む》, 東京: 日本總合研究所.

Abercrombie, S., 1990, *A Philosophy of Interior Design*, New York: Harper and Row.

Adorno, T., 1991, Bernstein, J. M.(ed.) *The Cultural Industry: Selected Essays on Mass Culture*, London: Routledge.

__________ & Horkheimer, M., 1947·1997, *Dialectic of Enlightenment*, London: Verso.

Andersen, A., 1993, 'Umweltgeschichte, Forschungsstand und Perspektiven', in *Archiv für Sozialgeschichte*, 33.

Aitchison, C. & Evans, T., 2003, "The cultural industries and a model of sustainable regeneration: manufacturing 'pop' in the Rhondda Valleys of South Wales", *Managing Leisure*(8), pp.133~144.

Bailey, C., Miles, S. & Stark, P., 2004, "Culture-led Urban Regeneration and the Revitalisation of Identities in Newcastle, Gateshead and the North East of England", *International Journal of Cultural Policy*, 10(1), pp.47~65.

Balibrea, M.P., 2001, "Urbanism, Culture and the Post-industrial City: Challenging the 'Barcelona Model'", *Journal of Spanish Cultural Studies*, 2(2), pp.187~210.

Ball, M., 2004, "Co-operation with the Community in Property-led Urban Regeneration", *Journal of Property Research*, 21(2), pp.119~142.

Belfiore, E., 2002, "Art as a Means of Alleviating Social Inclusion: Does it Really Work? A Critique of Instrumental Cultural Policies and Social Impact Studies", International Journal of Cultural Policy, 8(1), pp.91~106.

Bell, D., 1973, *The Coming of Post-Industrial Society*, New York: Basic Books.

_______ & Jayne. M., 2003, 'Design-led Urban Regeneration: a Critical Perspective', *Local Economy*, 18(2): pp.121~134.

Benjamin, W./Eiland, H. & McLaughlin, K.(trans.)/Tiedemann, R.(ed.), 2002, *The Arcades Project*, New York: Belknap Press.

Bennett, O., 1995, "Cultural policy in the United Kingdom: Collapsing Rationales and the End of a Tradition", *International Journal of Cultural Policy*, 1(2): pp.199~216.

Bianchini, F., 1999, "Cultural planning for urban sustainability", in L. Nystrom & C. Fudge(eds.) *City and Culture: Cultural Processes and Urban Sustainability* (Karlskrona: Swedish Urban Environment Council), pp.34~51.

__________, 1993a, "Remaking European Cities: The Role of Cultural Policies", in Bianchini, F. & Parkinson, M.(eds.), *Cultural Policy and Urban Regeneration: the West European Experience*, Manchester Univ. Press, pp.1~20.

__________, 1993b, "Culture, Conflict and Cities: Issues and Prospects for the 1990s", in Bianchini, F. & Parkinson. M.(eds.), *Cultural Policy and Urban*

Regeneration: the West European Experience, Manchester Univ. Press, pp.199~213.

Bianchini, F., Dawson, J.·Evans, R., 1992, "Flagship Projects in Urban Regeneration", in Healey, et al.(eds.), *Rebuilding the City: Property-led Urban Regeneration*, London: Spon, pp.245~255.

Bilton, C., 2007, *Management and Creativity: From Creative Industries to Creative Management*. Oxford: Blackwell.

Bocock, R., 1992, "The Cultural Transformations of Modern Society", in Hall, S. & Gieben, B.(eds.), *Formations of Modernity*, Milton Keynes: The Open Univ. and Polity Press, pp.229~274.

Booth, P. & Boyle, R., 1993, "See Glasgow, See Culture", in Bianchini, F. & Parkinson, M.(eds.), *Cultural Policy and Urban Regeneration: the West European Experience*, Manchester Univ. Press, pp.21~47.

Bouchenaki, M., 2001, "Unesco and the Safeguarding of our archeological and natural Heritage", in Anagnostopoulos, L.G.(ed.), *Art and Landscape*, Athens: Panayotis & Effie Foundation.

Boulding, E.K., 1964, *The Meaning of the 20th Century: The Great Transition*, New York: Harper & Row.

Bourdieu, P./Nice, R.(trans.), 1984, *Distinction: A Social Critique of the Judgment of Taste*, London: Routledge.

Budge, I., Crewe, I., McKay, D. & Newton, K., 2004, *The New British Politics*, Essex: Pearson Education Limited.

CABE, 2001, *The Value of Urban Design*, London: Barlett School of Architecture & Planning for the Commission for Architecture and the Built Environment.

Cameron, S. & Coaffee, J., 2005, "Art, Gentrification and Regeneration - From Artist as Pioneer to Public Arts", *European Journal of Housing Policy*, 5(1), pp.39~58.

Carrière, J. & Demazière, C., 2002, "Urban Planning and Flagship Development Projects: Lessons from EXPO 98, Lisbon", *Planning Practice and Research*, 17(1), pp.69~79.

Castells, M., 1997, *The Power of Identity*, Malden MA: Blackwell Publishers.

__________, 1996, *The Rise of the Network Society*, Malden MA: Blackwell Publishers.

__________, 1989, *The Informational City: Information Technology, Economic Restructuring, and the Urban-Regional Process*, Oxford: Blackwell.

Crosby, A.W., 1986, *Ecological Imperialism: The Biological Expansion of Europe, 900~1900*, Cambridge: Cambridge University Press.

Crowther, P., 1993, *Critical Aesthetics and Postmodernism*, Oxford: Clarendon Press.

Cunningham, S., 2002, "From Cultural to Creative Industries: Theory, Industry, and Policy Implications", *Media International Australia*, 102: pp.54~65.

Danto, A., 1987, *The State of the Art*, New York: Prentice Hall Press.

Davis, S., 2004, *Regeneration and Renewal in the South West: A report prepared for the South West Museums Libraries & Archives Council*, Bathpool: SWMLAC.

DCMS, 2007a, *Culture and Creativity in 2007*, London: DCMS.

______, 2007b, *Creative Industries Economic Estimates Statistical Bulletin*, London: DCMS.

______, 2004, *Culture at the Heart of Regeneration*, London: DCMS.

______, 2001, *Creative Industries Mapping Document 2001*, London: DCMS.

______, 1998, *Creative Industries Mapping Document 1998*, London: DCMS.

De Frantz, M., 2005, "From Cultural Regeneration to Discursive Governance: Constructing the Flagship of the 'Museumsquartier Vienna' as a Plural Symbol of Change", *International Journal of Urban and Regional Research*, 29(1): pp.50~66.

Drucker, P.F., 1990, *Managing of Nonprofit Organization*, Harper Collins.

___________, 1969, *The Age of Discontinuity; Guidelines to Our changing Society*, New York: Harper and Row.

Du Gay, P. & Pryke, M., 2002, "Cultural Economy: An Introduction", in Du Gay, P. & Pryke, M.(eds.), *Cultural Economy: Cultural Analysis and Commercial*

Life. London: Sage.

Dziembowska-Kowalska, J. & Funck, H., 1999, "Cultural Activities: Source of Competitiveness and Prosperity in Urban Regions", *Urban Studies*, 36(8): pp.1381~1398.

Elliott, L. & Atkinson, D., 2007, *Fantasy Island: Waking Up to the Incredible Economic, Political and Social Illusions of the Blair Legacy*, London: Constable.

Ellis, A., 2005, "Can Culture Save Downtown?", *The Platform*, 4(3), AEA Consulting.

Evans, G.L., 2007, "Measure for Measure: Evaluating the Evidence of Culture's Contribution to Regeneration", in Paddison, R. & Miles, S.(eds.), *Culture-led Urban Regeneration*, London & NY: Routledge, pp.116~140.

__________, 2003, "Hard-Branding the Cultural City-from Prado to Prada", *International Journal of Urban and Regional Research*, 27(2): pp.417~440.

__________ & Shaw, P., 2004, *The Contribution of Culture to Regeneration in the UK: A Review of Evidence*, LondonMet.

Florida, R., 2002, *The Rise of the Creative Class*, New York: Basic Books.

Frith, S., 2003, "Mr. Smith Draws a Map", *Critical Quarterly*, 41(1): pp.3~8.

Fuchs, M., 1998, *Kulturpolitik als Gesellschaftliche Aufgabe. eine Einführung in Theorie, Geschichte, Praxis*, Opladen & Wiesbaden : Westdeutscher Verlag.

Fuchsloch, N., 1996, "Einführung in 'Methodenfragen der Umweltgeschichte'", in *Umweltgeschichte-Methoden, Themen, Potentiale*, Münster: Waxman.

Garnham, N., 2005, "From Cultural to Creative Industries: An Analysis of the Implications of the "Creative Industries" Approach to Arts and Media Policy Making in the United Kingdom", *International Journal of Cultural Policy*, 11(1): pp.15~29.

__________, 1990, *Capitalism and Communication*, London: Sage.

Giddens, A., 1998, *The Third Way: The Renewal of Social Democracy*, Cambridge: Polity.

__________, 1990, *The Consequences of Modernity*, Cambridge: Polity.

Gomez, M.A. & González, S., 2001, "A Reply to Beatriz Plaza's 'The Guggenheim-Bilbao Museum Effect", *International Journal of Urban and Regional Research*, 25(4): pp.888~900.

González, S., 2006, "Scalar Narratives in Bilbao: A Cultural Politics of Scales Approach to the Study of Urban Policy", *International Journal of Urban & Regional Research*, 30(4): pp.836~857.

Greimas, A.J., 1966, *Semantique Structurale*, paris: Seuil.

Griffiths, R., 2006, "City/Culture Discourses: Evidence from the Competition to Select the European Capital of Culture 2008", *European Planning Studies*, 14(4): pp.415~430.

__________, 1995, "Cultural Strategies and New Modes of Urban Intervention", *Cities*, 12(4): pp.253~265.

Grodach, C. & Loukaitou-Sideris, A., 2007, "Cultural Development Strategies and Urban Revitalisation", *International Journal of Cultural Policy*, 13(4): pp.349~370.

Gröning, G. & Wolschke-Bulmahn, J., 1995, *Die Liebe zur Landschaft, Teil 1, Natur in Bewegung zur Bedeutung natur-und freiraumorientierte-Bewegungen in der ersten Hälfte des 20. Jahrhunderts für die Entwicklung der Freiraumplannung*, Münster.

Haapala, A.(ed.), 1996, *The City as Cultural Metaphor: Studies in Urban Aesthetics*, Lahti, Finland: International Institute of Applied Aesthetics Series (Vol. 1).

Habermas, J., 1987, *The Theory of communicative Action*, vol.2, Boston: Beacon Press.

__________, 1984, *The Theory of communicative Action*, vol.1, Boston: Beacon Press.

Hall, M., 1989, "Hallmark events and the planning process", in Syme, G., Shaw, B., Fenton, D. & Mueller, W.(eds.) *The Planning and Evaluation of Hallmark Events*, Aldershot: Ashgate.

Hall, S., 1996, "On Postmodernism and Articulation: An Interview with Stuart

Hall", in D. Morley & K–H. Chen(eds.), *Stuart Hall: Critical Dialogues in Cultural Studies*, London & New York: Routledge.

Hall, S., 1980a, "Encoding/Decoding", in S. Hall, D. Hobson, A. Lowe, & P. Willis(eds.), *Culture, Media, Language: Working Papers in Cultural Studies*, 1972~79, Hutchinson/CCCS.

______, 1980b, "Cultural Studies: Two Paradigms", *Media, Culture and Society*, 2(2).

______ & Jacques, M., 1989, *New Times: The Changing Face of Politics in the 1990s*, London: Lawrence and Wishart.

Harries, K., 1997, *The Ethical Function of Architecture*, Cambridge and London: MIT Press.

Harvey, D., 1991, "The Urban Face of Capitalism", in Hart, F.J. (ed.) *Our Changing Cities*, Baltimore and London: Johnshopkins Univ. Press.

________, 1989a, *The Urban Experience*, Oxford: Blackwell.

__________, 1989b, "From Managerialism to Entrepreneurialism: The Transformation of Urban Governance in Late Capitalism", *Geografisskar Annaler*, 71B, pp.3~17.

________, 1989c, *The Condition of Postmodernity*, Oxford: Blackwell.

Healey, P., Davoudi, S., O'toole, M., Usher, D. & Tvasanoglu, S., 1992, "Property–led Urban Regeneration: An Assessment", in Healey et al. (eds.) *Rebuilding the City: Property–led Urban Regeneration*, London: Spon, pp.275~291.

Heidegger. M., 1954, *Vorträge und Aufsätze?*, Pfullingen, s.192.

__________, 1959, *Holzwege*, s.290.

__________, 1975, "Das Wort", *Unterwegs zur Sprahe*, Pfullingen.

__________, "Building Dwelling Thinking", *Poetry, Language, Thought*, New York.

Hesmondhalgh, D., 2007, *The Cultural Industries*, London: SAGE.

______________ & Pratt, C., 2005, "Cultural Industries and Cultural Policy", *International Journal of Cultural Policy* , 11(1): pp.1~13.

Hiller, H., 2000, "Mega-events, Urban Boosterism and Growth Strategies: An Analysis of the Objectives and Legitimations of the Cape Town 2004 Olympic Bid". *International Journal of Urban and Regional Research*, 24(2): pp.439~458.

Holden, J., 2005, *Valuing Culture in the South East*, London: Demos.

Howkins, J., 2001, *The Creative Economy: How People Make Money from Ideas*, London: Penguin.

Hubbard, P., 1996, "Urban Design and City Regeneration: Social Representations of Entrepreneurial Landscapes", *Urban Studies*, 33(8): pp.1441~1461.

__________, 1995, "Urban Design and Local Economic Development: A Case Study in Birmingham", *Cities*, 12(4): pp.243~251.

Huyssen, A., 1993, *After the Great Divide: Modernism, Mass Culture and Postmodernism*, London: Macmillan.

ICOM Statutes, 1995, http://icom.org

Jameson, F., 1984, "Postmodernism: or the Cultural Logic of Late Capitalism", *New Left Review*(146).

Jencks, C., 1977, *The Language of Post-Modern Architecture*, London: Academy Edition.

Johnson, G., Scholes, K. & Whittington, R., 2006, *Exploring Corporate Strategy*, Harlow: Prentice Hall.

Johnson, P., 1993, *The Glass House*, Whitney, D. & Kipnis, J. (eds.), New York: Pantheon Books.

Jones, P. & Evans, J., 2008, *Urban Regeneration in the UK*, London: Sage.

Kahn, H. & Wiener, A., 1967, *The Year 2000*, New York: Macmillan.

King, A.(ed.), 1996, *Re-presenting the city: Ethnicity Capital and Culture in the 21st-Century Metropolis*, London: Macmillan.

_______(ed.), 1991, *Culture, Globaliszation and the World-System*, Basingstoke: Macmillan.

_______, 1990, *Global Cities: Post-imperialism and the internationalization of London*, London: Routledge.

Kreusch, S., 1990, "Die Messestadt Leipzig–Ihr Grün und das Gartenamt", in *Das Gartenamt*, 7/1990.

Landry, C., 2006, *The Art of City–Making*, London: Earthscan.

________, 2000, *The Creative City: A Toolkit for Urban Innovators*, London: Earthscan.

________ & Bianchini, F., 1995, *The Creative City*, London: Demos.

Lash, S. & Urry, J., 1994, *Economies of Signs and Space*, London: Sage Publications.

Le Corbusier, 1925·1987, *The City of Tomorrow and Its Planning(translation of Urbanisme)*, Dover publication.

Leadbeater, C., 1999, *Living on Thin Air: The New Economy*, London: Penguin

Lindner, R., 1980, *Die Entdeckung der Stadtkultur. Soziologie aus der Erfahrung der Reportage*, Frankfurt a. Main: Suhrkamp.

Lipsey, R. & Chrystal, K., 2004, *Economics*, Oxford University Press.

Loftman, P. & Nevin, B., 1995, "Prestige Projects and Urban Regeneration in the 1980s and 1990s: A Review of Benefits and Limitations", *Planning Practice and Research*, 10(3/4): pp.299~315.

Machlup, F., 1962, *The Production and Distribution of Knowledge in the United States*, Princeton: Princeton University Press.

Matarasso. F., 2005, "The Fabric of Visions: A Reflection on the Democratic Potential of Physical Capital", in *Physical Capital: How Great Places Booster Public Value*, London: CABE.

__________, 1997, *Use or Ornament? The Social Impact of Participation in the Arts*, Stroud: Comedia.

McCarthy, J., 2006, "The Application of Policy for Cultural Clustering: Current Practice in Scotland", *European Planning Studies*, 14(3): pp.397~408.

__________, 2002, *Encouraging Culture–led Regeneration*, Paper presented at the EURA Conference, Urban and Spatial European Policies: Levels of Territorial Government, Turin, 18~20 April 2002.

__________, 1998a, "Dublin's Temple Bar–A Case Study of Culture–led

Regeneration", *European Planning Studies*, 6(3): pp.271~281.

__________, 1998b, "Waterfront Regeneration: Recent Practice in Dundee", *European Planning Studies*, 6(6): pp.731~736.

McCrone, D., 1992, *Understanding Scotland*, London: Routledge.

McGuigan, J., 2003, "The Social Construction of a Cultural Disaster: New Labour's Millennium Experience", *Cultural Studies*, 17(5): pp.669~690.

__________, 2004, *Rethinking Cultural Policy*, Maidenhead: Open Univ. Press.

Melchionne, K., 1998, "Living in Glass House, Domesticity, Interior, Decoration, and Environmental Aesthetics", *The Journal of Aesthetics and Art Criticism*, 56(2): pp.191~200.

Melisen, Jan(ed.), 2005, *The New Public Diplomacy: Soft power in International Relation*, Palgraue, Mac Millau.

Milchert, J., 1980, "200 Jahre Städtische Grünflächenpolitik. Ein Überblick", *Garten und Landschaft*, 9/1980.

Miles, M., 2007, "Testing the Rhetoric of Culturally Led Urban Development", in Paddison, R. & Miles, S.(eds.), *Culture-led Urban Regeneration*, London & NY: Routledge, pp.48~70.

Miles, S., 2005, "'Our Tyne': Iconic Regeneration and the Revitalisation of Identity in NewcastleGateshead", *Urban Studies*, 42(5/6): pp.913~926.

Mommaas, H., 2004, "Cultural Clusters and the Post-industrial City: Towards the Remapping of Urban Cultural Policy", *Urban Studies*, 41(3): pp.507~532.

Monclús, F-J., 2003, "The Barcelona Model: An Original Formula? From 'Reconstruction' to Strategic Urban Projects(1979~2004)", *Planning Perspectives*, 18: pp.399~421.

Montgomery J, 2004, "Cultural Quarters as Mechanisms for Urban Regeneration-Part2: A Review of Four Cultural Quarters in the UK, Ireland and Australia", *Planning Practice and Research*, 19(1): pp.3~31.

__________, 2003, "Cultural Quarters as Mechanisms for Urban Regeneration-Part1: Conceptualizing Cultural Quarters", *Planning Practice and Research*, 18(4): pp.293~306.

Moss, L., 2002, "Sheffield's Cultural Industries Quarter 20 Years on: What Can Be Learned from a Pioneering Example?", *International Journal of Cultural Policy*, 8(2): pp.211~219.

Münch, R., 1996, *Risikopolitik*, Frankfurt/M.: Suhrkapm.

Myerscough, J., 1988, *The Economic Importance of the Arts in Britain*, London: PSI.

Myllyntaus, T., Saikku, M. & Crosby, A. W., 2001, *Encountering the Past in Nature: Essays in Environmental History*, Ohio University Press.

O'Connor, J., 2007, *The Cultural and Creative Industries: A Review of the Literature*, London: Creative Partnerships.

__________ and Xin, G., 2006, "A New Modernity?: The Arrival of 'Creative Industries' in China", *International Journal of Cultural Studies*, 9(3): pp.271~283.

Pachter, M. & Landry, C., 2001, *Culture at the Crossroads: Culture and Cultural Institutions at the Beginning of the 21st Century*, Bournes Green: Comedia.

Paddison, R., 1993, "City Marketing, Image Reconstruction and Urban Regeneration", *Urban Studies*, 30(2): pp.339~350.

__________ & Miles, S.(eds.), 2007, *Culture-led Urban Regeneration*, London & NY: Routledge.

Paetzold, H., 2000, "The Consequences of Globalization on Today's Urban Culture", in *Symbol, Culture, City: Five Exercises in Critical Philosophy of Culture*, Department of Theory Jan Van Eyck Akademie.

Park, E.R., 1952, "The City: Suggestions for the investigation of Human Behavior in the Urban Environment", in Hughes, E. C., Johnson, L.S., Masuoka, J., Redfield, R. & Glenncoe, W. L.(eds.), *Human Communities. The City and Human Ecology. Collected Papers(vol. II)*, Illinois: The Free Press.

Porter, M.E., 1998, "Clusters and the New Economics of Competitiveness", Harvard Business Review, 76: pp.77~90.

Pratt, A., 2005, "Cultural Industries and Public Policy: An oxymoron?" *International Journal of Cultural Policy*, 11(1): pp.31~44.

Quinn, B., 2007, "Arts Festivals and the City", in Paddison, R. & Miles, S.(eds.), *Culture-led Urban Regeneration*(London & NY: Routledge), pp.85~101.

Relph, E., 1993, "Modernity and the Reclamation of Place", in Darid Seamon(ed.), *Dwelling, Seeing and Designing. Toward a Phenomenological Ecology*, Albany State University.

Roberts, P., 2006, *Nurturing Creativity in Young People: A Report to Government to Inform Future Policy*, London: DCMS.

________, 2000, "The Evolution, Definition and Purpose of Urban Regeneration", in Roberts, P. & Sykes, H. (eds.) *Urban Regeneration: A Handbook*, London: SAGE.

________ & Sykes, H.(eds.), 2000, *Urban Regeneration: A Handbook*, London: SAGE.

Robinson, M. & Smith, M., 2006, "Politics, Power and Play: The Shifting Contexts of Cultural Tourism", in Smith, M. & Robinson, M.(eds.), *Cultural Tourism in a Changing World: Politics, Participation and (Re)presentation*, Clevedon: Channel View, pp.1~18.

Rosen, M. C. & Tarr, A. J., 1994, "The Importance of an Urban Perspective in Environmental History", *Journal of Urban History*, 20(3): pp.299~310.

Rowe, C. & Koetter, F., 1993, *Collage City*, Cambridge Mass. & London: MIT Press.

Rybczynski, W., 1987, *Home: A short History of an Idea*, New York: Penguin books.

Sassen, S., 1998, *Globalization and Its Discontents*, New York: New Press.

________, 1994, *Cities in a World Economy*, Thousand Oaks: Pine Forge.

________, 1991, *The Global City: New York, London, Tokyo*, Princeton & Oxford: Princeton University press.

Savile, A., 1993, "Architecture and Sculpture", in *Kantian Aesthetics Pursued*, Edinburgh University Press.

Schlesinger, P., 2009, "Creativity and the Experts: New Labour, Think Tanks, and the Policy Process", *The International Journal of Press/Politics*, 14(3):

pp.3~20.

Schlesinger, P., 2007, "Creativity: from Discourse to Doctrine?", *Screen*, 48(3): pp.377~387.

Scott, A., 2004, "Cultural-products Industries and Urban Economic Development: Prospects for Growth and Market Contestation in Global Context", *Urban Affairs Review*, 39(4): pp.461~490.

Scruton, R., 1980, *The Aesthetics of Architecture*, Princeton University Press.

Selwood, S., 1995, *The Benefits of Public Art*. London: PSI.

Seo, J-K., 2002, "Re-urbanisation in Regenerated Areas of Manchester and Glasgow", *Cities*, 19(2): pp.113~121.

Smith, C., 1998, *Creative Britain*, London: Faber and Faber.

Smith, M. & Beazley, M., 2000, "Progressive regimes, partnerships and the involvement of local communities: a framework for evaluation", *Public Administration*, 78(4): pp.855~878.

Smyth, H., 1994, *Marketing the City: The Role of Flagship Developments in Urban Regeneration*, Suffolk: St Edmundsbury Press.

Siebers, N. & Wagner, B., 1992, "Soziokultur und Kultur-politik", in *Bestandsaufnahme Sozio-Kultur, Beiträge-Analysen-Konzepte: Schriftenreihe des Bundesministeriums des Innern 23*. Stuttgart, Berlin & Köln: Kohlhammer.

Skot-Hansen, D., 2005, "Why Urban Cultural Policies?", in Robinson, J.(ed.), *EUROCULT21 Integrated Report*, Helsinki: EUROCULT21.

Sparshott, F.E., 1972, "Figuring the Ground. Notes on Some Theoretical Problems of the Aesthetic Environment", *The Journal of Aesthetic Education*, 6(1): pp.11~23.

Stowe, B.H., 1864·1967, "Household Papers and Stories", in vol.8 of *The Writings of Harriet Beecher Stowe(vol. 8)*, New York: AMS Press.

Galloway, S. & Stewart, D., 2007, "A Critique of Definitions of the Cultural and Creative Industries in Public Policy", *International Journal of Cultural Policy*, 13(1): pp.17~31.

Temelová, J., 2007, "Flagship developments and the physical upgrading of the post–socialist inner city: the Golden Angel project in Prague", *Geogr. Ann.*, 89 B (2): pp.169~181.

The Work Foundation, 2007, *Staying Ahead: the Economic Performance of the UK's Creative Industries*, London: TWF.

Throsby, D., 2008, "Modeling the cultural industries", *International Journal of Cultural Policy*, 14(3): pp.217~232.

Tillich Paul., 1933, "Das Wohnen, der Raum, und die Zeit", *Die Forum*, pp.11~12.

__________, 1985, "Domestic Architecture, Space, and Time", *Faith and Forum : Journal of the Interfaith Forum on Religion and Architecture*, pp.11~12.

__________, 1955, "Theology and Architecture", *Architectual Forum*, Dec, pp.13~134, 136.

__________, 1955, "Wanted for Religious Architecture Today : Honesty and Consecration", *Protestant Church Building and Equipment*, pp.15ff.

__________, 1957, "Environment and the Individual", *Journal for American Institute of Architect*, June, pp.90~92.

__________, 1962, "Zur Ideologie, der bildender Kunst und der Architectur", *Auf der Grenze*, Stuttgart : Evangellisches Verlagswerk, 1967, Gesammelte Werke, Evangelisches Verlagswerk, Bd.9, ss.345~355.

Touraine, A., 1969, *La Société Post–industrielle*, Paris: Denoel.

Turok, I., 1992, "Property–led Regeneration: Panacea or Placebo?", *Environment and Planning A*, 24: pp.361~379.

UNESCO, 2000, *World culture report 2000*, Paris: UNESCO.

Urban Task Force, 1999, *Towards an Urban Renaissance*, Final Report of the Urban Task Force chaired by Lord Rogers of Riverside. London: DETR.

Von Bonsdorff, P., 2002, "Urban Richness and the Art of Building", in Berleant, A.(ed.), *Environment and the Arts: Perspectives on environmental aesthetics*, Burlington: Ashgate, pp.89~101.

Wang, J., 2004, "The Global Reach of a New Discourse: How Far Can 'Creative Industries' travel", *International Journal of Cultural Studies* 2004; 7(1):

pp.9~19.

Webster, F., 1995, *Theories of the Information Society*, London: Routledge.

Wiesand, A., 1993, "Kulturpolitik", In Andersen, U. & Woyke, W. (Hg.): *Handwörterbuch des Politischen Systems der Bundesrepublik Duetschland*, Opladen: Leske und Budrich.

Williams, R., 1983, Towards 2000, London: Chatto & Windus.

Wood, P. & Landry, C., 2008, *The Intercultural City: Planning for Diversity Advantage*, London & Sterling: Earthscan.

Xu, J. & Yeh, A., 2005, "City Repositioning and Competitiveness Building in Regional Development: New Development Strategies in Guangzhou, China", *International Journal of Urban and Regional Research*, 29(2): pp.283~308.

Zukin, S., 1988, *Loft Living: Culture and Capital in Urban Change*, London: Radius.

_______, 1995, *The Cultures of Cities*, Oxford: Blackwell.

찾아보기

(ㅇ)